高等职业教育农业部“十三五”规划教材

汽车电器与电子设备检修

黎永键　关　伟　主编

中国农业大学出版社
·北京·

内容简介

本书主要内容有:项目一汽车电器系统概述;项目二汽车电源系统的检修;项目三汽车起动系统的检修;项目四汽车点火系统的检修;项目五照明与信号系统的检修;项目六汽车仪表与警报系统的检修;项目七辅助电器系统的检修。

图书在版编目(CIP)数据

汽车电器与电子设备检修/黎永键,关伟主编.—北京:中国农业大学出版社,2018.9
ISBN 978-7-5655-2100-3

Ⅰ.①汽…　Ⅱ.①黎…②关…　Ⅲ.①汽车-电气设备-车辆修理②汽车-电子设备-车辆修理
Ⅳ.①U472.41

中国版本图书馆 CIP 数据核字(2018)第 200726 号

书　名　汽车电器与电子设备检修
作　者　黎永键　关　伟　主编

策划编辑　张　玉　张　蕊　　**责任编辑**　张　玉
封面设计　郑　川
出版发行　中国农业大学出版社
社　址　北京市海淀区圆明园西路 2 号　　**邮政编码**　100193
电　话　发行部 010-62818525,8625　　读者服务部 010-62732336
编辑部 010-62732617,2618　　出　版　部 010-62733440
网　址　http://www.caupress.cn　　**E-mail** cbsszs @ cau.edu.cn
经　销　新华书店
印　刷　北京时代华都印刷有限公司
版　次　2018 年 9 月第 1 版　2018 年 9 月第 1 次印刷
规　格　787×1 092　16 开本　21.75 印张　535 千字
定　价　56.00 元

编审人员
CONTRIBUTORS

主　编　黎永键　广东农工商职业技术学院
　　　　关　伟　广东农工商职业技术学院

副主编　马质璞　南阳农业职业学院
　　　　张　金　辽宁农业职业技术学院
　　　　孙　峰　广西农业职业技术学院
　　　　陈述官　广东农工商职业技术学院
　　　　刘文峰　黑龙江农垦科技职业学院

参　编　路红波　辽宁农业职业技术学院
　　　　陆　旭　南阳农业职业学院

主　审　马质璞　南阳农业职业学院

前言 PREFACE

随着汽车产业的迅猛发展,社会对汽车专业人才提出了更高的要求。进一步深化人才培养模式、课程体系和教学内容的改革,不断提高办学质量和教学水平,培养更适合新时代需要的具有创新能力的高技能、高素质人才,是技工院校汽车专业教育的当务之急。

汽车电器与电子设备检修是高职高专院校汽车专业的核心课程,在汽车专业人才培养中起到重要的作用。为了帮助高职高专院校的教师比较全面、系统地讲授这门课程,使学生在掌握理论知识的同时,能够比较熟练地对汽车电气系统进行故障诊断与检修,我们组织编写了《汽车电器与电子设备检修》一书。

本书基于"以行业需求为导向、以能力培养为本位"的先进职业教育理念为指导,根据高等职业教育农业部"十三五"规划教材的相关要求进行编写。在结构和体系上,本书以项目、任务为组织方式,根据实际工作情境归纳出七大学习项目,各项目细分为若干学习任务,将汽车电器系统检修技能的培养融入到每个学习任务之中。为了更好地配合职业教育较强的任务操作性和实施性,将每一个任务又分为【知识学习】【技能训练】【任务实施】等部分。通过每一个任务的完成,使读者在学习汽车电气系统检修技能的同时,掌握汽车高级维修工技能的国家标准要求,做到理实一体化相结合,突出对基础理论的理解掌握和实践能力的培养,针对性和实用性较强。

全书图文并茂,言简意赅,直观易懂,非常有利于读者的学习和掌握。各项目均有课后练习题,使读者更好地掌握本项目介绍的知识内容和技能训练。书中所涉及的素材文件请登录中国农业大学出版社网站 http://www.caupress.com.cn/ziyuankutushu/1912.jhtml 注册下载。

本书在编写过程中,由广东农工商职业技术学院黎永键、关伟任主编并负责全书的统稿工作,马质璞担任主审。由马质璞、孙峰、张金、陈述官、刘文峰任副主编,路红波、陆旭参编。具体编写分工如下:广东农工商职业技术学院黎永键负责项目一、二,广东农工商职业技术学院关伟负责项目七,辽宁农业职业技术学院张金负责项目三,广西农业职业技术学院孙峰负责项目五的任务 5.1、5.2 和 5.3,南阳农业职业学院马质璞负责项目六,广东农工商职业技术学院陈述官负责项目四的任务 4.1、4.2,辽宁农业职业技术学院路红波负责项目四的任务 4.3,黑龙江农垦科技职业学院刘文峰负责项目四的任务 4.4，南阳农业职业学院陆旭负责项目五的任务 5.4。

本书可作为中、高职职业技术院校汽车运用与维修技术、汽车运用技术等相关专业的教学用书，也可供汽车检测与维修技术人员参考和学习。

由于编者水平有限，书中难免存在不足之处，敬请广大读者批评指正。

编　者

2018.07

目录 CONTENTS

项目一 汽车电器系统概述

任务 1.1 认知汽车电器系统

案例引入

小李在学校就要开始汽车专业课的学习了，今天的课程是一门重要的核心课“汽车电器与电子设备检修”。随着汽车新技术的飞速发展，电器与电子设备在汽车上的应用日益广泛。小李下定决心，一定要把这门课学好，但是汽车电器系统都包含哪些内容呢？

任务要求

1. 了解汽车电器系统的发展历程和未来发展趋势。
2. 掌握汽车电器系统各子系统的作用、部件特征和安装位置。
3. 能正确选择合适的分析思路对汽车电器系统进行识别。
4. 能正确辨别、判断、记录识别结果。

一、知识学习

(一)汽车电器技术的发展历程

汽车电器设备是汽车重要组成部分，其结构是否合理、性能是否优越、技术状况是否正常，直接影响汽车的动力性、经济性、可靠性、安全性、舒适性。因此，汽车电器技术是现代汽车技术发展最重要的内容。从 20 世纪 60 年代开始，汽车电器技术发展经历了四个阶段：

第一阶段：1965—1975 年，汽车电子产品是由分立元件和集成电路 IC 组成，应用电子装备代替传统的机械部件，如集成电路电压调节器、电子点火器等。

第二阶段：1975—1985 年，主要发展专用的独立控制系统，如电子控制汽油喷射、防抱死制动装置等。

第三阶段：1985—2000 年，主要开发可完成各种功能的综合系统及各种车辆整体系统的集中控制，这个时代称为汽车的电子时代。

第四阶段：21 世纪以来，主要是研究发展车辆的智能控制技术，采用人工智能的方法对车辆进行控制，如无人驾驶汽车、汽车自动导航系统、自动车距控制系统等。由于汽车电子技术取得了飞速进步，汽车电器系统的控制方式将更凸显集中化特点，组成一个庞大而复杂的信息交换和电控系统，包括广泛使用蜂窝电话、全球定位系统、蓝牙技术、语音导航等技术，以及采用车载网络来集成汽车所有部件的电子控制模块，使整个系统具有资源共享、故障诊断和自修复等功能。

（二）汽车电气技术的发展趋势

随着科学技术和汽车工业的飞速发展，汽车电器系统日趋复杂，如果仍采用常规的布线方式，将导致汽车上导线数目急剧增加。因此，传统的电气控制系统正在被电子化、网络化和智能化取代，集成电路和微型计算机已广泛应用于汽车上。例如，汽车上普遍采用CAN总线连接各控制模块以形成车载局域网络，将以往一线一用的专线制改为一线多用制，大大减少了线束的数目，简化了整车线束结构，使汽车电气系统的线路布置更合理。同时，CAN总线技术将微机控制技术融入整个汽车控制系统之中，加速了汽车智能化发展。

未来汽车电子技术将围绕以下几个方面发展：

①满足用户需求，大幅度提高汽车性能，使之更灵活、方便、安全、可靠。

②满足社会需求，保护环境，节约能源。

③满足智能交通系统的发展需求，将公路、汽车和人有机结合起来。

（三）汽车电器系统的组成和功能

现代汽车电气设备种类及数量繁多，按照功能划分，可分为三大部分：电源系统、用电设备、汽车电气线路。

1. 电源系统

电源系统主要由蓄电池、发电机、电压调节器及充电指示装置等组成。其中，发电机是主要电源，当发动机正常工作时，发电机向用电设备提供直流电，同时给蓄电池充电。调节器的作用是在发电机工作时，保持其输出电压的稳定。蓄电池的主要作用是提供发动机起动时所需电能；当发动机不工作时，由蓄电池向用电设备供电。

2. 用电设备

(1)起动系统。用于带动发动机飞轮转动以起动发动机。它由蓄电池、起动机、继电器、点火开关、控制线路、电源线等组成。

(2)点火系统。用于产生高压电火花，适时可靠地点燃气缸中可燃混合气。主要部件包括点火开关、点火线圈、分电器总成(点火信号发生器)、点火模块(点火控制器)、火花塞。

(3)照明及信号装置。照明设备用于汽车内外产生一定范围内合适的照度，以确保车辆夜间安全行驶。车外部照明包括前照灯、雾灯、牌照灯等，车内部照明包括车顶灯、仪表灯、行李箱灯等。

信号装置包括声响信号和灯光信号两类，用来提供安全可靠行车所必需的信号。声响信号装置一般指电喇叭，灯光信号包括转向灯、制动灯、倒车灯、危险警报灯等。

(4)仪表、报警及显示装置。用来监测汽车的各种工作情况，使驾驶员能够通过仪表、报警装置及显示装置，及时发现发动机及汽车的各种参数及异常情况，确保汽车正常运行。主要包括电流表(电压表)、水温表、燃油表、机油压力表、车速里程表、发动机转速表、气压表、各种报警灯(电子显示装置)等。

(5)辅助电器设备。用来为驾驶员和乘客提供良好的工作条件和舒适的乘座环境。主要包括挡风窗玻璃及前照明灯洗涤刮水器、电动车窗、电动座椅、后视镜、空调装置、音响设备、卫星导航和定位系统及防盗装置等。

3.汽车电气线路

汽车电气线路主要包括中央控制盒、保险装置、继电器、电线束及插接件、电路开关等，使全车电路构成一个统一的整体。

随着现代汽车技术的发展，电子控制系统采用得越来越多，所占的比重日益加大。各电控系统由独立变成了相互联系，构成了汽车局域网络。

(四)汽车电器系统的特点

现代汽车电器与电子设备虽然种类繁多，功能各异，但其线路都应遵循一定的原则，了解这些原则对进行汽车电路分析是很有帮助的。汽车电气系统的主要特点如下：

1.低压

汽车电气系统的额定电压主要有12 V和24 V两种。汽油车普遍采用12 V电源，柴油车多采用24 V电源(由两个12 V蓄电池串联而成)。汽车运行中的电压，一般12 V系统的为14 V，24 V系统的为28 V。

2.直流

现代汽车发动机是靠电力起动机起动的，起动机由蓄电池供电，而向蓄电池充电又必须用直流电源，所以汽车电系为直流系统。

3.单线制

单线连接是汽车线路的特殊性，它是指汽车上所有电器设备的正极均采用导线相互连接，而所有的负极则直接或间接通过导线与车架或车身金属部分相连，即搭铁。任何一个电路中的电流都是从电源的正极出发经导线流入用电设备后，再由电器设备自身或负极导线搭铁，通过车架或车身流回电源负极而形成回路。由于单线制导线用量少，线路清晰，接线方便，因此广为现代汽车所采用。

4.并联连接

各用电设备均采用并联，汽车上的两个电源(蓄电池与发电机)之间以及所有用电设备之间，都是正极接正极，负极接负极，并联连接。

由于采用并联连接，所以汽车在使用中，当某一支路用电设备损坏时，并不影响其他支路用电设备的正常工作。

5.负极搭铁

采用单线制时蓄电池的一个电极需接至车架或车身上，俗称“搭铁”。蓄电池的负极接车架或车身称之为负极搭铁；蓄电池的正极接车架或车身称之为正极搭铁。负极搭铁对车架或车身金属的化学腐蚀较轻，对无线电干扰小。我国标准规定汽车线路统一采用负极搭铁。

二、制订认知计划

(一)岗位任务

一辆丰田威驰轿车进入汽车4S店进行保养，该车行驶里程为50 000 km，现维修人员开始检查整车的电器系统，掌握各部分的工作状况，并作详细地记录。

(二)教师布置任务

任务 1　查找汽车电器系统主要元件位置

任务 2　描述汽车电器各子系统作用

(三)小组分工与计划

根据汽车电器与电子设备认知的任务要求,确定所需要的技术资料,并对小组成员进行合理分工。

1.需要的技术资料

(1)常用工具 2 套;(2)轿车整车 3 辆,整车电器试验台 3 台。

2.小组成员分工

第一步,小组分组,每组由 4～6 名成员组成。

第二步,小组进行决策分工与计划,完成表 1-1 和表 1-2。

第三步,小组汇报计划,并根据教师建议进行修改和完善。

表 1-1　小组成员分工决策

序号	操作人	任务
1		
2		
3		
4		

表 1-2　任务实施计划

序号	工作步骤	使用工具	注意事项	操作人
1				
2				
3				
4				
5				

三、任务实施

第一环节:教师在整车上讲解电器系统,并进行演示。

教师首先讲解卡罗拉轿车电器系统的总体组成。按照试验台架上的实物、示教板上的实物来讲解汽车发动机电子控制系统的总体组成。讲解顺序如下:

(1)电源系统——从蓄电池开始,到发电机。

(2)起动系统——从电源开始,到供电线路、控制开关,最后到起动机部分。

(3)点火系统——从电源开始,到点火开关、低压线路部分、高压线路部分,最后到火花塞。

(4)灯光系统——包括小灯、远光灯、近光灯、车内灯等。

(5)仪表信号系统——仪表、转向信号灯、制动灯、倒车灯。

(6)辅助电器系统——雨刮、电动车窗、电动座椅等。

第二环节：学生现场按照以下步骤实施任务。

学生现场观察电器设备与元件的安装位置。学生按照分组完成以下内容的记录与填写。

(1)电源系统。汽车电路系统一般有________和________两个电源，两个电源配合使用，确保汽车的正常行驶。一般来说，汽车电源系统主要由________、________、________及________等组成，其主要作用是____________________。

由图 1-1 和图 1-2 可知，卡罗拉轿车蓄电池安装位置是____________________；发电机的安装位置是____________________。

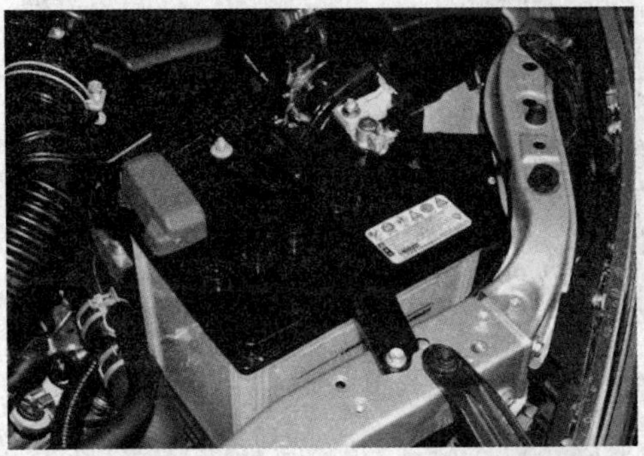

图 1-1 蓄电池

图 1-2 汽车发电机

(2)起动系统。汽车起动系统作用是____________________。汽车发动机的起动方式有多种，多数汽车发动机都采用____________________起动。

从实车上找出起动机的安装位置是____________________。

(3)点火模块。在汽油机上设有一套能在气缸内产生电火花的系统，称为点火系。点火系的作用是____________________。

如图 1-4 所示，从实车上找出点火系统的安装位置是____________________。

图 1-3 轿车起动机

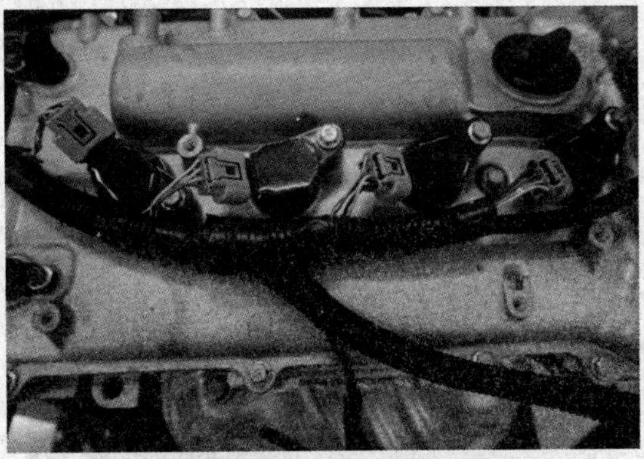

图 1-4 卡罗拉轿车点火模块

(4)灯光系统。照明设备和灯光信号装置,称为灯系,主要用于＿＿＿＿＿＿＿＿＿。汽车照明灯根据安装位置和用途不同,可分为:＿＿＿＿＿＿＿＿＿＿＿＿＿＿和＿＿＿＿＿＿＿＿＿。

观察图 1-5,可知:照明类灯光有＿＿＿＿＿＿＿＿＿＿＿＿＿＿＿＿;警示类灯光有＿＿＿＿＿＿＿＿＿＿＿＿＿。

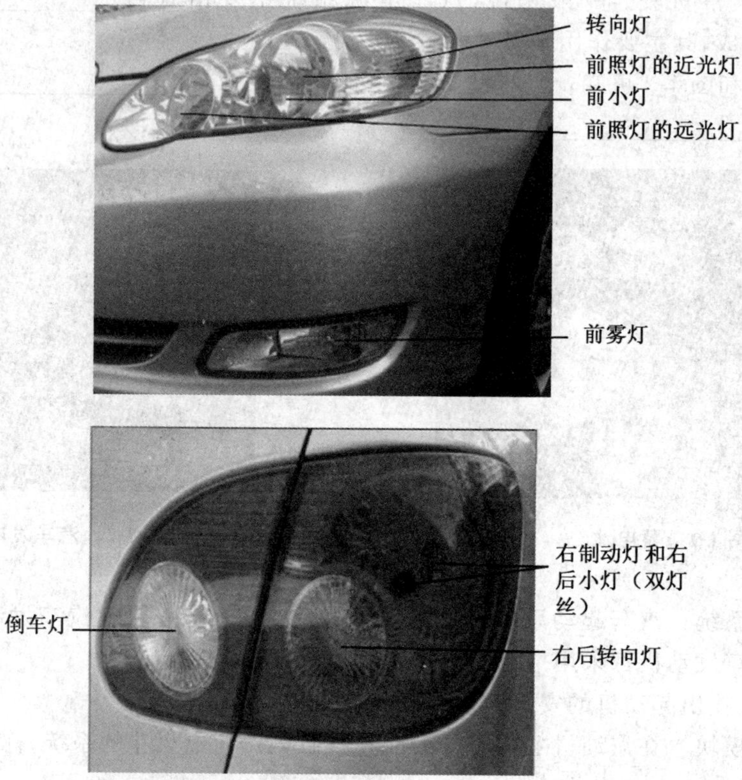

图 1-5　卡罗拉轿车灯光系统

(5)观察图 1-6,辅助电器模块包括＿＿＿＿＿、＿＿＿＿＿、＿＿＿＿＿等。

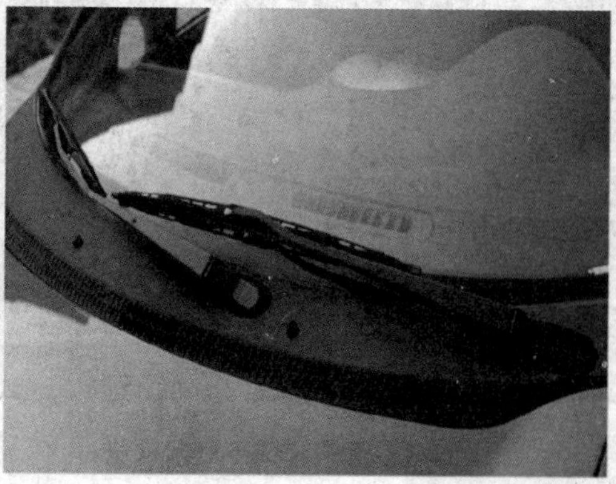

图 1-6　卡罗拉轿车辅助电器

(6)仪表信号系统。汽车仪表的作用是________________________。观察图 1-7,仪表盘包括了________、________、________、燃油表、________、机油压力表以及各种报警显示装置等内容。由于仪表系统是司机了解汽车工作状况的“眼睛”,对确保汽车行车安全、及时排除故障和避免发动机出现严重故障起着重要的作用,因此要求各个仪表__________________。

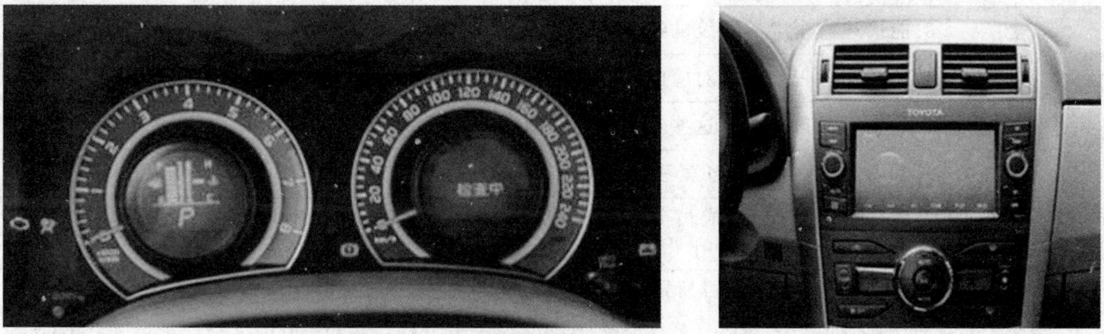

图 1-7　卡罗拉轿车仪表

(7)电子控制系统。如图 1-8 所示,装备 1ZR 发动机的卡罗拉轿车的 ECU 安装在______________,电子控制系统的功用是__________________。

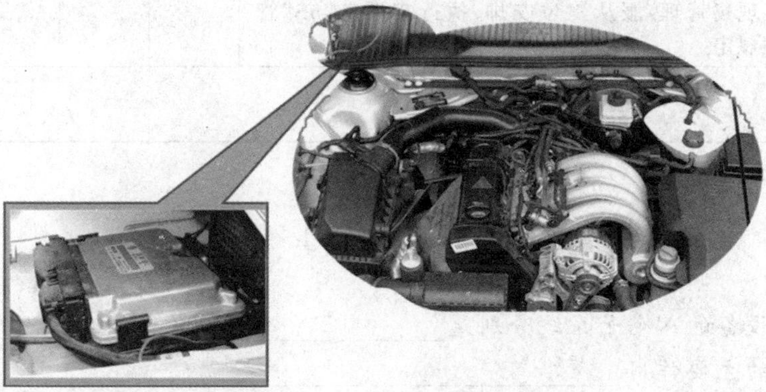

图 1-8　卡罗拉轿车电控模块

第三环节:任务实施完成后,各小组负责清理工具和量具等,清洁地面卫生。

四、检验评估

通过实际认知汽车电器系统,对任务进行评估,并记录在表 1-3 中。

检查汽车电器系统认知计划的填写,对学生掌握情况进行评估。

(1)各组汇报工作过程与过程中遇到的问题,并说明解决方法。

(2)自评与互评。

(3)老师点评、总结:学生的参与度、学习态度、专业能力、关键能力。

(4)老师填写《汽车电器系统的认知》学业评估表。

表 1-3 学业评估表

评价内容	检验指标	权重	自评	互评	师评	总评
知识与技能（60 分）	1. 能叙述汽车电器应用情况	3%				
	2. 能叙述汽车电器系统的特点	4%				
	3. 能描述汽车电器系统的结构组成	8%				
	4. 能在车上正确找到对应的子系统	20%				
	5. 能在车上正确认知这些子系统的作用	20%				
过程与方法（40 分）	1. 学习态度：主动参与学习，遵守纪律	5%				
	2. 团队合作：与小组成员分工合作，在小组完成任务过程中所起的作用	5%				
	3. 获取信息：获取学习所需信息、资料的方法与途径	5%				
	4. 方法能力：发现、分析、解决问题的方法与能力	10%				
	5. 创新意识：积极思考，不断改进维修方案	5%				
	6. 节能与环保意识：学习过程中注重节能，不污染环境	5%				
	7. 现场管理：服从工位安排、执行实训室“5S”管理规定	5%				
对学生综合评价与建议						

思考与练习

1. 汽车电气设备的八个子系统分别是________________________________。
2. 电源系统的主要作用________________________________。
3. 点火系统的主要作用________________________________。
4. 汽车电气设备的一般特点是什么？

任务 1.2 汽车电路图的识读

案例引入

在学习汽车电器系统基础的过程中，小李发现汽车维修资料大部分是以电路图的形式介绍的。因此，必需理解汽车电器电路图的知识，并且学会识读汽车电路图，才能进一步理解汽车电器的工作原理和故障检修方法。汽车电路图有什么特点？如何识读常见车系的电路图呢？

任务要求

1. 熟悉汽车电路图的分类、组成和识读方法。
2. 学会从整车电路图拆画出子系统的电路图。
3. 学会利用电路图分析电路的组成、元件关系以及工作原理。
4. 能够准确描述典型车系电路图的表示方法。

一、知识学习

(一)分清汽车电路中的三种信号

1. 电源

汽车电源的作用是向用电设备提供电能以正常工作。在分析汽车各子系统电路时,必须明确电源向哪些用电设备供电,并区分电源电路与搭铁电路。其中,电源电路是指从电源正极出发到用电器之前的电路;搭铁电路是指从搭铁点出发到用电器之前的电路。

按照电源产生的不同,汽车电路的电源可分为:常电源和条件电源。

(1)常电源。是指在蓄电池正常的情况下,均有规定电压的电源线。

以大众捷达轿车为例(图 1-9),30 号线与蓄电池正极直接相连而不经过点火开关,称为"常火线"。

15 号线是小容量火线,受点火开关控制。接通点火开关时,30 号线经点火开关接中央继电器盒内的 15 号线,可以向小功率用电设备供电。

卸荷线 X 是大容量火线,向雾灯、雨刮器、风窗加热等用电设备提供电能。当点火开关置于 ON 挡时,X 触点继电器 J59 工作,30 号线经 X 触点继电器接通 X 线。在点火开关处于 ST(起动)挡时 X 线断电,使大功率用电设备自动断电,从而保证发动机能正常起动。

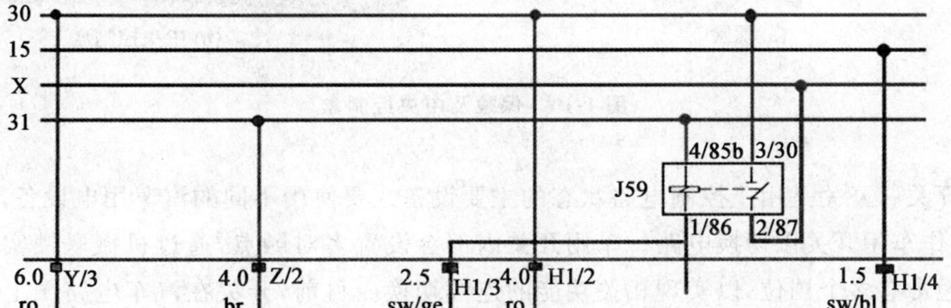

图 1-9　捷达轿车电源电路图

2.信号

汽车电路中常见的是各种开关输入信号和传感器输入信号。在汽车电路中,用电设备可共用电源线以及搭铁线,但信号线不能共用。

3.控制

控制信号一般由控制单元送出,如点火正时信号、喷油正时信号等,其作用是控制执行元件动作。

(二)认识汽车电路中的器件

1.基础元件

(1)保险熔断装置。为防止由于电路短路、过载等原因导致电气设备损坏,电路中通常设置保险熔断装置。保险熔断装置大多采用熔丝、易熔线和断路器,当电路中电流过大时能够及时熔断以切断电路。熔丝、易熔线只能一次性作用,断路器可以反复作用。为方便维修作业,汽车上的保险熔断装置一般集中布置在发动机舱的中央控制盒上,并采用不同颜色以配合其标称值,如图 1-10 所示。

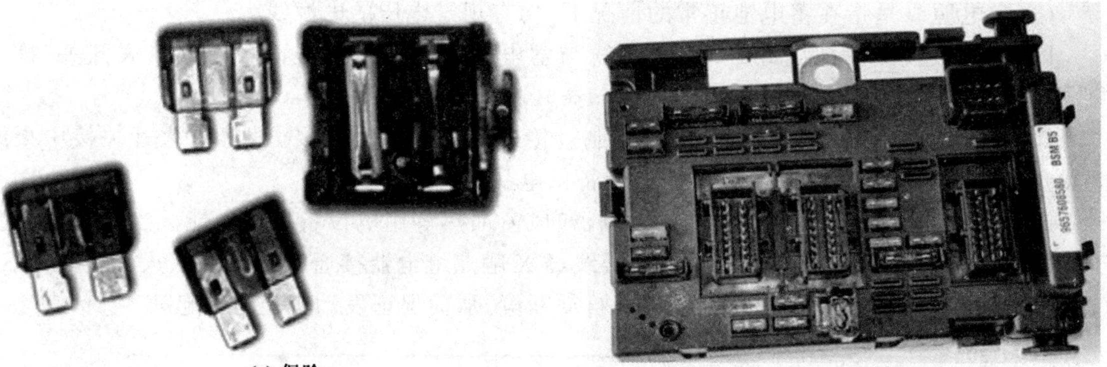

(a) 保险　　(b) 中央控制盒

图 1-10　保险及中央控制盒

(2)开关。开关是用于控制电路状态的主要设备。要使用不同的汽车用电设备,驾驶员需要通过操作车用开关以切换电路。车用开关内部会设置多对触点,通过机械联锁实现同步动作;开关通常有多个挡位,以实现相关功能的连续切换。目前,开关在汽车电路图上有两种常见的表示方法:表格表示法[图 1-11(b)]、符号表示法[图 1-11(c)]。

①点火开关。点火开关是汽车电路中最常用和最重要的开关,主要用于控制各线路的通电状态。目前,大部分汽油车的点火开关设置以下四个挡位,如图 1-11(a):锁闭挡位(LOCK)、附件挡位(ACC)、点火挡位(ON)、起动挡位(START)。由于起动特性不同,柴油车的点火开关在以上四个挡位基础上,需增设预热挡位。

②车窗与车门总开关。大多数汽车在驾驶员侧的车门设置车窗与车门总开关,以实现驾驶员对整车车窗、门锁的集中控制。如图 1-12 所示,总控开关通常是在同一个面板上设置了四个三位开关、一个两位开关和两个触碰开关,可以使驾驶员仅使用单手就能实现各门玻璃的开窗、关窗动作。

(a) 点火开关

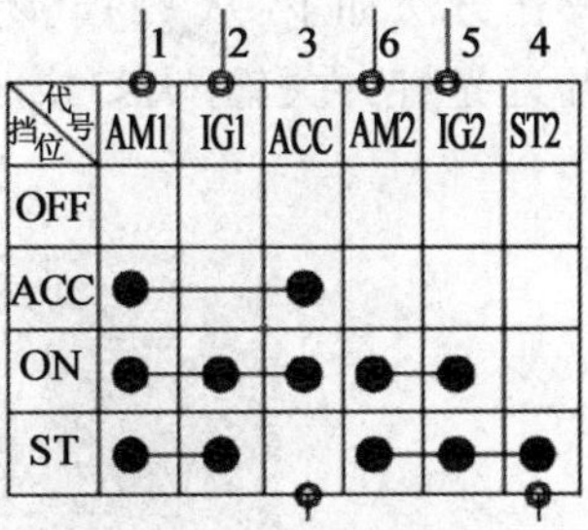

(b) 表格表示法

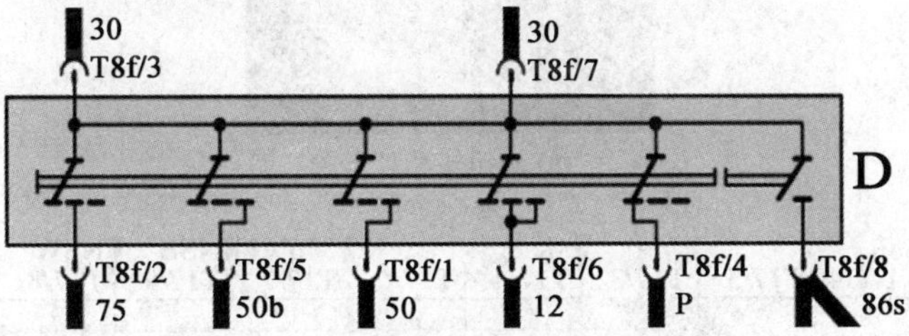

(c) 图形符号表示法

图 1-11　点火开关

(a) 车窗开关位置

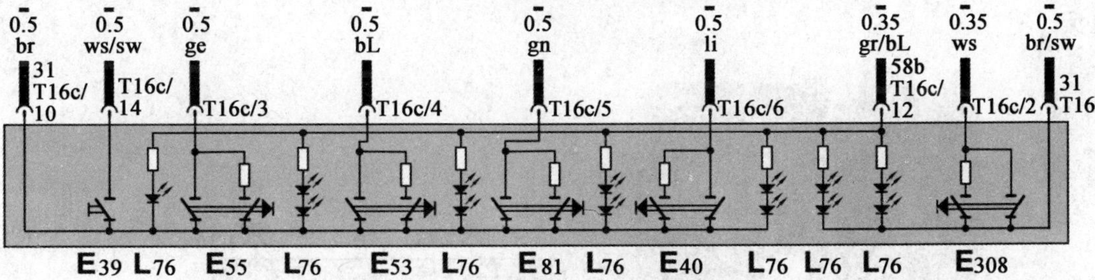

(b) 车窗开关图开表示

图 1-12　车窗总控开关

③车灯开关。常见的形式包括：组合式开关和旋钮式开关。大众汽车普遍采用旋钮式车灯开关，如图 1-13(a)所示，将示廓灯开关、大灯开关以及雾灯开关安装在同一个壳体内，由同

一个旋钮来控制。其操作方法如下：从 O 挡（闭锁挡）开始，将旋钮顺时针转一格则打开小灯，旋钮顺时针转两格打开近光灯；在打开大灯或小灯基础上，将旋钮往上提一格打开前雾灯，提起两格打开后雾灯。

(a) 旋钮式车灯开关

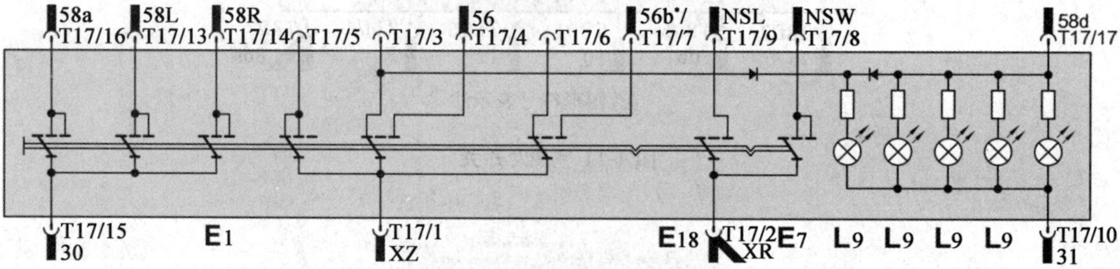

(b) 车灯开关的符号表示

图 1-13 车灯开关

(3)继电器。汽车采用 12 V（汽油车）和 24 V（柴油车）的低压电源，电气设备正常工作时需要较大电流，为保护电路中的开关设备，较大功率的用电设备通常采用继电器控制的电路。继电器构造如图 1-14 所示，由线圈和开关触点两部分组成。其中，线圈由控制单元提供电流，触点开关用于控制电路的通断。继电器工作过程如下：挡线圈通电时，由于电流流过而产生磁场，磁场力吸引衔铁动作，通过机械装置，改变触点通断状态。因此，继电器实现了小电流控制大电流。

(a) 继电器实物

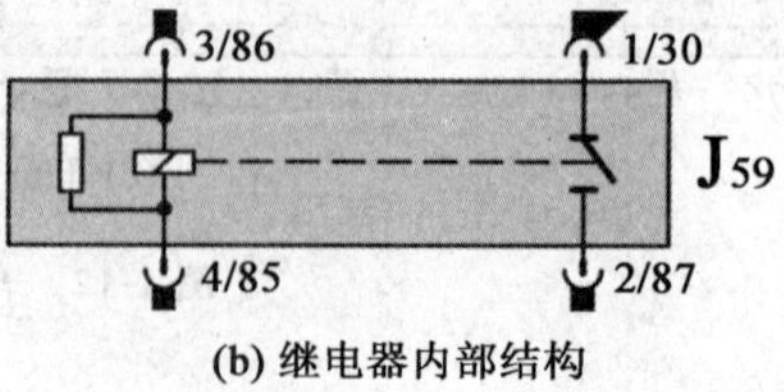

(b) 继电器内部结构

图 1-14 继电器

(4)中央继电器盒。随着用电设备的增加,汽车上的用电器数量不断增加,而许多用电设备电路采用继电器控制,继电器数量相应增加。在实际工作中,为便于电气系统检修作业,通常将继电器集中布置在发动机舱的保险丝盒上,通常称为中央继电器盒,实物如图 1-15 所示。

图 1-15　中央继电器盒

中央继电器盒包含继电器、线束到线束的连接器和熔断丝,但其内部没有分配电源正和搭铁的电路。如图 1-16 所示,图例特征:内部标注有识别码的椭圆形,表示该继电器在哪个继电器盒内,在图中没有阴影,与继电器相连的连接器可以通过该继电器的识别码识别。

2.导线、线束和插接器

(1)导线。汽车电路由大量导线构成。在汽车电路图中,为了区分不同功能的导线,通常用颜色来加以标识。现代汽车电路图采用主/辅双色线标识法,其中主色为基础色,辅色为条纹色带或螺旋色带。

①名词术语定义。

单色导线:绝缘表面为一种颜色的导线。

双色导线:绝缘表面为两种颜色的导线。

主色:双色导线中面积比例大的颜色。

辅助色:双色导线中面积比例小的颜色。

②导线的颜色和代号。导线的颜色和缩写代号规定见表 1-4。

表 1-4　导线的颜色

导线颜色	缩写代号	中文	导线颜色	缩写代号	中文
Black	BLK/B	黑色	Light Green	LT GRN	浅绿
Blue	BLU/BL	蓝色	Orange	ORG/O	橙色
Brown	BRN/BR	棕色	Pink	PNK/P	粉红
Clear	CLR/CL	透明	Purple	PPL/PP	紫色
Dark Blue	DK BLU	深蓝	Red	RED/R	红色
Dark Green	DK GRN	深绿	Tan	TAN/T	褐色
Green	GRN/G	绿色	Violet	VIO/V	粉紫
Gray	GRY/GR	灰色	White	WHT//W	白色
Light Blue	LT BLU	浅蓝	Yellow	YEL/Y	黄色

① ：发动机室继电器盒总成	左侧发动机室
◯ ：发动机室接线盒	

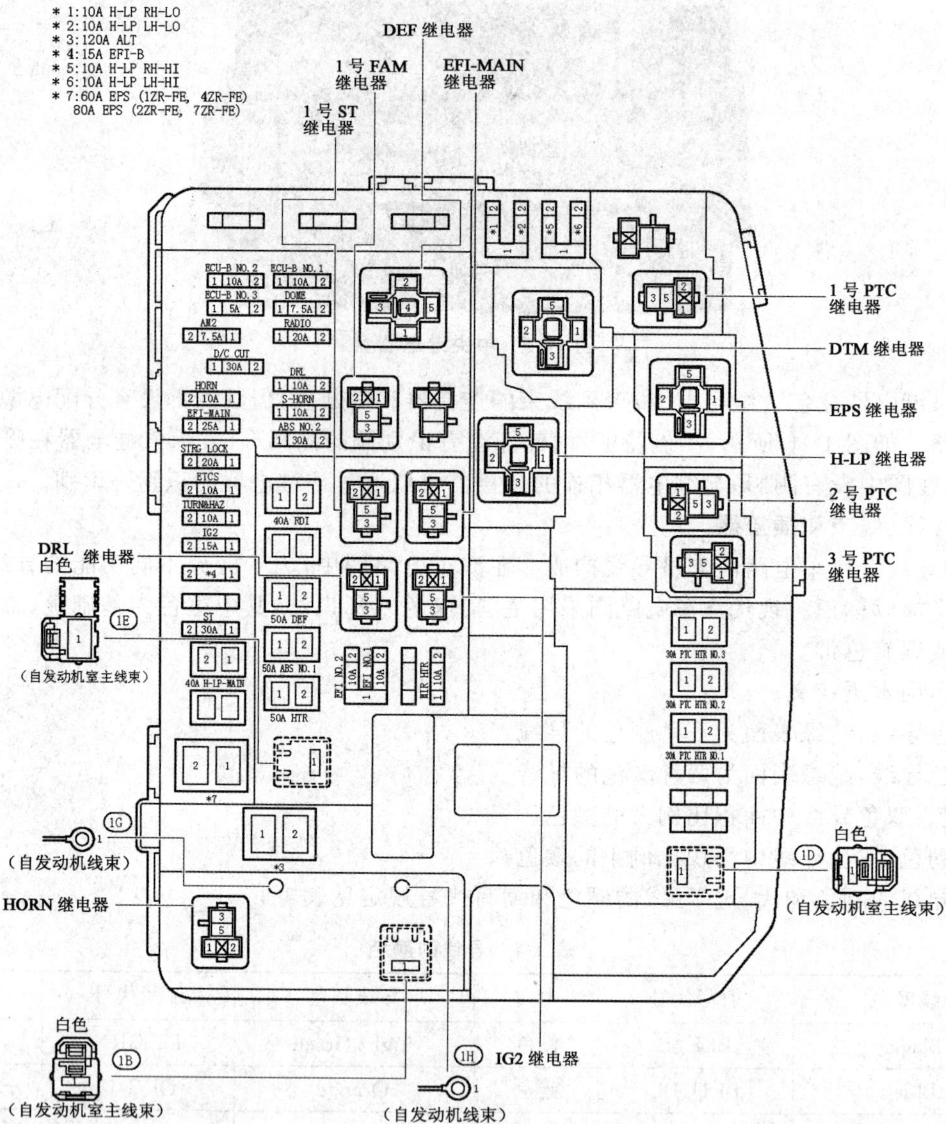

图 1-16　丰田轿车接线盒

③导线颜色的规定。常见导线颜色包括:单色导线(颜色由表 1-6 规定的一种颜色组成)、双色导线(颜色由表规定的两种颜色配合组成)。此外,搭铁线的电路图一般规定选用黑色导线来表示。

④导线截面积。根据工作电流的大小来选取。对于电流较大的用电设备,要求用截面积较大的电缆线,如起动机要求使用起动电缆线;对于一些小功率电器,其电流较小,如牌照灯电路,其导线的截面积不得小于 0.5 mm^2 以保证使用可靠性。

(2)线束。汽车上使用的导线数量极多,为便于走线,通常将同区域的导线用包扎材料缠绕成束,称之为线束,如图 1-17 所示。线束可以有效保护导线的绝缘,同时保持了车上的布线整齐。

(3)插接器。插接器又称为连接器,是导线与电气设备的接口,如图 1-18 所示。为了实现电路的可靠连接和检修方便,连接导线采用插接方式或压接方式,导线末端通常预装了冷压端子。插接器通常由塑料外壳与多个冷压端子组成,外壳上设有多重闭锁装置以防止脱落。由于汽车上的线束数量很多,连接关系较为复杂,线束与线束、分支与线束、或分支与电器之间都是通过插接器进行连接的。在汽车电路图上,应表示出每个插接器上有几条导线,每条导线位于插接器接线孔的什么位置,插接器的形状是什么样的。

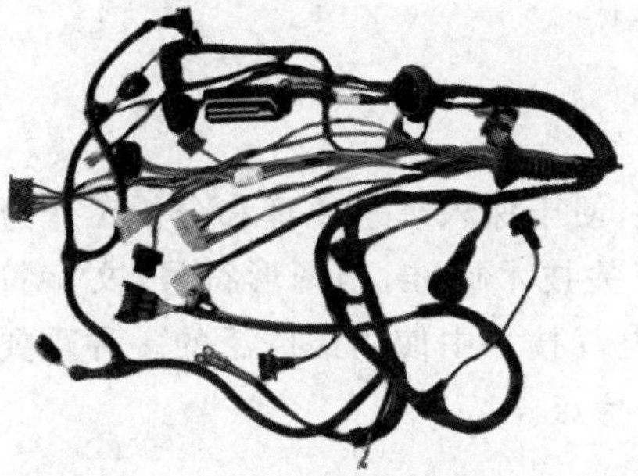

图 1-17　汽车线束

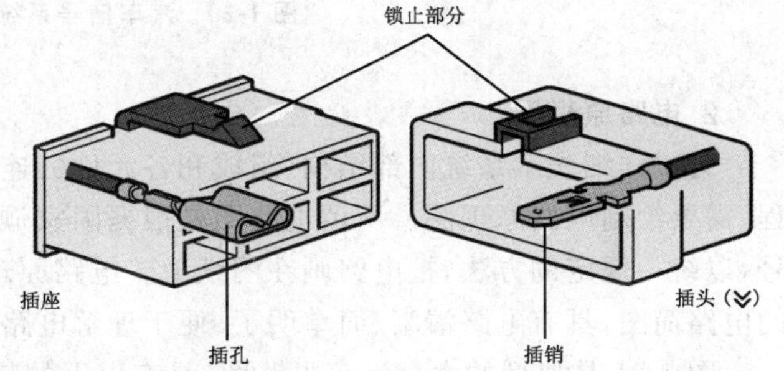

图 1-18　插接器

(三)汽车电路图类型

根据汽车电路图的不同用途,可绘制成不同形式的电路图,主要有原理框图、电路原理图、敷线图和线束安装图。

1. 原理框图

汽车电路比较复杂,为概略表示汽车电器系统或分系统的基本组成及其相互关系和主要特征,常采用原理框图。原理框图是从总体上来描述系统或分系统的,它是系统或分系统设计初期的产物,是依据系统或分系统按功能依次分解的层次绘制的。图 1-19 和图 1-20 是汽车全车电器系统的原理框图,其中图 1-20 是汽车信号系统展开的原理框图。

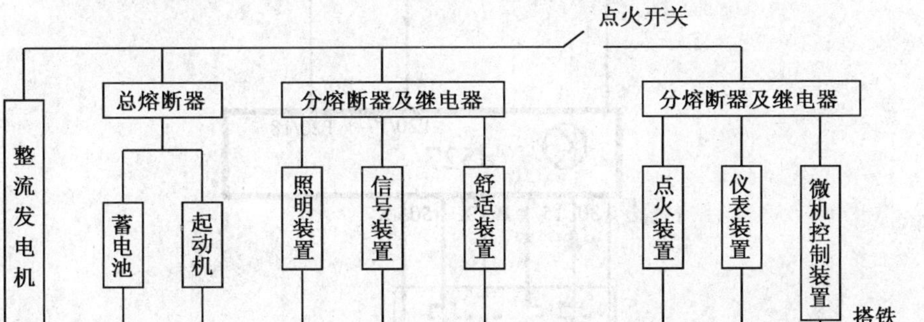

图 1-19　汽车全车电器系统原理框图

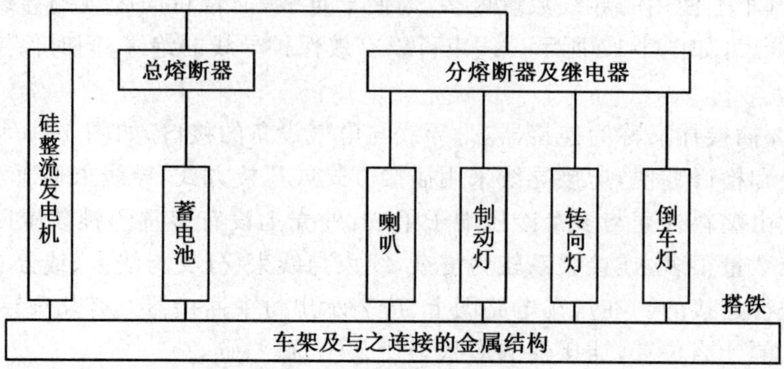

图 1-20　汽车信号系统原理框图

2. 电路原理图

为了详细表示系统内部结构、组成和各元件的连接关系，便于深入理解原理和分析工作过程，需要绘制电路原理图。所谓电路图是根据国家颁布的有关技术标准，用图形符号、文字符号，以统一规定的方法，把电路画在图纸上。电路原理图是电气技术中使用最广泛的一种重要的电路简图，具有电路清晰、简单明了、便于理解电路原理等特点。

图 1-21 是典型的大众汽车电路图，具有以下的特点：

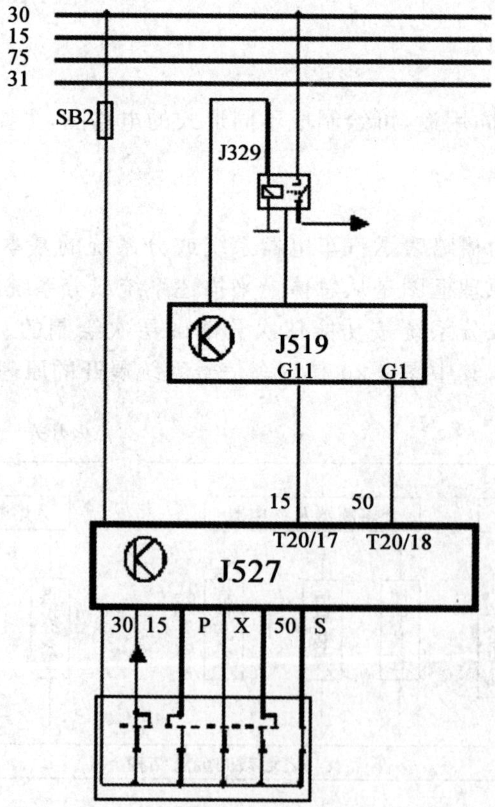

图 1-21　大众轿车电路图

①对汽车电路有完整的概念。既是一幅完整的系统电路图，又是一幅互相联系的局部电路图，重点、难点突出，繁简适当。

②图上建立起电位高低的概念。负极搭铁电位最低，用图中最下面一条导线表示；正极火线电位最高，用最上面的一条导线表示。电流方向按照从上到下，电流流向从电源正极→开关→用电器→搭铁→电源负极，节省了读图时间，提高效率。

③尽可能减少导线的曲折与交叉。调整位置，合理布局，图面简洁清晰图形符号照顾元件外形和内部结构，便于分析，易读、易画。

④电路系统的相互关联关系清楚。发电机与蓄电池间，各电路系统之间连接点尽量保持原位，熔断器、开关、仪表的接法与原图吻合。

3. 线束安装图

根据前面的介绍，现代汽车上广泛使用线束以节省车内空间、提高维修效率。因此，为了使电路图更接近于实际，常需要绘制线束安装图。线束安装图就是根据电气设备在汽车上的实际安装部位绘制的全车电路图，其特点是：把敷线图中同路的导线相对集中，形成电路图上的线束，如图 1-22 所示为丰田轿车线束图实例。

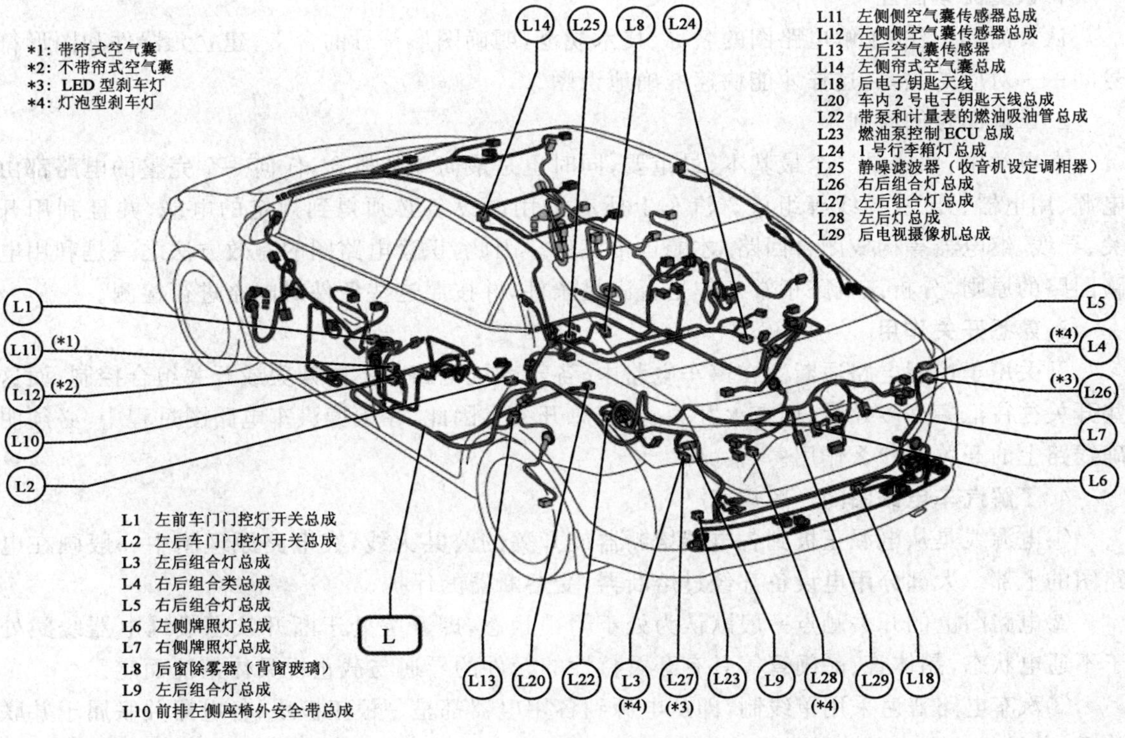

图 1-22　丰田轿车线束图

(四)各车系电路原理图的特点

1. 横坐标式电路原理图

大众车系电路原理图较多采用横坐标式。该模式的电路图在最下端通过编号坐标标注图中各线路的位置，各线路平行排列，每条线路对准下框线上的一个编号。图中一般不允许横向交叉跨度较大的走线，横向连接的走线采用断口标注的方式表示，即线路断口处标注出与之相连的另一段线路所在图中的位置编号。

2. 横纵坐标式电路原理图

该模式的电路图采用横纵坐标来确定电器在图中的位置，如奔驰汽车采用数字作横坐标，采用字母作纵坐标给电路定位。

3. 无坐标模块式电路图

无坐标并不是特点，此处将其归为一类主要为了和其他形式的电路图形成对比。目前采用此方式绘制电路图的汽车制造公司较多，如通用别克、本田、东风雪铁龙、富康、丰田、福特、宝马等。但各公司的具体电路表达方式和图形符号各有不同，读图时需参照相关电路图和图形符号列表来进行。

(五)电路图的识读方法

不同生产国家、不同车系的汽车，其电路图的绘制方法、符号标注、文字标注、技术标准各有不同。在学习汽车电路图识读过程中，通常遇到汽车电路图的画法存在较大差异的问题，对于初学电路图的人员造成一定困难。因此，必须掌握汽车电路图识读的基本思路和方法，学会识读不同车系的电路图。

1. 认真阅读图注

认真阅读图注，了解电路图的名称、技术规范，明确图形符号的含义，建立元器件和图形符号间一一对应的关系，这样才能快速准确地识图。

2. 掌握回路的原则

在电学中，回路是一个最基本、最重要，同时也是最简单的概念，任何一个完整的电路都由电源、用电器、开关、导线等组成。汽车上所有的用电设备必须得到规定的电能，并且利用开关、导线、继电器等构成闭合回路，才能正常工作。因此，识读电路图的有效方法之一是利用电路回路的原则，分析该电路正常工作是否满足条件，并按照这些条件对电路进行检测。

3. 熟悉开关作用

开关用于控制电路通断。在汽车电路中，各子系统电路由不同开关或开关组合控制，而这些开关往往汇集许多导线，如点火开关、车灯总开关。因此，在识读汽车电路图过程中，必须明确线路上的开关起什么作用。

4. 了解汽车电路图的一般规律

①电源线是从电源正极到各电器熔断器或开关的公共火线，在电路原理图中一般画在电路图的上部。大部分用电设备都经过熔断器，受熔断器的保护。

②电路图上的开关触点一般默认为处于闭锁状态，即开关处于断开状态或继电器线圈处于不通电状态，晶体管、晶闸管等具有开关特性的元件的导通与截止视具体情况而定。

③汽车电路普遍采用单线制，即从电源到各用电器都是一根正极线；各电器并联属于并联关系；负极线为公共线，即将蓄电池负极固定在车身上，整个车身就成为公共负极，称为负极搭铁。

④为更容易识读，通常将整车电路按功能及工作原理划分成若干独立的电路系统，便于分析和理解。汽车整车电路一般都按各子系统电路来绘制，如电源系统、起动系统、点火系统、照明与信号系统等。

5. 识图的一般方法

①将整车电路进行细化，把各子系统电路划分出来。

②分析各系统的工作过程、相互间的联系。在分析某个电器系统之前，要清楚该电器系统所包含各部件的功能、作用和技术参数等。在分析过程中应特别注意开关、继电器触点的工作状态，大多数电器系统都是通过开关、继电器不同的工作状态来改变回路，实现不同功能的。

③通过对典型电路的分析，达到触类旁通。许多车型汽车电路原理图，很多部分都是类似或相近的。因此，可以通过一个具体的例子，举一反三，对照比较，触类旁通，可以掌握汽车的一些共同的规律，再以这些共性为指导，了解其他型号汽车的电路原理，又可以发现更多的共性以及各种车型之间的差异。

(六)丰田车系电路图识读示例

1.丰田车系电路图常用符号

在丰田汽车电路图中，电器设备以及相关的电路部件是以字母和数字注出的端子号来表示的。读懂电路图的第一步是了解电路图常用符号和线路颜色。汽车电器电路图常用符号如表 1-5 所示。

表 1-5　丰田汽车电路图符号含义

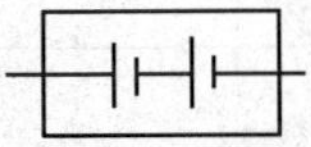	蓄电池		大灯 单灯线
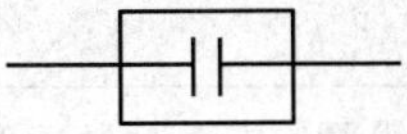	电容器		双灯丝
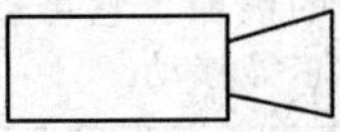	点火烟器		喇叭
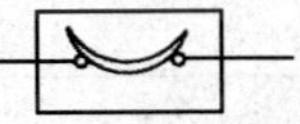	线路断电器：相当于一个重复使用的熔丝。如果通过电流过大，会变热并断开，某些断电器在冷却后自动接通，其余要手动接通	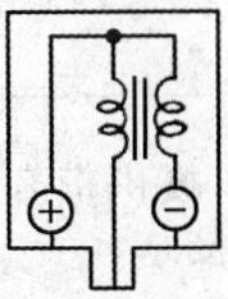	点火线圈
	二极管	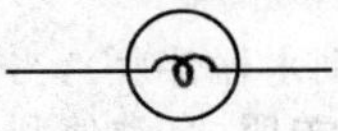	灯
	稳压二极管：允许单向电流通过，但在反向电流达到一个特定电压值时，它允许反射电流通过。它相当于一个简单的稳压器		发光二极管
			计量器(模拟式)
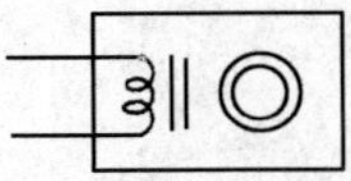	分电器、点火线圈一体化装置(ⅡA)：它能将点火线圈的高压电流引到各个火花塞上	FUEL	计量器(数字式)：电流激励了一个或多个发光二极管，电感电容二极管或荧光显示以提供相关图案或数字显示

续表 1-5

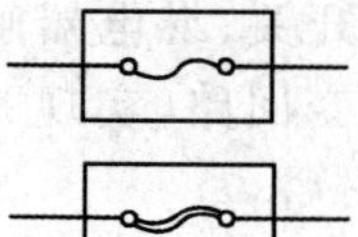	熔丝		电动机
	易熔线：装在强电流线路中的粗直径导线。由于超载而熔断，从而保护线路。其数字指示导线横截面的面积	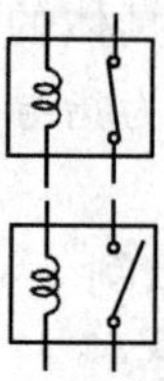	继电器 ①常开 ②常闭
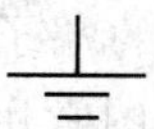	接地：线路接到机体的接点，从而为电路线路提供回路	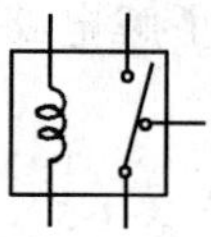	继电器（双掷）：使电路从两个触点中的任一个通过
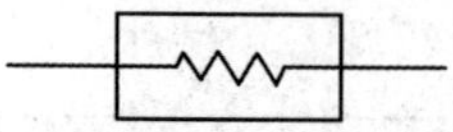	电阻		
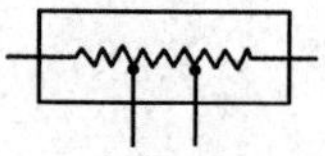	电阻（多抽头）：提供 2 个或 2 个以上的不同的不可调电阻值的电阻	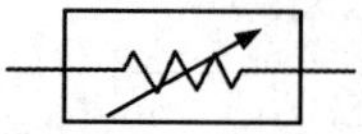	可变电阻
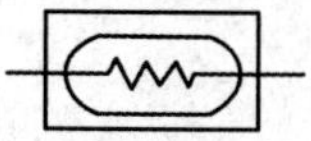	传感器（热敏电阻）：随温度的变化而改变电阻值的电阻	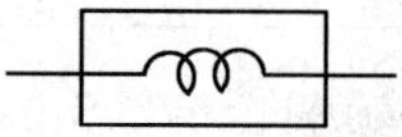	电磁线圈：电流通过能形成磁场的线圈。它可以使活动铁芯等移动
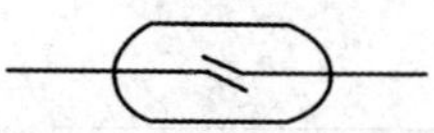	传感器（速度模拟）：用磁场脉冲打开并关闭某个开关，从而产生信号使其他零部件激活		扬声器
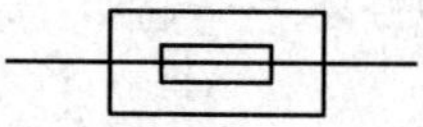	短销：用以提供带有接线盒的电路连接	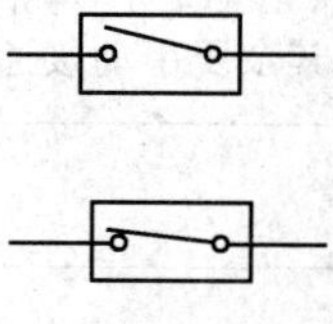	开关（机械式） ①常开 ②常闭
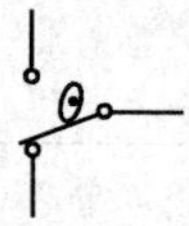	开关（刮水器停驻）：当刮水器开关关闭，自动使刮水器返回停止位置	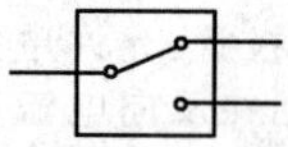	开关（双投）
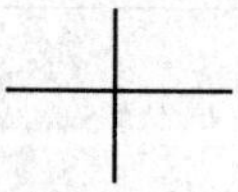 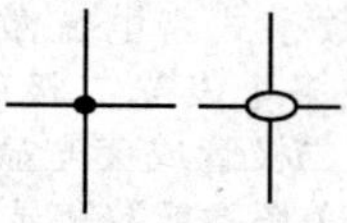	导线： 1. 不连接 导线总是画成直线，两线相交处无黑点即为两线不连接 2. 绞接 相交处有黑点或〇形记号是绞接点	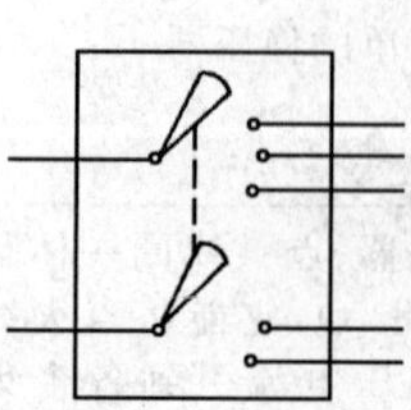	点火开关

2.丰田车系电路图识读示例

丰田汽车电路图识读示例如图 1-23 所示。通过识读电路图,明确各子系统的元件如何配合工作。在拆分出各子系统电路图的基础上,画出各子系统电路的电流走向,图中的部件、连

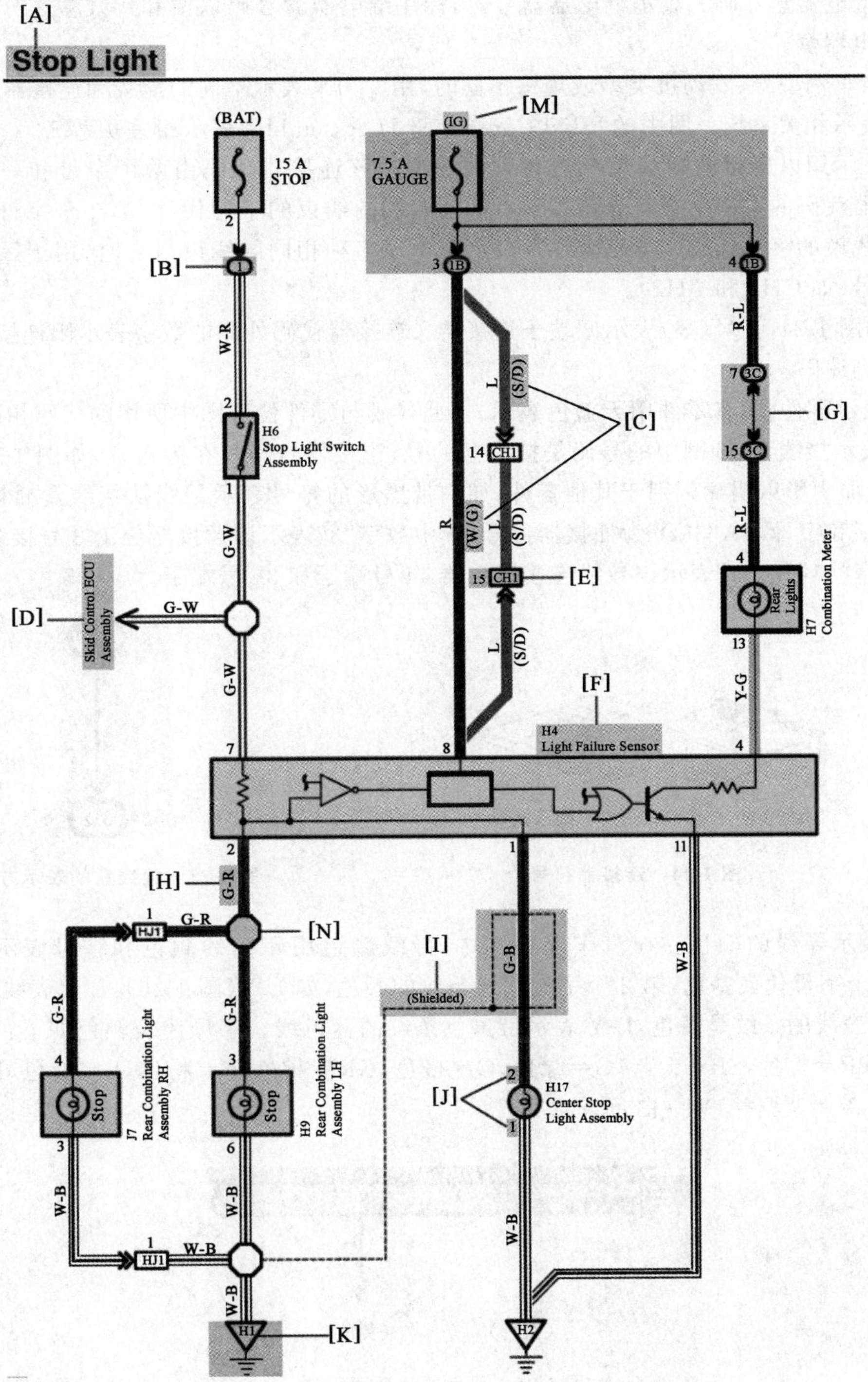

图 1-23　丰田汽车电路图示例

接器和导线都使用图解式的符号表示，通过电源正极和负极搭铁部分可以把不同的电路联系起来。以丰田卡罗拉轿车的制动灯电路为例，对丰田车系电路图标注进行说明。

[A]系统名称。在电路图上方用刻线划分区域内，用文字表示下方电路系统的名称。

[B] 继电器盒号码。表示继电器盒号码，标注继电器盒号码以便和接线盒区分，如①表示 1 号继电器盒。

[C]当车辆型号、发动机类型或规格不同时，用(　)来表示不同的配线和连接器。

[D]表示相关系统。图中的"Skid Control ECU Assembly"表示相关联系统。

[E]表示用以连接两根线束的连接器的代码。该连接器代码由两个字母和一个数字组成。连接器代码的第一个字符表示指示带阴连接器的线束的字母代码，第二个字符表示带阳连接器的线束的字母代码。第三个字符表示在出现多种相同的线束组合时，用于区分线束组合的系列号(如 CH1 和 CH2)。

注：如图 1-24，符号(≫)表示阳端子连接器。连接器代码外侧的数字表示阳连接器或阴连接器的引脚编码。

[F]表示零件(所有零件用天蓝色表示)。此代码与零件位置图中所用的代码相同。

[G]表示接线盒(圆圈中的号码是接线盒的号，连接器号码写在旁边)。如图 1-25 所示例子，接线盒加阴影以明显区别于其他零件，如用带黑影的符号表示导线从接线盒插接，圆线框中间的数字和字母"3A""3D"为插接器代号，其中数字"3"表示该插接器位于 3 号接线盒，圆线框外的数字"44"和"34"表示该导线连接插接器 44 号端子和 34 号端子。

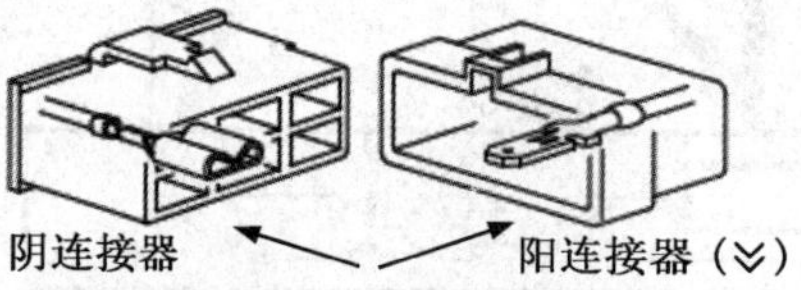

图 1-24　连接器符号

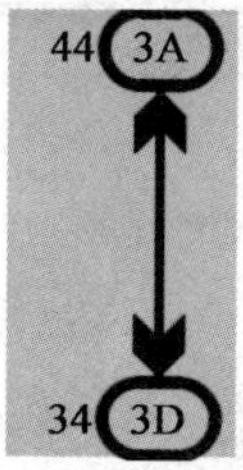

图 1-25　接线盒的表示方法

[H]表示导线的颜色。在汽车电路图中，导线颜色用印刷的颜色和字母表示(参考表 1-4)，第 1 个字母代表基色，第 2 个字母代表条纹的颜色，如 L-Y(图 1-26)：L 代表线的基色是蓝色，Y 代表线的条纹是黄色，L-Y 表示带黄色条纹的蓝色线。字母代表颜色如下：B＝黑色，Y＝黄色，BR＝棕色，SB＝天蓝，G＝绿色，O＝橙色，GR＝灰色，P＝粉色，L＝蓝色，R＝红色，LG＝浅绿，V＝紫罗兰，W＝白色。

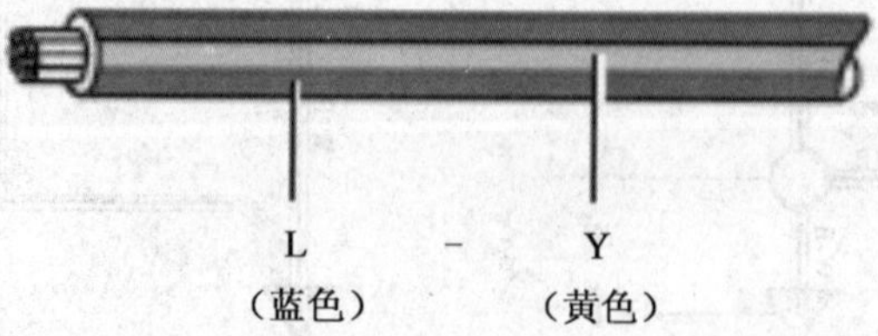

图 1-26　双色线代码表示法

[I] 表示屏蔽线。电路图中屏蔽用围绕导线的虚线表示。注意:检查有屏蔽的线路时,不要使用探针刺破绝缘层,以防信号线短路搭铁。

[J]插接器端子编号。用数字表示插接器端子号,可从插接器端子排列图中找到该端子的具体位置。插座各端子的编号从左到右排列,插头端子的编号则从右到左排列,如图 1-27 所示。

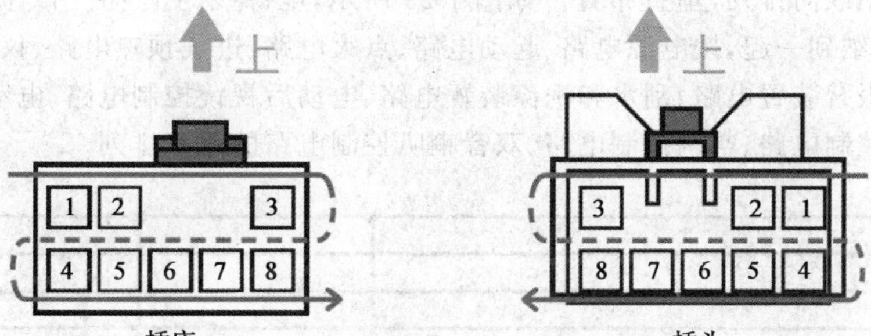

图 1-27　丰田车系插接器端子编号规则

[K]表示搭铁点。该代码由两个字符组成:一个字母和一个数字。该代码的第一个字符表示指示线束的字母代码,第二个字符表示在同一线束有多个搭铁点时作区别用的系列号。参考位置表,可以得到交接点的详细信息,如图 1-28 所示。

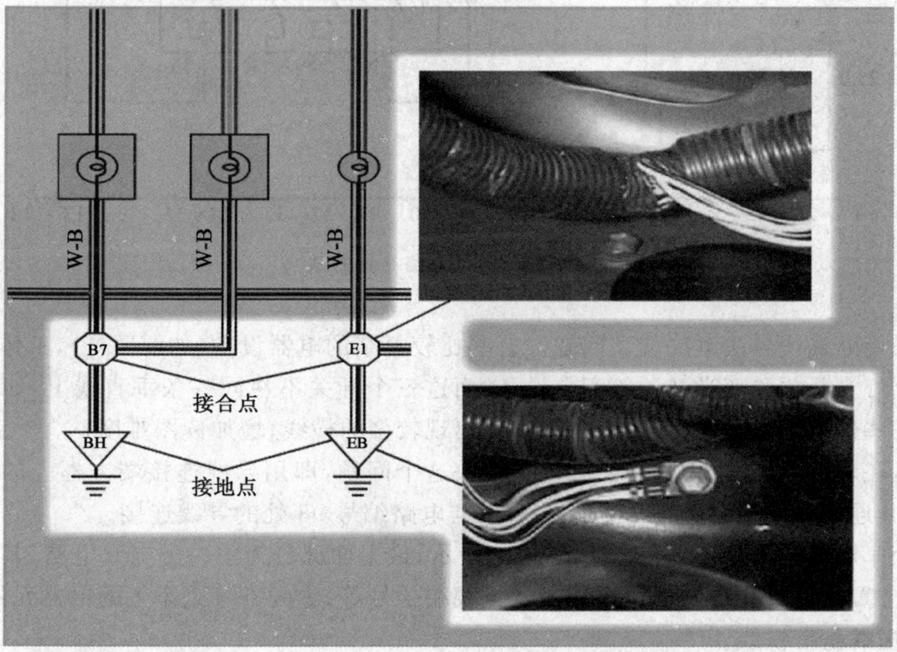

图 1-28　搭铁点分布

[L]表示页码。

[M]表示保险丝通电时的点火开关位置。

[N]表示配线接点。

(七) 大众车系电路图识读示例

大众车系的电路图包含电路图的结构、电路图符号说明、电路图、继电器位置和名称,熔断丝名称、容量及位置,中央电器盒上插头和线束的名称、缩写词等基本内容。

1. 大众车系电路图的特点

(1)电路采用纵向排列,垂直布置。如图 1-29 所示,电源线为上“正”下“负”,从左到右同一系统的电路归纳到一起,按电源电路、起动电路、点火电路、进气预热电路、仪表电路、灯光照明电路、信号与报警装置电路、刮水和洗涤装置电路、电动后视镜控制电路、电动车窗升降控制电路、集控门锁控制电路、空调控制电路、双音喇叭控制电路的顺序排列。

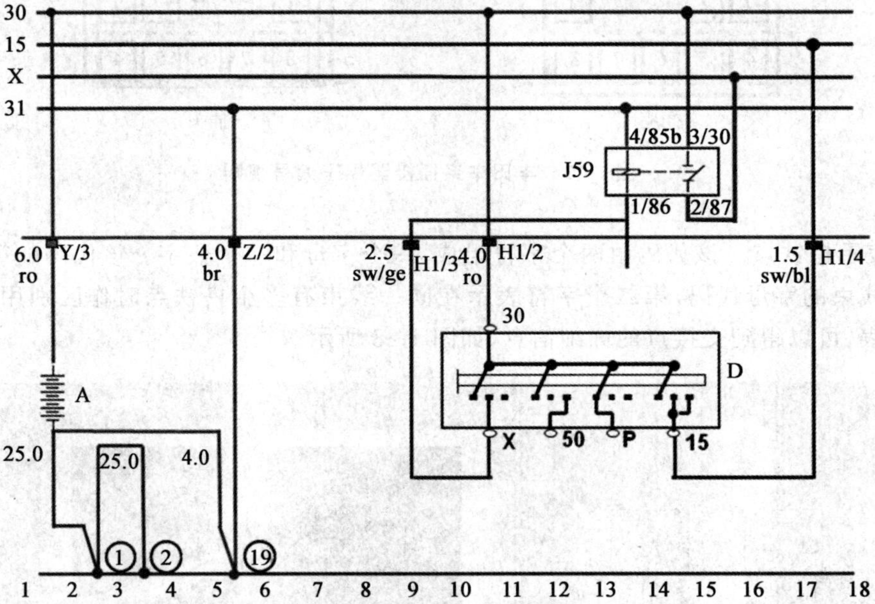

图 1-29 典型电路布置方法

(2)采用断线代号法解决交叉问题。有些比较复杂的电器设备(如前照灯),工作时要涉及点火开关、灯光开关和变光开关等配电设备,而这三个开关不在同一条垂直线上,如按传统画法,要画一些横线把它们连接起来,使图面上出现较多的横线,增加读图难度。

目前,在电路图中,采用“断线代号法”解决这个问题,即用导线连接端方框内的数字表明电路中与其连接导线的电路编号,如 98 表示与电路编号 98 处的导线连接。

(3)全车电路图分为三部分。如图 1-30 所示,最上面部分为中央配电盒电路,其中标明了熔断丝的位置及容量和继电器位置编号及接线端子号等,中间部分是车上的电器元件及连线,最下面的横线是搭铁线。

(4)整车电器系统正极电源分为三路。整车电气系统正极电源分为三路:标有“30”字样的电源线为常火线。直接与蓄电池相连接,中间不经过任何开关,不论汽车处于停车或发动机处于熄火状态均有电,其电压都等于电源电压(12～14 V)。

①“30”号电源线的电源专门供给发动机熄火时也需要用电的电器作用,如停车灯、报警灯、制动灯、顶灯、冷却风扇电动机等,如图 1-30 所示。

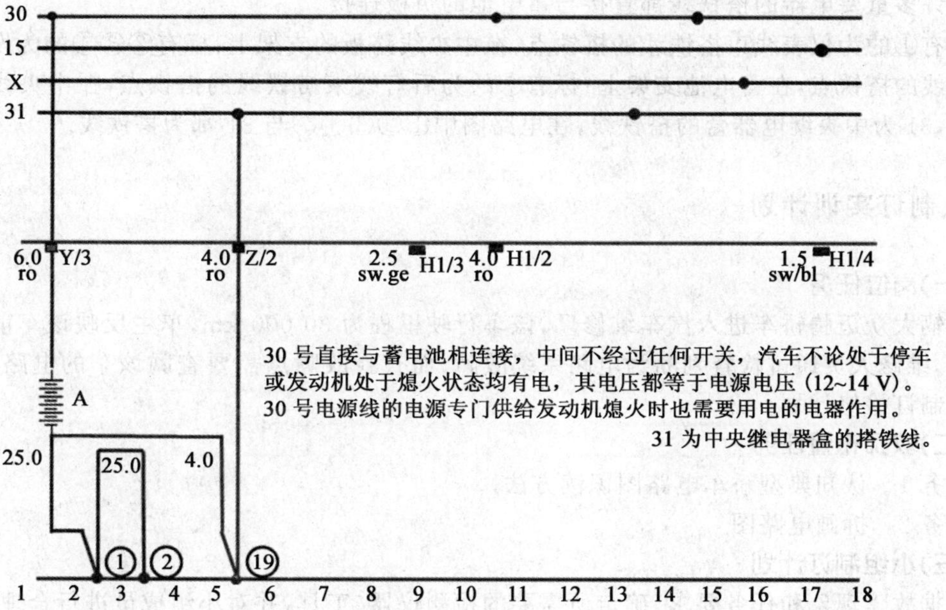

图 1-30　常电源线

②“15”字样的电源线为小容量用电设备的电源正极。“15”号电源线的电源受点火开关控制，只有在点火开关接通后，用电设备才能通电使用。

③“X”标号的为车辆起步运行中才接通的大容量电器用火线，即只有在点火开关接通、卸荷继电器触点闭合时，标号“X”电源线才有电，如图 1-31 所示。

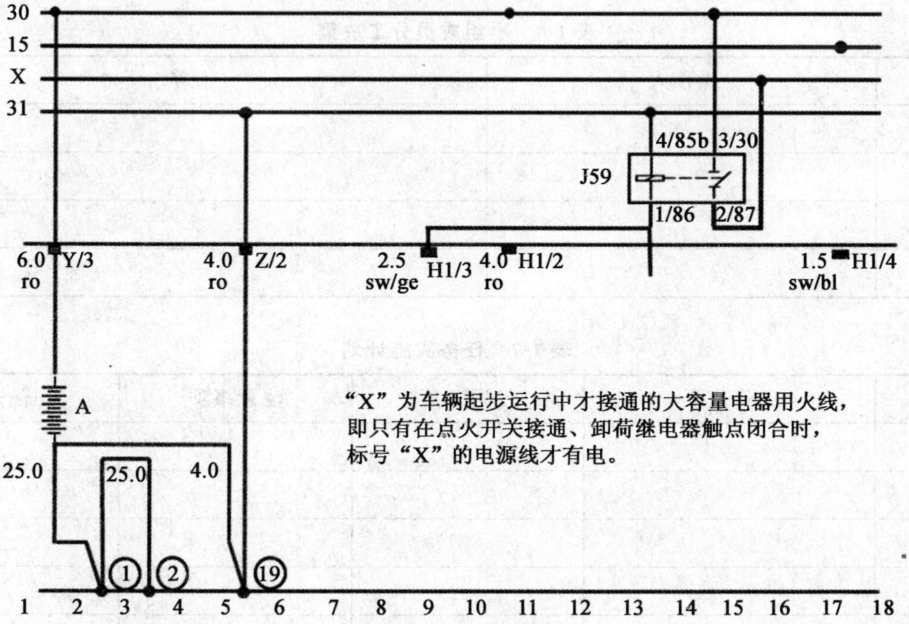

图 1-31　X 电源线

④许多重要电器的搭铁线都直接与蓄电池的负极连接。

标有①的为仪表线束搭铁线的搭铁点，在中央线路板的支架上；标有②③④的为发动机线束搭铁线的搭铁点，在蓄电池支架上；标有⑦的为后灯线束搭铁线的搭铁点，在中央线路板的支架上，31 为中央继电器盒的搭铁线，在电路图中①②③④⑦与 31 都为搭铁线。

二、制订实训计划

(一)岗位任务

一辆大众迈腾轿车进入汽车维修厂，该车行驶里程为 30 000 km，车主反映该车前照灯出现故障，维修人员通过检查判断为电路系统故障，而查找故障点需要查阅该车的电路图，根据电路图制订检修计划。

(二)教师布置任务

任务 1　认知典型轿车电路图识读方法

任务 2　拆画电路图

(三)小组制订计划

根据故障现象和任务要求，确定所需要的检测仪器、工具，并对小组成员进行合理分工，制定详细的诊断和修复计划。

1.需要的检测仪器、工具

控制单元若干，工具车两台，丰田轿车、大众轿车原厂电路资料，画图工具、纸张等。

2.小组成员分工

第一步，小组分组，每组由 4～6 名成员组成。

第二步，小组进行分工决策并计划，完成表 1-6 和表 1-7。

第三步，小组汇报计划，并根据教师建议进行修改和完善。

表 1-6　小组成员分工决策

序号	操作人	任务
1		
2		
3		
4		

表 1-7　任务实施计划

序号	工作步骤	使用工具	注意事项	操作人
1				
2				
3				
4				
5				

三、任务实施

第一环节:教师讲解并进行演示。

由辅导教师首先讲解丰田轿车、大众轿车等典型电路基本知识。教师展示原厂电路图资料,要求学生学会电路图识读与拆画。

第二环节:学生现场按照以下步骤实施任务。

第一步,读电路图,对照车辆上的电器设备,初步了解该汽车都装配了哪些电气设备。

第二步,通过电气设备的数码代号在电路图中找出该电气设备,在进一步找出相互连线、控制关系。

第三步,拆解电路图,画出各部分电路。

按照计划的内容进行部件测量,根据测量出的结果完成图例连线和表格的填写。

(1)点火开关完全断开,钥匙拔出点火锁时 30 和 P 连接,如图 1-32 所示。

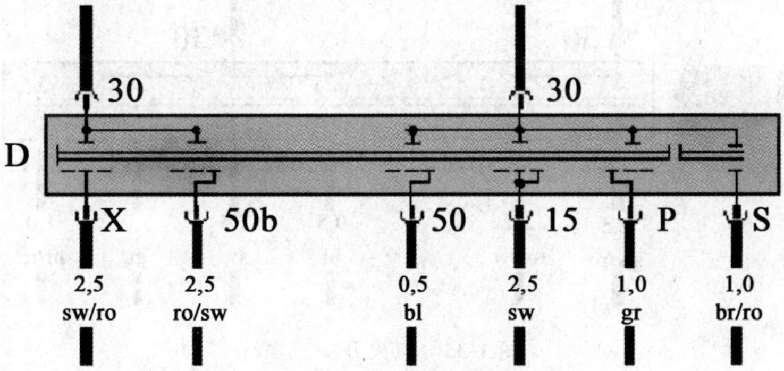

图 1-32　钥匙拔出

(2)点火开关从工作挡位拨回初始挡位,且不拔出钥匙时的状态 30 和 P、S 连接,如图 1-33 所示。

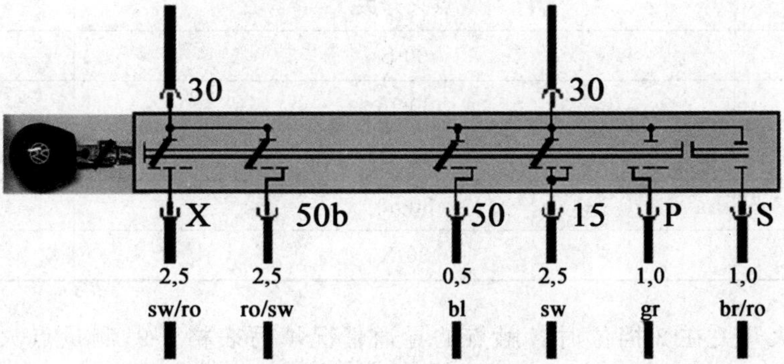

图 1-33　点火开关关闭

(3)点火开关打开到接通位置 2 挡时 30 和 15、S、X 连接,如图 1-34 所示。

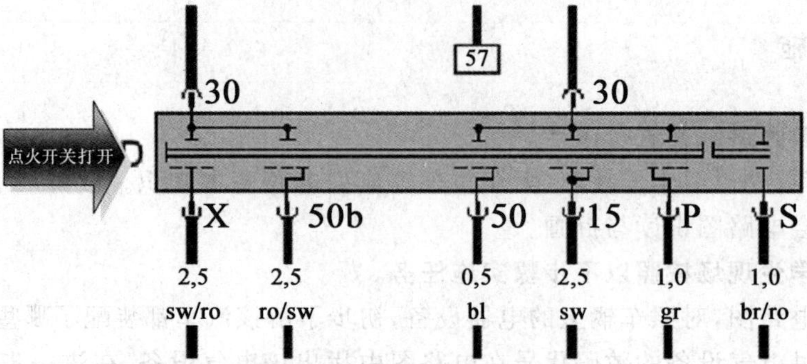

图 1-34 点火开关二挡

(4)点火开关打开到接通位置起动 3 挡时 30 和 15、S、X 连接,如图 1-35 所示。

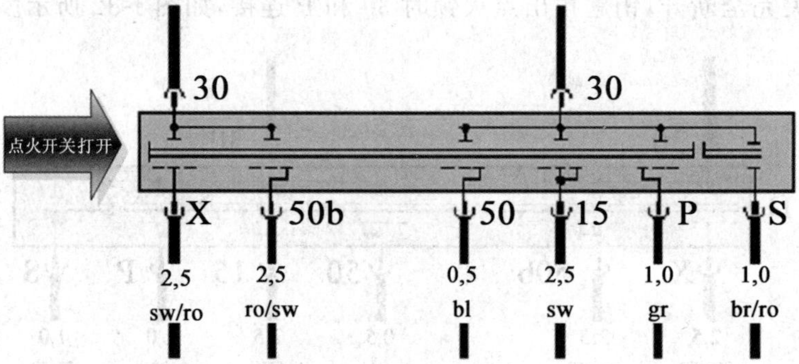

图 1-35 点火开关三挡

(5)根据点火开关在初始挡位时各触点的导通情况填写表格 1-8,测量点火开关各插头的电阻。

表 1-8

序号	点火开关	电阻
1	30-S	
2	30-15	
3	30-P	
4	30-50	
5	30-X	

(6)根据点火开关在 2 挡位时各触点的导通情况填写表格 1-9,测量点火开关各插头的电阻。

(7)根据点火开关在起动 3 挡位时各触点的导通情况填写表格 1-10,测量点火开关各插头的电阻。

表 1-9

序号	点火开关	电阻
1	30-S	
2	30-15	
3	30-P	
4	30-50	
5	30-X	

表 1-10

序号	点火开关	电阻
1	30-S	
2	30-15	
3	30-P	
4	30-50	
5	30-X	

第三环节：任务实施完成后，各小组负责清理工具和量具等，清洁地面卫生。

四、检验评估

通过汽车电路图认知、拆画、汽车电路检查，对任务进行评估，并记录在表 1-11 中。

检查汽车电路图认知与拆画任务实施工单的填写，对学生掌握情况进行评估。

(1)各组汇报工作过程与过程中遇到的问题，并说明解决方法。

(2)自评与互评。

(3)老师点评、总结：学生的参与度、学习态度、专业能力、关键能力。

(4)老师填写《汽车电路图的识读》学业评估表。

表 1-11　学业评估表

评价内容	检验指标	权重	自评	互评	师评	总评
知识与技能(60 分)	1. 能叙述汽车电路图的功用	3%				
	2. 能叙述电路图的类型	4%				
	3. 能叙述电路图的组成要素	8%				
	4. 能根据电路图拆分出各子系统	20%				
	5. 能在车上正确查找各电路组成	20%				

续表 1-11

评价内容	检验指标	权重	自评	互评	师评	总评
过程与方法（40 分）	1.学习态度：主动参与学习，遵守纪律	5%				
	2.团队合作：与小组成员分工合作，在小组完成任务过程中所起的作用	5%				
	3.获取信息：获取学习所需信息、资料的方法与途径	5%				
	4.方法能力：发现、分析、解决问题的方法与能力	10%				
	5.创新意识：积极思考，不断改进维修方案	5%				
	6.节能与环保意识：学习过程中注重节能，不污染环境	5%				
	7.现场管理：服从工位安排、执行实训室“5S”管理规定	5%				
对学生综合评价与建议						

思考与练习

1.汽车电路的类型主要有________、________、________。

2.汽车的电路图主要由________、________、________、________组成。

3.汽车电路图中，30 代表________；15 代表________；X 代表________；50 代表________；31 代表________。

4.大众系列轿车电路图有什么特点？

5.说明丰田系列轿车电路图识读方法。

任务 1.3 汽车电器设备检测常用工具

案例引入

学会分析汽车电路图之后，小李开始学习汽车电器设备的检查。但是，小李发现有些问题不知如何下手。比如，怎样测量汽车电器设备的电压、电阻、电流等数据？怎样判断线路的通断情况？因此，本单元开始讲解常见工具的功用和使用方法。

任务要求

1.了解常见电器设备检测工具的功用，能正确操作仪器工具。

2.学会使用工具对汽车电器设备进行检测。

3. 能正确辨别、判断、记录识别检测结果。

4. 熟悉汽车仪器设备的管理要求，自觉维护仪器工具。

一、知识学习

(一)常用检测工具介绍

1. 跨接线

跨接线是一种简单且有效的电路测试导线，其两端分别接有鳄鱼夹或不同形式的插头，具有多种样式，如图 1-36 所示。跨接线在汽车电器系统检测作业中有广泛应用，在汽车维修工具中应准备若干跨接线。

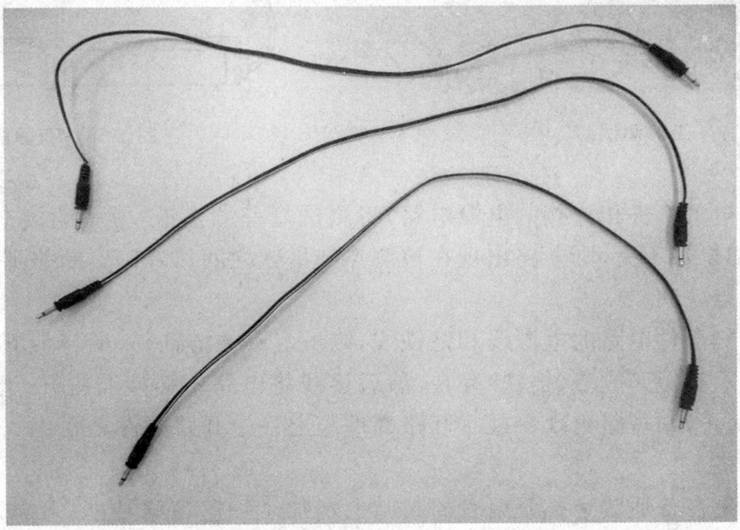

图 1-36　跨接线

跨接线最常见的使用方法是：通过短接故障元件两端，使故障元件被短路，产生不同的电流路径，重新构成回路。如果连接跨接导线后用电设备能工作了，表明短接跨过的电路部位存在断路故障。

跨接线使用时要注意两点：①不允许直接或间接的短路电源；②短接电路通断时会产生电火花，要注意防护。

2. 无源测试灯

测试灯由 12 V 试灯、导线、各种型号端头组成，如图 1-37 所示。它主要被用来检查系统电源电路是否给电气部件提供电源。

将 12 V 测试灯一端搭铁，另一端接电气部件电源接头。如灯亮，说明电气部件的电源电路无故障；如灯不亮，再接去向电源方向的第二个接线点，如灯亮，则故障在第一接点与第二接点之间，电路出现的是断路故障。如灯仍不亮，则再去接第三接点，依此类推，直到灯亮为止。故障在最后被测接头与上一个被测接点间的电路上，大多为断路故障。

如图所示，自带电源测试灯与 12 V 测试灯类似，二者的区别在于它在手柄内加装了两节 1.5 V 干电池。它用来检查电气电路断路和短路故障。

3.有源测试灯

如图 1-38 所示，自带电源测试灯与 12 V 测试灯类似，二者的区别在于它在手柄内加装了两节 1.5 V 干电池。它用来检查电气电路断路和短路故障。

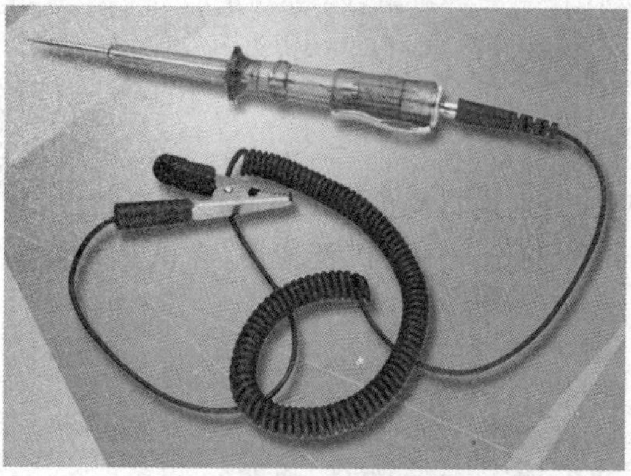

图 1-37　无源测试灯

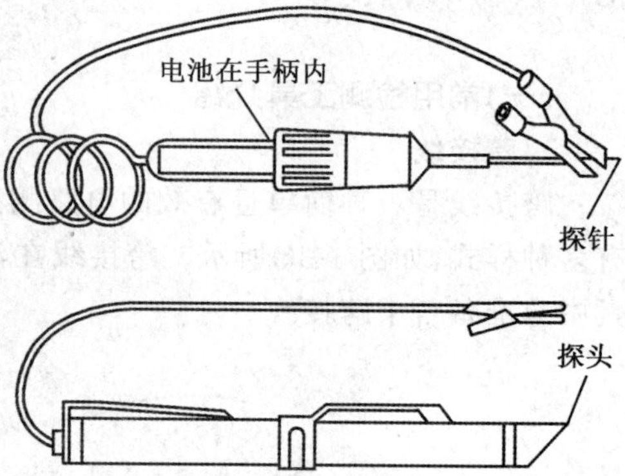

图 1-38　有源测试灯

首先断开与电气部件相连接的电源电路，将测试灯一端搭铁，另一端接电路各接点(从电路首端开始)。如果灯不亮，则断路出现在被测点与搭铁之间；如灯亮，断路则出现在此时被测点与上一个被测点之间。

首先断开电气部件电路的电源线和搭铁线，测试灯一端搭铁，一端与余下电气部件电路相连接，如灯亮，表示有短路故障(搭铁)存在，然后逐步将电路中插接器脱开，开关打开，拆除部件等，直到灯灭为止，则短路出现在最后开路部件与上一个开路部件之间。

4.汽车万用表

汽车万用表是在普通数字式万用表的基础上增加了一些特殊功能，可以对汽车某些特殊参数进行检测。

图 1-39　指针式万用表

(1)指针式万用表。如图 1-39 所示，其使用方法如下：

①使用前需调整校零旋钮，使指针准确指示在刻度尺的零位置。

②直流电压测量：将表笔插在"＋""＊"插孔内，将右边旋转开关旋至V⎓挡，左边旋转开关旋至直流电压相应量程上，再将表笔跨接在被测量电路两端即可。如指针反打，需将表笔对调测量。

③直流电流测量：将左边旋转开关旋至 AΩ 挡，右边旋转开关旋至电流相应量程上，然后将表笔串接在被测电路中，即可测量被测电路的电流。

④交流电压测量：将右边旋转开关旋至V~挡，左边旋转开关旋至交流电压相应量程上。交流电压的测量方法与直流电压测量方法相同。

⑤电阻测量:将左边旋转开关旋至 AΩ 挡,右边旋转开关旋至电阻相应流量程上。先将红、黑表笔短接调零,然后将表笔跨接在电阻两端即可测量出被测电阻的阻值。注意:测量电阻时,被测电阻必须与电路断开,否则测量结果不准确。

(2)数字式万用表。数字仪表是一种新型仪表,具有测量精度高,灵敏度高,速度快,数字显示等特点。20 世纪 80 年代后,随着单片 CMOSA/D 转换器的广泛应用,新型袖珍数字式万用表迅速得到普及,并在许多情况下逐步取代指针式万用表。下面以 UR89 系列数字式万用表为例,如图 1-40 所示,介绍其使用方法。

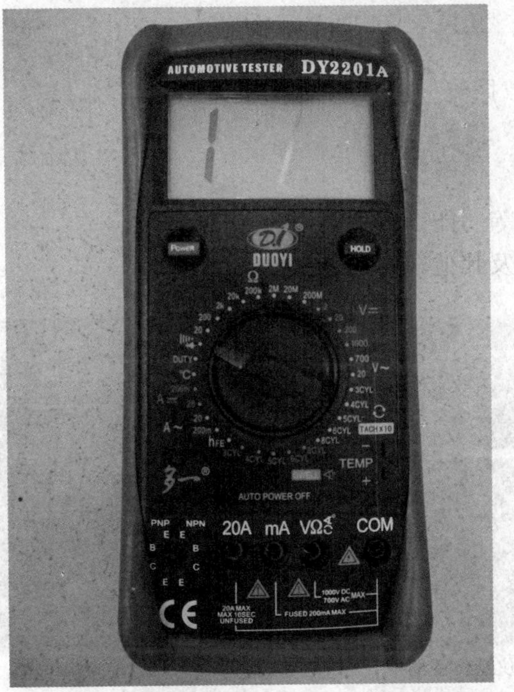

图 1-40　UR89 系列数字式万用表

其使用方法如下:

①直流电压挡的使用:量程开关置于“DCV”范围内合适的量程,将两表笔并联于被测电路两端,即可测量电流电压。若无法估计被测电压大小时,先拨到最高量程,然后再根据显示选择合适量程(在交、直流电压和电流测量中均应如此)。

②交流电压挡的使用:将量程开关置于“ACV”范围内合适的量程,将两表笔并联于被测电路,即可进行交流电压测量。

③直流电流挡的使用:将量程开关置于“DCA”范围内合适的量程,将两表笔串联在被测电路中即可进行直流电流测量。

④交流电流挡的使用:将量程开关置于“ACA”范围内合适的量程,将两表笔串联在被测电路中即可进行交流电流测量。

⑤电阻挡的使用:量程开关置于“OHM”范围内合适的量程,将两表笔接于被测电路两端即可测量电阻。

⑥hFE 挡的使用：将三极管对应的 3 个极分别插入“hFE”相应的插孔，如果插错，测量结果就不正确。

⑦电容挡的使用：将量程开关置于“CAP”挡，即可测量电容量。DT-890 型有 5 个电容挡，最大测量量程为 20 μF，最小测量量程为 2 000 pF，测量时可选择相应量程。

5. 解码仪

汽车解码仪(也称为“故障诊断仪”)是车辆维修的重要工具，如图 1-41 所示，一般有如下几项功能：

①读取故障码。

②清除故障码。

③读取发动机动态数据流。

④示波功能。

⑤元件动作测试。

⑥匹配、设定和编码等功能。

⑦英汉辞典、计算器及其他辅助功能。

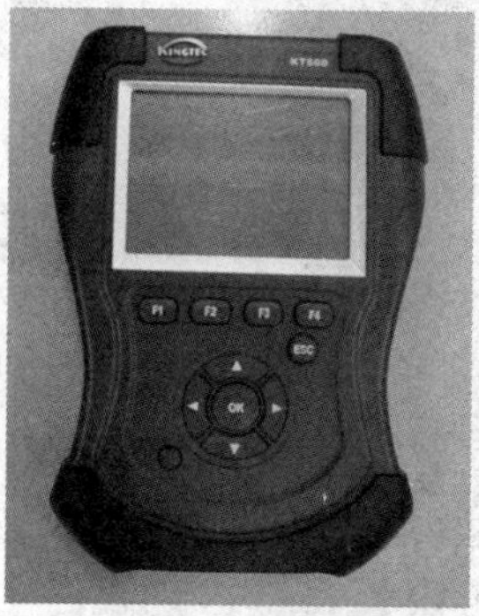

(a) 解码仪操作手柄

(b) 功能界面

图 1-41 汽车解码仪

汽车解码仪的使用方法如下：

①在车上找到诊断座；

②选用相应的诊断接口；

③根据车型，进入相应诊断系统；

④读取故障码；

⑤查看数据流；

⑥诊断维修之后清除故障码。

6. 汽车专用示波器

用于检测电子控制系统的传感器、执行器的输出电压信号波形，以图形的形式直观显示，便于查找电器系统的故障点，在汽车检测与维修领域有较广泛的应用。图 1-42 所示为金德 KT600 汽车专用示波器。

以电瓶测试为例，说明 KT600 基本使用方法。

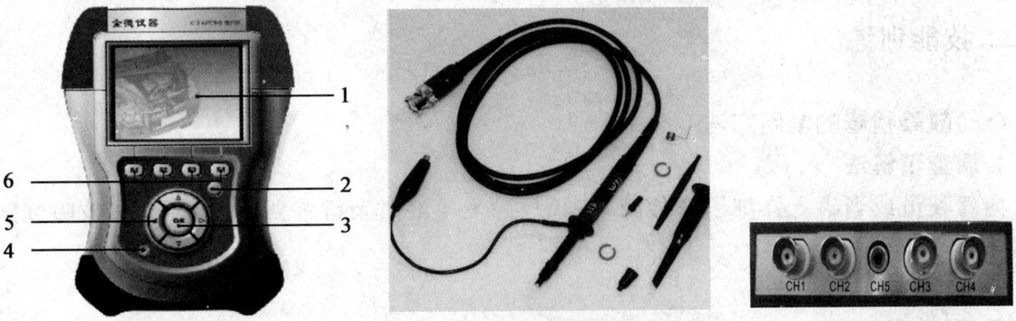

(a) 主界面　(b) 测试探头　(c) 测试通道

图 1-42　金德 KT600 示波器

1-触摸屏　2-ESC 键　3-OK 键　4-电源开关　5-方向选择键　6-多功能辅助键

第一步，连接 KT600。连接 KT600 和电源延长线，根据被测试车型的电瓶位置选择电瓶供电或者点烟器供电。将测试探头接入 CH1 端口，然后将测试探头上的小鳄鱼夹接蓄电池负极或搭铁，用测试探针接蓄电池正极。

第二步，按照以下测试步骤进行蓄电池测试：

①打开 KT600 电源开关；

②在金德仪器主菜单下按上下方向键选择“示波器”功能，按[ENTER]键确认；

③在汽车专用示波器菜单下选择“电气系统”，按[ENTER]键进入电气系统选择菜单；

④选择“电瓶测试”，按[ENTER]键确认，按照测试条件，屏幕将会显示波形。

(二)故障检修的步骤

第一步，验证用户的反映

将问题电路中的各个元件都通电试一试，看用户的反映是否属实，同时注意观察通电后的种种现象。在动手拆卸或测试之前应尽量缩小事故原因的设定范围。

第二步，分析电路原理图

在电路原理图上画出有问题的电路，分析一下电流由电源经开关到负载直到搭铁的路径，弄清电路的工作原理。每个电路图上都给出了熔断器、搭铁点或开关的相关电路的名称。对于在第一步程序中漏检的相关电路要试一下，对有问题线路的相关电路也应加以检查。如果相关电路工作正常，说明共用部分没问题，故障原因仅限于有问题的电路中。如果几条电路同时出故障，原因多半出在熔断器或搭铁线上。

第三步，检查问题集中的电路或部件

测试电路，验证第二步的推断。故障检修的快慢、成功与否关键在于排故次序要简单明了和清晰流畅。将系统故障诊断表中最有可能的原因找出来，优先测试，先查容易测试的电路。

第四步，进行修理

查到问题，进行必要的修理。

第五步，复查电路是否恢复

对电路再进行一次系统检查，验证问题是否已经解决。如果是熔断器发生了熔断，应对使该熔断器的每条电路都要测试，以找到造成短路的具体原因，并将其可靠消除。

二、技能训练

(一)故障检修的常用方法

1.调查了解法

向驾驶员或当事人详细了解故障现象、故障发生经过及维修要求,以便掌握故障判断的直接信息。

2.原理分析法

根据故障的现象,充分利用理论知识进行分析,在理论指导下进行实践。对维修人员来说,了解汽车全车电路,熟悉汽车电路的基本原理是汽车检测与维修的必备能力。

3.试灯检查法

如图1-43所示,将试灯一端的夹子夹在发动机机体或车架搭铁上,接通所测电路的控制开关,用测试棒从蓄电池开始按接线顺序,逐段向用电设备方向检查。若沿途试灯都亮,说明高电位各点的电路正常通路;若是在某点上灯熄灭了,则说明存在断路故障,断路处即在试灯亮与不亮之间的这段电路上。

4.电压测量法

用数字万用表的直流电压挡测量电压,将黑表笔用夹子夹在发动机机体或车架上,用红表笔逐段向用电设备方向检查。若表上指示数出现合理的电压值,说明沿途电路正常,否则有断路故障。断点就在有指示与无指示数两点之间的电路上。

5.电源短接提供法

如图1-44,将开关与待查电路脱离开,用导线直接为负载提供电源,依据用电设备是否动作来判断故障部位。

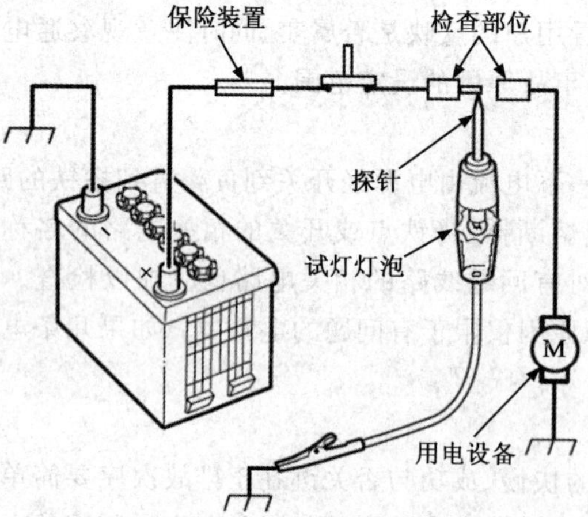

图1-43 试灯检验法

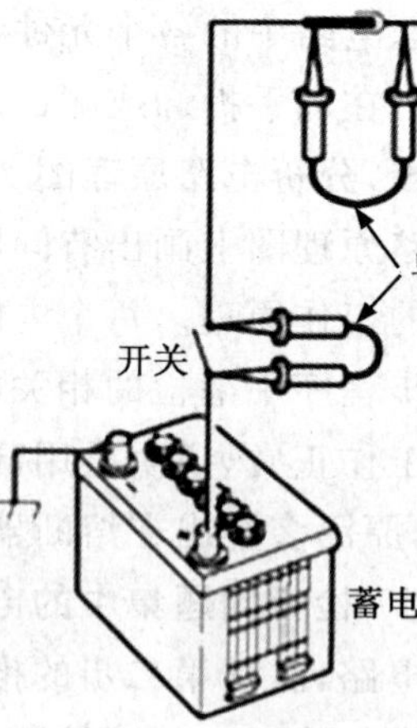

图1-44 电源短接供电法

6.警告灯判断法

仪表板上装有警告灯的车辆,可从警告灯的亮灭动作来判断故障位置。如图1-45所示,接通点火开关起动发动机时,所有警告灯应都亮几秒钟后再熄灭。若某个警告灯始终不亮,说明警告灯自身及电路有故障。行车过程中，正常情况下所有警告灯应熄灭，如果某个警告灯一直亮或持续闪烁，则说明电路有故障。

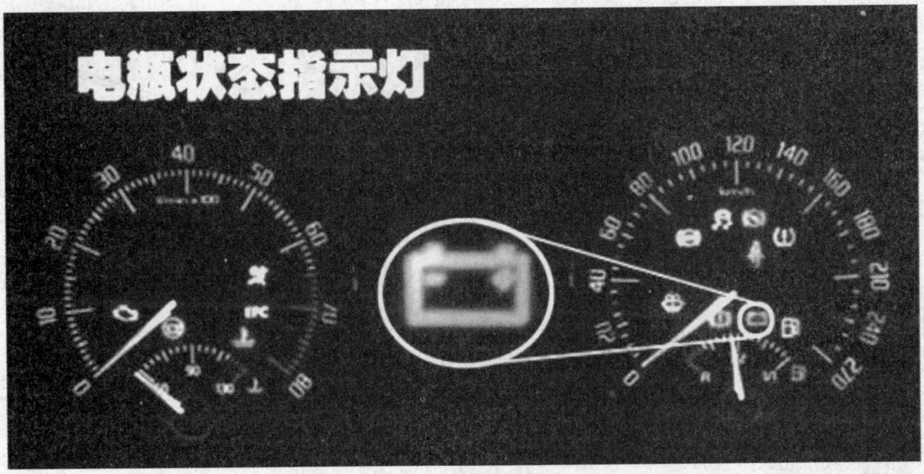

图 1-45　警告灯判断法

(二)故障修复方法

1. 插接器的拆装(图 1-46)

①断开蓄电池；

②打开锁闭件，摘下插接器；

③以专用工具伸入插接器孔中，压下端子上的锁止凸舌；

④用工具从正面顶出端子，将导线拆下；

⑤修理或更换端子。

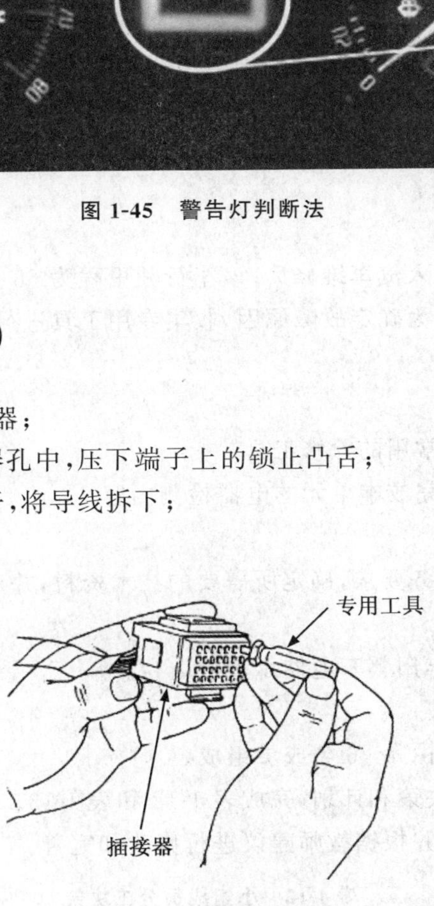

图 1-46　插接器的拆装

2. 焊接法维修导线（图 1-47）

①使用剥线钳将导线头部去掉 12.7 mm(1/2 英寸)的绝缘层；

②将热缩管套入较长的导线一侧，要确保热缩管的长度足够覆盖整个修理区；

③将导线的多股线搭叠放在插接器夹内；

④用专用压线钳将插接器和导线压在一起；

⑤使用电烙铁加热，辅以松香型焊锡丝，将连接处可靠焊接；

⑥移动热缩管，使连接点处于热缩管的中央位置，用热风枪加热连接处，直到热缩管收缩后紧紧封住导线裸露部位。

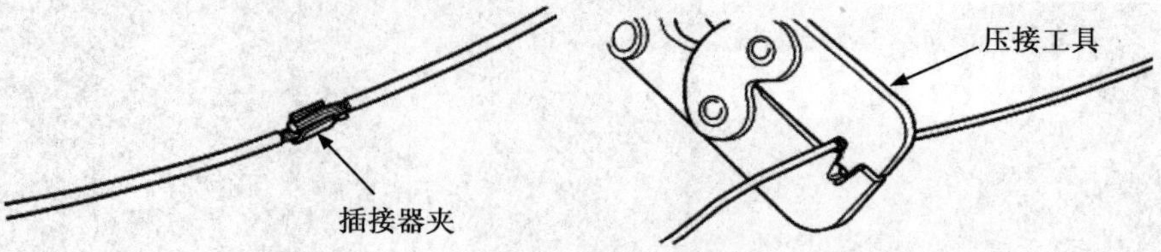

图 1-47 维修导线

3.部件更换

将故障明确的熔丝、继电器取下，使用同类型的元件替换。

三、制订检修计划

(一)岗位任务

一辆丰田凯美瑞轿车进入汽车维修厂，该车行驶里程为 65 000 km，车主反映该车最近出现起动困难故障。维修人员为确定故障原因，收集专用工具进行故障检测，根据检测结果决定下一步的工作。

(二)教师布置任务

任务 1 认知汽车电器常用的检修工具

任务 2 利用检修工具完成本单元的电器检测内容

(三)小组制订计划

请根据发动机类型和任务要求，确定所需要的技术资料，并对小组成员进行合理分工。

1.需要的技术资料

(1)常用工具 3 套；(2)丰田整车电器示教板 2 台。

2.小组成员分工

第一步，小组分组，每组由 4～6 名成员组成。

第二步，小组进行分工决策和计划，完成表 1-12 和表 1-13。

第三步，小组汇报计划，并根据教师建议进行修改和完善。

表 1-12 小组成员分工决策

序号	操作人	任务
1		
2		
3		
4		

表 1-13　任务实施计划

序号	工作步骤	使用工具	注意事项	操作人
1				
2				
3				
4				
5				

四、任务实施

第一环节：教师讲解并进行演示。

由辅导教师首先讲解任务实施的内容和步骤。按照实验台架上的实物、示教板上的实物来讲解电器检测设备的使用方法。

第二环节：学生现场按照以下步骤实施任务。

第一步，学生现场观察检测设备使用过程，并指出注意事项。

第二步，学生根据教师的指导意见，按照已制定的任务实施步骤完成本单元任务，利用汽车检测仪器和工具，完成表 1-14 的电器测量任务，并记录测量结果。

表 1-14　实施记录表

序号	工作内容	工具	结果
1	蓄电池电压		
2	灯泡电阻		
3	导线电阻		
4	大灯继电器电阻		
5	电路闭合时继电器电磁线圈电流		
6	电路闭合时灯泡电流		
7	继电器电磁线圈的电阻值		
8	继电器控制电路工作情况		
9	电路回路通断情况		

第三环节：任务实施完成后，各小组负责清理工具和量具等，清洁地面卫生。

五、检验评估

通过实际认知汽车电器常用工具的使用方法，对任务进行评估，并记录在表 1-15 中。

检查检修计划和任务实施工单，对学生掌握情况进行评估。

（1）各组汇报工作过程与过程中遇到的问题，并说明解决方法。

（2）自评与互评。

（3）老师点评、总结：学生的参与度、学习态度、专业能力、关键能力。

（4）老师填写《汽车电器常用工具的认知与使用》学业评估表。

表 1-15　学业评估表

评价内容	检验指标	权重	自评	互评	师评	总评
知识与技能（60 分）	1. 能叙述主要工具的功用	3%				
	2. 能叙述测量工具的使用方法	4%				
	3. 能正确使用工具	8%				
	4. 能用工具测量相关数据	20%				
	5. 能按照规范要求完成实训任务	20%				
过程与方法（40 分）	1. 学习态度：主动参与学习，遵守纪律	5%				
	2. 团队合作：与小组成员分工合作，在小组完成任务过程中所起的作用	5%				
	3. 获取信息：获取学习所需信息、资料的方法与途径	5%				
	4. 方法能力：发现、分析、解决问题方法与能力	10%				
	5. 创新意识：积极思考，不断改进维修方案	5%				
	6. 节能与环保意识：学习过程中注重节能，不污染环境	5%				
	7. 现场管理：服从工位安排、执行实训室“5S”管理规定	5%				
对学生综合评价与建议						

思考与练习

1. 电路跨接线主要用于________________。

2. 万用表主要的功能是____________、____________和____________。

3. 检测电脑时要用____________试灯。

4. 简述汽车电器系统的修复方法。

项目二 汽车电源系统的检修

任务 2.1 汽车蓄电池

案例引入

舅舅家修理厂来了一辆 2005 款捷达轿车,行驶 4 万 km,最近出现起动无力,隔夜时无法起动的现象。可能是什么原因导致的?大量维修案例表明,汽车无法起动的首要原因是蓄电池无电或损坏。

任务要求

1. 能够熟悉蓄电池的分类与功用;
2. 能够掌握铅蓄电池的结构组成及选用;
3. 能够正确拆装蓄电池;
4. 能够了解铅蓄电池的常见故障;
5. 能够掌握铅蓄电池的正确维护与检测方法。

一、知识学习

(一)汽车蓄电池的作用

(1)提供起动电流:蓄电池最重要的作用是发动机起动时,向起动系统和点火系统供电。其中,汽油发动机起动电流一般为 200~600 A;有些柴油发动机起动电流高达 1 000 A。由于起动电流大,每次起动汽车的时间总长要求不超过 5 s。

(2)备用电源:当发电机不发电或电压较低时,作为辅助电源向用电设备供电。

(3)储存电能:发动机正常工作时,当发动机转速较快,发电机将可能产生多余电能,这些电能可以输送到蓄电池,再由蓄电池将电能转换为化学能储存起来。

(4)稳定电压:蓄电池的正负极板可作为大容量电容器,可吸收电路中的电压波动,起到稳压作用,以防止过大的瞬时电压损坏用电设备。

(二)汽车蓄电池的类型

目前,汽车上使用最广泛的蓄电池主要有两大类:铅酸蓄电池和镍碱蓄电池。同时,由于当前环保法规的要求提高和能源危机的影响，电动汽车被认为是未来汽车技术的发展方向，电动汽车普遍以新型高能蓄电池作为动力源，而锂离子蓄电池是技术最为成熟的新型蓄电池。表 2-1 列出了各种蓄电池特点。

表 2-1　不同类型的蓄电池比较

类型	优点	缺点	使用车辆
铅酸蓄电池	结构简单；价格便宜；内阻小；电压稳定；可以短时间供给起动机强大的电流	比容量小；使用寿命相对较短	一般车辆
镍碱蓄电池	容量大；使用寿命长；维护简单；能承受大电流放电而不易损坏	活性物质导电性差；价格较高	使用时间长、可靠性高的车辆
电动汽车蓄电池	比容量大；无污染；充放电性能好；使用寿命长	结构复杂；成本高	电动汽车

铅酸蓄电池在内燃机汽车上有广泛应用，其优点包括：结构简单、价格较低、电池内阻小，并且可以短时间向起动机提供强大的起动电流。根据电池内部结构不同，铅酸蓄电池可分为：普通铅酸蓄电池、干荷铅酸蓄电池、湿荷铅酸蓄电池和免维护铅酸蓄电池（图 2-1）。各种铅蓄电池的特点见表 2-2。

表 2-2　各种铅酸蓄电池特点比较

类型	特点
普通铅酸蓄电池	新蓄电池的极板不带电，使用前需按规定加注电解液并进行初充电，初充电的时间较长，使用中需要定期维护
干荷蓄电池	新蓄电池的极板处于干燥的已充电状态，电池内部无电解液。在规定的保存期内，如需使用，只需按规定加入电解液，静置 20～30 min 即可使用，使用中需要定期维护
湿荷蓄电池	新蓄电池的极板处于已充电状态，电池内部带有少量电解液。在规定的保存期内，如需使用，只需按规定加入电解液，静置 20～30 min 即可使用，使用中需要定期维护
免维护蓄电池	使用中不需维护，可用 3～4 年不需补加蒸馏水，极柱腐蚀极少，自放电少

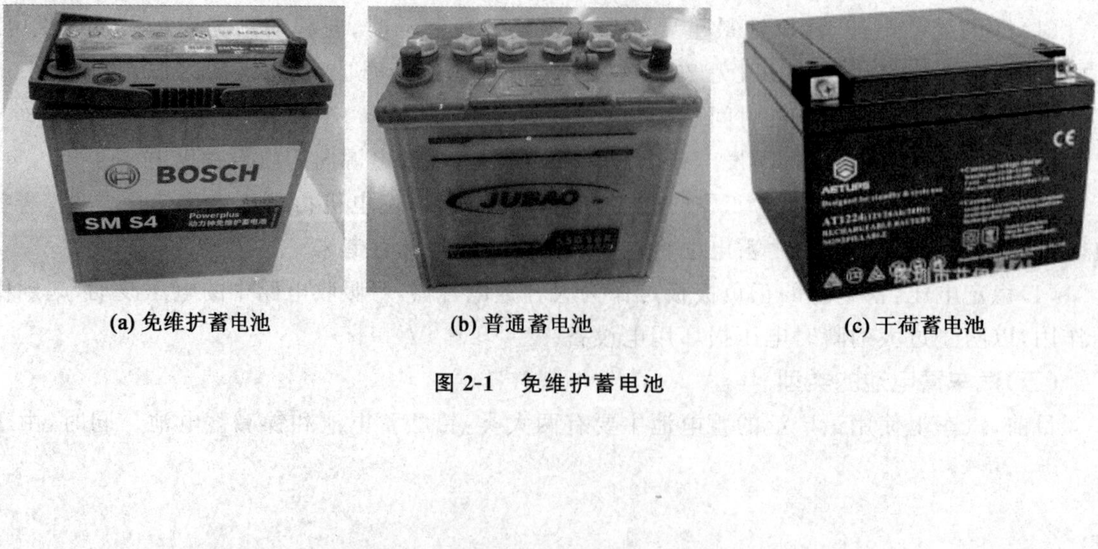

(a) 免维护蓄电池　(b) 普通蓄电池　(c) 干荷蓄电池

图 2-1　免维护蓄电池

(三)汽车蓄电池的结构与原理

起动型铅酸蓄电池通常由 3 个或 6 个单格电池串联而成，每个单格电池电压约为 2 V，串联成 6 V 或 12 V 以供汽车选用，如图 2-2 所示。铅酸蓄电池主要由极板、隔板、电解液、外壳、联条和极柱等组成，下面详细介绍各组成元件。

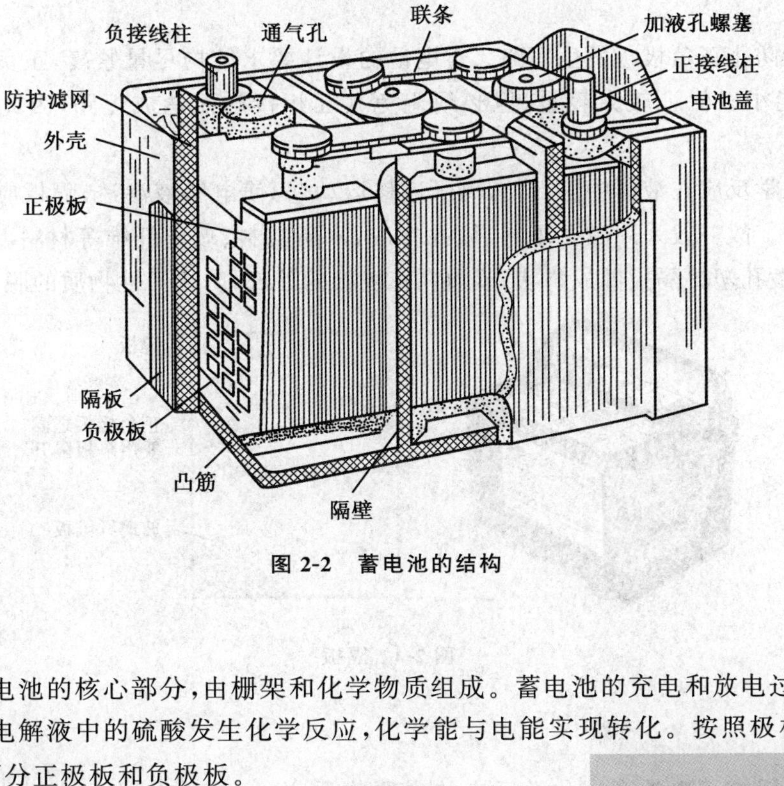

图 2-2　蓄电池的结构

1. 极板

极板是蓄电池的核心部分，由栅架和化学物质组成。蓄电池的充电和放电过程中，极板上的活性物质与电解液中的硫酸发生化学反应，化学能与电能实现转化。按照极板上活性物质的不同，极板可分正极板和负极板。

(1)栅架。栅架是活性物质的载体，并使极板成型。如图 2-3 所示。传统的极板栅架由铅锑合金浇铸而成，为提高栅架的机械强度并改善其浇注性能，加入一定比例的锑，其含量比例通常为 6%～8.5%。但锑对蓄电池使用寿命有一定影响，其原因是：锑会加速氢的析出而使电解液的消耗加剧，甚至会引起蓄电池自放电和栅架的膨胀、溃烂。因此，栅架正逐渐向低锑，甚至无锑的铅钙锡合金发展。

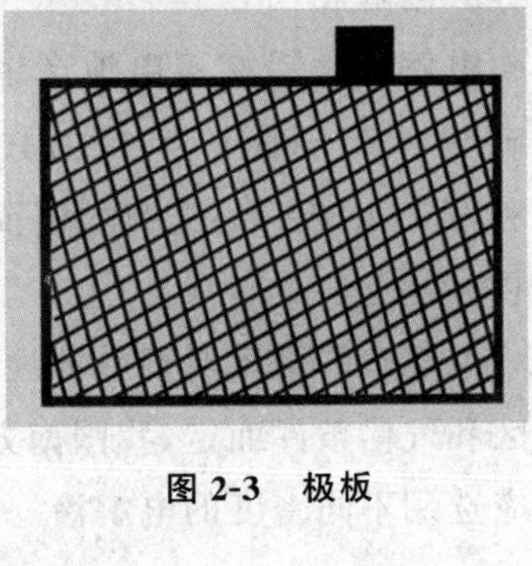

图 2-3　极板

(2)活性物质。活性物质就是极板上的工作物质，为蓄电池的充放电过程提供参与化学反应的离子。正极板上的活性物质为深棕色的二氧化铅(PbO_2)，负极板上的活性物质为青灰色的海绵状纯铅(Pb)。将一片正极板和一片负极板浸入电解液中，可得到2.1 V左右的电动势。为增大蓄电池容量，常将多片正、负极板分别并联，用横板焊接成正、负极板组。安装时，正负极板组相互嵌合安装，中间插入隔板后装入蓄电池单格内，便形成单格电池，如图2-4所示。

由于正极板活性物质比较疏松，且正极板处的化学反应比负极板上的化学反应剧烈，反应前后活性物质体积变化较大，为防止因正极板拱曲和活性物质脱落，在每个单格电池中，负极板的片数总比正极板多一片。

国产负极板的厚度为1.8 mm，正极板的厚度为2.2 mm。国外大多采用薄型极板，厚度为1.1～1.5 mm。薄型极板对提高蓄电池的比容量(极板单位尺寸所提供的容量)和改善起动性能都是很有利的。

2.隔板

隔板用于防止正负极板发生短路。蓄电池的设计要求结构尽量紧凑，正负极板之间的距离应该尽可能小以保证较大容量，但必须避免其互相接触而造成短路，因此采用隔板加以绝缘。

由于电化学反应在液体中进行，有离子迁移运动，为使电解液渗透，隔板应具有多孔性和良好的耐酸性。故一般采用微孔塑料、微孔橡胶、木质材料、玻璃纤维等材料，如图2-4所示。近年来，还将微孔塑料隔板做成袋状，紧包在正极板的外部，防止活性物质的脱落。

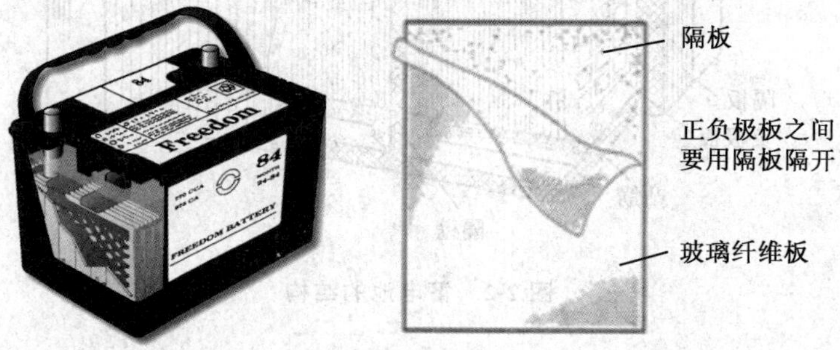

图2-4 隔板

3.电解液

电解液是铅酸蓄电池产生化学反应的主要物质之一，为电化学反应提供氢离子(H^+)和硫酸根离子(SO_4^{-2})。GB 4554—84规定，蓄电池的电解液由密度为1.84 g/cm^{3}的专用硫酸和蒸馏水按一定比例配制而成。配置时，严格要求把浓硫酸缓慢倒入蒸馏水中，并不断搅拌。

电解液的密度对蓄电池性能影响较大，密度一般为1.24～1.33 g/cm^3。电解液密度应随地区和气候条件而定，我国南方气温高，宜选用低密度电解液，北方全年温差变化大，夏季与冬季应选用不同密度的电解液。表2-3列出了不同地区和气温下的电解液的密度。

表 2-3 电解液密度与温度的关系

冬季气候条件	完全充足电的蓄电池 25℃时电解液的密度/(g/cm³)	
	冬季	夏季
温度低于−40℃地区	1.30	1.26
温度高于−40℃地区	1.28	1.25
温度高于−30℃地区	1.27	1.24
温度高于−20℃地区	1.26	1.23
温度高于 0℃地区	1.24	1.23

4. 外壳

外壳用来盛放电解液和极板组，并使蓄电池构成一个整体。外壳的材料有硬质橡胶和聚丙烯塑料两种，由间壁将其分为 3 个或 6 个相互分离的单格，底部有凸起的筋条支撑极板组，凸筋之间的空间用来容纳极板脱落的活性物质，以防极板短路，如图 2-5 所示。

5. 联条

由于单格电池为 2 V，通常需要将 6 个单格电池串联以产生 12 V 电压。在汽车蓄电池中，通常用联条将各单格电池串联连接，如图 2-6 所示，一个单格电池的正极桩与相邻单格电池的负极桩采用联条焊接。

图 2-5 外壳

图 2-6 联条

联条连接方式通常有外露式、内部穿壁式或跨接式等，如图 2-7 所示。

为减少蓄电池内阻和质量，现代蓄电池上采用单格电池直接联条。各个单格电池的极板连接条通过单格电池间壁以最短的距离相互连接，这样可减少由于外部影响造成短路的危险。

6. 极柱

极柱的作用是将蓄电池的电压引出。按照极性不同，分为正极柱和负极柱。正极柱从第一个单格电池的正极板引出，负极柱从最后一个单格电池的负极板引出，正负极柱的标准电压为 12 V。为便于识别正负极柱，通常蓄电池极柱的上方或旁边标刻有“＋”“－”标记，或者在正极桩上涂红色油漆，如图 2-8 所示。

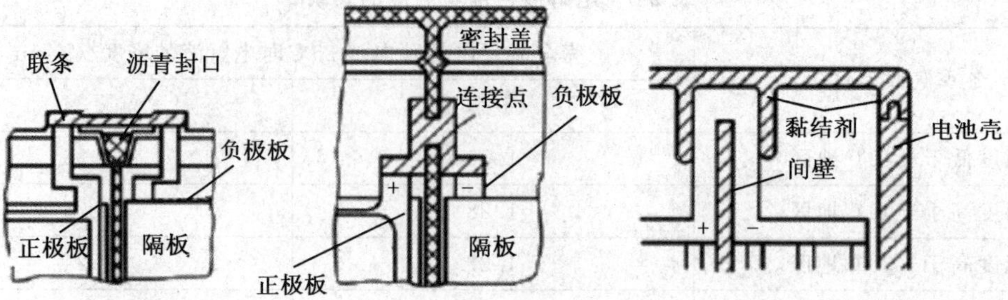

外露式 内部穿壁式 跨越式

图 2-7 联条连接方式

图 2-8 极柱

7. 加液孔盖

对于普通蓄电池，在蓄电池盖上，对应于每个单格的顶部都有一个加液孔，可以用来检查液面高度和测量电解液的相对密度，正常使用时加液孔盖应处于拧紧状态。平时拧装一个螺塞，螺塞上有一个通气小孔，蓄电池使用时应保持其畅通，以便随时排出蓄电池内化学反应放出的氢气（H_2）和氧气（O_2），防止外壳胀裂和发生事故，如图 2-9 所示。

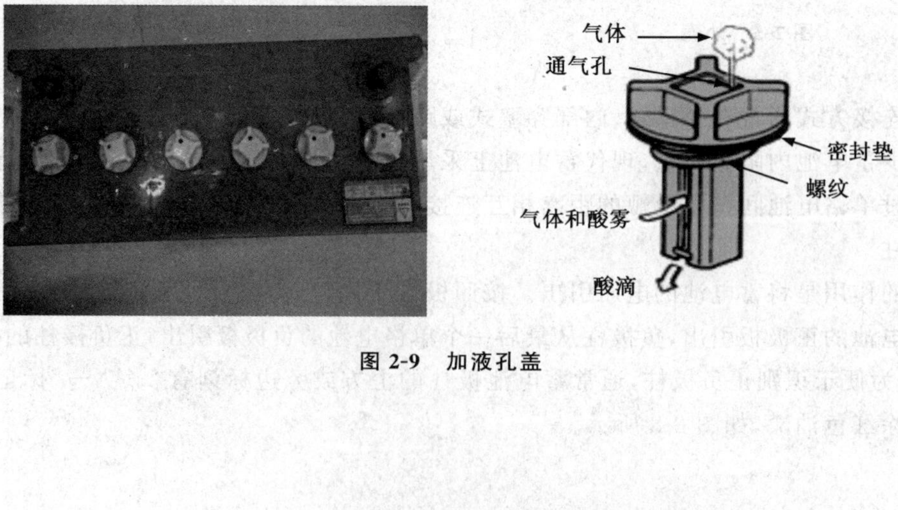

图 2-9 加液孔盖

(四)铅酸蓄电池的工作原理

蓄电池工作过程是利用极板活性物质与电解液发生化学反应以实现电能和化学能的转化，分为充电和放电两个过程。蓄电池工作原理如图 2-10 所示，化学反应过程见式子(2.1)。当铅蓄电池接通外电路负载放电时，正极板上的 PbO_2 和负极板上的 Pb 都变成了 $PbSO_4$，电解液中的硫酸变成了水。充电时，正极板上的 Pb、SO_4 分别恢复成原来的 PbO_2 和 Pb，电解液中的水变成了硫酸。

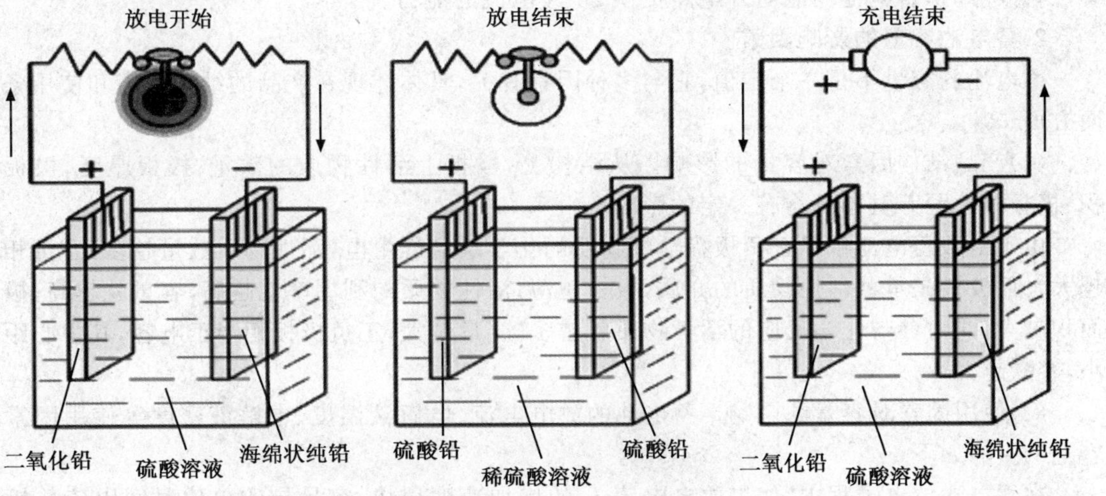

图 2-10　铅酸蓄电池工作原理

蓄电池的化学反应方程式：

$$PbO_2 + 2H_2SO_4 + Pb \underset{\text{充电}}{\overset{\text{放电}}{\rightleftharpoons}} 2PbSO_4 + 2H_2O \tag{2.1}$$

(五)蓄电池容量及其影响因素

1.蓄电池容量

蓄电池容量用于表示蓄电池对外供电的能力，其定义是：蓄电池在完全充足电的情况下，在允许放电的范围内对外输出的电量。

蓄电池容量有多种规定，其中常见的包括：理论容量、实际容量、额定容量、储备容量、起动容量等。以下重点介绍额定容量和储备容量。

(1)额定容量。GB 5008.1—91《起动用铅酸蓄电池技术条件》规定：完全充足电的新蓄电池在电解液温度为(25±5)℃的条件下，以 20 小时放电率的放电电流(即 $0.05C_{20}$)连续放电至单格电池平均电压降到 1.75 V 时，输出的电量称为蓄电池的额定容量，用 C_{20} 表示。额定容量的单位为安时(A·h)。

额定容量可按式子(2.2)计算。

$$C = I_f \cdot t_f \tag{2.2}$$

式中，I_f 为放电电流，t_f 为放电时间。

利用额定容量的计算式可判断电池是否符合技术标准要求。例如，6-QA-80 型蓄电池以

4 A(0.05C_{20}=0.05×80=4 A)的电流连续放电至单格电池平均电压降到1.75 V时,若放电时间大于等于20 h,则其容量$C=I_f \cdot t_f \geqslant 80$ A·h,达到了额定容量,为合格产品;若放电时间小于20 h,则为不合格产品。

(2)储备容量。GB 5008.1—91《起动用铅酸蓄电池技术条件》规定:完全充足电的新蓄电池在电解液温度为(25±5)℃的条件下,以25 A电流连续放电至12 V蓄电池电压降到(10.5±0.05) V时,放电所持续的时间,计量单位为min。储备容量用于表达在汽车电源系统出现故障时,蓄电池尚能对外电路提供25 A电流的能力。

2.蓄电池容量的影响因素

蓄电池的容量不是一个定值,它与多种因素有关,具体体现在产品的结构因素和使用条件两方面。

(1)产品结构因素对容量的影响。从结构上,极板上活性物质的数量、极板厚度、极板面积、极板中心距等对容量均有一定的影响。

由于铅酸蓄电池依靠正负极板活性物质的化学反应产生电,活性物质数量越多,容量相应越大。而极板是承载活性物质的介质,极板越薄,活性物质的利用率就越高,容量就越高;极板面积越大,同时参与化学反应的活性物质就越多,容量越大;正负极板相当于电容,其中心距越小,容量越大。

(2)使用因素对容量的影响。蓄电池的放电电流、电解液温度、电解液密度等使用因素对容量的影响如下:

在蓄电池放电过程中,如果放电电流I_f的增加速度很快,容易导致单位时间内硫酸铅的生成量迅速增多,其结果是极板孔隙堵塞,使活性物质利用率低,从而导致电池容量变小。因此,从使用角度分析,发动机起动时间一般不应超过5 s,再次起动时间间隔15 s以上。

当蓄电池温度降低时,电解液的黏度随之增大,而导致离子渗入极板困难,使活性物质利用率低而导致蓄电池容量降低;与此同时,随着电解液黏度的增大,蓄电池内阻增大,而导致内压降增高,端电压值减少,使容量进一步减小。因此,冬季用车注意对蓄电池保暖,以保证其有足够的容量。

电解液密度对蓄电池容量有较大影响,其原因是:电解液密度增高,电离的离子增加,电动势有所增大,而使蓄电池的容量C增大。但是如果电解液过高,硫酸的黏度增大,导致蓄电池内阻增大,导致蓄电池容量降低。因此,在保证电池容量的前提下,电解液密度应适量偏稀。

(六)蓄电池的型号

按机械工业部颁发的JB 2599—93《铅蓄电池产品型号编制方法》标准规定,铅蓄电池的型号分为三部分,见表2-4:

表2-4 铅蓄电池的规格型号

第一部分	第二部分		第三部分	
串联的单格电池数	蓄电池的类型	蓄电池的特征	蓄电池的额定容量	蓄电池的特殊性能
用阿拉伯数字表示	用大写的汉语拼音字母表示	用大写的汉语拼音字母表示	20小时放电率的额定容量,单位为A·h	用大写的汉语拼音字母表示

其中,蓄电池类型采用其用途加以划分。如"Q"表示起动用蓄电池;"M"表示摩托车用蓄电池;而"N"表示内燃机用蓄电池。蓄电池特征部分,当产品同时具有两种特征时,原则上按

表2-5顺序将两个代号并列标示。

表2-5 铅蓄电池特征代号

序号	产品特征	代号	序号	产品特征	代号	序号	产品特征	代号	序号	产品特征	代号
1	干荷电	A	4	少维护	S	7	半密闭式	B	10	激活式	I
2	湿荷电	H	5	防酸式	F	8	液密式	Y	11	带液式	D
3	免维护	W	6	密闭式	M	9	气密式	Q	12	胶质电解液	J

蓄电池的特殊性能部分，置于型号的末尾。如G表示薄型极板的高起动率蓄电池，S表示采用工程塑料外壳、电池盖及热封工艺的蓄电池。

(七)汽车蓄电池的充电

1.充电方法

蓄电池的充电必须根据不同的情况选择恰当的方法，并且正确使用充电设备，以提高工作效率，并延长充电设备和蓄电池的寿命。汽车蓄电池的充电方法通常有恒流充电、恒压充电、脉冲快速充电3种。以下分别介绍三种充电方法。

(1)恒流充电法。即在充电过程中，充电电流保持不变的充电方法。恒流充电法要求采用恒流充电机进行充电作业，如图2-11所示。目前，恒流充电法广泛用于蓄电池初充电、补充充电以及去硫化充电。图2-12所示充电机具备起动功能，可用于解决因蓄电池亏电导致发动机无法起动的问题。

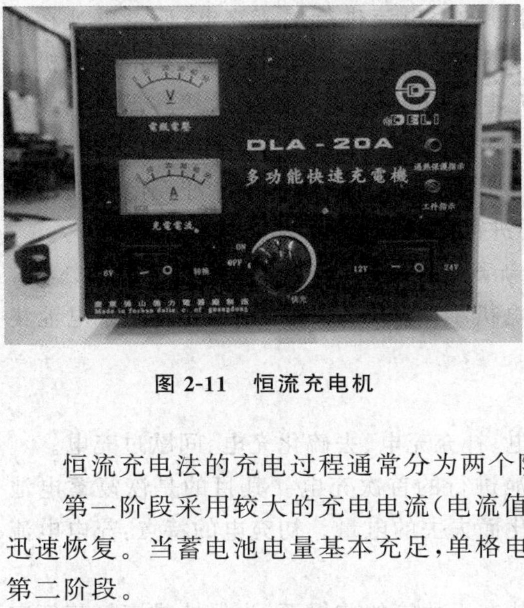

图2-11 恒流充电机

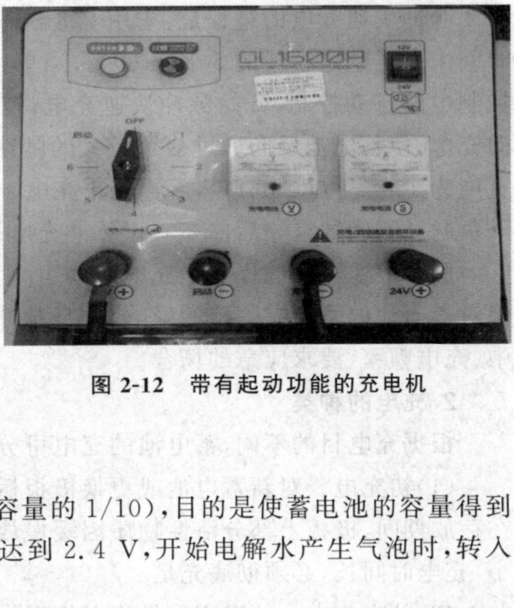

图2-12 带有起动功能的充电机

恒流充电法的充电过程通常分为两个阶段：

第一阶段采用较大的充电电流(电流值取额定容量的1/10)，目的是使蓄电池的容量得到迅速恢复。当蓄电池电量基本充足，单格电池电压达到2.4 V，开始电解水产生气泡时，转入第二阶段。

第二阶段要求将充电电流减小一半，直到电解液密度和蓄电池端电压达到最大值且在2～3 h内不再上升，蓄电池内部剧烈冒出气泡时为止。

恒流充电的适应性强，可任意选择和调整充电电流的大小，有利于保持蓄电池的技术性能和延长使用寿命，其缺点是充电时间长，要经常调节充电电流。

(2)恒压充电。即在充电过程中，充电电压保持恒定不变的充电方法。恒压充电最常见的应用例子是汽车发电机向蓄电池充电。恒压充电初期的充电电流较大，充电4～5 h后即可达到额定容量的90%～95%,因而充电时间较短。恒压充电的特点是:随着电动势E的上升,充电电流会逐渐减小到零,充电过程自动结束,不必人工调整和照管。但是在充电过程中,充电电流大小不能调整,对电池使用有一定影响,且不能保证蓄电池彻底充足电,也不能用于初充电和去硫化充电。

(3)脉冲快速充电。由于恒流充电和恒压充电系统的充电时间较长,在比较紧急的用车情况下,必须想办法克服充电时间长的问题,因此在非常规情况下可采用脉冲快速充电。脉冲快速充电的时间较短,但必须采用专门的脉冲快速充电机,如图2-13所示。

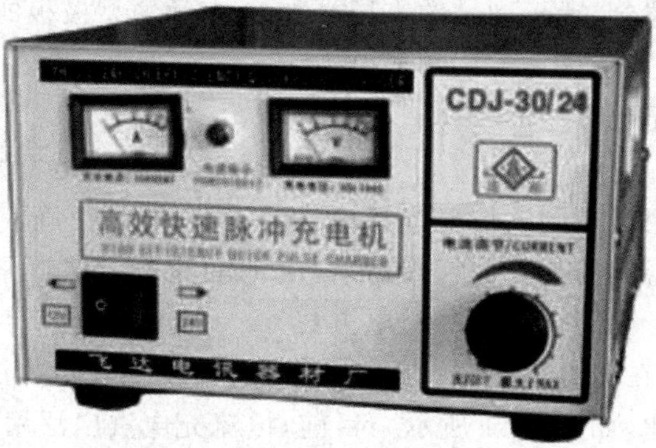

图2-13 快速脉冲充电机

脉冲快速充电的过程是:先用0.8～1倍额定容量的大电流进行恒流充电,使蓄电池在短时间内充至额定容量的50%～60%,当单格电池电压升至2.4 V,开始冒气泡时,由充电机的控制电路自动控制,开始脉冲快速充电,首先停止充电25 ms(称为前停充),然后再放电或反向充电,使蓄电池反向通过一个较大的脉冲电流(脉冲深度一般为充电电流的1.5～3倍,脉冲宽度为150～1 000 μs),然后再停止充电40 ms(称为后停充),而后按着正脉冲充电→前停充→负脉冲瞬间放电→后停充→正脉冲充电……循环进行,直至充足电为止。

脉冲快速充电的优点是充电时间可大大缩短(新蓄电池充电仅需5 h,补充充电需1 h)。但对蓄电池的寿命有一定的影响,并且脉冲快速充电机结构复杂,价格昂贵,故适用于电池集中、充电频繁、要求应急的场合。

2.充电的种类

根据充电目的不同,蓄电池的充电可分为初充电、补充充电、去硫化充电、间歇过充电。

(1)初充电。对新蓄电池或更换极板后的蓄电池进行的首次充电。其目的是恢复蓄电池在存放期间,极板上部分活性物质因缓慢放电和硫化而失去的电量。初充电的特点:充电电流小,充电时间长,必须彻底充足。

(2)补充充电。补充充电是指对使用中的蓄电池在无故障的前提下,为保持或恢复其额定容量而进行的正常的保养性充电。

一般汽车用蓄电池应每隔1～2个月从车上拆下来进行一次补充充电,使用中,如发现下列现象之一时,必须及时进行补充充电:

①电解液相对密度降至1.15 g/cm^{3}以下时;

②冬季放电量超过25%,夏季超过50%时;

③前照灯灯光比平时暗淡，起动无力时；

④单格电池电压降到 1.70 V 以下时。

(3)间歇过充电。间歇过充电又称预防硫化过充电，是避免使用中极板硫化的一种预防性充电。一般应每隔 3 个月进行一次。

充电方法是先按补充充电方式充足电，停歇 1 h 后，再以减半的充电电流进行过充电，即出现“沸腾”现象为止。如此反复，直至充足电为止。

(4)去硫化充电。去硫化充电是消除硫化的充电工艺。蓄电池轻度硫化，可采用此方法予以消除，方法如下：

①倒出电解液，加入蒸馏水冲洗两次后，再注入蒸馏水至液面高出极板 15 mm；

②用 $I_C=C_{20}/30$(a)的电流进行补充充电，当密度上升到 1.15 g/cm^3 时，再加蒸馏水稀释后继续充电，直至密度不再上升；

③以 20 h 率放电电流放电至单格电池电压降到 1.75 V 时，再进行上述充电。反复进行以上过程，直至输出容量达到额定容量的 80%以上，即可使用。

3.蓄电池的充电特性和放电特性

如图 2-14 是通过试验获得的蓄电池放电特性曲线以及充电特性曲线，可知蓄电池放电终了特征、充电终了特征。

(1)蓄电池放电终了特征。标志是：①单格电压下降至 1.75 V；②电解液密度 $\rho_{25℃}$ 下降至 1.13 g/cm^3。

(2)蓄电池充电终了特征。标志是：①蓄电池产生大量气泡，即所谓沸腾；②端电压和电解液密度均上升至最大值 1.29 g/cm^3，且 2～3 h 内不再增加。

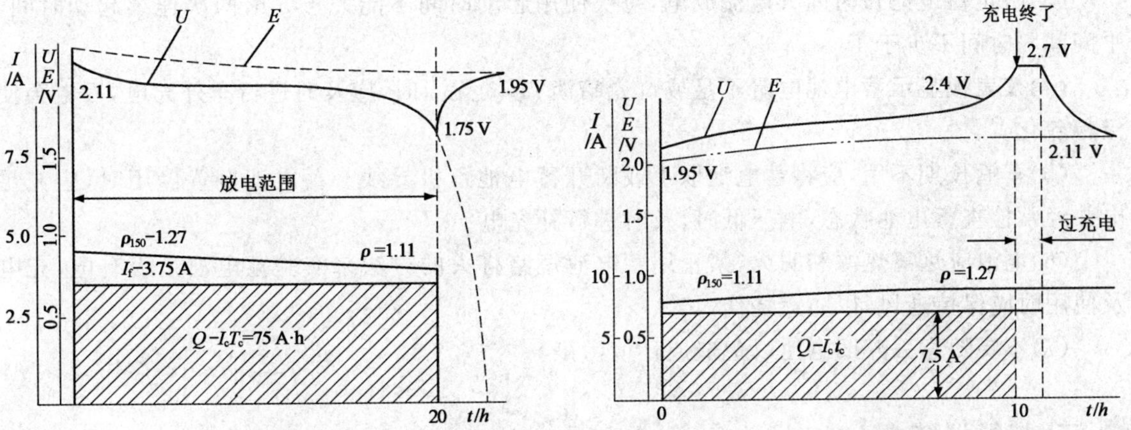

(a) 放电特性　　(b) 充电特性

图 2-14　蓄电池充电特性和放电特性

(八)汽车蓄电池使用注意事项

1.蓄电池警告图标

由于蓄电池放电电流大，其内部有硫酸溶液，普通蓄电池在充电终了时释放出可燃气体，所以蓄电池外壳上方一般标有安全警告图标，对使用者起到提示作用，如图 2-15 所示。

图 2-15 蓄电池警告图标

2. 注意事项

(1)电解液液面应始终保持在 max 和 min 之间，并视液面下降情况，适当补充蒸馏水，切勿加酸，切忌用饮用纯净水代替，因为纯净水中含有多种微量元素，对蓄电池会造成不良影响。

(2)使用过程中，应经常检查排气孔是否畅通，以防电池变形或爆裂。

(3)防止蓄电池长时间大电流放电，每次使用起动时间不能大于 5 s，两次连续起动时间，中间间隔时间不少于 15 s。

(4)仪表板显示蓄电池电量不足或灯光暗淡、起动无力时，应及时进行车外充电，亏电会使极板硫化。

(5)车辆长期不用，应将蓄电池取下或断开蓄电池负极导线。蓄电池搁置停用时，应充足电并经常检查蓄电池状态，电压低时，及时进行补充电。

(6)电池应远离热源和明火，禁止用蓄电池短路打火的方法来实验蓄电池是否有电，充电及使用时应保持通风，以防燃烧伤人。

(7)不要随意丢弃旧电池以免造成环境污染。

二、技能训练

1. 蓄电池的检查

目前大部分汽车均采用免维护蓄电池，故在汽车合理使用期间，不需要对蓄电池进行加注蒸馏水、检测电解液液面高度、检测电解液密度等维护作业，采用的蓄电池也是免维护蓄电池，故只需进行外观检查和电压测试。

(1)蓄电池外观检查。

①极桩检查。打开发动机舱盖，打开蓄电池防护盖，检查蓄电池的正负极柱接线是否牢

固,如有松动现象,应及时选择尺寸合适的开口扳手进行紧固,如图 2-16 所示。

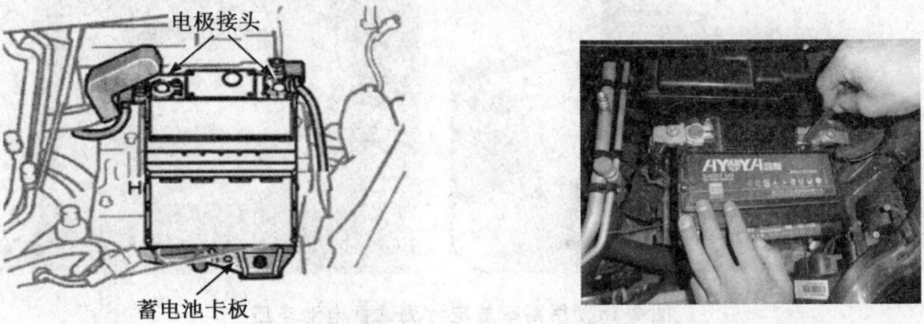

图 2-16　紧固极桩

检查蓄电池极柱上是否存在氧化物,如发现有氧化物,可断开接线后,用刷子清洗或用热水冲洗(注意勿弄湿相关线路),冲洗后可在接头外部涂润滑脂以防止进一步的腐蚀。如有必要,可将蓄电池拆下,进行彻底清洁。

②蓄电池表面检查。检查蓄电池表面是否留有水分或电解液,如有应用干布擦拭干净;检查蓄电池表面是否有裂纹,如发现裂纹可用蓄电池专用胶水进行封补。

③蓄电池安装情况检查。用手晃动蓄电池,看其是否安装牢固,若有松动,应将卡板拧紧至能够保持蓄电池固定在其位置上,切勿过度拧紧,以免损坏蓄电池箱。

(2)蓄电池端电压检查。为进一步确定蓄电池的技术状况,在蓄电池外观检查并维护后,需检查蓄电池的开路电压,方法如下:

①首先取下负极柱上的电缆线,然后断开蓄电池正极柱电缆,使其处于开路状态。

②利用万用表检测,选择万用表的直流电压挡(数字式万用表还应选择 20 V 量程),将红表笔接蓄电池正极,黑表笔接蓄电池负极,测量结果即为蓄电池开路电压,如图 2-17 所示。按照蓄电池的技术标准,若蓄电池开路电压能保持在 11 V 以上,说明蓄电池性能良好,可正常使用;若在 9～11 V 之间,说明蓄电池尚可使用,但存电量仅有一半;若低于 9.5 V,则说明蓄电池存电不足,需要补充充电。

图 2-17　检查蓄电池开路电压

③为进一步确认蓄电池的放电情况,可采用高率放电计测量其放电电压。将 12 V 高率放电计的两个叉尖,用力紧压在蓄电池正负极桩上,时间不超过 5 s,观察蓄电池大电流放电时的端电压,如图 2-18 所示。

观察高率放电计的读数,参照表 2-6 数据,如若蓄电池端电压能保持在 11 V 以上,说明蓄电池性能良好;若在 9～11 V 之间,说明蓄电池尚可使用,但存电量仅有一半;若低于 9.5 V,则说明蓄电池存电不足需充电。

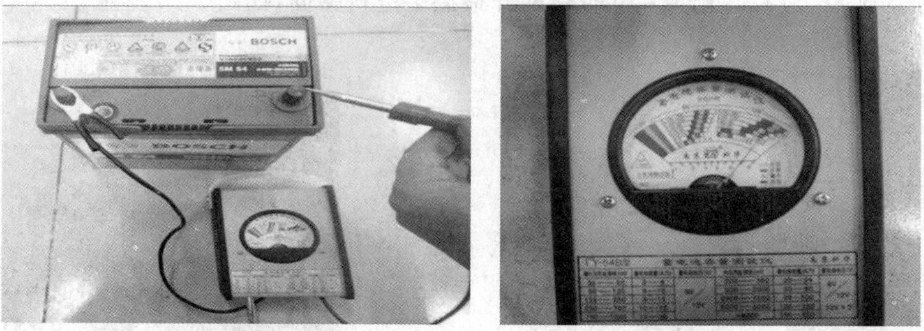

图 2-18　用高率放电计测试蓄电池电压

表 2-6　高率放电机测量标准数据

蓄电池开路端电压/V	≥12.6	12.4	12.2	12.0	≤11.7
高率放电计检测值/V	10.6～11.6	9.6～10.6		≤9.6	
放电程度/%	0	25	50	75	100

经过测试，若蓄电池已不能使用，则可将其更换，但需要注意的是，因车型配置不同，不同的车辆上蓄电池的型号可能不一样。更换蓄电池时，请务必选用与原装蓄电池型号及生产厂家一致的蓄电池。

(3)检查电解液液面高度。对于普通铅酸蓄电池，一般每行驶 1 000 km 或冬季行驶 10～15 天、夏季行驶 5～6 天，应检查电解液液面高度。橡胶外壳蓄电池电解液液面高度应高出极板 10～15 mm，可用玻璃观管测量，如图 2-19(a)所示。塑料外壳蓄电池呈半透明状，液面应在厂方标明的上下刻线之间，如图 2-19(b)所示。

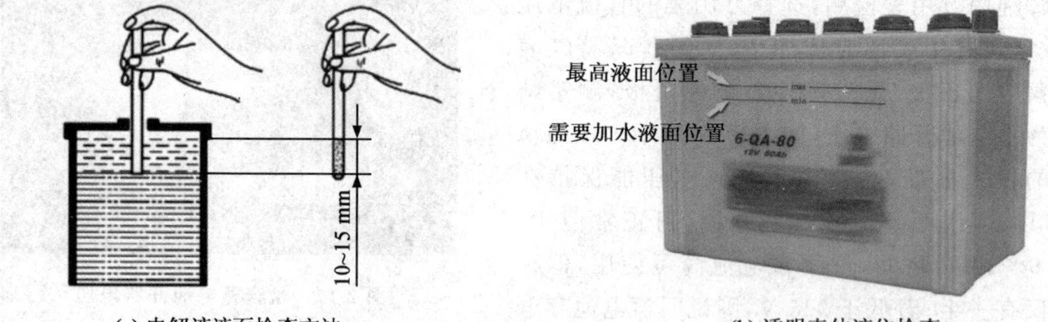

(a) 电解液液面检查方法　　(b) 透明壳体液位检查

图 2-19　普通蓄电池液量检查

当液面过低时，应加注蒸馏水，以恢复正确的液面高度。除非确知电解液溅出，否则不许添加硫酸溶液。

(4)检查电解液密度。电解液密度的大小，是判断蓄电池容量的重要标志。测量蓄电池电解液密度时，蓄电池应处于稳定状态。蓄电池充、放电或加注蒸馏水后，应静置半小时后再测量。电解液密度的大小可用吸式密度计进行检测，方法见图 2-20。

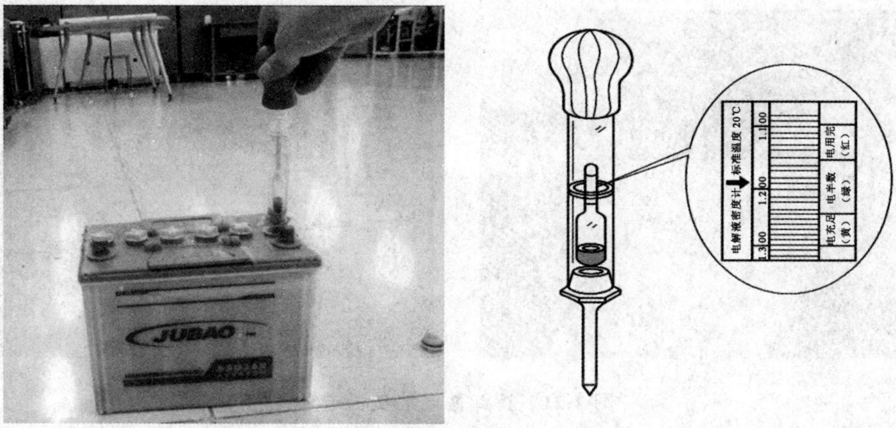

图 2-20　蓄电池电解液密度检测

先吸入电解液，使密度计浮起，电解液面所在的刻度即为相对密度值。在测量密度时应同时测量电解液的温度，并将测量的密度值换算成 25℃时的相对密度，而后与当地的标准密度值进行比较，以判断蓄电池的存电情况，且可用如下经验公式进行计算：

$$\rho_{25℃} = \rho_t + 0.0007(t-25)$$

$$放电量 = (\rho_{25℃} - \rho_t) \div 0.04 \times 25\%$$

相对密度每下降 0.04，相当于蓄电池放电 25％的额定容量。可参照表 2-7 进行初步判断。

表 2-7　电解液密度变化与剩余电量的关系

存电状态/％	100	75	50	25	0
电解液相对密度/(g/cm^3)	1.27	1.23	1.19	1.15	1.11

通过对各个单格电池电解液密度的测量，可以确定蓄电池是否失效。如果单格电池之间的密度相差 0.05 g/cm^3，则该电池失效。一般冬季放电超过 25％，夏季放电 50％，就需要进行充电。

2.蓄电池的拆卸、安装

(1)蓄电池的拆卸。蓄电池确认汽车点火开关、灯光、空调、音响等开关均处于关闭状态，而后按如下方法拆卸蓄电池：

①打开发动机舱盖，打开蓄电池盖；

②用 10 mm 扳手拆下蓄电池负极电缆固定螺栓，如图 2-21 所示；

③用同样方法拆下蓄电池正极电缆固定螺栓；

④用 10 mm 丁字套筒拆下蓄电池卡板固定螺栓，如图 2-22 所示；

⑤取下蓄电池卡板，如图 2-23 所示；

⑥取下蓄电池，搬至实训桌上(搬运过程中，应小心谨慎、轻搬轻放，严禁翻转和脱落)，如图 2-24 所示，拆卸任务结束。

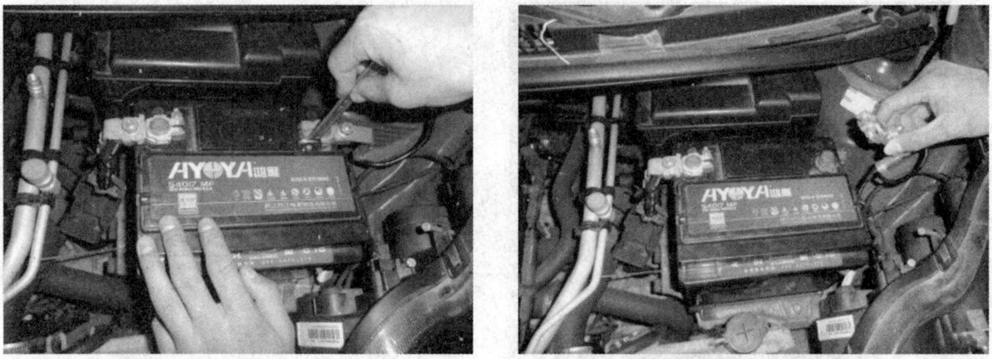

图 2-21 拆卸蓄电池负极电缆

图 2-22 拆卸蓄电池卡板固定螺栓

图 2-23 取下蓄电池卡板

图 2-24 取下蓄电池

(2)蓄电池的安装。按拆卸相反顺序安装蓄电池,具体步骤如下所示:

①将蓄电池平放底座上,使蓄电池进入卡槽中;

②将蓄电池卡板安装到位;

③用 10 mm 丁字套筒拧紧蓄电池卡板固定螺栓;

④用 10 mm 扳手装上蓄电池正极电缆固定螺栓；

⑤用同样方法装上蓄电池负极电缆固定螺栓；

⑥盖上蓄电池极桩保护盖；

⑦打开点火开关，起动发动机，检查发动机的起动情况，检验蓄电池连接是否正确；

⑧确认蓄电池已经安装到位后，盖上发动机舱盖。

3.蓄电池的充电

长期不用的蓄电池，会由于自放电而导致电能不足，需要充电后再装车使用。本节实训主要要求学生能对汽车蓄电池进行正确充电。

(1)给单个电池充电。按如下步骤对蓄电池进行充电：

①检查线路连接是否牢固可靠；

②检查充电机充电电流旋钮在 OFF 位置，如图 2-25 所示；

③检查输出电压旋钮电压值不高于 12 V(待充蓄电池额定电压值)；

④将充电机负极接线桩头与蓄电池负极接线柱相连，如图 2-26 所示；

图 2-25　检查电流旋钮 OFF 位置

图 2-26　连接蓄电池负极

⑤将充电机正极接线柱桩头与蓄电池正极接线柱相连，如图 2-27 所示；

⑥将输出电压旋钮调至 12 V 位置，如图 2-28 所示；

⑦将充电机的电源插头接到电源插座上，如图 2-29 所示；

⑧将充电电流调节旋钮调至 2 档，如图 2-30 所示。观察充电电流数值，应不超过 4 A(蓄电池额定容量的 1/10)，开始充电；

⑨用电压表检查蓄电池端电压，若达到规定值，则将充电电流调节旋钮调至 OFF 位置，切断电源后，将蓄电池与充电机断开。

(2)给多个电池充电。当有多个蓄电池需要充电时，若采用顶流充电法，可按图 2-31 所示的串联法，对待充电蓄电池进行连接充电，需注意所有蓄电池的电压和不得超过充电机的最大电压值，下面以两个蓄电池充电为例进行说明。

①检查线路连接是否牢固可靠；

②检查充电机充电电流旋钮在 OFF 位置；

图 2-27 连接蓄电池正极

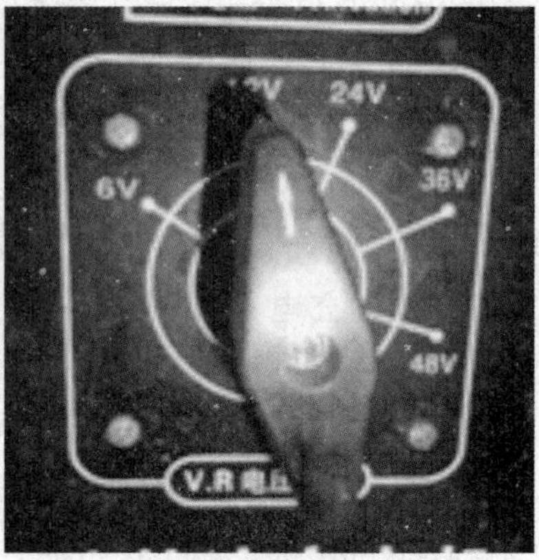

图 2-28 调节输出电压至 12 V

图 2-29 连接电源

图 2-30 调节充电电流

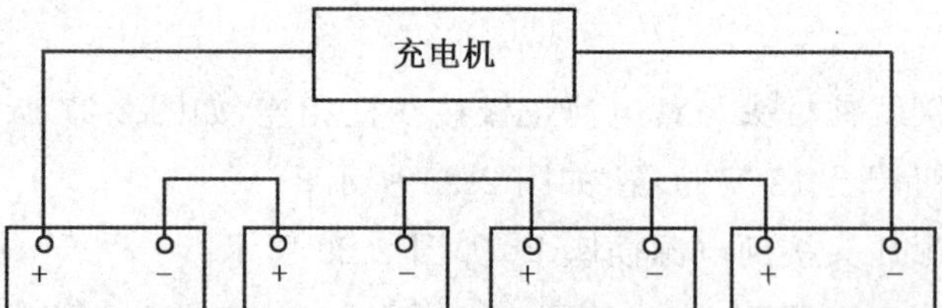

图 2-31 多个蓄电池串联充电法

③检查输出电压旋钮电压值不高于 24 V(待充蓄电池额定电压值之和);

④将充电机正极接线桩头与蓄电池 1 正极接线柱相连;

⑤将蓄电池 1 的负极接线柱与蓄电池 2 的正极接线柱相连,如图 2-32 所示;

⑥将蓄电池 2 负极接线柱与充电机负极接线柱桩头与相连,如图 2-33 所示;

⑦将输出电压旋钮调至 24 V(待充蓄电池额定电压值之和)位置,如图 2-34 所示;

⑧将充电机的电源插头接到电源插座上;将充电电流调节旋钮调至 2 挡,观察充电电流数

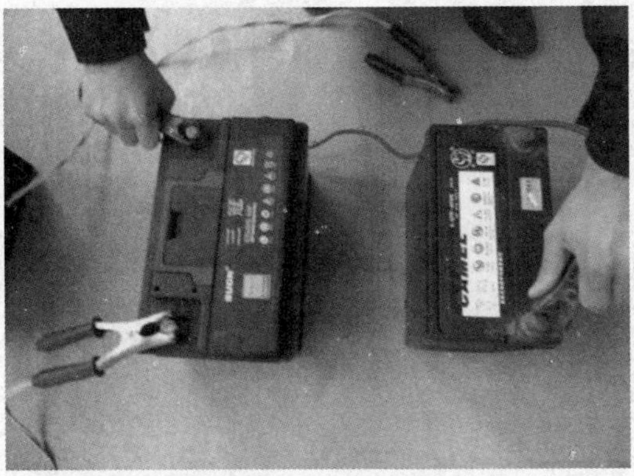

图 2-32　连接蓄电池 1 的负极和蓄电池 2 的正极

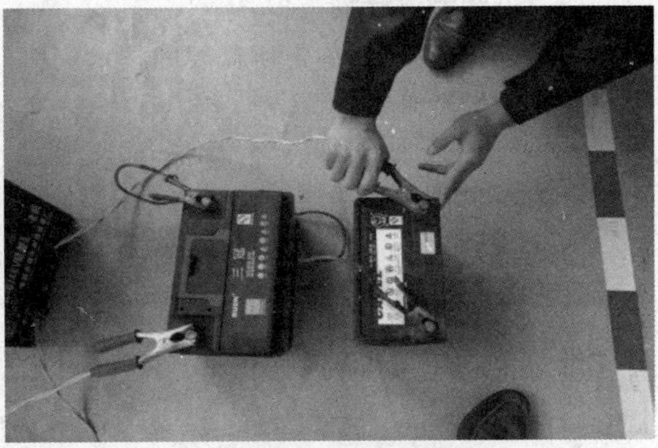

图 2-33　连接蓄电池 2 的负极

值，应不超过 4A（两个蓄电池中较小额定容量的 1/10），开始充电，如图 2-35 所示；

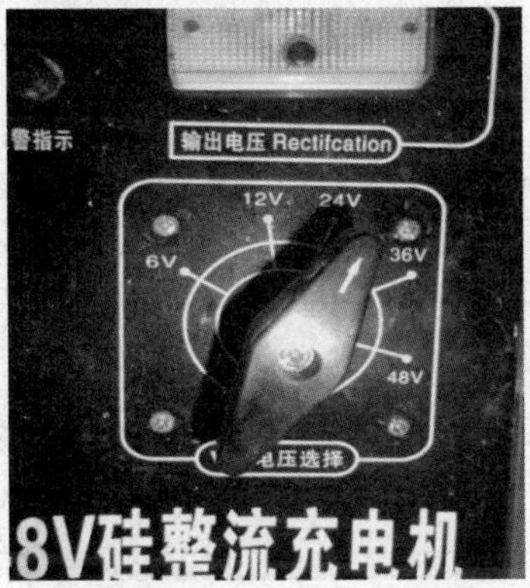

图 2-34　调节输出电压

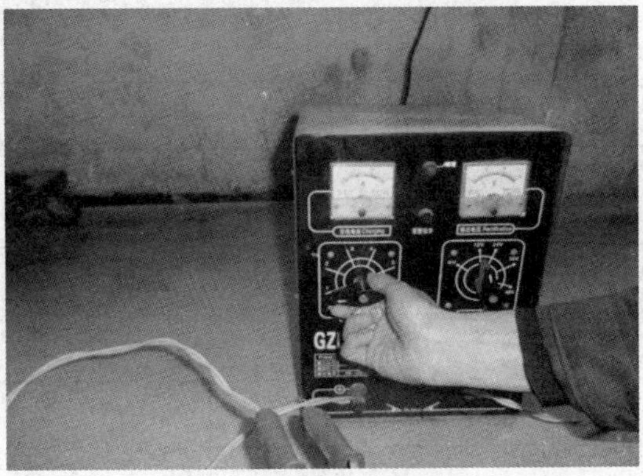

图 2-35　调节输出电流

⑨用电压表检查蓄电池端电压，若达到规定值，则将充电电流调节旋钮调至 OFF 位置，切断电源后，将蓄电池与充电机断开。

三、制订检修计划

（一）岗位任务

一辆大众捷达轿车进入汽车维修厂，该车行驶里程为 50 000 km，车主反映该车无法起动，起动发动机时无起动征兆，且电喇叭、照明设备均不工作，维修人员初步判断为蓄电池故障，现收集工具检测该车蓄电池。

（二）教师布置任务

任务 1　蓄电池检查

任务 2　蓄电池拆卸、安装

任务 3　蓄电池充电

(三)小组制订计划

请根据任务要求,确定所需要的技术资料,并对小组成员进行合理分工。

1.需要的技术资料

(1)常用工具3套;(2)汽车蓄电池若干;(3)恒流充电机2台;(4)蓄电池检测工具3套。

2.小组成员分工

第一步,小组分组,每组由4～6名成员组成。

第二步,小组完成表2-8和表2-9。

第三步,小组汇报计划,并根据教师建议进行修改和完善。

表2-8 小组成员分工决策

序号	操作人	任务
1		
2		
3		
4		

表2-9 任务实施计划

序号	工作步骤	使用工具	注意事项	操作人
1				
2				
3				
4				
5				

四、任务实施

第一环节:教师讲解并进行演示。

由辅导教师首先讲解蓄电池检测与充电作业内容。现场演示主要检测工具的使用方法,并演示蓄电池充电方法。

第二环节:学生现场按照以下步骤实施任务。

第一步,按照蓄电池拆卸标准要求,从实车上拆卸蓄电池。

第二步,按照蓄电池检测方法,完成蓄电池检测与维护作业,填写表2-10。

第三步,按照标准要求,完成蓄电池充电作业,填写表2-11,并将蓄电池重新装回车上。

表 2-10 检查结果记录

序号	检查项目	标准	检查结果	处理方法
1	蓄电池观察窗口颜色	绿色		
		黄色		
		黑色或无色		
2	蓄电池壳体是否损坏			
3	接线柱(正极)			
4	接线柱(负极)			
5	开路电压			
6	蓄电池型号			
7	蓄电池容量			

表 2-11 检查结果记录

步骤	工作内容	完成情况
1	断开蓄电池负极并清洁极柱	
2		
3		
4	充电时间: 充电电流:	
5		

第三环节:任务实施完成后,各小组负责清理工具和量具等,清洁地面卫生。

五、检验评估

通过《汽车蓄电池检修》任务实施,对任务进行评估,并记录在表 2-12 中。

检查检修计划和任务实施工单,对学生掌握情况进行评估。

(1)各组汇报工作过程与过程中遇到的问题,并说明解决方法。

(2)自评与互评。

(3)老师点评、总结:学生的参与度、学习态度、专业能力、关键能力。

(4)老师填写《汽车蓄电池的检修》学业评估表。

表 2-12 学业评估表

评价内容	检验指标	权重	自评	互评	师评	总评
知识与技能（60 分）	1.能叙述汽车蓄电池作用	3%				
	2.能叙述汽车蓄电池基本结构	4%				
	3.能描述汽车蓄电池工作原理	8%				
	4.能完成蓄电池检查作业	20%				
	5.能完成蓄电池充电作业	20%				
过程与方法（40 分）	1.学习态度：主动参与学习，遵守纪律	5%				
	2.团队合作：与小组成员分工合作，在小组完成任务过程中所起的作用	5%				
	3.获取信息：获取学习所需信息、资料的方法与途径	5%				
	4.方法能力：发现、分析、解决问题的方法与能力	10%				
	5.创新意识：积极思考，不断改进维修方案	5%				
	6.节能与环保意识：学习过程中注重节能，不污染环境	5%				
	7.现场管理：服从工位安排、执行实训室“5S”管理规定	5%				
对学生综合评价与建议						

思考与练习

1.蓄电池主要由________、________、________、________和________组成。

2.蓄电池充电方法有________、________和________。

3.蓄电池额定容量的单位是________。

4.甲蓄电池的型号为 6-QAW-100，乙蓄电池的型号为 6-QA-40S，对于两者的描述正确的是(　　)。

A.单格数不同　　B.用途不同　　C.额定容量不同　　D.储存方式不同

5.一个蓄电池以 2.5 A 的电流放电 20 h，电压降到 10.5 V，则额定容量为(　　)。

A.50 A·h　　B.60 A·h　　C.40 A·h　　D.30 A·h

6.下面关于蓄电池说法正确的是(　　)。

A.各单格之间是相通的　　B.壳体底部的凸筋仅仅是为了支撑极板组

C.栅格结构可以降低蓄电池内阻　　D.极板厚薄对蓄电池容量无影响

7.蓄电池充电、放电的终了特性分别是什么？

8.简析结构因素对蓄电池容量的影响。

任务 2.2　汽车发电机的检修

案例引入

最近小李总是在想，蓄电池作为电能的容器，它的电能是从哪里来的呢？修理厂来的这辆帕萨特轿车不需要充电，也没有漏电现象，到底是怎么回事呢？

任务要求

1. 能够熟悉汽车发电机功用；
2. 能够掌握汽车发电机的结构组成及选用；
3. 能够正确拆装汽车发电机；
4. 能够了解汽车发电机的常见故障；
5. 能够掌握汽车发电机的正确维护与检测方法。

一、知识学习

(一)汽车发电机的功用

汽车发电机是汽车的主要电源，由发动机通过皮带驱动，如图 2-36 所示。当发动机起动后，发电机将发动机部分动能转化为电能，向全车除起动机外的所有用电设备直接供电；当蓄电池电压较低时，发电机向蓄电池充电(图 2-37)。

图 2-36　发电机安装位置

(二)交流发电机的结构

普通硅整流发电机主要由三相同步交流发电机和 6 只二极管组成的的三相桥式全波整流器两大部分组成；主要有转子、定子、整流器、前后端盖、风扇、皮带轮等部件，如图 2-38 所示。

1. 转子总成

转子作用是产生旋转磁场。由两块爪极、磁场绕组、转子轴和滑环等组成，如图 2-39 所示。

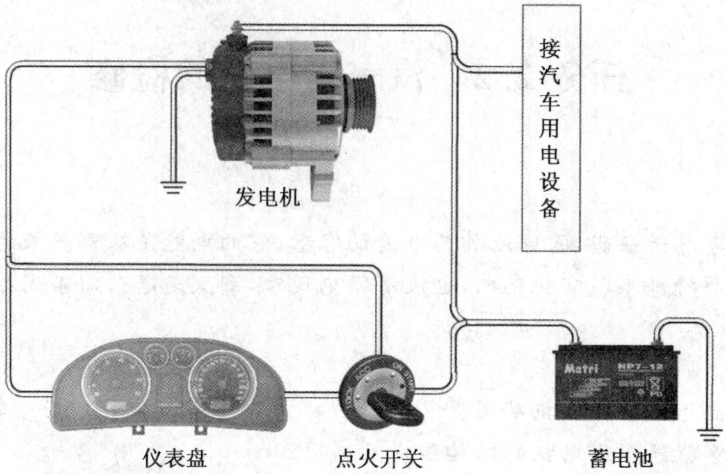

图 2-37 电源系统电路连

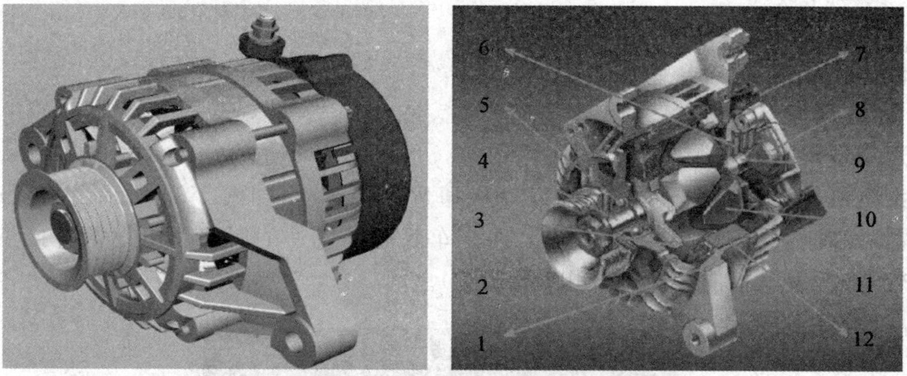

图 2-38 发电机的总体结构

1-前端盖 2-皮带轮 3-风扇 4-转子轴 5-轴承 6-电刷 7-后罩盖
8-调节器 9-集流环 10-转子总成 11-后端盖 12-定子总成

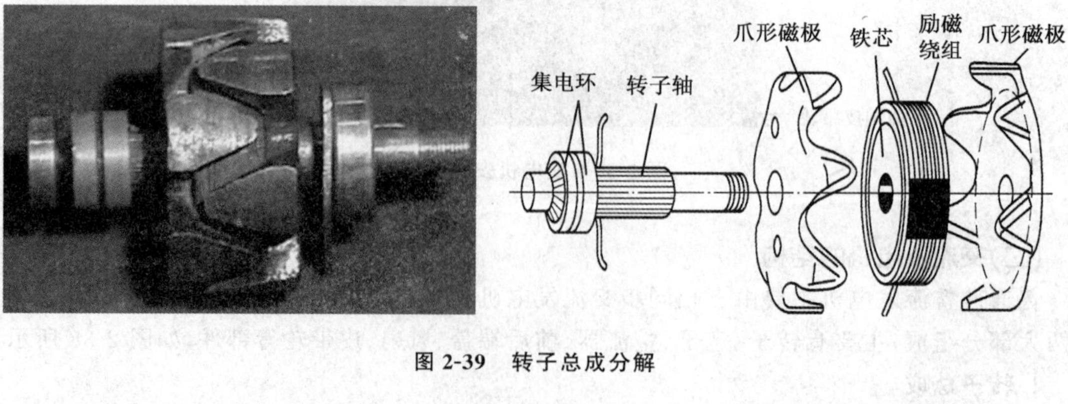

图 2-39 转子总成分解

转子轴上压装着两块爪极，两块爪极各有 6 个由低碳钢制成的鸟形磁极，空腔内装有磁轭（也称为铁芯），用于导磁。磁轭上绕有磁场绕组，磁场绕组的两根引线分别焊在与转子轴绝缘的两滑环上。滑环由两个彼此绝缘的铜环组成，它与装在后端盖上的两个电刷相接触，两个电刷通过引线分别接在两个螺钉接线柱——即“F”和“−”。

当两滑环通入直流电时（通过电刷），磁场绕组中就有电流通过，并产生轴向磁通，使得爪极一块被磁化为 N 极，另一块被磁化为 S 极，从而形成 6 对相互交错的磁极。当转子转动时，就形成了旋转的磁场。

2.定子总成

定子也叫电枢，其功用是产生感应交流电。定子安装在转子外面，由定子铁芯和定子绕组组成，如图 2-40 所示。当转子转动时，引起定子绕组中磁通的变化，定子绕组由于切割磁感线而产生感应交流电。

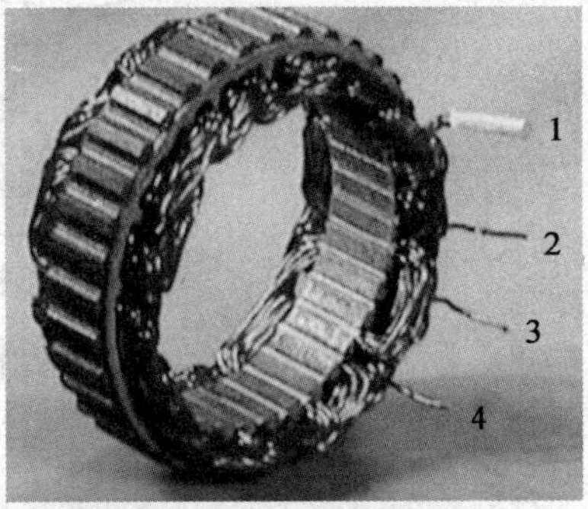

图 2-40　定子的结构
1-中性点　2、3、4-定子绕组端子

定子铁芯由内圈带槽的硅钢片叠成，定子绕组的导线就嵌放在定子铁芯的槽中，各导线接整流器二极管进行整流，如图 2-41 所示。定子绕组有三相，三相绕组采用星形接法（Y 形）或三角形接法，都能产生三相交流电，如图 2-42 所示。其中，星形接法一般用于小功率发电机上，三角形接法则较多用于大功率发电机上。三相绕组的必须按一定要求绕制，才能使之获得频率相同、幅值相等、相位互差 120°的三相电动势。

图 2-41　定子绕组与二极管连接

3.整流器

交流发电机整流器的作用是将定子绕组产生的三相交流电整流成为直流电。如图 2-43 所示，发电机整流器由 6 只或者 8 只大功率硅整流二极管组成，所以也称为硅整流器。整流管分别压装（或焊装）在两块板上。整流板对二极管起到一定的散热作用。

按照硅二极管数量，整流器可分为六管、八管、九管、十一管硅整流器。

六管整流器：由 6 只二极管组成；八管整流器：整流器由 6 只二极管和 2 只中性点二极管组成；九管整流器：整流器由 6 只二极管和 3 只磁场二极管组成；十一管整流器：整流器由 6 只二极管、2 只中性点二极管和 3 只磁场二极管组成。

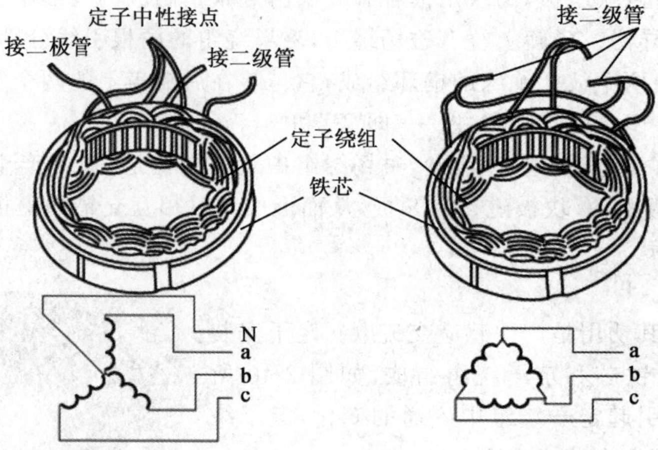

(a) 星形接法　　(b) 三角形接法

图 2-42　三相定子绕组的绕法

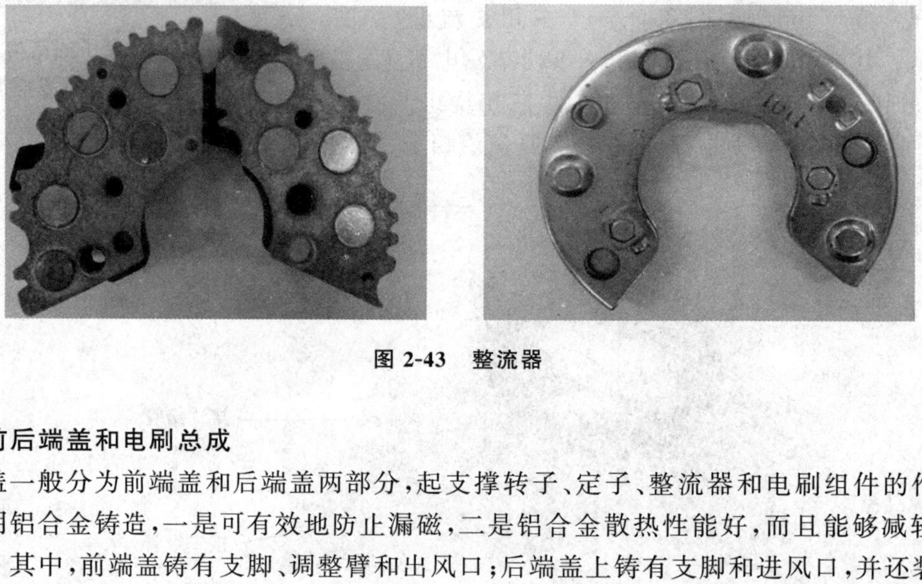

图 2-43　整流器

4. 前后端盖和电刷总成

端盖一般分为前端盖和后端盖两部分，起支撑转子、定子、整流器和电刷组件的作用。端盖一般用铝合金铸造，一是可有效地防止漏磁，二是铝合金散热性能好，而且能够减轻发电机的质量。其中，前端盖铸有支脚、调整臂和出风口；后端盖上铸有支脚和进风口，并还装有电刷和电刷架总成。

如图 2-44(a)所示，电刷和电刷架组成总成包括电刷、电刷架和电刷弹簧。电刷被弹簧压紧在转子轴的滑环上，如图 2-44(b)所示。电刷主要材料是石墨，用于将电源通过滑环引入磁场绕组。电刷架内装电刷和弹簧，利用弹簧的弹力与滑环紧密接触，多采用酚醛玻璃纤维塑料模压制而成或用玻璃纤维增强尼龙制成。

发电机的电刷总成有外装式和内装式之分，如图 2-44(c)和 2-44(d)所示。外装式电刷架用螺钉安装在后端盖壳体外表上，故检修和更换方便。内装式电刷是将电刷架安装在后端盖内部，一旦电刷损坏，必须解体发电机才能取出，现已逐渐被淘汰。

5. 皮带轮及散热风扇

皮带轮通常用铸铁或铝合金制成，也有用薄钢板卷压而成的，分为单槽、双槽和多楔形槽

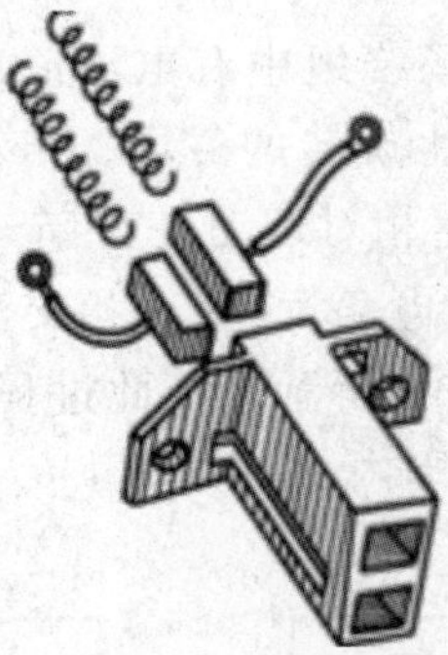

(a) 电刷总成结构

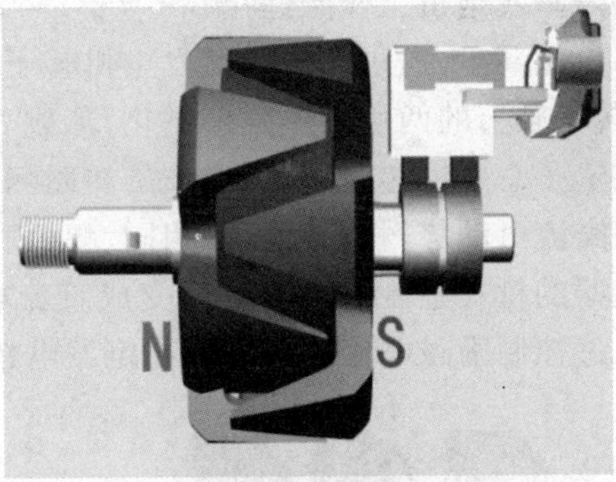

(b) 电刷的安装位置

(c) 外装式电刷

(d) 内装式电刷

图 2-44　电刷总成

三种，利用半圆键装在风扇外侧的转轴上，再用弹簧垫片和螺母紧固。如图 2-45 所示。

为保证发电机在工作时不致因升温过高而损坏，在发电机上装有风扇，安装在前端盖和皮带轮之间。当发电机工作时，由发动机通过传动带驱动发电机转子轴和风扇一起旋转。风扇一般用钢板冲制而成或用铝合金压铸而成。

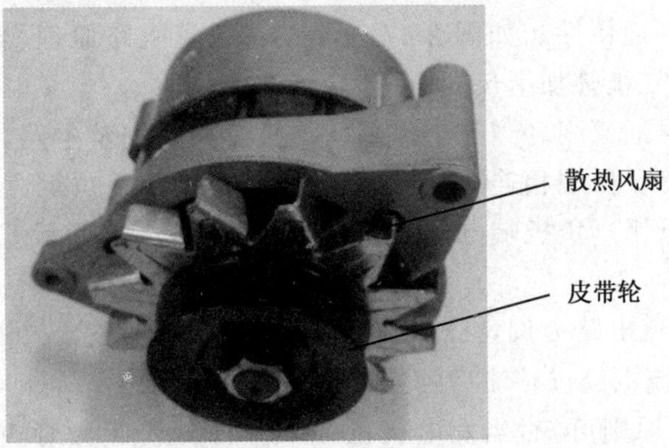

图 2-45　皮带轮

(三)汽车发电机工作原理

发动机起动后,通过皮带驱动发电机转子总成旋转;同时,磁场绕组中有电流流过而产生磁场,使转子轴上的两块爪形磁极磁化,形成 N 极和 S 极;转子产生旋转的磁场。当转子旋转时磁极在定子总成铁芯间穿过,形成旋转磁场与三相定子绕组产生相对运动,三相定子绕组中产生三相交流电动势,相互间频率相同、幅值相等、相位互差 120°(电角度)。三相交流电动势经过整流器的桥式整流电路整流后变成直流电向外输出,如图 2-46 所示。在此过程中,电压调节器通过控制励磁电流的大小以稳定发电机输出电压在标准范围内。

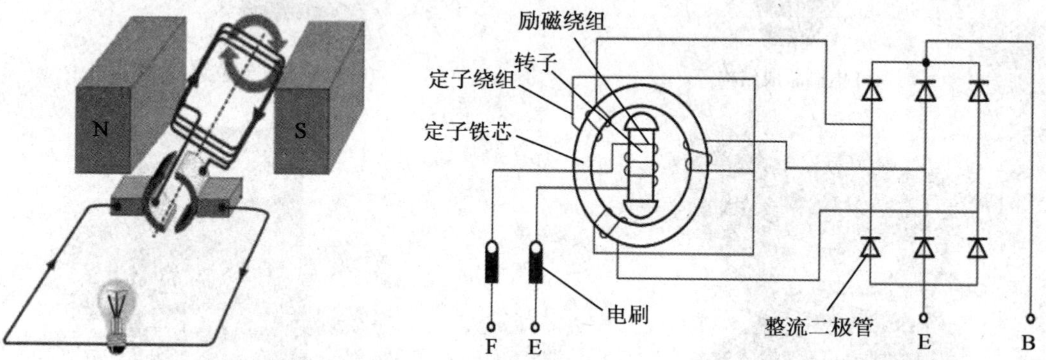

图 2-46　发电机整流原理

在定子绕组为星形连接时,三相绕组的公共结点称为中性点。有的发电机从三相绕组的中性点引一根导线到发电机外,标记为“N”。“N”点输出电压为 U_N,称为中性点电压。中性点电压的瞬时值是一个三次谐波电压,中性点电压的平均值为发电机输出电压(平均值)的一半,即:$U_N=U_B/2$。

(四)整流器整流原理

交流发电机是利用二极管的单向导电性把交流电转变为直流电的。普通交流发电机是用六只二极管组成的三相桥式整流电路,把定子绕组中感应出来的交流电转变为直流电的。

1.二极管的导通原则

(1)单个二极管的导通特性。如图 2-47 所示的二极管电路原理,当给二极管加上正向电压时,二极管导通;当给二极管加上反向电压时,二极管截止。

(2)多个二极管的导通原则。当三个以上的二极管构成完整电路,称为二极管组,其导通原则如下:当三只二极管负极端相连时(正二极管组),正极端电位最高者导通;当三只二极管正极端相连时(负二极管组),负极端电位最低者导通,如图 2-48 所示。

2.整流过程分析

以六管整流器的整流电路为例,三相定子绕组线圈与 6 个整流二极管构成桥式整流电路如图 2-49 所示,三相交流电经过整流后的波形如图 2-50 所示。

由上述二极管导通原则可知,当发电机正常工作时,3 个正极管 VD_1、VD_3、VD_5,在某瞬时,电压最高的一相正极管导通;3 个负极管子 VD_2、VD_4、VD_6,在某瞬时,电压最低一相的负极管导通。

由于发电机的三相绕组是对称安装的,故同时导通的管子总是两个,即正、负管子各一个。

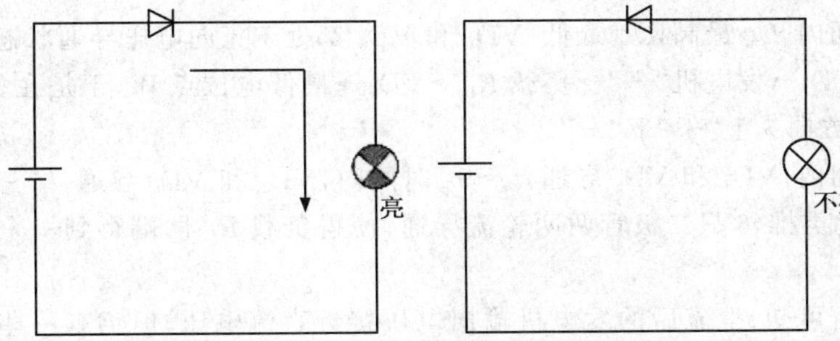

图 2-47　二极管的单向导通特性

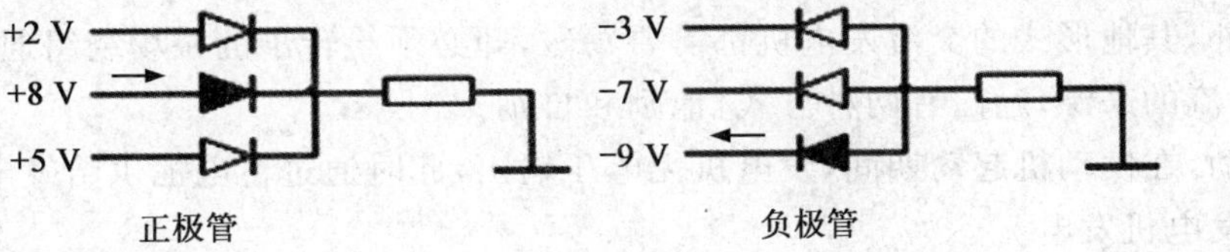

图 2-48　二极管导通原则

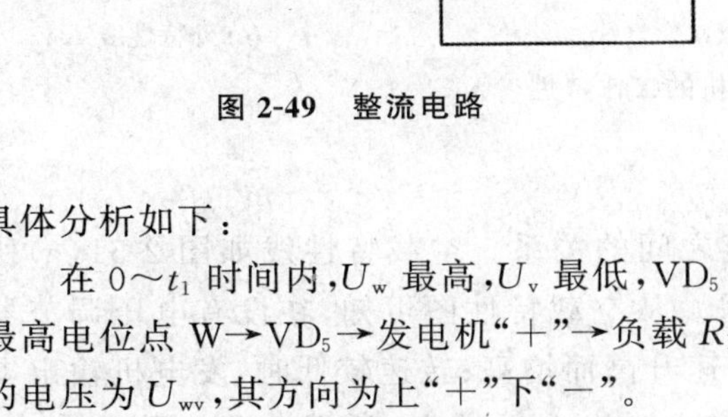

图 2-49　整流电路

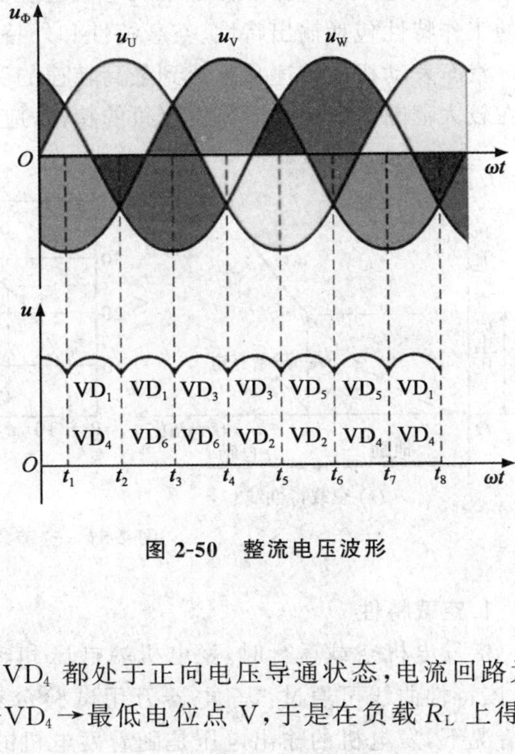

图 2-50　整流电压波形

具体分析如下：

在 $0\sim t_1$ 时间内，U_w 最高，U_v 最低，VD_5 和 VD_4 都处于正向电压导通状态，电流回路为：最高电位点 W→VD_5→发电机“＋”→负载 R_L→VD_4→最低电位点 V，于是在负载 R_L 上得到的电压为 U_{wv}，其方向为上“＋”下“－”。

在 $t_1\sim t_2$ 时间内，U_u 最高，U_v 最低，VD_1 和 VD_4 都处于正向电压导通状态，电流回路为：最高电位点 U→VD_1→发电机“＋”→负载 R_L→VD_4→最低电位点 V，于是在负载 R_L 上得到

的电压为 U_{uv}，其方向为上"＋"下"－"。

在 $t_2 \sim t_3$ 时间内，U_u 最高，U_w 最低，VD_1 和 VD_6 都处于正向电压导通状态，电流回路为：最高电位点 $U \rightarrow VD_1 \rightarrow$ 发电机"＋"$\rightarrow$ 负载 $R_L \rightarrow VD_6 \rightarrow$ 最低电位点 W，于是在负载 R_L 上得到的电压为 U_{uw}，其方向为上"＋"下"－"。

在 $t_3 \sim t_4$ 时间内，VD_3 和 VD_6 导通，$t_4 \sim t_5$ 时间内，VD_2 和 VD_3 导通，$t_5 \sim t_6$ 时间内，VD_2 和 VD_3 导通，依此类推，6 只二极管两两轮流导通，使得负载 R_L 两端得到一个比较平稳的脉动直流电压。

综合以上分析可知，整流后的发电机输出电压接近直流电压，但仍有一些脉动情况。此时，具有电容特性的汽车蓄电池可将此脉动电压进行滤波，因此最终的输出为直流电压。

3. 励磁方式

励磁是指将电源引入到磁场绕组，使之产生磁场。除了永磁式交流发电机（永磁体本身具有磁场）之外，其他形式的交流发电机都需要励磁，即必须给转子的磁场绕组通电以产生磁场。根据励磁电流的来源，励磁有两种方式：他励和自励。

（1）他励：在发动机起动期间，发电机无电压输出，此时通过蓄电池供给发电机磁场绕组产生磁场，使发电机发电。

（2）自励：当发电机有能力对外供电时，就可以把自身发的电供给磁场绕组生磁发电。

（五）交流发电机的工作特性

交流发电机的工作特性是指发电机经整流后输出的直流电压、电流和转速之间的关系，常用的工作特性包括输出特性、空载特性和外特性，见图 2-51。

汽车发动机的转速从怠速到最高转速的变化范围很大，由发动机驱动的发电机转速也相应在较大范围内变化。研究发电机的特性，应以转速为基准来分析各有关参数之间的关系。

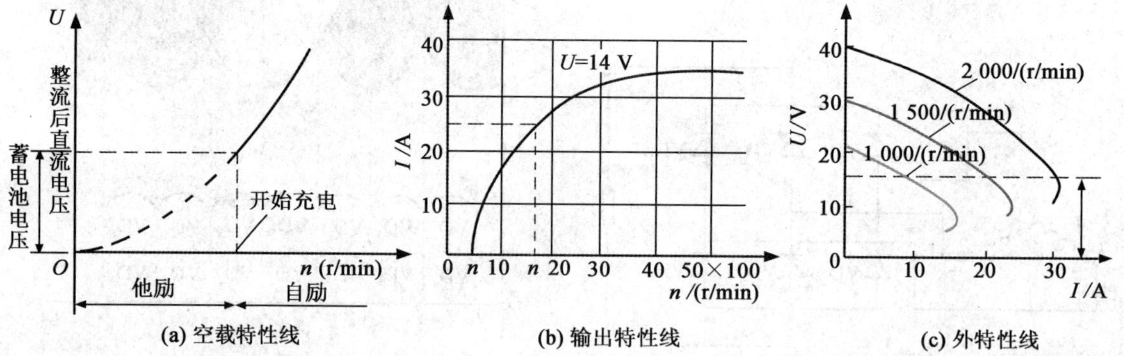

图 2-51　交流发电机的工作特性

1. 空载特性

指发电机空载运行时，发电机端电压和转速之间的关系。空载特性线如图 2-51(a)所示，该特性曲线可通过汽车电器万用试验台获得。从空载特性图可知，在没有电压调节器的情况下，发电机的输出电压是随着发电机的转速升高而增高；转速较低时，发电机输出电压较低，常用他励的励磁方式；转速较高时，发电机输出电压较高，常用自励的励磁方式。因此，空载特性可用于判断发电机低速充电性能的好坏，同时说明了汽车发电机必须配备电压调节器以稳压。

2.输出特性

指当发电机输出电压一定时,发电机输出电流随转速变化的规律,如图 2-51(b)所示。对于 12 V 系列的发电机,规定输出电压为 14 V;对 24 V 系列的发电机,规定为 28 V。

从曲线中可以看出,当转速达到一定值后,发电机的输出电流几乎不再继续增加,具有限制输出电流的能力。这是由于随着定于绕组中的感应电动势增加,定于绕组的阻抗也随转速的升高而增加。同时定子电流增加时,电枢反应的增强也使感应电动势下降,由于上述两个原因,使发电机转速达到一定值后,其输出电流几乎不变。由于具有这种自我保护作用,交流发电机一般不需设置限流器。

3.外特性

指转速一定时,发电机端电压与输出电流之间的关系,如图 2-51(c)所示。从外特性曲线可以看出,当转速变化时,发电机端电压有较大的变化;当转速不变时,输出电流的变化引起端电压出现较大变化。发动机转速较高时,如果发电机突然空载,过大的电流将导致端电压快速升高,存在电子元器件将有被击穿的危险。因此,电路中必须安装电压调节器。

(六)交流发电机类型

1.按总体结构分类

①普通交流发电机:与电压调节器分开,使用时需要另外安装电压调节器的发电机。

②整体式交流发电机:与电压调节器制成一个整体的发电机。

③带泵交流发电机:和制动系真空助力泵安装在一起的发电机,一般用于柴油机汽车。

④无刷交流发电机:无电刷和滑环的发电机。

⑤永磁交流发电机:转子用永磁体制成而产生恒定磁场的发电机。

2.按磁场绕组的搭铁方式分类

按磁场绕组的搭铁方式不同,可分为内搭铁型发电机和外搭铁型发电机,如图 2-52 所示。

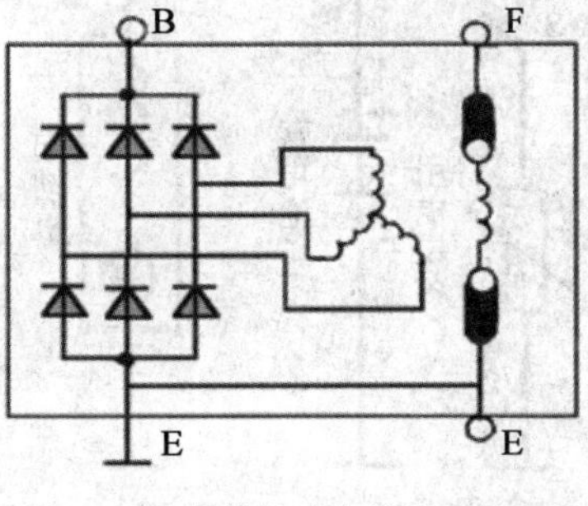

(a) 内搭铁式交流发电机

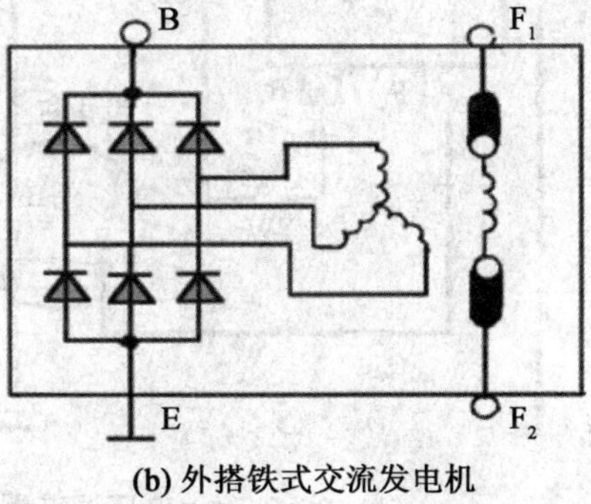

(b) 外搭铁式交流发电机

图 2-52　内、外搭铁式交流发电机

(1)内搭铁型发电机:磁场绕组直接在发电机内部与壳体直接相连而搭铁,即两只电刷的引线一根与后端盖上的磁场接线柱"F"相连,另一根直接与发电机外壳上搭铁接线柱"—"相连。

(2)外搭铁型发电机:磁场绕组的两只电刷都和壳体绝缘的发电机,而是通过调节器搭铁,即两电刷的接线柱均与发电机外壳绝缘,分别用"F_1"和"F_2"表示。

(七)电压调节器

1.作用

电压调节器用于控制汽车发电机的电压输出在标准范围内,防止电压过高烧坏用电器或电压过低导致用电器无法工作。汽车发动机的转速是一个不稳定的因素,只能用调节器控制转子励磁绕组的通电电流来控制输出电压。图 2-53 为电压调节器各端子,“+”为电源端,“F”为励磁端,外壳可作为负极。

图 2-53 发电机电压调节器

图 2-54 为发电机与电压调节器连接电路,其连接方法是:电压调节器的+端子与发电机的电源端连接,F 端子与发电机的励磁端子连接,外壳搭铁。

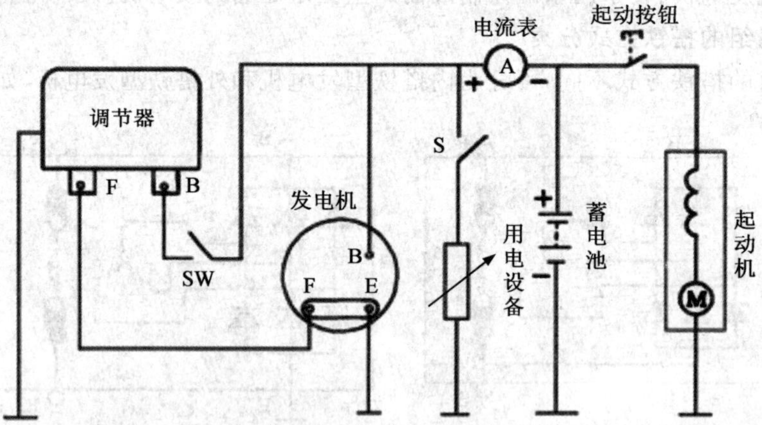

图 2-54 电压调节器与发电机连接示意图

电压调节器是精密电子元件,在损坏后不可对其进行维修。因为维修后会造成输出电压发生变化,从而引起其他故障的出现。

2.电压调节器工作原理

按照搭铁形式,可分为内搭铁型和外搭铁型晶体管电压调节器的电路。以下分析电压调节器的工作过程。

(1)外搭铁型电压调节器。如图 2-55 所示,电压调节器由电阻(R_1、R_2 和 R_3)、二极管

(VD)、稳压二极管(VS)、晶体管(VT_1、VT_2)所构成。其中,电阻 R_3 既是 VT_1 的分压电阻,又是 VT_2 的负载电阻;电阻 R_1 和 R_2 组成一个分压器,分压器 R_1、R_2 两端的电压为发电机电压 U_B,R_1 上的分压 U_B,其计算式为:

$$U_{R1}=\frac{R}{R_1+R_2}U_B$$

VT_2 是大功率三极管,在电路中起开关作用,用于控制励磁电路的通断;VT_1 是小功率三极管,用来放大控制信号;VD 是续流二极管;磁场绕组由接通转为断开状态时(F 端为+,B 端为－),经二极管 VD 构成放电回路,防止三极管 VT_2 被击穿损坏;稳压管 VS 是感受元件,串联在 VT_1 的基极电路中,并通过 VT_1 的发射结并联于分压电阻 R_1 的两端,以感受发电机的输出电压;U_{R1} 电压加在稳压管 VS 上,R_1 的阻值按照以下原则确定:当发电机输出电压 U_B 达到规定的调整值时(如大众捷达轿车发电机规定调整电压为 13.5～14.8 V),U_{R1} 电压正好等于稳压管 VS 的反向导通电压。

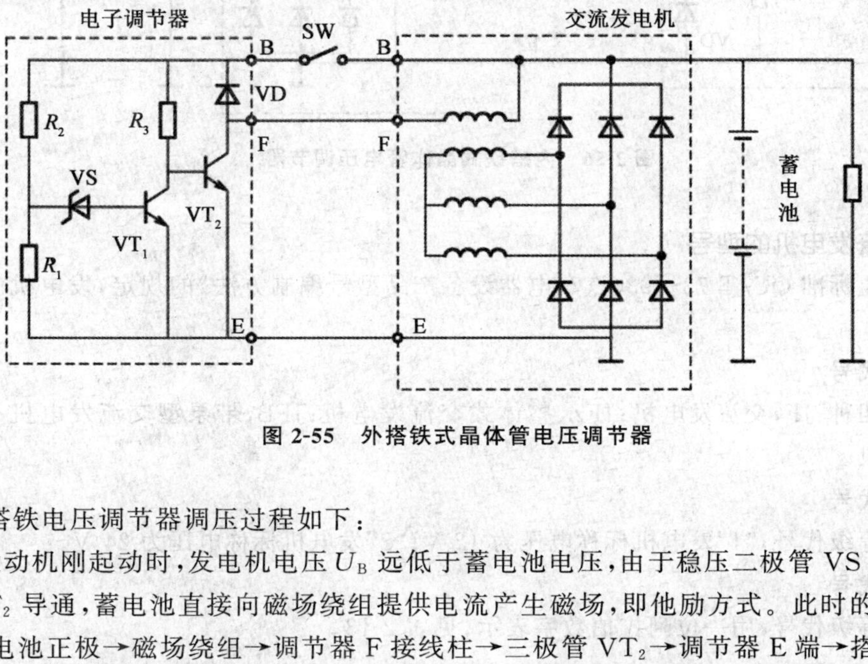

图 2-55　外搭铁式晶体管电压调节器

外搭铁电压调节器调压过程如下:

①发动机刚起动时,发电机电压 U_B 远低于蓄电池电压,由于稳压二极管 VS 的作用,VT_1 截止,VT_2 导通,蓄电池直接向磁场绕组提供电流产生磁场,即他励方式。此时的磁场绕组电路为:蓄电池正极→磁场绕组→调节器 F 接线柱→三极管 VT_2→调节器 E 端→搭铁。

②随着发电机转速的提高,发电机电压相应增高,但仍满足以下关系:蓄电池电压＜发电机输出电压 U_B＜调节电压上限,VT_1 继续截止,VT_2 继续导通,发电机对外供电。此时,发电机采用自励的励磁方式。磁场绕组电路为:发电机正极→磁场绕组→调节器 F 接线柱→三极管 VT_2→调节器 E 端→搭铁。发电机电压随转速升高而继续升高。

③当发电机电压升高到等于调节电压上限 U_2 时(如大众捷达轿车发电机规定调整电压为 13.5～14.8 V),调节器开始工作。

电阻 R_1、R_2 分压,$U_{R1}=U_{VS}+U_{be1}$。此时,反向电压足以使 VS 导通,导致 VT_1 导通,VT_2 截止,磁场电路被切断而没有电流,发电机输出电压迅速下降。

当发电机电压下降到等于调节下限 U_1 时,电阻 R_1、R_2 分压减小,当 $U_{R1}<U_W+U_{be1}$,VS 截止,VT_1 截止,VT_2 重新导通,磁场电路重新被接通,发电机电压上升。

因此，电压调节器调压过程可归纳为：发电机电压升到调节电压上限 U_2 时，VT_1 导通，VT_2 截止，磁场绕组电路被切断，输出电压下降；发电机电压下降到调节电压下限 U_1 时，VT_1 截止，VT_2 导通，磁场绕组电路接通，发电机电压上升。此过程反复进行，发电机输出电压被控制在一定范围内。

(2)内搭铁型电压调节器。内搭铁式电压调节器电路如图 2-56 所示，其工作原理与外搭铁式类似，主要的区别是晶体管采用 PNP 型，磁场绕组的连接和外搭铁式不一样。

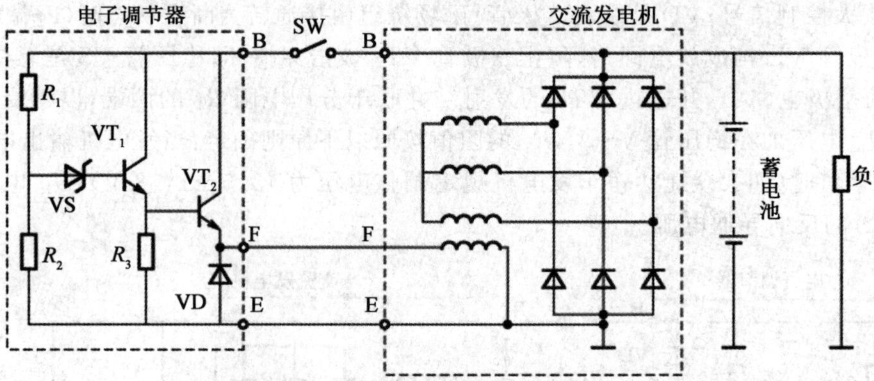

图 2-56 内搭铁式晶体管电压调节器

(八)交流发电机的型号

根据行业标准 QC/T 73—93《汽车电器设备产品型号编制方法》的规定，发电机的型号由五部分组成：

1.产品代号

主要有四种：JF，交流发电机；JFZ，整体式交流发电机；JFB，带泵型交流发电机；JFW，无刷交流发电机。

2.分类代号

即电压等级代号，"1"发电机标称电压为 12 V；"2"发电机标称电压为 24 V。

3.分组代号

即功率等级代号，用一位阿拉伯数字表示，见表 2-13。

表 2-13 发电机功率代号

<table>
<tr><th>代号
产品名称</th><th>1</th><th>2</th><th>3</th><th>5</th><th>7</th><th>8</th><th>9</th></tr>
<tr><td>交流发电机</td><td rowspan="4">180 W</td><td rowspan="4">>180 W
≤250 W</td><td rowspan="4">>250 W
≤350 W</td><td rowspan="4">>350 W
≤500 W</td><td rowspan="4">>500 W
≤750 W</td><td rowspan="4">>750 W
≤1 000 W</td><td rowspan="4">>1 000 W</td></tr>
<tr><td>整体式交流发电机</td></tr>
<tr><td>带泵交流发电机</td></tr>
<tr><td>无刷交流发电机</td></tr>
</table>

4.设计序号

按产品设计先后顺序，由 1～2 位阿拉伯数字组成。

5. 变形代号

以调整臂位置确定变形代号，从驱动端看，调整臂在中间位置不作标注，在右侧时用“Y”表示，在左侧时用“Z”表示。

二、技能训练

1. 发电机不解体检测

当把发电机从车上拆下后，在解体前应用万用表检测各接线柱之间的阻值，以初步判断故障的大概位置。各接线柱如图 2-57 所示，接线柱之间的阻值参照表 2-14，用汽车万用表测量各接线柱之间的电阻。

图 2-57　发电机各接线柱名称

表 2-14　各端子之间的电阻值

发电机类型	F 与 E(或－)	B(＋)与 F(或－)		N 与 E(或 B)中性	
		正	反	正	反
有刷	5～6 Ω(12 V) 19.5～21 Ω(24 V)	40～50 Ω	＞10 000 Ω	10 Ω	＞10 000 Ω
无刷	3.5～3.8 Ω(12 V) 15～16 Ω(24 V)	40～50 Ω	＞10 000 Ω	10 Ω	＞10 000 Ω

2. 发电机解体与检测

(1)发电机拆解。

第一步，拆卸皮带轮。

①将专用工具锯齿形套头(MB992226)装到皮带轮上，如图 2-58 所示。

②将双头梅花扳手装到专用工具锯齿形套头(MB992226)的六角形区域，如图 2-59 所示。

③将 10 mm 对面宽度的六角套筒插入转子轴的六角形区域。

④用双头梅花扳手锁住皮带轮，顺时针转动转子轴拆下皮带轮。

第二步，拆卸前端盖。将螺丝刀刀头插入前支架与定子铁芯之间，然后用螺丝刀撬动并将其分开，如图 2-60 所示。

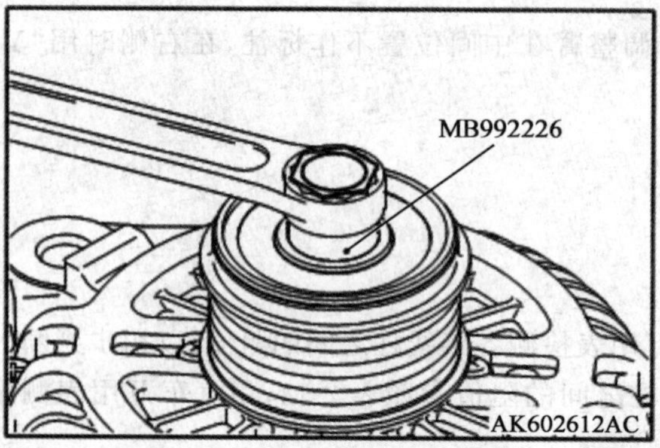

图 2-58 安装专用工具锯齿形套头

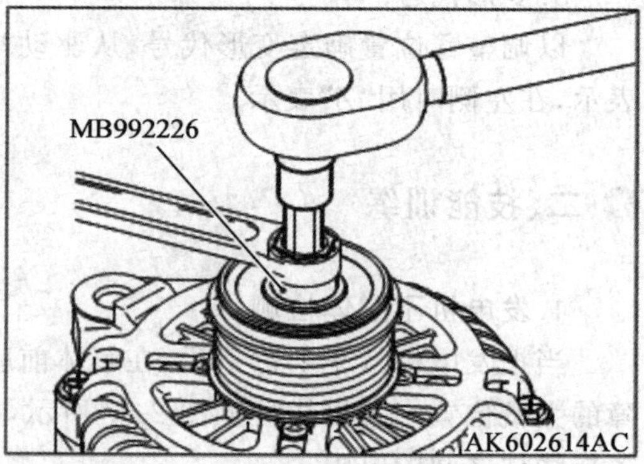

图 2-59 安装双头梅花扳手

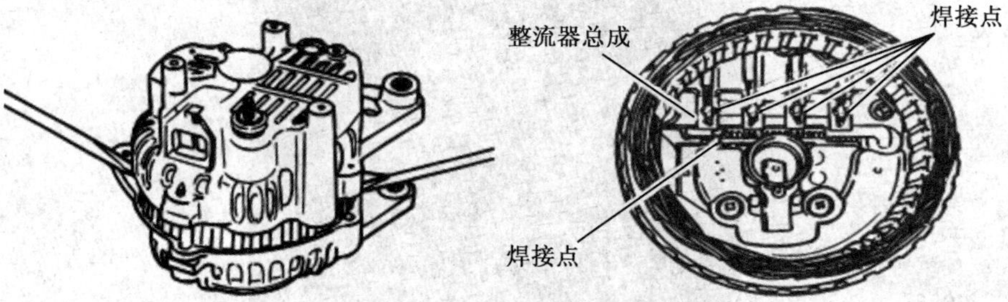

图 2-60 拆卸前端盖

第三步，拆卸定子、调节器总成。

①拆卸定子时，从整流器总成的主二极管上将定子引线脱焊。

②从调节器总成上拆卸整流器总成时，脱去整流器总成上的焊点。分解后的发电机如图 2-61 所示。写出以下数字对应元件名称。

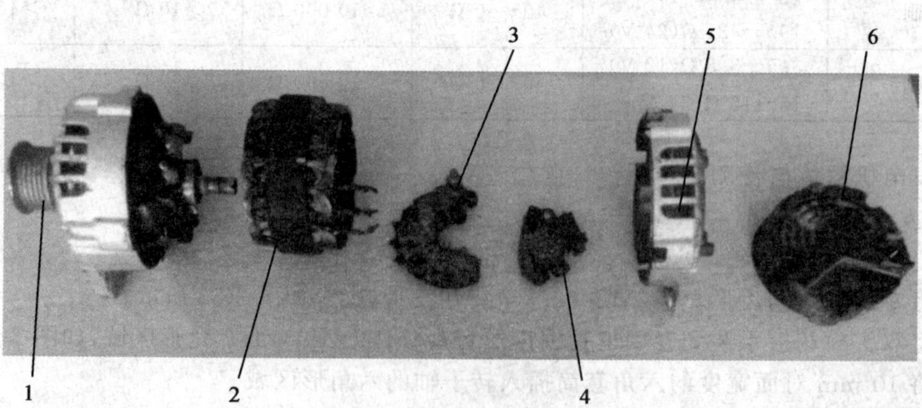

图 2-61 发电机分解图

1:____________;2:____________;3:____________;4:____________;5:____________;6:____________

(2)发电机解体后检修。

①转子的外观检查。检查滑环是否松动或移位。若有应粘牢。检查磁场绕组的引线是否折断、绝缘有无破损、引线与滑环焊接处是否断开。若有引线断开,可取一段同直径导线,将连接部位刮净绞合后,用锡焊牢,并进行绝缘处理。滑环表面应清洁、光滑,如有轻微烧蚀,可用“00”号砂纸打磨;若表面磨损严重,可少量车削加工,但要保证滑环的铜环厚度不小于1.5 mm。

②磁场绕组检查。如图2-62所示,用万用表的$R\times1\ \Omega$挡测两滑环间的电阻应为为4 Ω左右,若为零,则说明滑环或绕组短路;若阻值小于规定值但是不为0,说明磁场绕组匝间短路;若测得阻值为无穷大,则说明绕组断路或接头脱落。

如图2-63所示,用万用表$R\times10\ \text{k}\Omega$挡分别测量两滑环与转子轴的电阻,电阻值应为∞。否则说明磁场绕组绝缘不良。

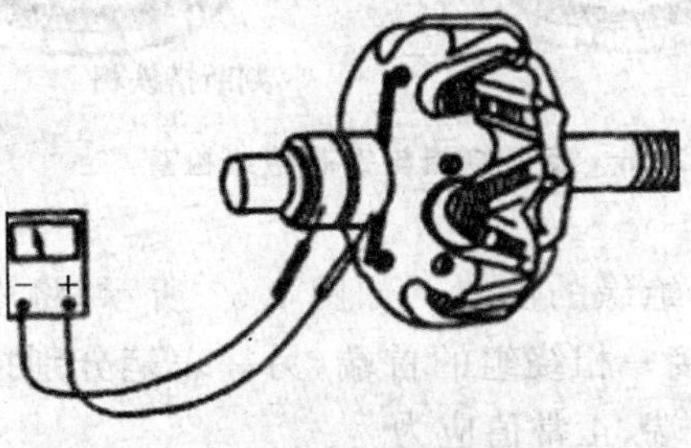

图2-62　磁场绕组短路检查

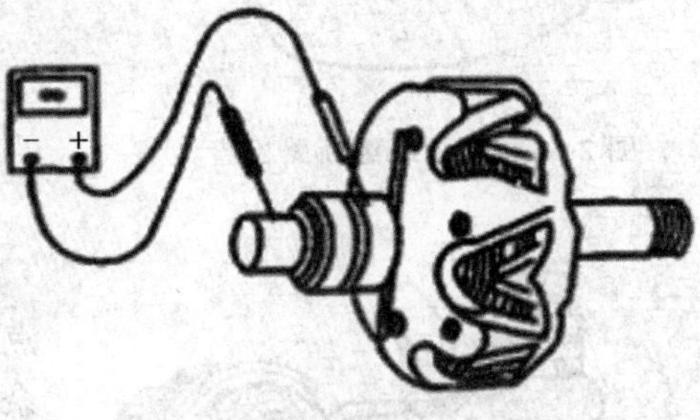

图2-63　磁场绕组绝缘检查

用220 V照明电和220 V灯泡接成的试灯测试,试灯的一端接转子轴,另一端分别接两滑环。若试灯完全不亮,证明磁场绕组绝缘良好。试灯亮,说明磁场绕组绝缘不良。

如若确认磁场绕组断路、短路或绝缘不良时,需重新绕制磁场绕组。

③转子轴和轴承的检修。轴承径向跳动不大于0.1 mm,轴颈磨损可用电镀等方法修复。

轴颈与轴承配合间隙应为−0.01～+0.02 mm,轴承与皮带轮孔之间的间隙应为−0.01～+0.03 mm。

转子轴的弯曲会造成转子与定子之间间隙过小而摩擦或碰撞,如发现发电机运转时阻力过大或有异响,应检查转子轴是否有弯曲。

如图2-64所示,用百分表检查转子轴的径向跳动量不应大于0.1 mm。

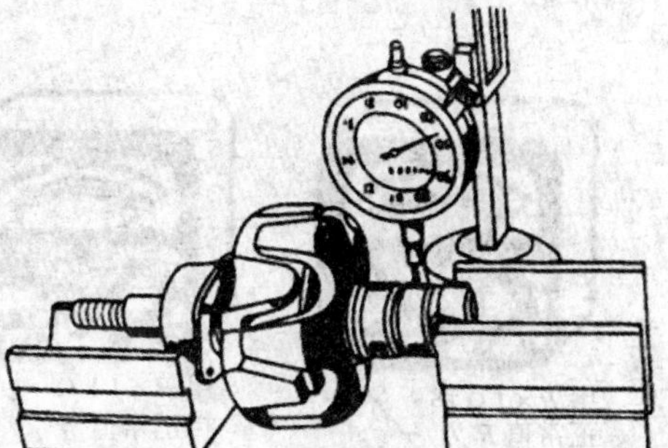

图2-64　转子轴径向跳动量检查

④定子的检修。

a.直观检查。检查绕组外露部分导线有无断路,绝缘有无损坏。若有断路,可将断路处的导线两端头刮净,取一段同直径导线,搭接在断路处焊牢。

检查绕组表面有无烧焦、严重脱漆皮,用鼻子闻有无严重的烧焦味,若有说明定子绕组短路。

b.定子绕组断路检查。用万用表的$R\times1\ \Omega$挡,一表笔接中性点(绕组首端),另一表笔分别接三相绕组的另一端,如图2-65所示。其阻值很小,应接近0且相等。

c.定子绕组与铁芯之间绝缘检查。如图2-66所示,用万用表的$R\times10\ \text{k}\Omega$挡,一表笔接定子铁芯，另一表笔分别接三相绕组的首端，其阻值应为∞，如果测出来的阻值很小或接近0，说明定子绕组有短路或绝缘不良。可将中性点烫开，再重新测量，测出阻值为 0 Ω 的为搭铁绕组。

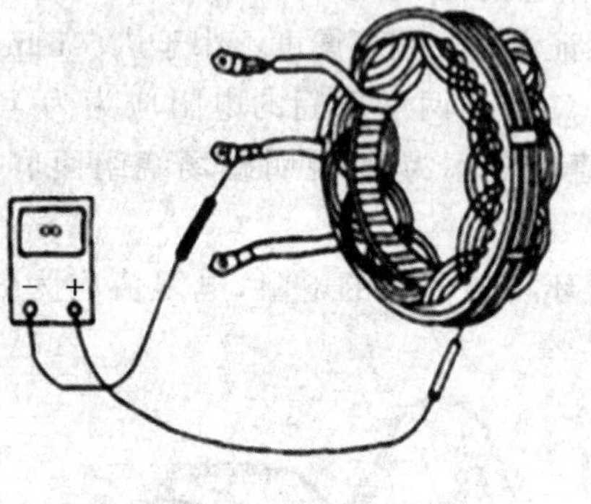

图 2-65　定子绕组断路检查

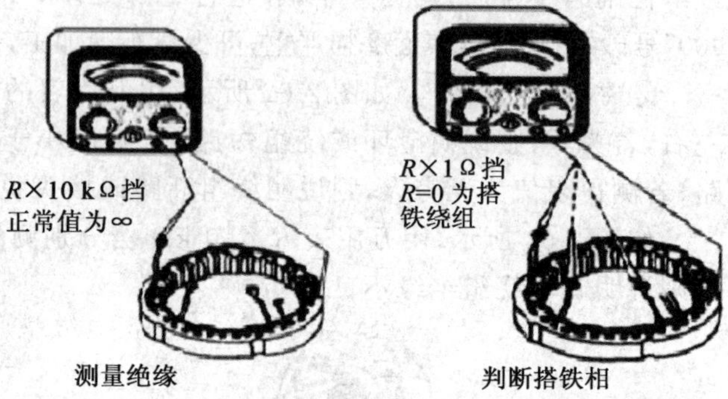

图 2-66　定子绕组与铁芯绝缘检查

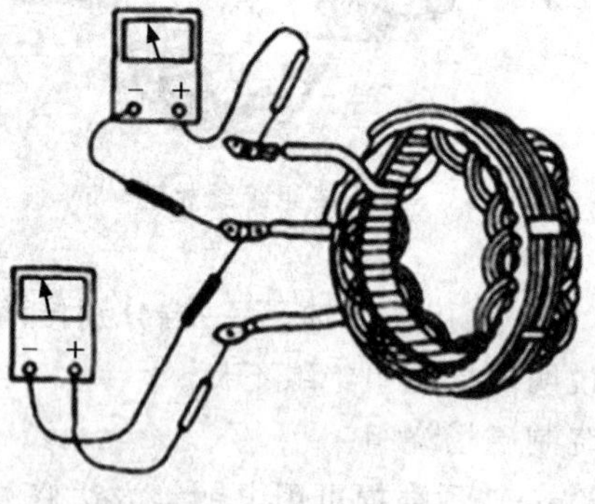

图 2-67　定子绕组间绝缘检查

d. 绕组之间绝缘的测量。如图 2-67 所示，将中性点烫开，一表笔接一相绕组的首端，另一表笔分别接其余两个绕组的首端，正常值应为∞。

e. 定子绕组的重新制做。首先拆除旧绕组，并将线槽清理干净。同时记录每相绕组线圈的个数，每个线圈的匝数、导线线径及绕组的安装位置等参数。按原参数重新绕制线圈，在定子槽内垫-层复合聚脂膜，漆烘干，再把线圈嵌装于定子槽内，用竹楔楔紧，最后装复。

⑤整流器的检修。检测方法如图 2-68 所示：

图 2-68　整流器检查

a. 正极管的测量。用万用表 $R\times1\ \Omega$ 挡，分别测量二极管正、反向电阻值。

正向 8～10 Ω，反向大于 1 kΩ，为正常。

若正反向均为零或很小，说明二极管被击穿。若正反向无穷大，说明二极管为断路。

b. 负极管的测量。其测量方法和正极管测量方法相同。

c. 整流管的更换。对于整体式整流器，一旦发现有整流管损坏，需更换整个整流器；对压装整流管式整流器，若有整流管损坏，可更换整流管。

⑥电刷组件的检测。电刷架应无变形和破损，电刷弹簧弹力为 1.5～2.0 N，电刷压入电刷架使之露出部分约为 2 mm，弹簧压力过小应更换。

电刷高度磨损后不低于标准（23～24 mm）2/3，接触面达 75%，在架内应活动自如，无卡滞现象。

⑦前后端盖等检修。前后端盖应无裂损和变形，轴承与轴承孔配合间隙为－0.01～＋0.03 mm。轴承应无松旷和转动异响。如果油封损坏则应更换。

3. 发电机组装

第一步，安装调节器。安装调节器总成后，压电刷的同时穿过后支架中的孔插入一根钢针以固定住电刷。如图 2-69 所示。

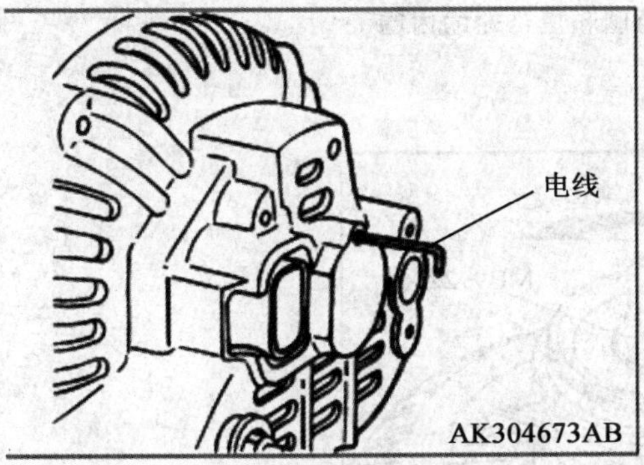

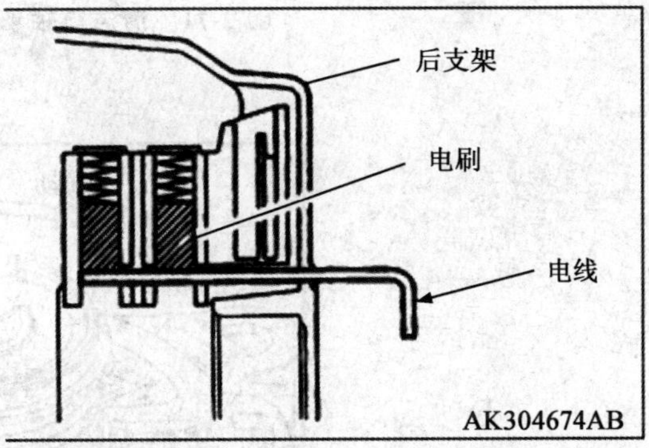

图 2-69　安装调节器

第二步，安装定子（图 2-70）。安装好定子后拆下电刷固定钢针。

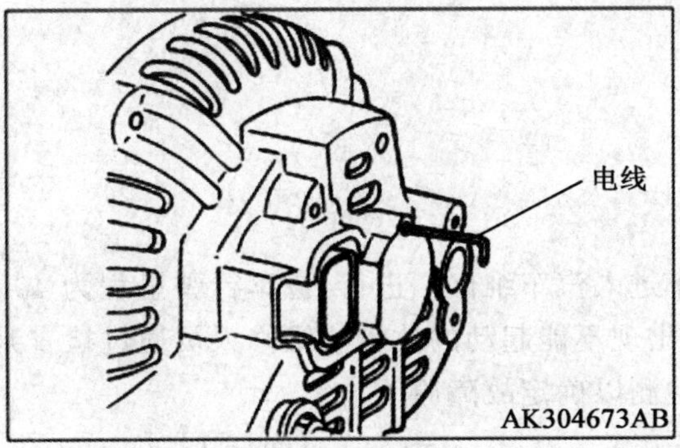

图 2-70　安装定子

第三步，安装皮带轮。

①清洁前轴承的内圈和皮带轮的内圈，如图 2-71 所示。②拧入皮带轮的内圈，直至其接触到前轴承的内圈。③将专用工具锯齿形套头（MB992226)装到皮带轮上。④将双头梅花扳手装到专用工具锯齿形套头(MB992226)的六角形区域。⑤将 10 mm 对面宽度的六角套筒插入转子轴的六角形区域。⑥用双头梅花扳手锁住皮带轮。沿逆时针方向将六角套筒拧紧至规定力矩：(73±12) N・m。⑦顺时针转动皮带轮时，锁住皮带轮。检查确认逆时针方向转动皮带轮时皮带轮转动平滑，如图 2-72 所示。

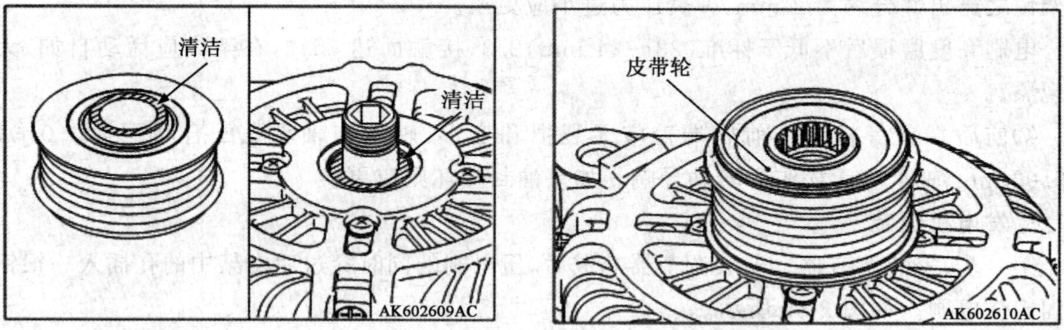

图 2-71 清洁前轴承的内圈和皮带轮的内圈

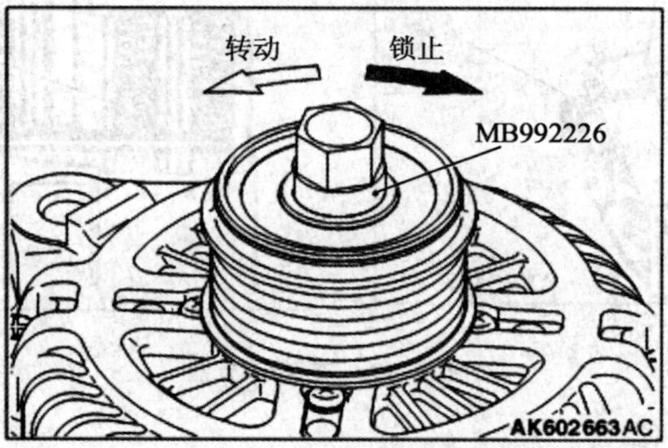

图 2-72 锁住皮带轮

三、制订检修计划

(一)岗位任务

一辆丰田卡罗拉轿车进入汽车维修厂进行，该车行驶里程为 40 000 km，车主反映该车出现严重的亏电情况，最近出现不能起动的故障。维修人员通过检查判断为发电机故障，而需要对发电机进行综合性的检测以确定故障原因。

(二)教师布置任务

任务 1 发电机不解体检测

任务 2 发电机解体检测

任务 3 发电机性能验证

(三)小组制订计划

请根据故障现象和任务要求,确定所需要的检测仪器、工具,并对小组成员进行合理分工,制订详细的诊断和修复计划。

1. 需要的检测仪器、工具

发电机拆装工具 3 套,工具车 3 台,汽车交流发电机 3 台,万用表和通用工具若干。

2. 小组成员分工

第一步,小组分组,每组由 4~6 名成员组成。

第二步,小组完成表 2-15 和表 2-16。

第三步,小组汇报计划,并根据教师建议进行修改和完善。

表 2-15 小组成员分工决策

序号	操作人	任务
1		
2		
3		
4		
5		

表 2-16 任务实施计划

序号	工作步骤	使用工具	注意事项	操作人
1				
2				
3				
4				
5				

四、任务实施

第一环节:教师分步讲解并进行演示。

教师讲解发电机拆装过程,工具使用方法,操作过程中的注意事项,对于关键的步骤进行现场演示。

第二环节:学生现场按照以下步骤实施任务。

第一步,按照标准技术要求,完成发电机非解体检测,填写表 2-17。

第二步,按照维修工岗位技术要求,完成发电机分解作业,检测各元件,填写表 2-18。

表 2-17 检测记录表

检查项目	检查标准(条件)	检查结果	(检查结果:否)处理意见
起动前蓄电池电压		正常□ 否□	
发电机外壳、皮带轮及轴承		正常□ 否□	
励磁线圈电阻		正常□ 否□	
整流器二极管通断情况		正常□ 否□	
中性点线路通断情况		正常□ 否□	
检查结果说明	1. F 与一之间 (1)阻值偏大 电刷和滑环接触不良或滑环脏污;磁场绕组断路 (2)阻值偏小,接近于 0 磁场绕组有匝间短路或搭铁;F 接线柱搭铁;滑环短路;电刷套绝缘不良 2. B(+)与 F(或一) (1)正向阻值很小 约 10 Ω,说明有某个二极管不击穿;若接近于或等于 0,说明正负极板上至少各有一个或一个以上的二极管被击穿;定子绕组与壳体短路 (2)正向电阻为∞ 定子绕组、调节器(二极管)连接电路之间出现断路 3. N 与 E(或 B)中性 正反向值均接近于 0,说明至少有一只负二极管短路		

表 2-18 检测记录表

检查项目	检查标准(条件)	检查结果	(检查结果:否)处理意见
励磁线圈电阻		正常□ 否□	
励磁线圈对铁芯绝缘性		正常□ 否□	
定子线圈电阻		正常□ 否□	
整流器二极管通断情况		正常□ 否□	
检测结论			

第三环节：任务实施完成后，各小组负责清理工具和量具等，清洁地面卫生。

五、检验评估

通过实际发电机检修，对任务进行评估，并记录在表2-19中。

检查检修计划和任务实施工单，对学生掌握情况进行评估。

(1)各组汇报工作过程与过程中遇到的问题，并说明解决方法。

(2)自评与互评。

(3)老师点评、总结：学生的参与度、学习态度、专业能力、关键能力。

(4)老师填写《汽车发电机的检修》学业评估表。

表2-19　学业评估表

评价内容	检验指标	权重	自评	互评	师评	总评
知识与技能 (60分)	1.能叙述发电机各元件的组成	3%				
	2.能叙发电机各元件的作用	4%				
	3.能叙述发电机工作过程	8%				
	4.能正确拆装发电机	20%				
	5.能正确检测发电机	20%				
过程与方法 (40分)	1.学习态度：主动参与学习，遵守纪律	5%				
	2.团队合作：与小组成员分工合作，在小组完成任务过程中所起的作用	5%				
	3.获取信息：获取学习所需信息、资料的方法与途径	5%				
	4.方法能力：发现、分析、解决问题的方法与能力	10%				
	5.创新意识：积极思考，不断改进维修方案	5%				
	6.节能与环保意识：学习过程中注重节能，不污染环境	5%				
	7.现场管理：服从工位安排、执行实训室“5S”管理规定	5%				
对学生综合评价与建议						

思考与练习

1.普通交流发电机的主要组成包括______、______、______、______、______和______。

2.交流发电机的转子主要作用是__________。

3. 发电机整流器的主要作用是__________；电压调节器的主要作用是__________。

4. 下面对于晶体式调节器的描述不正确的是(　　)。

A. 无触点　　B. 对外接线端子有"+""-""F"

C. 有触点　　D. 分为外搭铁和内搭铁两种

5. 甲说"磁场绕组的一端一定通过电压调节器搭铁"，乙说"交流发电机的磁场绕组有内搭铁和外搭铁之分"，下面正确的是(　　)。

A. 只有甲对　　B. 只有乙对　　C. 都对　　D. 都错

6. 下列关于交流发电机产品的代号解释中正确的是(　　)。

A. JF 表示普通交流发电机　　B. JFW 表示带泵交流发电机

C. JFB 表示整体式交流发电机　　D. JFZ 表示无刷交流发电机

7. 汽车普通交流发电机的工作原理？

任务 2.3　汽车电源系统的故障检修

案例引入

在学习了汽车蓄电池、发电机之后，小李掌握了电源系统基本知识。现在开始，小李要对出现电源系统故障的车辆进行诊断和修复了。那么，电源系统故障检修都要做些什么呢？

任务要求

1. 了解汽车电源系统常见故障原因；
2. 能够掌握汽车电源系统的故障诊断方法；
3. 能够掌握汽车电源系统故障检修步骤；
4. 能够正确判断汽车电源系统的故障并掌握排除方法。

一、知识学习

(一)电源系组成及电路连接

完整的汽车电源系统包括以下组件：发电机、电压调节器、蓄电池、充电指示灯、点火开关等，如图 2-73 所示。

电源系电路如图 2-74 所示，蓄电池、发电机与用电设备之间是并联关系。发动机起动时，由蓄电池向起动机提供电流，发电机此时不工作；在发动机正常工作时，发电机向用电设备供电，并向蓄电池充电；充电指示灯指示蓄电池的充放电状况；调节器用于调整发电机电压输出，使其稳定在 14 V 左右。

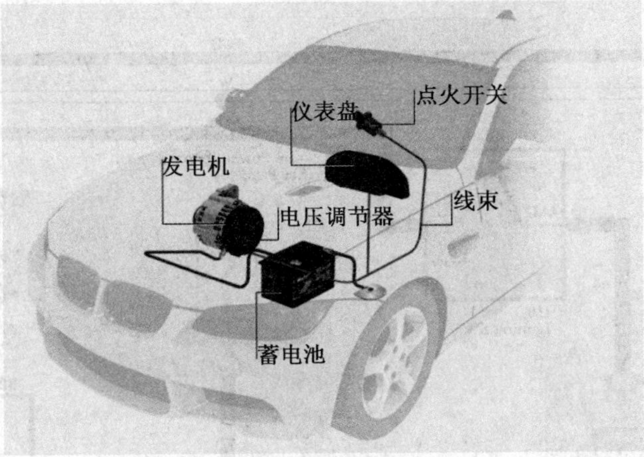

图 2-73　汽车电源系统组成

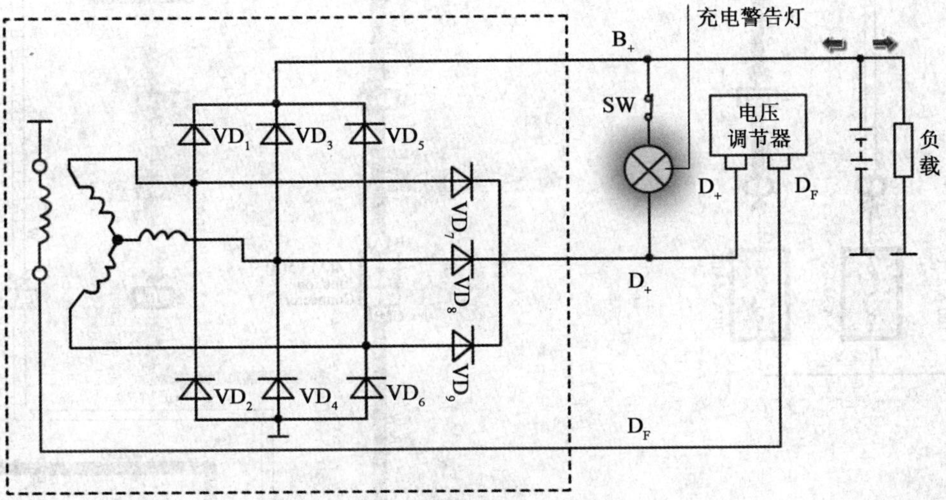

图 2-74　电源系统电路连接

(二)常见车型电源系统检修

1.卡罗拉轿车电源系统

(1)电源系统电路。电路如图 2-75 所示。电源系统包括:蓄电池、发电机、IC 调节器、保险装置、点火开关等。

(2)发电机各端子。发电机配备了 IC 集成式电压调节器,发电机各端子定义如下:IG—至 IG_1 继电器;S—励磁绕组端子;L—充电指示灯;B—电源输出端。

在接通点火开关时,发动机未起动的情况下,蓄电池向充电指示灯供电,通过调节器形成搭铁回路,充电指示灯亮;发动机起动后,发电机对外输出电能,充电指示灯两端电压差为 0,因此充电指示灯熄灭。

(3)典型故障症状表。使用表 2-20 可帮助诊断故障原因,以递减的顺序表示原因的可能性,按顺序检查每个可疑的部位,必要时维修或更换有故障的零部件或进行调整。

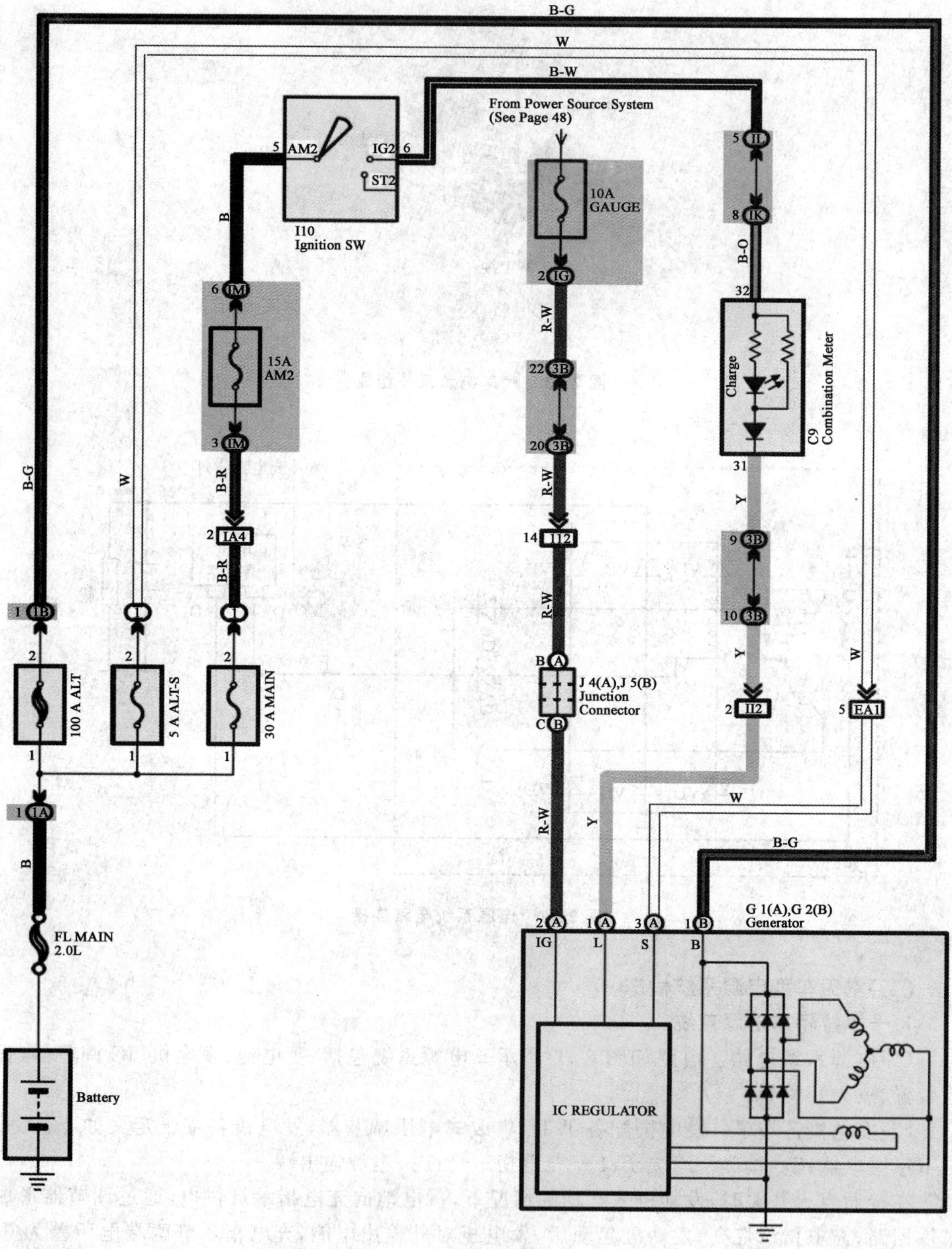

图 2-75　卡罗拉轿车充电电路

表 2-20　故障症状

症状	可疑部位
驾驶时充电指示灯亮起	离合器带轮 发电机总成
发动机运转时，发电机产生噪声	多楔带 离合器带轮 发电机总成

(4)车上检查项目。

①蓄电池状况。a. 检查蓄电池是否有损坏和变形。如果发现严重损坏、变形或泄漏，则更换蓄电池。b. 检查各单格的电解液液量。

对于免维护蓄电池，如果电解液液量低于下限，则更换蓄电池；如果电解液液量高于下限，则在起动发动机时检查蓄电池电压，当电压低于9.6 V，进行补充充电。

对于普通蓄电池，如果电解液液量低于下限，则向各单格电池补充蒸馏水，然后对蓄电池重新充电并检查电解液相对密度(卡罗拉轿车蓄电池标准相对密度：在 20℃时为 1.25～1.29 g/cm^3)；如果电解液液量高于下限，则在起动发动机时检查蓄电池电压，当电压低于 9.6 V，进行补充充电或更换电池。

②检查蓄电池各端子。检查并确认蓄电池端子未松动或未被腐蚀。如果被腐蚀，则清洁或更换端子。

③检查熔丝。测量 ECU-IG NO.2 熔丝、ALT-S 熔丝、ALT 熔丝、MAIN 熔丝的电阻。标准电阻：小于 1 Ω。如果不符合规定，则更换熔丝。

④检查发电机多楔带。a. 检查发电机多楔带有无磨损、破裂和其他损坏痕迹。如果发现有损坏，则更换多楔带。b. 检查并确认多楔带正确安装在楔形槽中。如果已滑出，则更换传动带。正确安装新的传动带。

⑤目视检查发电机配线。检查并确认配线情况良好。如果状态不正常，应维修或更换发电机线束。

⑥注意发电机是否有异响。发动机运转时，检查并确认发电机没有异响。如果有异响，应更换带轮或发电机。

⑦检查充电指示灯电路。首先，将点火开关置于 ON 挡位置。检查并确认充电指示灯亮。然后，起动发动机，检查并确认充电指示灯熄灭。如果充电指示灯工作情况不符合规定，则对充电指示灯电路进行故障排除。

⑧检查发电机空载时的特性。利用汽车电器万用试验台检测发电机的放电电流和端电压，空载时标准电流为：10 A 或更小，标准电压为：13.2～14.8 V。如果不符合标准，则更换发电机。

⑨检测发电机的外特性。利用汽车电器万用试验台检测发电机的外特性，保持发动机转速在 2 000 r/min，打开远光灯并将空调加热器鼓风机开关转至 HI 位置，标准电流为：30 A 或更大。如果不符合标准，则更换发电机。

(三)电源系统常见故障分析

1.常见故障原因

汽车电源系统常见故障有:不充电、充电电流过小、充电电流过大、充电电流不稳和发电机异响等。电源系统常见故障及原因,如表 2-21 所示。

表 2-21 电源系统常见故障及原因

常见故障	故障现象	故障原因
不能起动	发动机无法起动	1.蓄电池电压不足 2.蓄电池接线断开
线路故障	打开点火开关,充电指示灯不亮	电源系线路故障
不充电	1.发动机高于怠速运转时,充电指示灯亮 2.蓄电池很快亏电	1.接线:接线断开或脱落 2.充电指示装置:充电指示灯接线搭铁 3.发电机不发电
充电电流过小	1.发动机中速以上运转,充电指示灯才能熄灭 2.蓄电池经常存电不足 3.前照灯灯光暗淡,电喇叭声音小	1.发电机皮带过松或沾有油污打滑 2.充电线路接触不良 3.发电机电刷与滑环接触不良,滑环脏污、烧蚀,定子线圈某相接触不良、断路或短路,转子线圈局部短路;个别二极管损坏等 4.电压调节器触点脏污或电压调节过低
充电电流过大	1.点火线圈或发电机过热 2.各种灯泡经常烧毁	1.电压调节器失调或损坏,触点脏污或烧结 2.发电机磁场线圈搭铁或导线接错
充电电流不稳	发动机在中速以上运转,充电指示灯时亮时灭	1.发电机皮带打滑 2.电源系统统连接导线接触不良或插接件松动 3.发电机内部定子或转子线圈某处有断路或短路;滑环脏污、电刷接触不良或电刷弹簧过软、折断 4.电压调节器有关线路板松动或搭铁不良
发电机异响	发电机运转中发出连续或断续不正常的响声	1.皮带松紧度调整不当 2.发电机轴承润滑不良或损坏 3.转子与定子间碰擦 4.发电机风扇或皮带盘与壳体碰撞

2.电源系统故障检修思路

按照图 2-76 提供的思路,对电源系统常见故障进行检修。

3.电源系统故障排除实例

故障案例 1

(1)故障现象:一辆进入维修厂的卡罗拉轿车,其发动机在正常运转时充电指示灯依然不熄灭,维修人员判断为充电系统故障。

(2)故障原因分析:根据卡罗拉轿车充电电路图(图 2-77),简化成图 2-78。发动机正常工作以后,发动机转速在 1 500 r/min 以上,其充电指示灯应该熄灭。但根据故障现象的描述,该车的指示灯一直不熄灭,可初步判断发电机、电压调节器及其连接线路存在故障。如果发电机

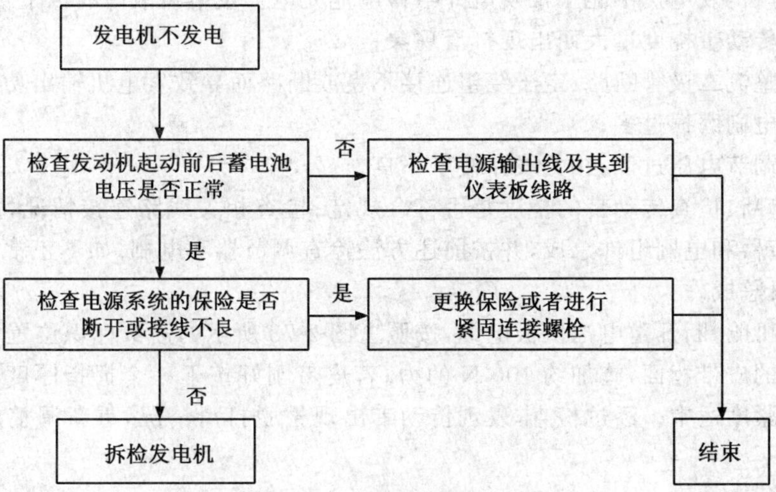

图 2-76　电源故障检修思路

不发电，B_+ 端子处无输出电压（见图 2-77 中 a 处），当点火开关置于 ON 挡时，蓄电池为充电指示供电，形成通路，充电指示灯一直亮。如果电压调节器内部出现短路故障，充电指示灯电路处于导通状态，充电指示灯常亮。如果线路（如图 2-77 中 b 处）搭铁，也会使充电指示灯电路导通，充电指示灯常亮。

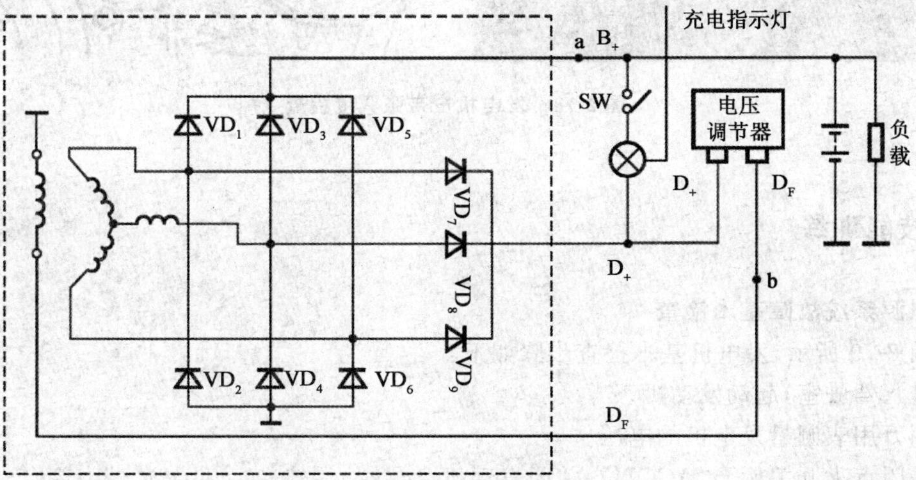

图 2-77　电源系统可能故障点

（3）故障检测：用万用表检测 a 处电压，发现发动机起动前后，a 点电压始终维持在 12 V 左右，证明发电机无输出电压。进一步检查发电机，发现其整流器损坏，更换新的整流器后，故障排除。

故障案例 2

（1）故障现象：一辆进入维修厂的卡罗拉轿车，维修人员发现该车的蓄电池持续亏电，发动机起动困难。发动机起动后，充电指示灯能正常熄灭，但间歇性点亮。

(2)故障分析:发电机不能正常发电并给蓄电池充电。发电机故障有以下可能:

①发电机传动带挠度过大而出现打滑现象;

②发电机整流二极管断路、定子绕组连接不良或断路而导致发电机输出功率降低;

③发电机电刷磨损过多;

④调节器调节电压过低;相关线路接触不良。

(3)故障诊断:检查传动带的挠度是否符合规定;检查相关线路连接情况,如不正常,则需检修;拆下调节器和电刷组件总成,并按前述方法检查调节器和电刷,如不正常,则需检修或更换;检修发电机总成。

进入发动机舱,断开蓄电池负极电缆,按照上图 2-78 所示的箭头标识位置,用拇指按压两个皮带轮中间的皮带背面,施加约 100 N 的力,若皮带刚好按下一个拇指厚度(10～15 mm),则说明皮带张紧度适中。经过检查,发现传动带出现松脱打滑情况,重新调整皮带张紧度后,故障排除。

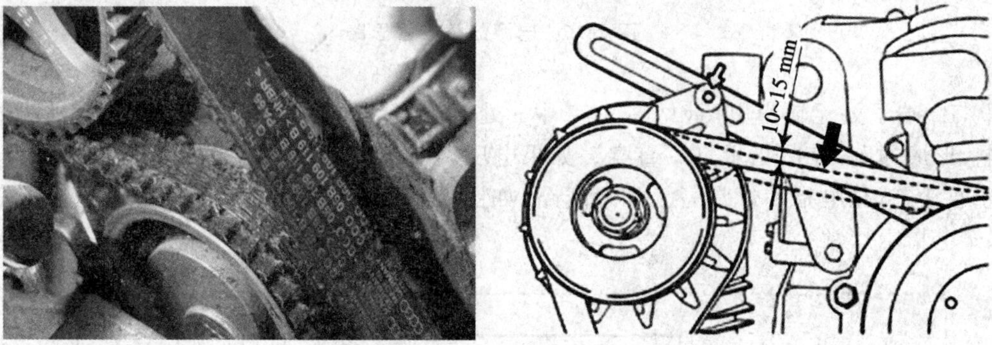

图 2-78　发电机皮带张紧度检查

二、技能训练

1.电源系统故障基本检查

如图 2-79 所示,发电机基本检查步骤如下:

①进入驾驶室,起动发动机。

②用万用表测量发电机的电压。

③关闭点火开关旋至"ACC"位,关闭发动机。

④用万用表测量发电机电压输出接线端子,应显示正常蓄电池电压。

⑤拔下发电机上的接线插头。

2.发电机拆卸

按照以下步骤完成发电机从实车上拆卸的作业。

第一步,松开蓄电池负极电缆夹的紧固螺母,卸下负极电缆,如图 2-80 所示。

第二步,拆下发电机上 B 接线柱的绝缘盖,用 12 mm 套筒、棘轮扳手拆下固定螺母,将导线取下(图 2-81)。

第三步,拔下发电机上的插头。

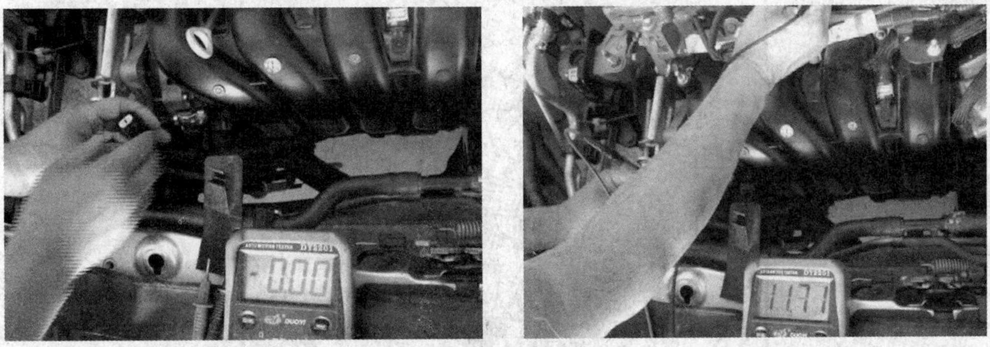

图 2-79　电源系统基本检查

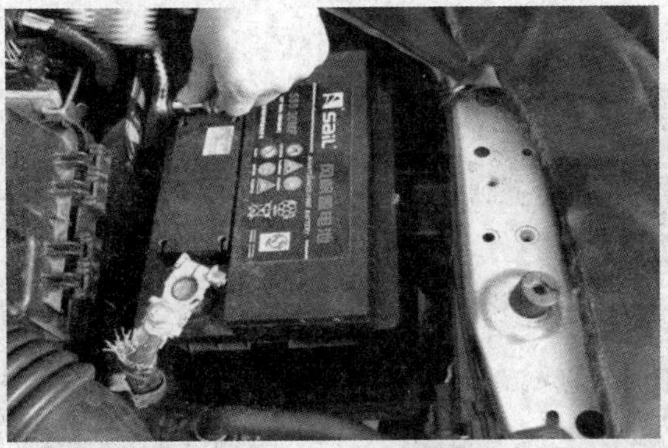

图 2-80　拆卸蓄电池负极线

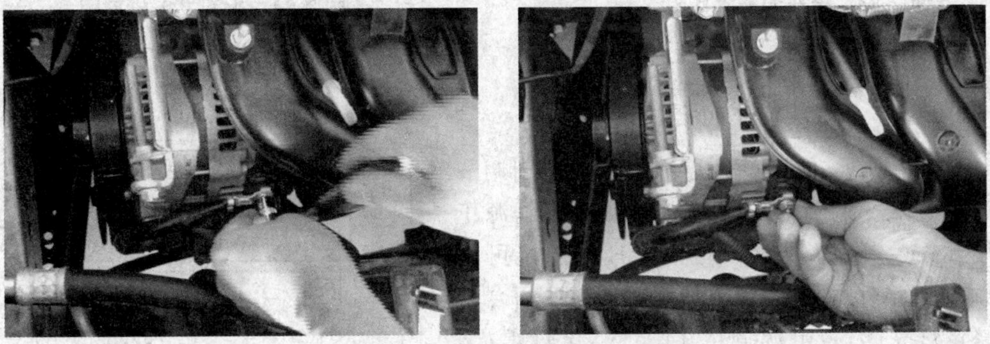

图 2-81　拆卸绝缘盖及导线

第四步，用 12 mm 套筒、棘轮扳手松开发电机上部的紧固螺钉。

第五步，用 14 mm 套筒、扳手松开发电机下部的紧固螺钉(图 2-82)。

第六步，用 12 mm 套筒、棘轮扳手松开发电机传动带调整螺栓(图 2-83)。

第七步，卸下发电机传动带(图 2-84)。

第八步，卸下发电机上的两个紧固螺栓。

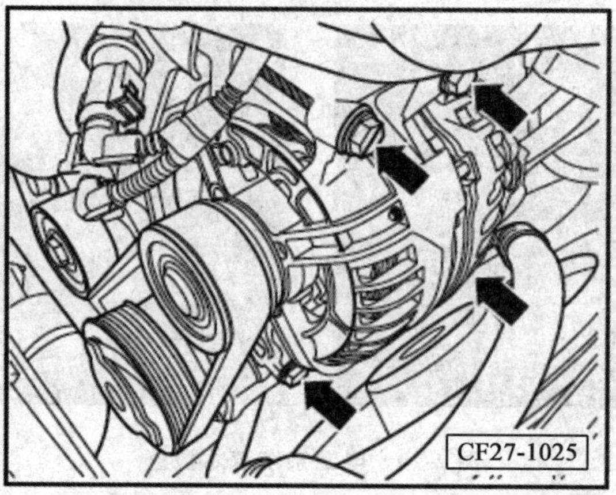

图 2-82 拆卸固定螺栓

图 2-83 松开调整螺栓

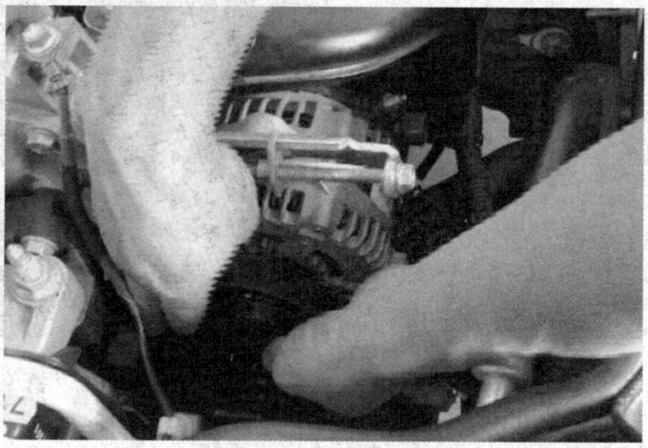

图 2-84 拆卸发电机皮带

第九步，取出发电机。

2.电压调节器的检查

如图 2-85 所示，使用试灯灯泡分别连接到调节器的 F 端、E 端。调节器 B 端连接可调直流电源正极，并用开关控制线路通断，调节器 E 端连接可调直流电源负极。将可调直流电源调至 12 V，闭合开关，观察试灯亮起；将电源调至 14.5 V，试灯熄灭；再次将电源调至 12 V，试灯亮起。如不符合上述现象描述，说明调节器损坏，应更换。

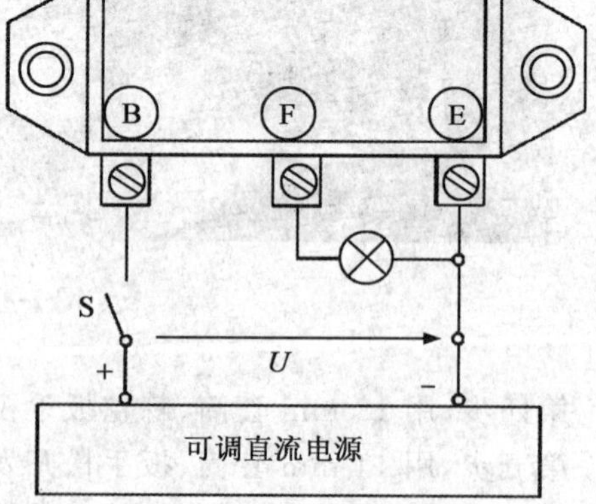

图 2-85 电压调节器检测

3.电源系统电路检测

如图 2-86 所示，电源系统电路检测要点：

(1)连接线路是否正确。

(2)发电机 B_+ 输出端检测。

(3)充电警示灯线路检测。

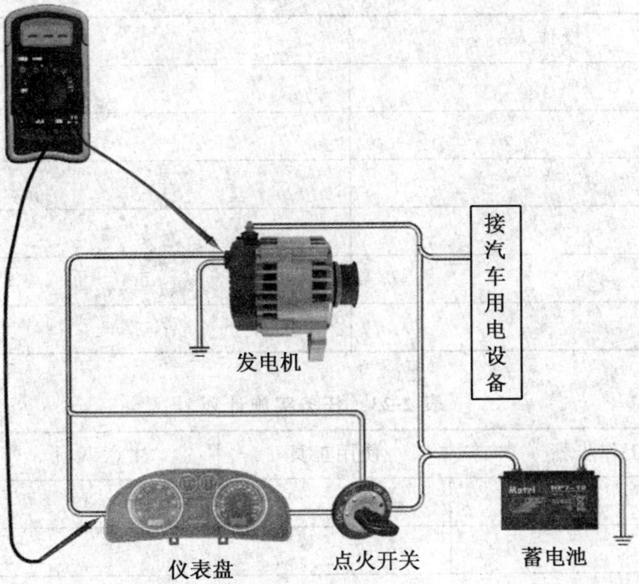

图 2-86　电源系统电路检测

三、制订检修计划

(一)岗位任务

一位丰田卡罗拉轿车进入汽车维修店,车主反映该车打开点火开关充电指示灯不亮。根据车主描述的故障症状,维修技师对车辆进行了初步检查,确认故障原因是交流发电机励磁电路故障。发电机励磁电路故障,需要从车辆上拆卸发电机,然后对发电机进行检修。

(二)教师布置任务

任务 1　学会分析电源系统常见故障的原因

任务 2　排除典型的电源系统故障

(三)小组制订计划

根据发动机类型和任务要求,确定所需要的技术资料,并对小组成员进行合理分工。

1.需要的技术资料

(1)常用工具 3 套;(2)汽车电源系统示教板 1 台;(3)丰田卡罗拉轿车 2 辆;(4)汽车电源系统维修手册 3 本。

2.小组成员分工

第一步,小组分组,每组由 4～6 名成员组成。

第二步,小组完成表 2-22 和表 2-23。

第三步,小组汇报计划,并根据教师建议进行修改和完善。

表 2-22 小组成员分工决策

序号	操作人	任务
1		
2		
3		

表 2-23 任务实施计划

序号	工作步骤	使用工具	注意事项	操作人
1				
2				
3				
4				
5				

四、任务实施

第一环节：教师讲解并进行演示。

由教师在实车上设定电源系统故障，对任务实施的要求进行说明，并提示实操过程中的注意事项。

第二环节：学生现场按照以下步骤实施任务。

第一步，按照标准技术要求，完成发电机基本检查作业，填写表 2-24。

表 2-24 电源系统检测记录表

序号	名称	测量值	标准值	判断
1	蓄电池电压			
2	发电机电压			
3				
4				
5				

第二步，完成发电机从实车上的拆卸作业，并填写表 2-25。

表 2-25　发电机检测记录表

序号	名称	有无损坏	标准	判断
1	发电机皮带			
2	发电机外壳			
3	发电机皮带轮			
4	发电机转子			
5	发电机定子			
6	发电机整流器			

第三步,根据实训车辆的故障,排除电源系统故障,并填写表 2-26。

表 2-26　故障检测与排除结果记录表

序号	故障描述	故障现象检查分析	处理方法
1	在用蓄电池亏电	车辆无法起动,蓄电池观察窗口呈红色,且通过电压表测量其电压为 9 V	
		无法起动,蓄电池观察窗口呈白色	
2	新蓄电池亏电		
3	蓄电池的保养		
4	发电机电压低		
5	充电指示灯常亮		
6	电压过高		

第三环节:任务实施完成后,各小组负责清理工具和量具等,清洁地面卫生。

五、检验评估

通过实际电源系统故障排除,对任务进行评估,并记录在表 2-27 中。

检查检修计划的填写,对学生掌握情况进行评估。

(1)各组汇报工作过程与过程中遇到的问题,并说明解决方法。

(2)自评与互评。

(3)老师点评、总结:学生的参与度、学习态度、专业能力、关键能力。

(4)老师填写《汽车电源系统故障检修》学业评估表。

表 2-27　学业评估表

评价内容	检验指标	权重	自评	互评	师评	总评
知识与技能（60分）	1. 能叙述常见车系的电源系统结构	3%				
	2. 能叙述电源系统的检测内容	4%				
	3. 能正确使用工具检测电源系统故障	8%				
	4. 能用工具测量相关数据	20%				
	5. 能按照规范要求完成实训任务	20%				
过程与方法（40分）	1. 学习态度：主动参与学习，遵守纪律	5%				
	2. 团队合作：与小组成员分工合作，在小组完成任务过程中所起的作用	5%				
	3. 获取信息：获取学习所需信息、资料的方法与途径	5%				
	4. 方法能力：发现、分析、解决问题的方法与能力	10%				
	5. 创新意识：积极思考，不断改进维修方案	5%				
	6. 节能与环保意识：学习过程中注重节能，不污染环境	5%				
	7. 现场管理：服从工位安排、执行实训室“5S”管理规定	5%				
对学生综合评价与建议						

思考与练习

1. 判断一个整流二极管好坏时，红表笔接其管壳，黑表笔接中心引线，测得的电阻值约为9 Ω 左右；对换表笔测得电阻为∞。请判断该二极管是否损坏；该二极管是正极管还是负极管（　　）。

A. 否，负极管　　B. 是，正极管　　C. 否，正极管　　D. 是，正极管

2. 汽车充电指示灯在发电机未起动或低速时（　　），发电机转速超过 1 000 r/min 以上时，充电指示灯（　　），以表示蓄电池处于（　　）状态。（　　）

A. 熄灭，点亮，充电　　B. 点亮，熄灭，放电

C. 点亮，熄灭，充电　　D. 熄灭，点亮，放电

3. 简述如何对内搭铁式晶体管调节器进行检测。

4. 简述汽车电源系统有哪些常见故障现象。分析每种故障的处理方法。

项目三
汽车起动系统的检修

任务 3.1　起动机的检修

案例引入

某辆 2012 款轿车，扭动钥匙后，什么声音也没有，发动机无法起动。经检查，蓄电池有电，而起动机损坏，导致发动机无法起动。更换起动机后，重新扭动钥匙，发动机能够正常运转，故障解决。

任务要求

1. 能掌握起动系统的组成及各组成部分的作用。
2. 能掌握起动机组成部件及各部件的作用。
3. 能根据故障现象制订正确的维修计划。
4. 能使用合适的拆装工具对起动机部件进行检测与更换。
5. 能正确辨别、判断、记录识别结果。

一、知识学习

(一)汽车起动系统的基本知识

1. 作用

要使发动机由静止状态过渡到工作状态，必须先用外力转动发动机的曲轴，使活塞作往复运动，气缸内的可燃混和气燃烧膨胀做功，推动活塞向下运动使曲轴旋转，发动机才能自行运转，工作循环才能自动进行。因此，曲轴在外力作用下开始转动到发动机开始自动地怠速运转的全过程，称为发动机的起动。完成起动过程所需的装置，称为发动机的起动系。

2. 汽车起动条件

①起动转矩：能够使曲转旋转的最低转矩称为起动转矩，起动转矩必须克服压缩阻力和内磨擦阻力矩。起动阻力矩与发动机压缩比、温度、机油黏度等有关。

②起动转速：能使发动机起动的曲轴最低转速称为起动转速。在 0～20℃时，汽油机的起动转速为 30～40 r/min，柴油机的起动转速为 150～300 r/min。

(二)汽车起动系统的组成

起动系统由蓄电池、点火开关、起动继电器、起动机等组成,如图 3-1 所示。

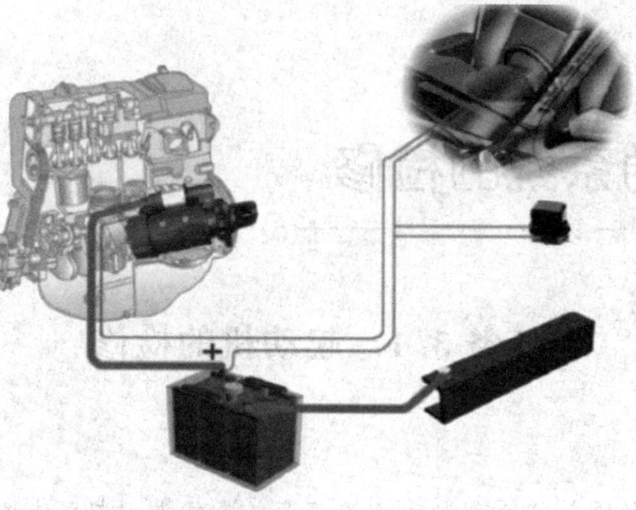

图 3-1　汽车起动系统

(1)蓄电池。汽车用的蓄电池提供起动发动机所需的电能,即在短时间内(5～10 s),可供给起动机以强大的电流(汽油机一般为 200～800 A,柴油机可达 1 500 A)。

(2)点火开关。起动机工作受点火开关控制。点火开关一般安装在方向管柱和转向盘周围,如果安装在方向管柱上,点火开关还具有方向盘的锁止功能。

普通点火开关由机械锁芯和电路开关两部分组成,如图 3-2(a)所示。其中,LOCK 为锁止挡,对转向盘进行锁止;ACC 为附件供电挡;ON 用于给发动机及附件供电,是汽车正常行驶中的挡位;START 为起动挡。

智能无钥匙起动是指持此钥匙靠近车门,无须用钥匙,手拉车门即可打开车门,上车后,无须将钥匙插入钥匙孔,直接按下按钮式钥匙开关,如图 3-2(b)所示,即可起动车辆。

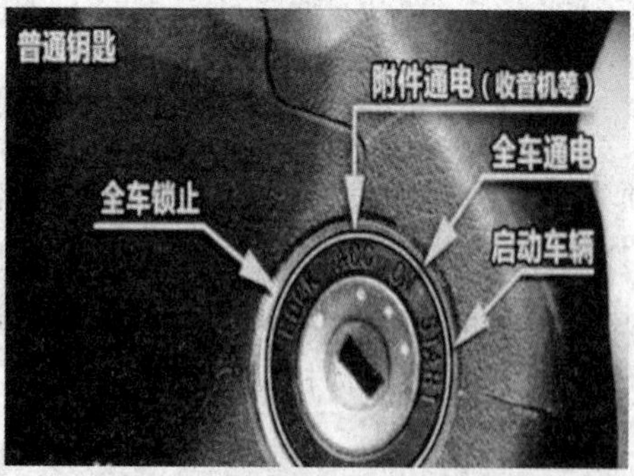

(a) 普通钥匙点火开关

(b) 无钥匙起动点火开关

图 3-2　点火开关

(3)起动机。起动机的作用是通过直流电动机产生动力,经传动机构带动发动机曲轴转动,实现发动机的起动,其整体结构及元件如图 3-3 所示。

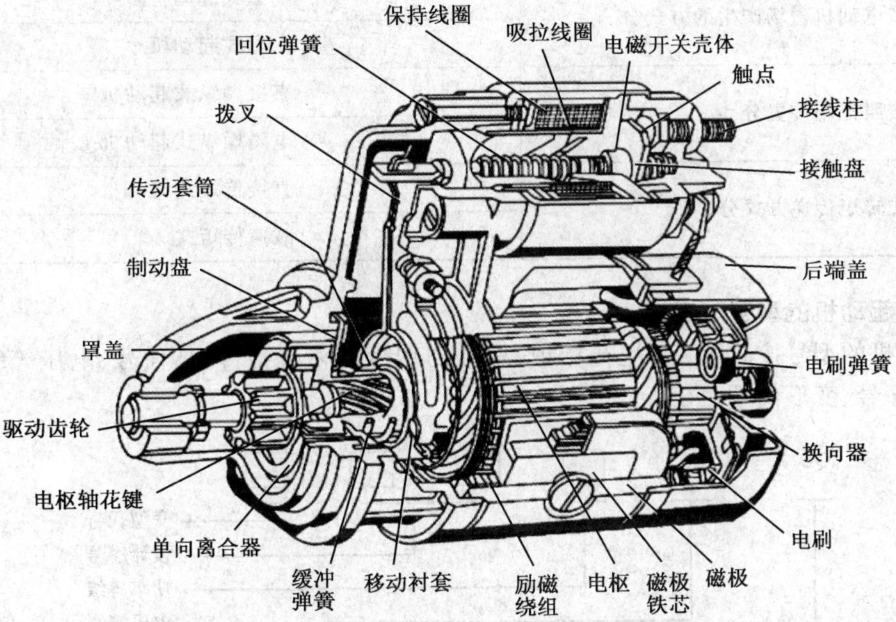

图 3-3　起动机整体结构

(4)起动继电器。起动机工作时,电流通过起动线圈、保持线圈和电枢绕组电流较大,为防止点火开关被烧坏,起动系统一般设有起动继电器。如图 3-4 所示,起动继电器主要由线圈和常开触头等组成,当 50 线(起动电源线)供电时,线圈有电流通过而产生电磁力,常开触头结合,线路导通。

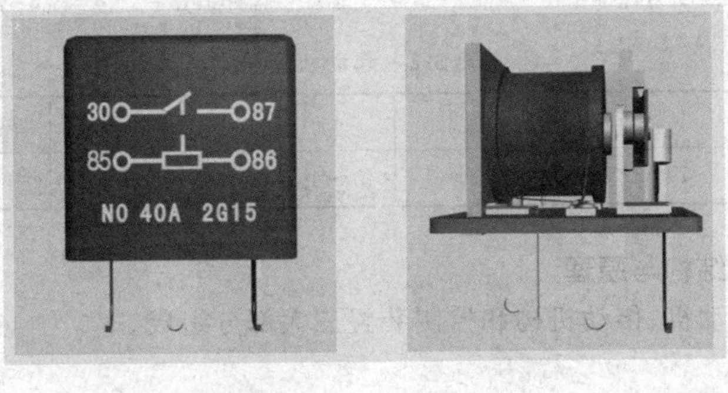

图 3-4　起动继电器

(三)起动机的分类

起动机分类方法包括:①按磁场产生方式分类;②按照控制方式分类;③按照传递力矩的方式,具体类型见表 3-1。

表 3-1　起动机的分类方法

分类方式	类型
按电动机磁场产生的方式分	励磁式起动机
	永磁式起动机
按照控制装置分	直接操纵式起动机
	电磁操纵式起动机
按转矩传递方式分	直接传矩式
	减速传矩式

(四)起动机的型号与规格

起动机的型号按照图 3-5 进行标识,标准的型号规格包括:产品代号、电压等级、功率等级、设计序号、变形代号。

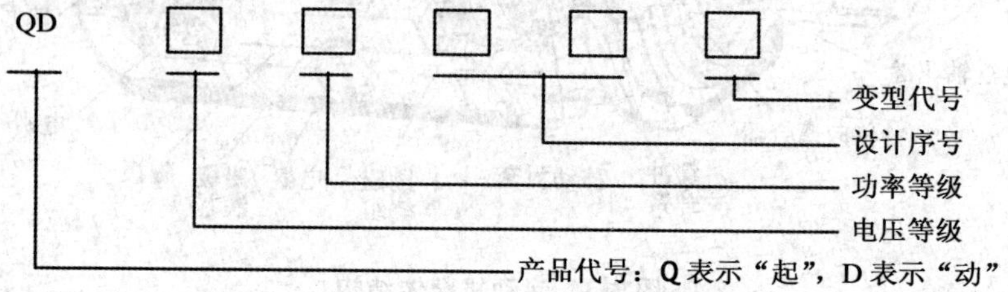

图 3-5　起动机型号规格

QD 表示一般的起动机;QDJ 表示减速起动机;QDY 表示永磁起动机(包括永磁减速起动机),J、Y 分别表示“减”、“永”。

电压等级包括:12 V 和 24 V。

功率等级如表 3-2 所示。

表 3-2　起动机型号

功率等级代号	1	2	3	4	5	6	7	8	9
功率/kW	<1	1～2	2～3	3～4	4～5	5～6	6～7	7～8	>8

(五)常规起动机结构与原理

起动机由直流电动机、传动机构和控制装置三大部分组成。

1. 直流电动机

由电枢(转子)、磁极(定子)、换向器和电刷等主要部件构成,如图 3-6 所示。

(1)转子。直流电动机的转动部分称为电枢,又称转子。转子由外圆带槽的硅钢片叠成的铁芯、电枢绕组线圈、电枢轴和换向器组成。如图 3-7 所示。转子在直流电动机的工作过程中,在电磁力作用下旋转而产生转速和电磁力矩,驱动啮合机构工作。

(2)定子。直流电动机的磁极又称定子。由固定在机壳内的磁极铁芯和磁场绕组线圈组成。如图 3-8 所示。磁极一般是 4 个,两对磁极相对交错安装在电机的壳体内。磁极铁芯上

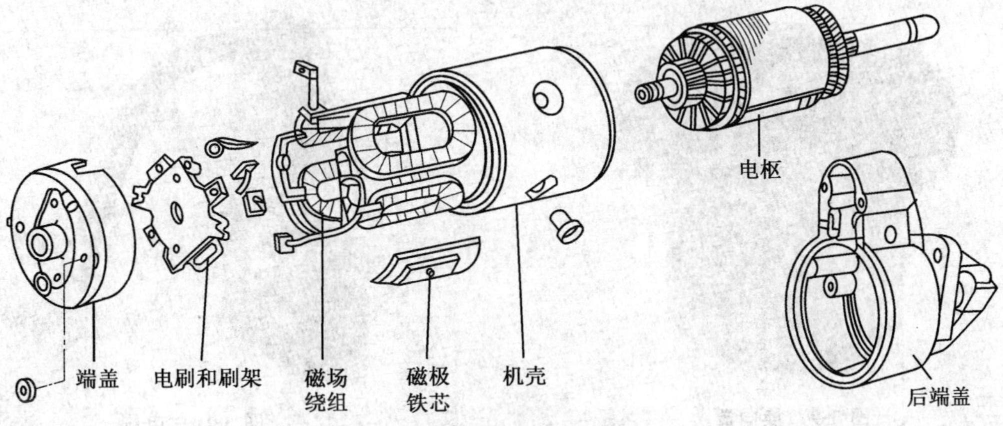

图 3-6　直流电动机结构

图 3-7　起动机电枢

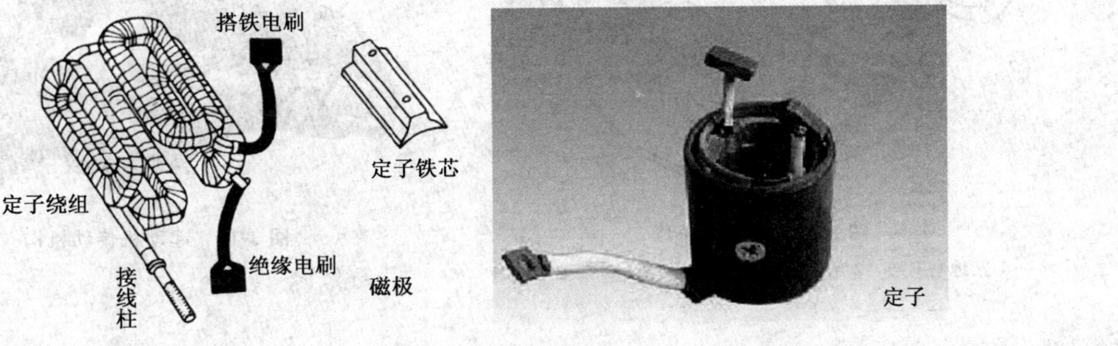

图 3-8　起动机定子

制有螺纹孔，电机的壳体制有通孔。磁极铁芯将磁极绕组用螺栓固定于电机的壳体。

(3)换向器。直流电动机换向器的作用是起逆变作用，即把电刷外电路中的直流电经换向器逆变为交流电输入电枢元件中。如图 3-9 所示，换向器由多片截面呈燕尾形的铜片围合而成。

(4)电刷及电刷架。电刷由铜粉(80%～90%)和石墨粉(10%～20%)压制而成，如图 3-10 所示。

电刷安装在钢制底板上的框架，即电刷架，如图 3-11 所示。一般情况下，正极电刷架绝缘

图 3-9　换向器

图 3-10　电刷

安装于底板，负极电刷架直接安装在底板上。电刷架的侧旁安装有盘形弹簧，起到压紧电刷的作用。

2. 传动机构

直流电动机的传动机构是起动机的驱动齿轮和发动机的飞轮齿圈之间的啮合传动及分离机构，主要包括拨叉、单向离合器等，如图 3-12 所示。

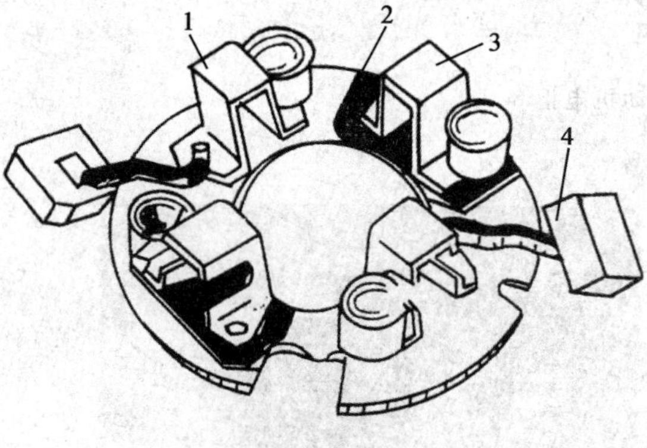

图 3-11　电刷架总成

1-接地电刷架　2-绝缘垫　3-绝缘电刷架　4-接地电刷

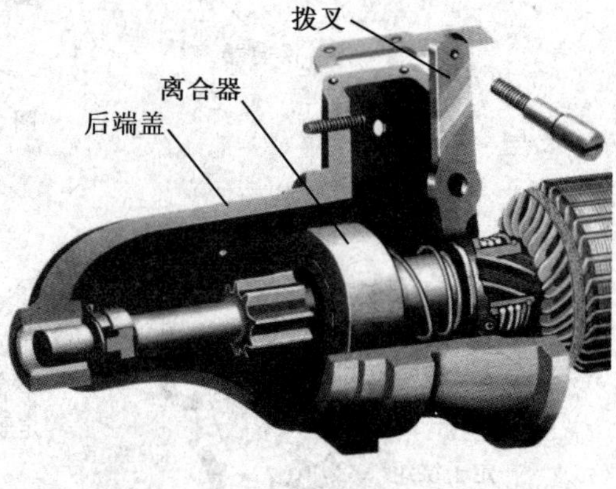

图 3-12　起动机传动机构

起动发动机时，离合器总成与起动小齿轮沿电枢轴轴向移动，实现起动小齿轮与发动机飞轮的啮合。与此同时，控制装置接通起动机主电路，起动机输出电磁转矩。

如图 3-13 所示为滚珠式单向离合器的组成。

滚珠式单向离合器原理如下：

如图 3-14 所示，转矩由传动套筒传至十字块，十字块与电枢轴一同转动，此时由于飞轮齿圈瞬间制动，就使滚柱在摩擦力的作用下，滚入楔形槽的窄端而卡死，单向离合器工作。于是起动小齿轮和传动套成为一体，带动飞轮起动发动机。

一旦单向离合器损坏，发动机的力矩无法传递到驱动齿轮，即出现起动机空转的现象，则必须更换单向离合器。

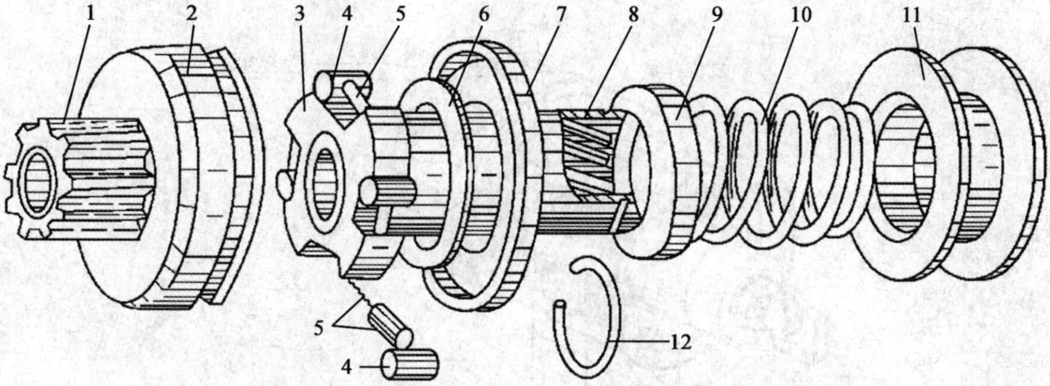

图 3-13　滚珠式单向离合器

1-驱动齿轮　2-外壳　3-十字块　4-滚柱　5-压帽弹簧　6-垫圈　7-护盖
8-花键套筒　9-弹簧座　10-啮合齿轮　11-拨环　12-卡簧

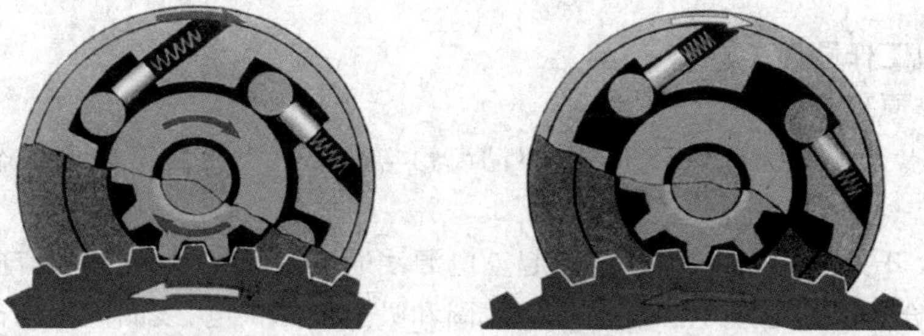

(a) 起动前　　(b) 起动后

图 3-14　滚柱式单向离合器剖面图

3. 控制装置

起动机控制装置均采用电磁式控制装置，即电磁开关，如图 3-15 所示。

图 3-15　电磁开关实物

电磁开关内部结构如图 3-16 所示，电磁开关主要由吸引线圈、保持线圈、复位弹簧、活动铁芯、接触片等组成。其中，电磁开关上的“30”端子接至蓄电池正极；“C”端子接至起动机励磁绕组；“50”端子是吸引线圈一端，接至起动机主电路的起动电源线。

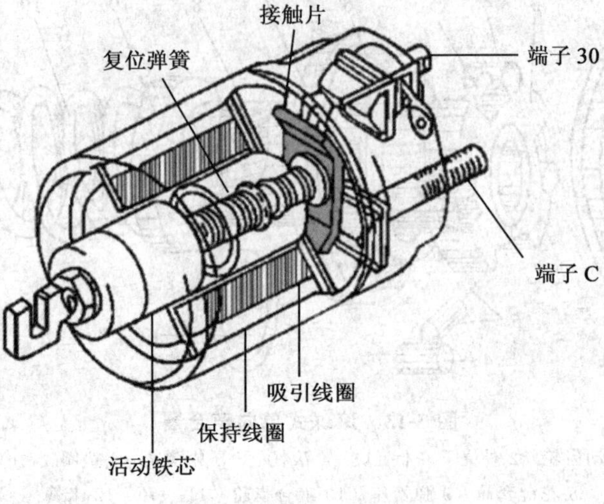

图 3-16 电磁开关结构图

(六)起动机工作原理

起动机工作原理分析如下：

①起动前，点火开关置于 OFF 位置，驱动齿轮与发动机飞轮处于分离状态，如图 3-17(a)所示。

②接通点火开关(置于 START 挡)，起动电源线通电，起动继电器线圈有电流通过而产生电磁力，触点吸合；此时，起动电源线向保持线圈和吸引线圈供电，线圈产生电磁力并吸引活动铁芯左移。一方面，活动铁芯拉动拨叉上端左移、下端右移，拨叉可推动单向离合器移动并将起动机小齿轮啮入发动机飞轮齿环，如图 3-17(b)所示；另一方面，活动铁芯移动到左边极限位置时，其另一端的接触盘与两主接线柱触点接触，接通起动机主电路，于是强大的起动电流

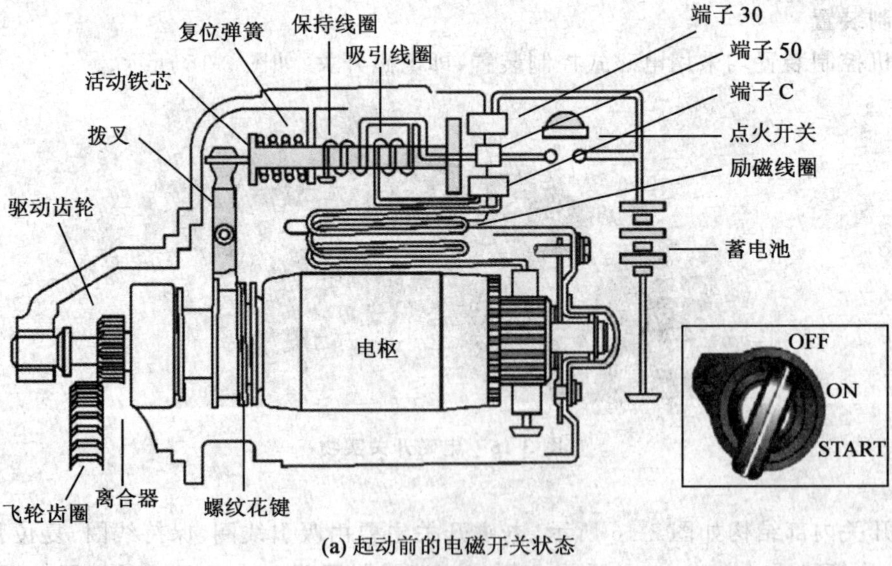

(a) 起动前的电磁开关状态

图 3-17 电磁开关结构示意图

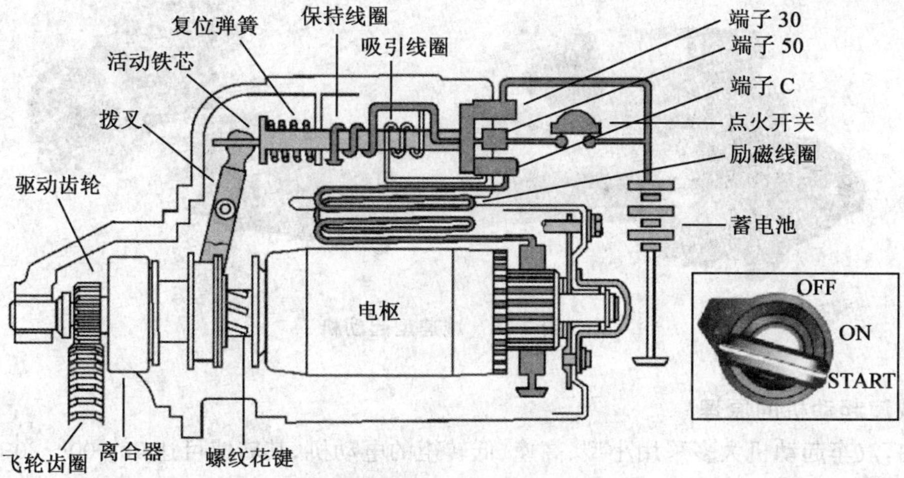

(b) 起动中的电磁开关状态

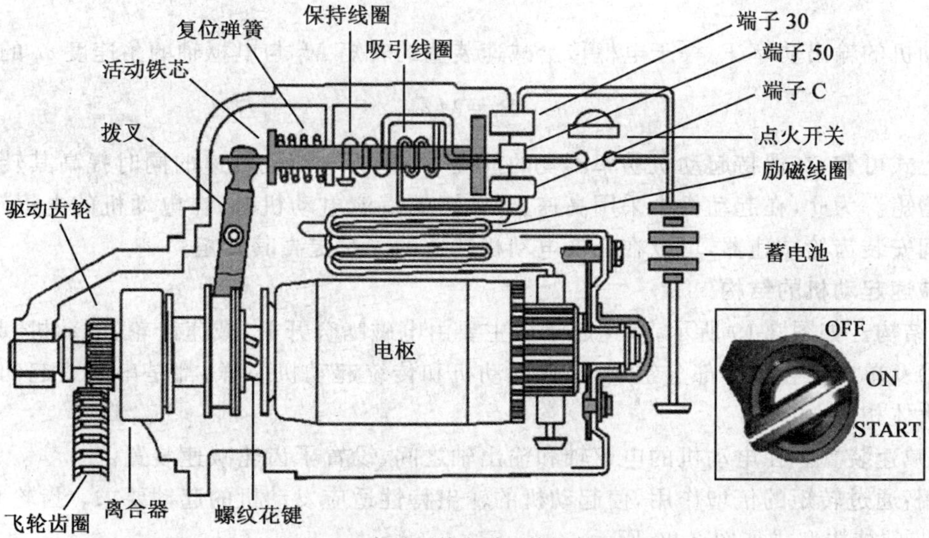

(c) 起动后的电磁开关状态

续图 3-17　电磁开关结构示意图

直接通过起动机产生强大的转矩，带动发动机曲轴旋转。

③发动机起动后（点火开关自动调回 ON 挡），切断起动电源，起动继电器线圈电路被切断，铁芯退磁，触点张开。此时，保持线圈和吸引线圈电流中断，电磁力减小为零，活动铁芯和接触盘在复位弹簧作用下复位，接触盘与两主接线柱触点脱开，切断了起动机主电路。同时，拨叉将传动机构拨回原位，使驱动齿轮与飞轮分离，如图 3-17(c)所示。起动过程结束。

(七)减速型起动机结构与原理

在起动机的电枢轴与驱动齿轮之间装有齿轮减速器的起动机，成为减速起动机，如图 3-18 所示。在起动机中采用高速、低转矩的直流电动机时，在电动机的电枢轴与驱动齿轮之间安装齿轮减速器，可以在降低电动机转速的同时提高其转矩。

图 3-18 减速型起动机

1.减速起动机的原理

目前,汽车起动机大多采用小型、高速、低转矩的电动机,其转速可达 15 000～20 000 r/min,但是输出力矩较小,难以满足现代汽车发动机的起动力矩要求。因此,现代汽车发动机普遍采用减速型起动机。在起动机的电枢轴与驱动齿轮之间装有齿轮减速器的起动机,称为减速起动机。

电动机的输出功率 P_i 等于电枢传给减速装置的转矩 M_i 与电枢轴的角速度 ω_i 的乘积,即

$$P_i = M_i \omega_i$$

从上式可知,在保持起动机功率不变的前提下,降低电动机转速的同时提高其转矩输出,即减速增矩。为此,在起动机中采用高速、低转矩的直流电动机时,在电动机的电枢轴与驱动齿轮之间安装齿轮减速器,可以在降低电动机转速的同时提高其转矩。

2.减速起动机的结构

(1)结构。如图 3-19 所示,减速起动机主要由电磁啮合开关、减速齿轮、电动机、起动齿轮(小齿轮)及单向啮合器等部分组成,减速起动机和传统起动机一样,都是串激式起动机,它们的结构大体相似。

(2)减速装置。在电动机的电枢轴和输出轴之间,设置了齿轮减速装置。

作用:通过转矩的倍增作用,使起动机的输出特性适应发动机的起动要求。齿轮减速比一般为 3～5。结构型式如图 3-20 所示。

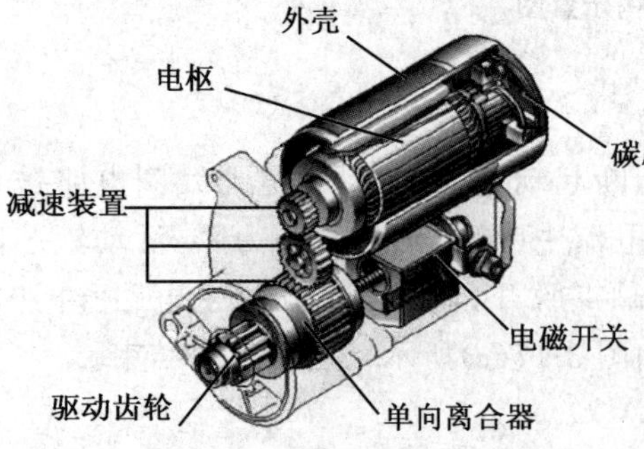

图 3-19 减速型起动机剖面图

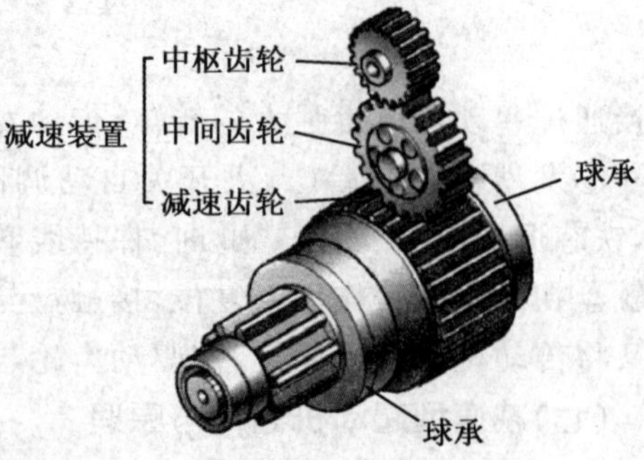

图 3-20 减速装置

(3)分类。减速装置齿轮结构形式:外啮合齿轮减速器、内啮合齿轮减速器、行星齿轮减速器,如图 3-21 所示。各种减速装置的比较见表 3-3。

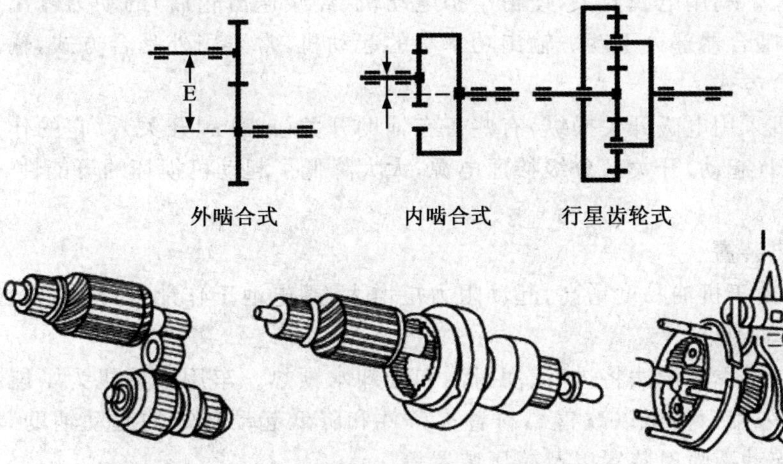

图 3-21　三种类型的减速机构

表 3-3　减速机构比较

传动方式	外啮合式	内啮合式	行星齿轮传动式	传动方式
齿轮数量	2	2	5	齿轮数量
中心距	$C=m/2(Z_s+Z_c)$	$C=m/2(Z_s-Z_c)$	0	中心距
传动比	$i=Z_s/Z_c$(较小)	$i=Z_s/Z_c$(较大)	$i=1+Z_s/Z_c$(较大)	传动比
减速比	$1<j<5$	$2.5<j<5$	$3.8<j$	减速比
噪声	低	高	低	噪声
可靠性	高	高	低	可靠性
备注	Z_s 为主动齿轮的齿数,Z_c 为从动齿轮齿数,m 为齿轮模数			

(4)传动机构及控制装置。

①减速起动机的传动装置(单向离合器)仍采用滚柱式单向离合器,结构形式和普通起动机相同,但耐冲击要求提高了。

②减速起动机的控制装置。

(5)单向离合器。电磁开关和普通起动机相同。但单向离合器的操纵有两种型式:

①拨叉式:和普通起动机相同,用在行星减速机构上。

②直动齿轮式:驱动齿轮和引铁装在一起,用在平行轴外啮合式减速机构上。

③减速起动机的体积和重量大约是传统起动机的一半,节约了原材料,同时拆装修理很方便。

④减速起动机的磁极对数与传统的起动机一样,但磁场线圈绕组常采用小导线多根半联的方法,电枢绕组的绕法虽与传统的原理相同,但制造工艺先进。

(6)减速起动机特点。

①动力输出结构分为电枢轴和传动轴两部分。电枢轴两端用滚珠轴承支承,负荷分布均

匀，使用时间长，不易磨损，电枢较短，不易出现电枢轴弯曲，磨坏磁场绕组的情况。

②采用了减速装置，在转子和起动齿轮之间，安装有减速齿轮，起动电动机传递给起动齿轮的扭距就会增大。利用电磁开关，使得承担电动机（经减速齿轮后）的动力输出是起动齿轮和起动齿轮轴，而啮合器部分不动。输出功率小的起动机，常采用外啮合方式，输出功率大的起动机采用内啮合方式。

③减速起动机采用电磁开关操纵，有些备有辅助开关（或称副开关）。它的作用是防止烧坏电磁开关和电门（起动）开关。分级接通电源，大大降低了起动机损坏的可能性，从而延长了起动机的使用寿命。

（八）起动预热装置

在严寒冬季，由于机油黏度增高，起动阻力矩增大，蓄电池工作能力降低以及燃油气化性能变坏，发动机起动困难。

为便于起动在冬季应设法将进气、润滑油和冷却水预热。车用柴油机为了能在低温下迅速可靠地起动，常采用一些用以改善燃料着火条件和降低起动转矩的起动辅助装置，如电热塞、进气预热器、起动液喷射装置以及减压装置等。

二、技能训练

（一）起动机的使用与维护

1. 起动机的正确使用

（1）起动机每次使用时间不宜超过 5 s，两次起动之间隔时间 2～3 min。如连续三次不能起动，应停机对电路及油路进行检查，排除故障后再起动。

（2）在冬季或低温情况下起动时，应对蓄电池采取保温措施。

（3）发动机起动后，必须立即切断起动机控制电路，使起动机停止工作。

（4）任何情况下，发动机起动后，都严禁再次起动发动机，否则起动机将有损坏的可能。

（5）车辆行驶 2 000 km 后，应检查紧固件连接是否牢靠，导线接触是否良好。

（6）车辆行驶 8 000 km 后，应检查整流子表面是否光洁，炭刷在架内是否卡死，炭刷弹簧压力是否正常，若有故障应拆下修理。

2. 起动机的维护

（1）日常维护。

①检查起动机电路各导线的连接，电源正极线的绝缘。如有不良，应更换电源线。

②清除起动机外壳的尘土及油污，保持清洁干燥。

③检查起动机操纵机构和电磁阀的工作情况，如运动杆件或柱塞卡滞，应及时排除。

（2）车辆每行驶 6 000 km 后的维护。

①起动机应定期检查清洗，清洁起动机的换向器表面的灰尘、油污。

②检查换向器表面与炭刷的接触情况；检查换向器云母片深度，若云母片槽深度小于 0.2 mm 时，应重新清理槽深。

③拆下起动机，清洁起动机转子轴承和转轴花键，并涂上润滑脂，以润滑转子轴和单向离合器。

（3）车辆每行驶 24 000 km 后的维护。

①清洁换向器表面的油污，用 300～400 号砂纸打磨或用车床车削换向器外圆。换向器表面应平滑、清洁，接触面应大于 85%，炭刷高度不低于 7 mm，炭刷弹簧压力应为 8.8～12.7 Pa。如换向器表面不光滑，应用“0”号砂纸磨光。炭刷弹簧压力低于 8.8 Pa 应调整或更换；检查电磁开关触点表面，若有烧坏或有黑斑，应用“0”号砂纸磨掉；检查励磁线圈及线路状况，内部转动有无碰击。

②检查电刷的磨损程度及电刷弹簧压力。若电刷磨损后长度小于 12 mm 时，应更换；电刷弹簧弹力低于 10 N 时，应更换电刷弹簧。

(二)起动机的检修

1.起动机拆卸步骤

(1)拆下蓄电池负极电缆；拆下 30 接线柱螺母，断开 30 线；断开开关连接；拆下起动机安装螺栓。

(2)将起动机外部擦洗干净。

(3)拆下电磁开关与电动机的连线；从后端盖上拆下电磁开关固定螺栓，取下电磁开关；拆下前盖外侧轴承盖，取下锁止垫圈、调整垫圈片和密封圈；拆下两根穿心螺栓，取下起动机前盖。

(4)从电刷托板上取下电刷架、电刷；使电动机壳体(含磁极)、电刷托板与电枢及后端盖分离；从后端盖上取出拨叉、电枢和单向离合器；拆下电枢前端锁环和止推垫圈后，取下单向离合器。

(5)对所有绝缘零部件用干净的布蘸少量的水擦拭；其余机械零件用汽油或柴油洗刷干净。

2.起动机不解体检测

在不解体起动机的情况下将电流表串联在电路中，观察起动机运行状态，记录电流值。

(1)起动机励磁绕组与端子 C 连接。

(2)连接 30 端子(图 3-22)，观察起动机运行状态，检查电流表数值，符合规定小于 90 A。

3.起动机解体检测

(1)检查电磁开关总成。检查铁芯活动状态，往内侧压活动铁芯，观察铁芯能否正常回位(图 3-23)。

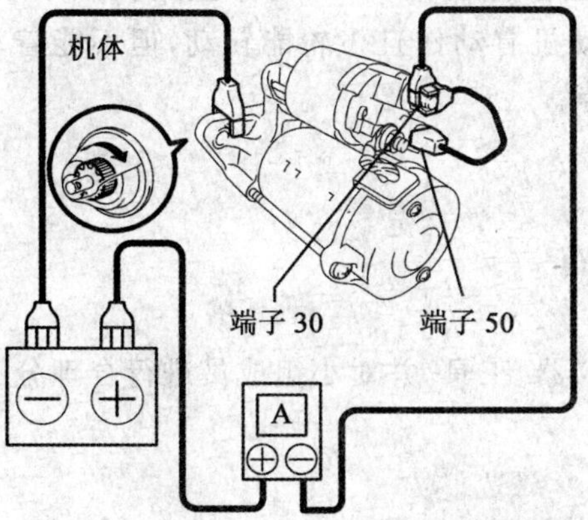

图 3-22　起动机试验电路图

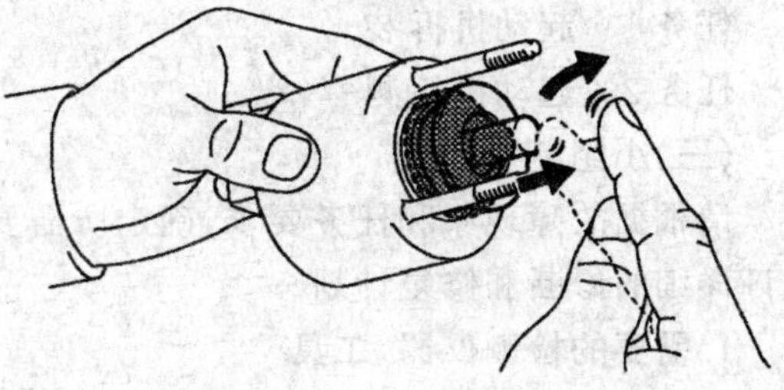
图 3-23　电磁开关总成

(2)检查吸引线圈是否断路。用万用表测量 50 端子与 C 端子间电阻值(图 3-24)。

(3)检查保持线圈是否断路。用万用表测量 50 端子与壳体间电阻值(图 3-25)。

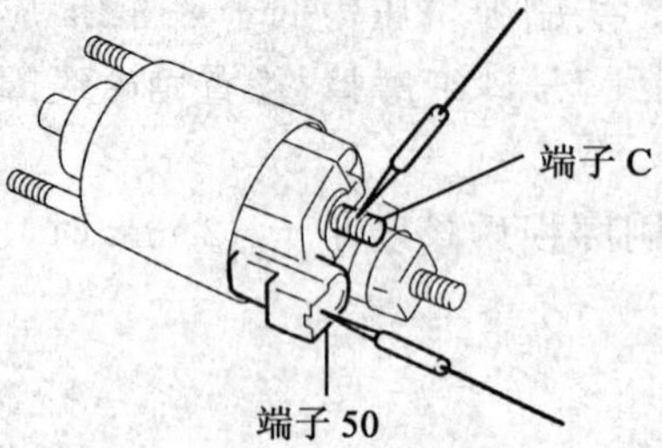

图 3-24 吸引线圈断路测量

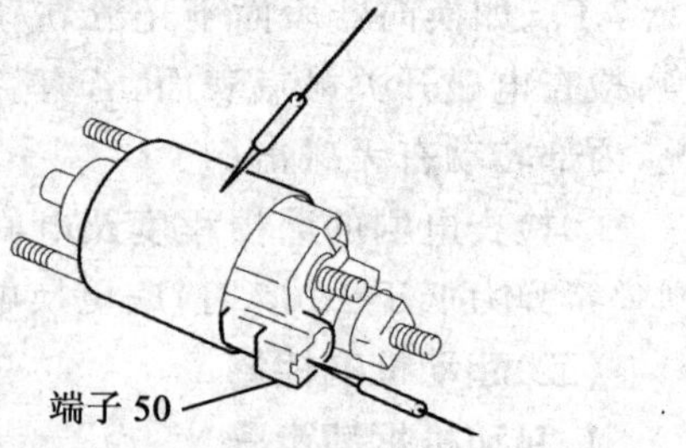

图 3-25 保持线圈断路测量

(4)检查直流电动机定子(磁场部分)。用万用表测量磁场绕组的电阻;并用螺丝刀测量磁场绕组是否有匝间短路。

(5)检查直流电动机转子(电枢部分)。用万用表检查电枢绕组的电阻;用万用表测电枢绕组与转子轴之间的电阻;用测试仪检查电枢绕组是否短路。

(6)检查电刷架及电刷弹簧。用弹簧秤检查电刷弹簧压力,应符合规定值;并用万用表检查两组电刷的电阻值。

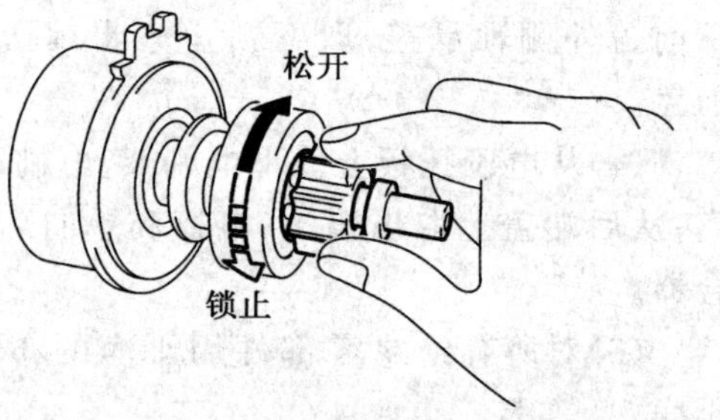

图 3-26 离合器打滑检测

(7)检查单向离合器是否打滑。顺时针转动离合器小齿轮确认小齿轮自由转动;逆时针施加转动力时,确认小齿轮被锁止,不能转动(图 3-26)。

三、制订检修计划

(一)岗位任务

一辆大众桑塔纳轿车进入汽车维修厂,该车行驶里程为 100 000 km,车主反映该车最近出现起动困难的故障。维修人员观察发现起动时,起动机有动作且飞轮能转动,但不能着车,初步判断为起动系统故障,但需要通过检测确认故障点。

(二)教师布置任务

任务 1 起动机拆装

任务 2 起动机检测

(三)小组制订计划

请根据故障现象和任务要求,确定所需要的检测仪器、工具,并对小组成员进行合理分工,制订详细的诊断和修复计划。

1.需要的检测仪器、工具

(1)起动机若干;(2)常用工具 3 套(起子、万用表、扳手、螺丝刀、万用表、套筒扳手);(3)起动机维修手册 3 本。

2.小组成员分工

第一步,小组分组,每组由4～6名成员组成。

第二步,小组完成表3-4和表3-5。

第三步,小组汇报计划,并根据教师建议进行修改和完善。

a.起动机不解体检修

检查起动机总成,起动机空载运行试验。连接起动机励磁绕组与端子C,连接30端子,将电流表串联线路中,观察起动机运行状态,读取电流表数值。

b.起动机解体检修

起动机拆完之后,用万用表检查转子、定子的绕组、电刷组件的电阻,若出现电阻明显增大,应更换新品或进行一定的焊接等修复计划。

表3-4　小组成员分工决策

序号	操作人	任务
1		
2		
3		
4		
5		

表3-5　任务实施计划

序号	工作步骤	使用工具	注意事项	操作人
1				
2				
3				
4				
5				

四、任务实施

第一环节:教师讲解并进行演示。

由教师在实车上讲解起动系统的结构原理以及本单元目标,对任务实施的要求进行说明,并提示实操过程中的注意事项。

第二环节:学生现场按照以下步骤实施任务。

1.起动机不解体检测

按试验电路连接线路,读取数值。

检测仪连接	条件	实测值
蓄电池正极端子-30 端子-50 端子	11.5V	

2.**起动机解体检测**

(1)检查铁芯活动状态,能否正常回位__________。

(2)检查吸引线圈是否断路。

测量值	参考值

(3)检查保持线圈是否断路。

测量值	参考值

(4)检查直流电动机定子,测其电阻(图 3-27)。

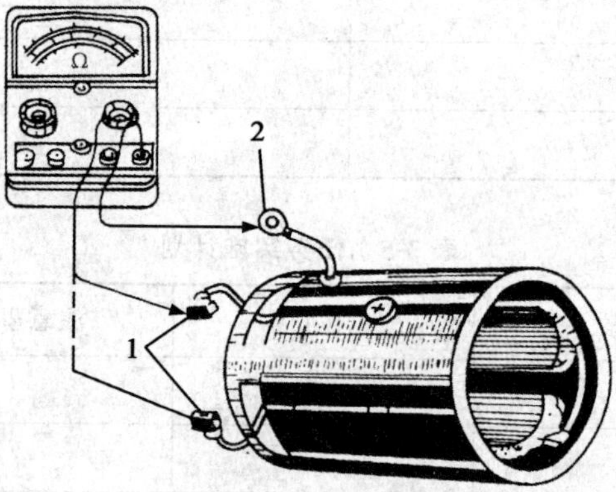

图 3-27 定子电阻测量

测量值	参考值

(5)如图 3-28 所示,用螺丝刀测量磁场绕组匝间是否短路________。

(6)如图 3-29 所示,检查直流电动机转子,测其电阻。

万用表挡位选定	测量值	参考值
10 Ω		

(7)如图 3-30 所示,测电枢绕组与转子轴之间的电阻。

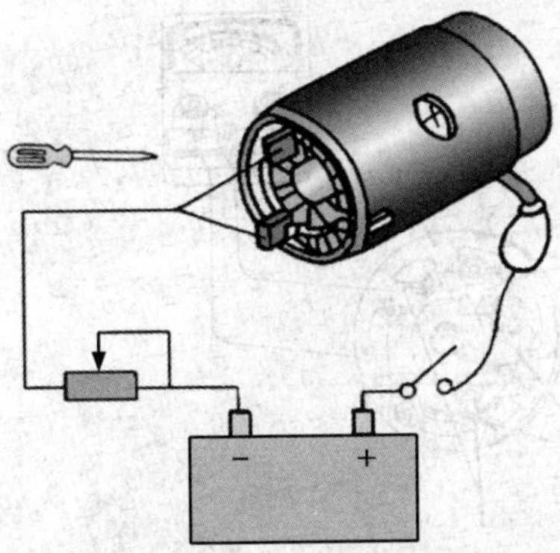

图 3-28　磁场绕组短路测量

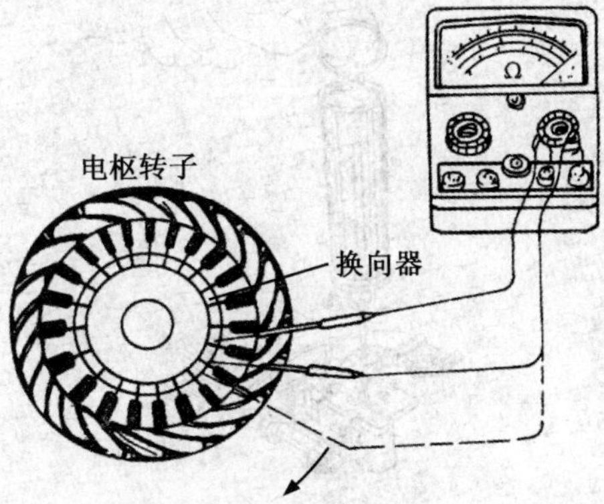

图 3-29　转子电阻测量

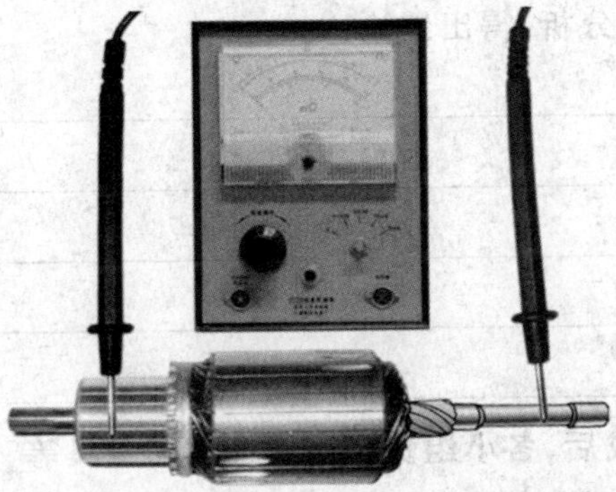

图 3-30　电枢绕组与转子轴间电阻测量

万用表挡位	测量值	参考值
10 Ω		

(8)用测试仪检查电枢绕组是否短路,测量结果:________。

(9)如图 3-31 所示,检查电刷架及电刷弹簧。

测量值	规定值

(10)测两组电刷的电阻值。

万用表挡位	测量值	规定值
10 Ω		

(11)检查单向离合器是否打滑,顺时针转动离合器小齿轮,小齿轮________;逆时针转动,小齿轮________。

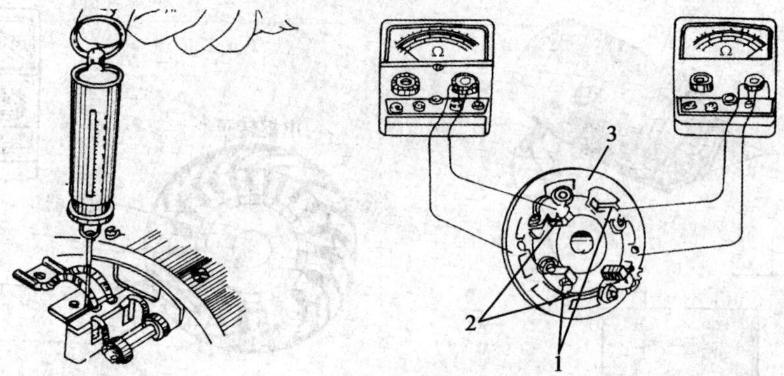

图 3-31　电刷和电刷架检测

1-电刷架　2-电刷　3-前端盖

3. 通过对上述检查结果分析，得出结论：

____

____

____

____

____

第三环节：任务实施完成后，各小组负责清理工具和量具等，清洁地面卫生。

五、检验评估

通过实际检修起动机，对任务进行评估，并记录在表 3-6 中。

检查起动机故障诊断过程的填写，对学生掌握情况进行评估。

(1)各组汇报工作过程与过程中遇到的问题，并说明解决方法。

(2)自评与互评。

(3)老师点评、总结：学生的参与度、学习态度、专业能力、关键能力。

(4)老师填写《起动机的检修》学业评估表。

表 3-6　学业评估表

评价内容	检验指标	权重	自评	互评	师评	总评
知识与技能(60 分)	1. 能叙述起动系统的组成及各部分作用	6%				
	2. 能叙述起动机的组成部件及各部件作用	6%				
	3. 能正确使用拆装工具按步骤拆装起动机	8%				
	4. 能正确完成起动机检测	20%				
	5. 能正确完成起动机故障排除	20%				

续表 3-6

评价内容	检验指标	权重	自评	互评	师评	总评
过程与方法（40 分）	1.学习态度：主动参与学习，遵守纪律	5%				
	2.团队合作：与小组成员分工合作，在小组完成任务过程中所起的作用	5%				
	3.获取信息：获取学习所需信息、资料的方法与途径	5%				
	4.方法能力：发现、分析、解决问题的方法与能力	10%				
	5.创新意识：积极思考，不断改进维修方案	5%				
	6.节能与环保意识：学习过程中注重节能，不污染环境	5%				
	7.现场管理：服从工位安排、执行实训室“5S”管理规定	5%				
对学生综合评价与建议						

思考与练习

1.起动系统由蓄电池、点火开关、________、________组成。

2.起动机由直流串激式电动机、传动机构和________组成。

3.起动机的工作原理是什么？

4.汽车发动机对起动机有什么要求？

5.电磁开关也叫作起动机的操纵机构，它的主要作用是：

(1)控制起动机驱动齿轮与________的啮合。

(2)控制起动机主电路(电流为________ A)的导通。

6.影响起动机工作特性的使用因素有哪些？

任务 3.2 起动控制电路的检修

案例引入

一辆丰田卡罗拉轿车，在使用过程中出现起动机不能起动发动机的故障。点火开关起动操作时，起动机不能转动，检查蓄电池状态正常，起动机自身状态正常，初步断定是起动控制电路出现故障。需对起动控制电路进行检修。

任务要求

1. 能描述起动系统电路的原理。
2. 能根据故障现象制订正确的维修计划。
3. 能正确排除起动系统电路的故障。
4. 能正确辨别、判断、记录识别结果。

一、知识学习

(一)起动系统控制电路

1. 直接控制的起动系统控制电路

直接控制的起动控制电路的主要控制元件为点火开关或起动按钮开关,如图 3-32 所示。由点火开关或起动按钮开关直接对起动机的电磁开关进行通电和断电控制,是起动控制电路的一种简单有效形式。

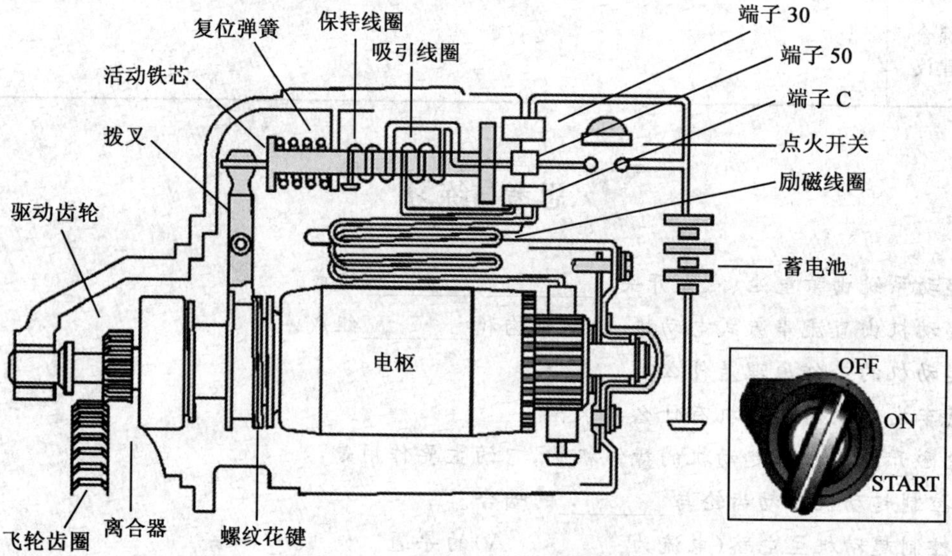

图 3-32 直接控制的起动系统控制电路

2. 由起动继电器控制的起动系统电路

具有起动继电器的起动控制电路可以有效保护点火开关,解决点火开关触点额定电流较小的问题,如图 3-33 所示。

3. 具有组合继电器式起动控制电路

为了防止发动机起动以后,起动电路再次接通而造成离合器啮合齿轮与飞轮的撞击,一些起动电路中安装了带有保护功能的组合式继电器,如图 3-34 所示。

这种具有组合继电器式起动控制电路,利用交流发电机中点电压控制组合继电器,即保护继电器线圈通电以断开触点 K_2,起动继电器断电,起动过程结束。设置保护继电器的目的是:防止起动继电器因不及时断电而导致驱动齿轮与发动机飞轮不能正常分离的问题。

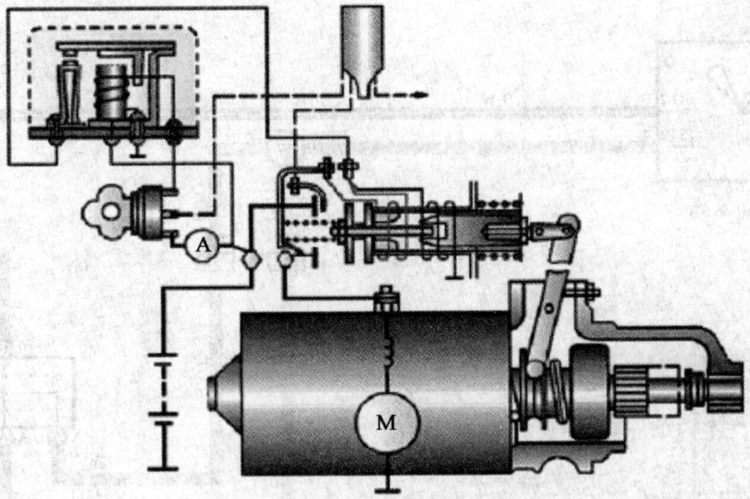

图 3-33　起动继电器的起动控制电路

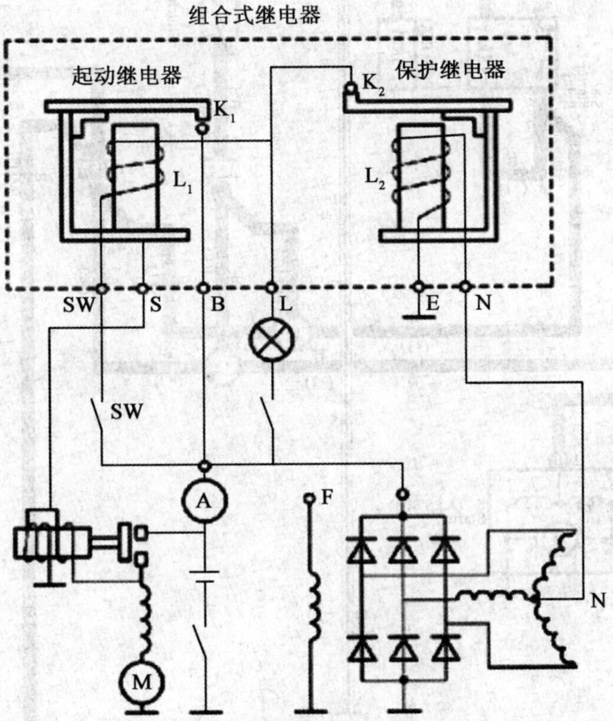

图 3-34　组合继电器式起动控制电路

(二)典型车系起动电路的检修

1. 卡罗拉轿车起动系统电路

(1)起动系统电路图。如图 3-35 所示。卡罗拉轿车起动机受点火开关、起动继电器、离合器踏板开关、驻车挡/空挡位置开关的控制。

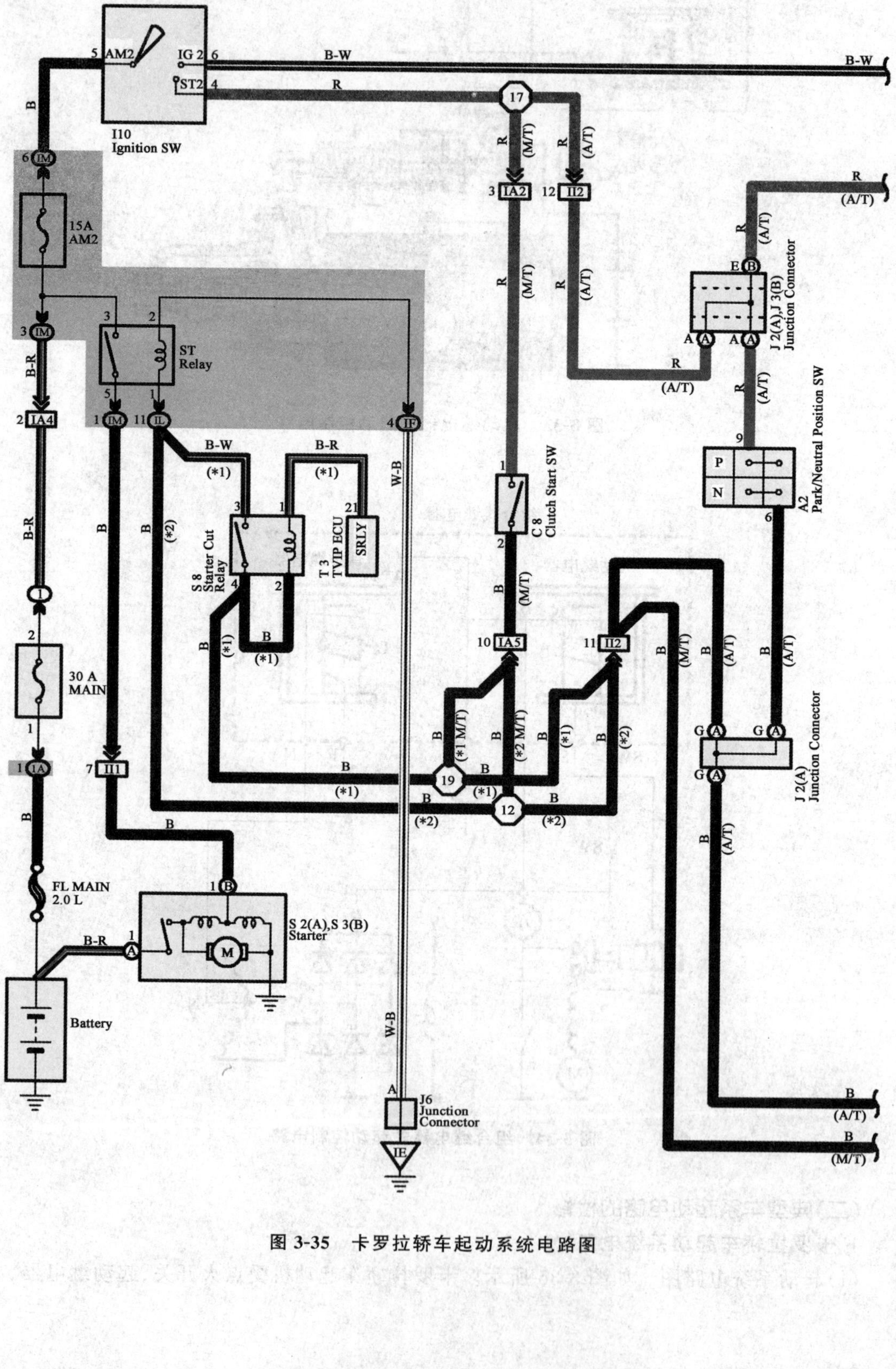

图 3-35 卡罗拉轿车起动系统电路图

（2）起动继电器检查。就车检查起动继电器总成，见图 3-36。

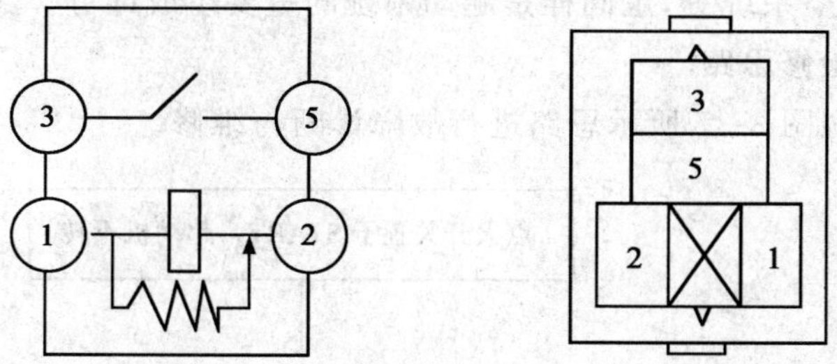

图 3-36　检查起动继电器总成

根据表 3-7 的值，用万用表欧姆挡检测电阻。如果电阻不符合标准，则更换起动继电器。

表 3-7　起动继电器检测标准值

检测仪连接端子	条件	规定状态
3-5	在端子 1 和 2 之间不施加蓄电池电压	10 kΩ 或更大
3-5	在端子 1 和 2 之间施加蓄电池电压	小于 1 Ω

（3）点火开关检查。检查点火开关的通断情况，根据点火开关各端子标号依次用万用表测量端子电阻，可判断点火开关状态。当关闭开关时，所有端子之间的电阻值应为 10 kΩ 或更大；当点火开关打到 ACC、START 或 ON 位置时，对应的端子之间电阻值应为 1 Ω 以下。

（4）保险丝检查。打开车上继电器盒子，找到 AM1 或 AM2 保险丝，测量其电阻值应为 1 Ω 以下。

二、技能训练

1. 起动系统常见故障

发动机起动时，起动电流很大，起动系在大负荷下工作，易发生故障。常见的故障有：起动机不转、运转无力、空转、不能停转、间歇工作、驱动齿轮与飞轮不能啮合等。其故障原因多为电气方面的，也有机械方面的，故在进行故障分析时，应综合多方面的因素。

2. 发动机无法起动的快速维修方法

起动故障的快速诊断，是汽车维修的基础。现在就来了解一下如何采用适当的诊断方法，遵循正确的诊断步骤，诊断发动机无法起动的故障。

（1）识别故障原因。对于发动机无法起动这类故障的诊断，首先应检测蓄电池。必须要弄清楚，发动机无法起动是不是蓄电池电量不足。

（2）检测点火正时。正时皮带出现了打滑现象，是导致没有电火花产生、发动机无法起动这一故障的根本原因。

（3）检测起动系统。对于发动机无法起动这类故障，首先着手做的工作是检测发动机起动系统中的电路。从最基本的组成形式来看，起动系统的电路一般来说包括下列最基本的部分，即蓄电池、起动电机以及连接这些部件的电缆等。当然，除此之外，点火开关、起动机继电器或电磁线圈，还有车载防盗系统等，也同样是起动系统的重要组成部分。

3.**起动系统故障检修思路**

起动系统故障按照图 3-37 所示思路进行故障诊断与维修。

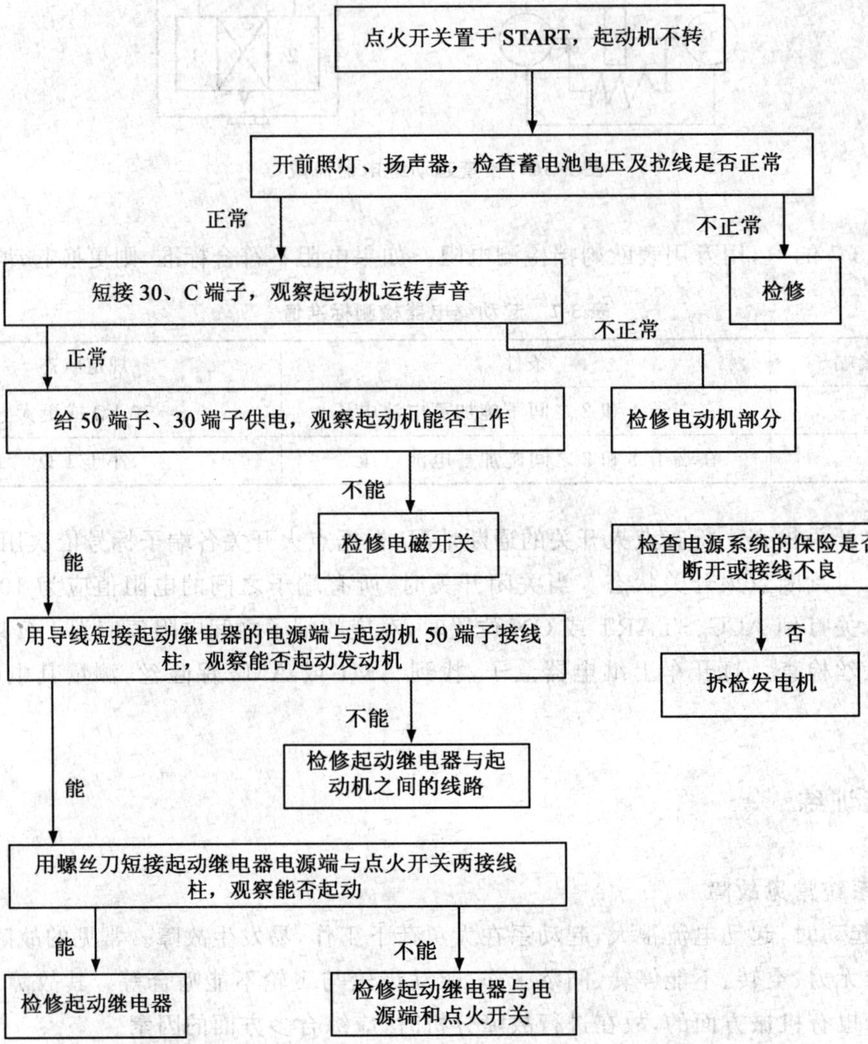

图 3-37 起动系统故障检修思路

三、制订检修计划

(一)岗位任务

一辆大众途锐 SUV 进入汽车维修厂，该车行驶里程为 80 000 km，车主反映该车最近在某路边维修店进行了大修，但随后出现多次故障，且现在无法起动。维修人员试车时发现该车在起动挡时无任何起动征兆，但蓄电池电量充足，初步判断为起动系统的电路故障，需要查阅该车的起动系统电路图，根据电路图制订检修计划。

(二)教师布置任务

任务 1　起动系统电路认知

任务 2　起动系统故障检修

(三)小组制订计划

1.需要的检测仪器、工具

(1)丰田卡罗拉轿车 2 辆;(2)卡罗拉轿车起动系统电路图;(3)电器新的配件若干(起动继电器、保险丝、点火开关、万用表);(4)常用工具 3 套:包括扳手、螺丝刀、套筒扳手等。

2.小组成员分工

第一步,小组分组,每组由 4～6 名成员组成。

第二步,小组完成表 3-8 和表 3-9。

第三步,小组汇报计划,并根据教师建议进行修改和完善。

表 3-8　小组成员分工决策

序号	操作人	任务
1		
2		
3		

表 3-9　任务实施计划

序号	工作步骤	使用工具	注意事项	操作人
1				
2				
3				
4				
5				

3.诊断和修复计划

就车找到起动系统各组成部分,并对起动继电器、点火开关、保险丝进行电阻测量,若出现电阻严重搭铁、短路或断路时,应更换新品或进行一定的焊接等修复计划。

四、任务实施

第一环节:教师讲解并进行演示。

由教师在实车上设定起动系统故障,对任务实施的要求进行说明,并提示实操过程中的注意事项。

第二环节:学生现场按照以下步骤实施任务。

1.检查起动继电器。

如图 3-38,在 5 号接线盒中找到起动继电器,当在继电器电阻两端(角 1 和 2 端子)施加电压时，测量继电器两端(角 3 和 5 端子)电阻值。

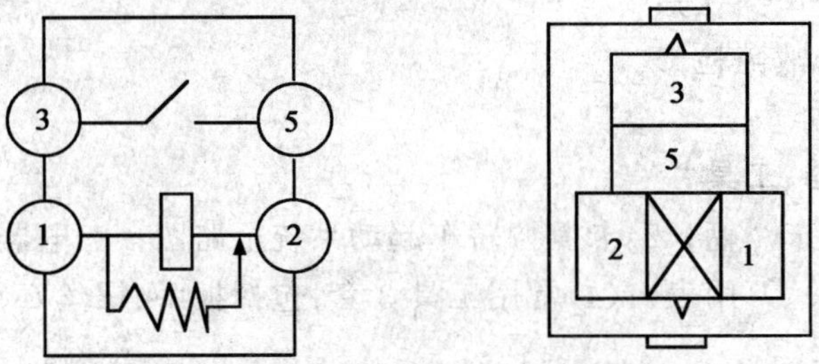

图 3-38 起动继电器及端子号

检测仪连接端子号	测量值	规定值	测量值
3-5 端子	在端子 1 和 2 间不施加蓄电池电压	≥10 kΩ	
3-5 端子	在端子 1 和 2 间施加蓄电池电压	<1 Ω	

2. 检查点火开关

如图 3-39 所示，依次用万用表测量端子电阻。

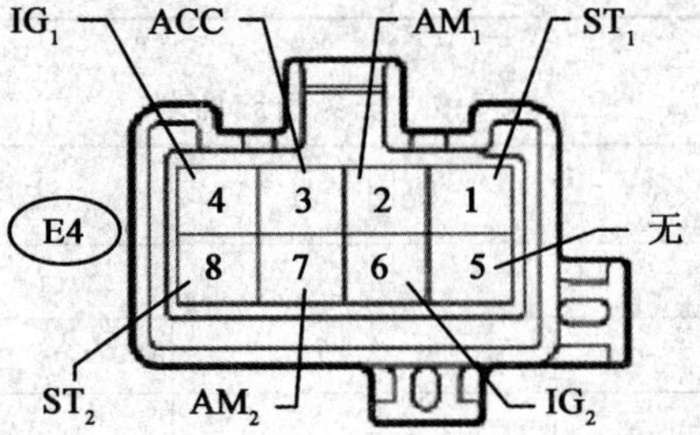

图 3-39 点火开关

表 3-10 点火开关检测记录

检测仪连接端子号	开关状态	规定值	测量值
所有端子之间	LOCK	≥10 kΩ	
AM_1(E4-2)-ACC(E4-3)	ACC	<1 Ω	
AM_1(E4-2)-ACC(E4-3) AM_1(E4-2)-IG_1(E4-4) IG_2(E4-6)-AM_2(E4-7)	ON	<1 Ω	
ST_1(E4-1)-AM_1(E4-2) ST_1(E4-1)-IG_1(E4-4) IG_2(E4-6)-AM_2(E4-7) IG_2(E4-6)-ST_2(E4-8)	START	<1 Ω	

3. 检查保险丝

如图 3-40 所示，打开继电器盒取下 AM_2 保险丝，测量电阻值________。

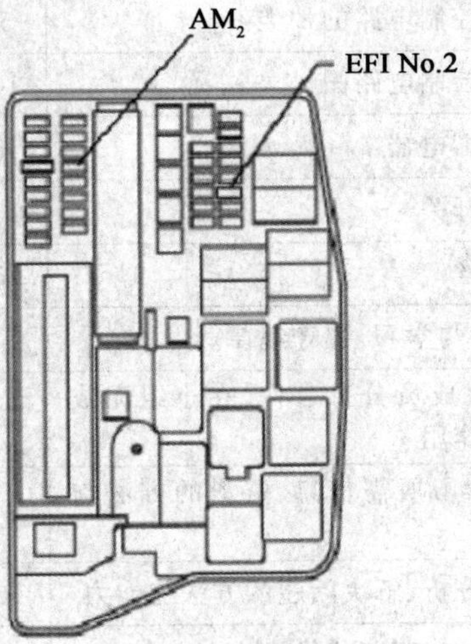

图 3-40　继电器盒

4. 通过对上述检查结果分析，得出结论：

____

____

____

____

____

第三环节：任务实施完成后，各小组负责清理工具和量具等，清洁地面卫生。

五、检验评估

通过实际检修起动控制电路，对任务进行评估，并记录在表 3-11 中。

检查起动控制电路故障诊断过程的填写，对学生掌握情况进行评估。

(1)各组汇报工作过程与过程中遇到的问题，并说明解决方法。

(2)自评与互评。

(3)老师点评、总结：学生的参与度、学习态度、专业能力、关键能力。

(4)老师填写《起动控制电路的检修》学业评估表。

表 3-11 学业评估表

评价内容	检验指标	权重	自评	互评	师评	总评
知识与技能（60 分）	1.能叙述起动系统控制电路的种类	5%				
	2.能画出起动系统控制电路图	10%				
	3.能正确检测起动继电器	15%				
	4.能正确检测点火开关	15%				
	5.能正确检测保险丝	15%				
过程与方法（40 分）	1.学习态度：主动参与学习，遵守纪律	5%				
	2.团队合作：与小组成员分工合作，在小组完成任务过程中所起的作用	5%				
	3.获取信息：获取学习所需信息、资料的方法与途径	5%				
	4.方法能力：发现、分析、解决问题的方法与能力	10%				
	5.创新意识：积极思考，不断改进维修方案	5%				
	6.节能与环保意识：学习过程中注重节能，不污染环境	5%				
	7.现场管理：服从工位安排、执行实训室“5S”管理规定	5%				
对学生综合评价与建议						

思考与练习

1.起动系统控制电路的种类有直接控制的起动系统控制电路、__________和__________组成。

2.具有起动继电器的起动控制电路的原理是什么？

3.起动继电器标准电阻值是多少？

4.点火开关处于 LOCK、ON、ACC、START 挡位时标准电阻值分别为多少？

5.保险丝标准电阻值是多少？

项目四
汽车点火系统的检修

任务 4.1　电子点火系统总体认识

案例引入

小李叔叔家的汽车维修厂来了一辆大众速腾轿车，行驶里程 50 000 km。客户反映该车最近明显动力性变差，并且出现冒黑烟现象。小李遇到难题了，这样的问题应该如何解决呢？

任务要求

1. 能够描述电子点火系统的总体结构。
2. 了解电子点火系统的发展情况，能描述电子点火系统优点。
3. 能分析电子点火系统的分类、结构及工作原理。
4. 能在实车上查找出点火系统的组成、部件特征和安装位置。

一、知识学习

(一)点火系统的基本知识

点火系统是汽油发动机的五大系统之一，主要作用是：利用点火线圈将蓄电池的低压电转换成高压电，并通过高压导线传输电能，该电能击穿火花塞间隙而产生电火花，最终将可燃混合气点燃。

点火系统的性能要求：①适时，点火时刻要非常恰当，使发动机既能有较好的功率发挥，又有较低的油耗；②适量，火花塞产生的火花能量必须足够强，以较好的点燃混合气；③合理分配，点火系统必须在压缩行程的适当时刻向正确的气缸输送火花，即点火顺序不能错乱。

确保发动机正常工作，点火系统须满足以下条件：

(1)能产生足以击穿火花塞间隙的电压。由点火线圈产生的足以击穿火花塞间隙所需电压称为击穿电压。在现代轿车上，点火电压一般可达 10 000 V 以上，电控点火系统可达 20 000～30 000 V。

(2)火花应具有足够的能量。要有足够高的点火能量，以维持火花塞产生的电火花。正常点火所需的火花能量与发动机工况有关：中等负荷时，混合气浓度较稀，火花能量要求较低；起动、怠速、大负荷等工况下，由于混合气过浓或过稀，需要较高的火花能量。随着汽车技术的提高，现代汽油发动机要求高火花能量以确保正常工作，例如，高能电子点火系一般应具有80～100 MJ的电火花能量。

(3)点火时刻符合发动机工况要求。点火时刻是指火花塞跳火而产生电火花的时刻。从点火时刻开始到气缸内混合气充分燃烧的过程需要一定的时间，这段时间对应的曲轴转角是必须考虑的因素。因此，点火时刻应该在活塞压缩行程上止点之前。因此，点火提前角可定义为：从火花塞产生电火花到活塞到达上止点为止的一段时间内曲轴转过的角度。点火提前角对发动机性能的影响很大：如果点火提前角过小(即点火过晚)，会导致混合气不能充分燃烧，导致发动机功率下降，排放变差；如果点火提前角过大(即点火过早)，会引起发动机爆震而导致大量零部件损坏。

点火提前角的大小应根据发动机工况进行调整。最佳点火时刻是使混合气燃烧时最高压力出现在上止点后10°～15°，此时发动机输出的功率最大。

(二)电子点火系统

近年来，汽车发动机向着多缸、高转速、高压缩比的方向发展，新技术的应用主要是通过改善混合气的燃烧状况，以及燃用稀混合气，以达到减少排气污染和节约燃油的目的。因此，汽车的点火系统必须能够提供足够高的次级电压、火花能量和最佳点火时刻。传统点火系统已经不能满足这些要求，而电子点火系统得到广泛应用，其主要优点包括：

(1)对于无触点电子点火系统，由于取消了机械触点，提高了点火可靠性以及使用寿命。可以不受触点的限制，增大初级电流，提高次级电压，而且点火线圈所产生的高压电，不会因转速的快慢而变化，使点火性能一直恒定不变，改善发动机高速时的点火性能。一般传统点火系统的低压电流不超过5 A，而电子点火系统可提高到7～8 A，次级电压可达30 kV。

(2)由于次级电压和点火能量的提高，使其对火花塞积碳不敏感，且可以加大火花塞电极间隙，点燃较稀的混合气，从而有利于改善发动机的动力性、经济性和排气净化性能。

(3)结构简单，质量轻，体积小，使用和维修方便。

(三)电子点火系统分类

电子式点火系统普遍采用点火器控制点火过程。根据点火系统的点火器是否有触点，电子点火系统可分为两大类，即有触点式电子点火系统、无触点式电子点火系统。

(1)触点式电子点火系统。有触点电子点火装置用减小触点电流的方法，减小触点火花，改善点火性能。除了与传统点火系统一样具有电源、点火开关、分电器、点火线圈、火花塞之外，还在点火线圈初级绕组的电路中，增加了由三极管V_1和电阻、电容等组成的点火控制电路，如图4-1所示，断电器的触点串联在三极管的基极电路中，控制三极管的导通与截止。接通点火开关SW，当断电器触点闭合时，三极管的基极电路被接通，使三极管饱和导通，接通了点火线圈的初级电路。发动机工作时，断电器触点不断地闭合、分开，控制三极管的导通与截止和初级电路的通断，控制点火系统的工作。

(2)无触点式电子点火系统。利用传感器检测发动机工况，电子控制模块根据传感器信号确定点火时刻并产生点火信号，控制点火线圈的通断产生高压电，这种方式可以克服与触点相关的一切缺点，在国内外汽车上应用十分广泛。无触点电子点火系统主要由传感器、点火控制器、点火线圈、分电器、火花塞等组成，如图4-2所示。其中分电器主要包括配电器和离心提前装置、真空提前装置，它们的作用、结构和工作原理与传统点火系统对应部分完全相同。

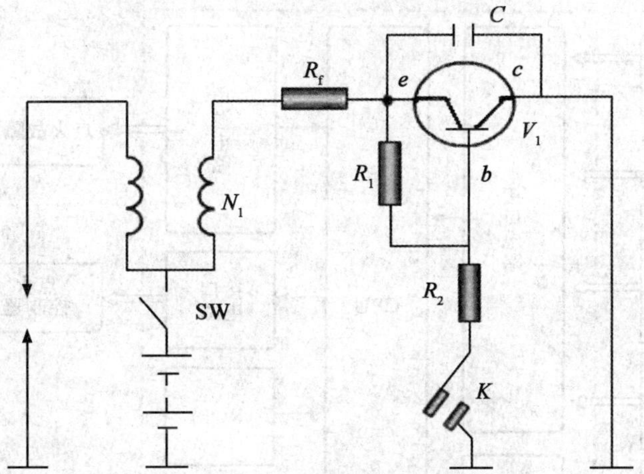

图 4-1　有触点电子点火系的组成

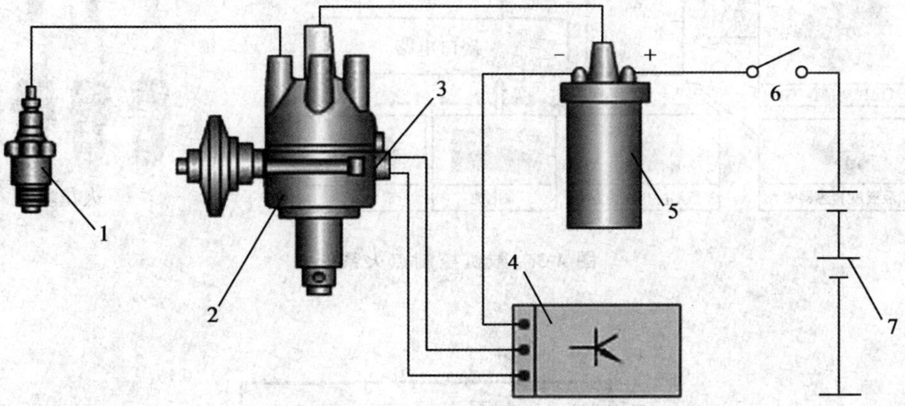

图 4-2　无触点电子点火系的组成

1-火花塞　2-分电器　3-点火信号发生器　4-点火控制器　5-点火线圈　6-点火开关　7-电源

(四)微机控制点火系统

随着电子控制技术的发展与应用,现代轿车上已普遍使用微机控制点火系统。微机控制系统根据各种传感器提供的反映发动机工况的信息,发出点火控制信号,控制点火时刻,点燃可燃混合气。由于微机具有响应速度快、运算和控制精度高、抗干扰能力强等优点,通过微机控制点火提前角要比机械式的离心点火提前调整装置和真空点火提前调整装置的精度高得多。微机控制点火系统可以通过各种传感器感知多种因素对点火提前角的影响,如图 4-3 所示,使发动机在各种工况和使用条件下的点火提前角控制达到最佳状态,克服了离心点火提前调整装置和真空点火提前调整装置的缺陷,使点火系统的发展更趋完善,发动机的性能得到进一步改善和更加充分的发挥。因此,微机控制点火系统是继无触点的普通电子点火系统之后,点火系统发展的又一次飞跃。

(五)电子点火系统组成

如图 4-4 所示,系统主要包括电源、点火线圈、高压线、点火器、火花塞等。现具体介绍如下。

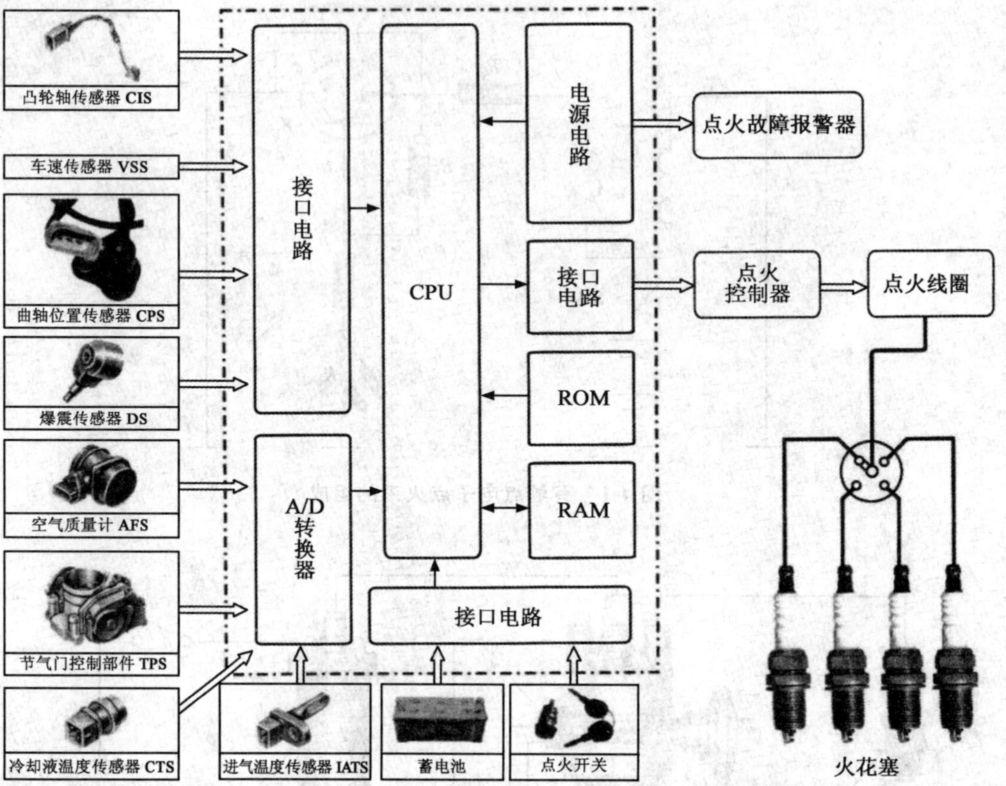

图 4-3 微机控制点火系统

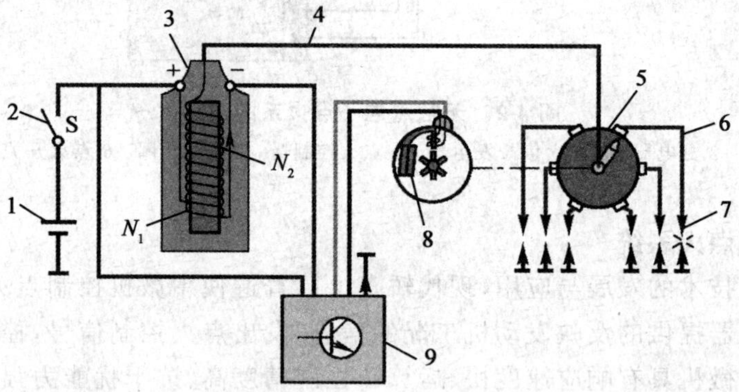

图 4-4 电子点火系统

1-蓄电池 2-点火开关 3-点火线圈 4-中央高压线 5-配电器
6-分高压线 7-火花塞 8-信号发生器 9-点火控制器

1. 低压电源

点火系统的低压电源为汽车蓄电池和发电机，其标准电压为 12 V，向点火系统初级电路供电。

2. 点火控制器

点火器的作用是根据 ECU 的指令，通过内部的大功率三极管的导通和截止，控制初级电流的通断，完成点火工作，并在完成点火后向 ECU 输送点火确认信号。图 4-5 为点火器功能的方框图。

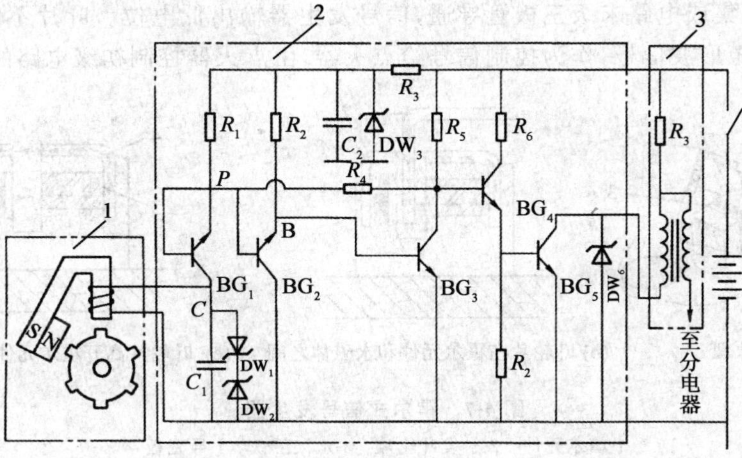

图 4-5　点火器的内部结构

3. 信号发生器

点火信号发生器也叫点火信号传感器，用于产生与气缸数及曲轴位置相对应的电压信号，用以触发点火控制器。在普通电子点火系统中，点火控制器接收信号发生器的信号并进行放大处理，按发动机各缸的点火需要，及时通断点火线圈初级回路，使次级产生高压。按照产生信号的原理，信号发生器可分为磁感应式、霍尔式、光电式。

（1）磁电式信号发生器。如图 4-6 所示，主要元件包括：信号转子、永久磁铁、铁芯、感应线圈。磁电式信号发生器利用电磁感应原理制成，其工作过程如下：当信号转子转动时，信号转子上的凸齿与铁芯的空气隙发生变化，使通过感应线圈的磁通量发生变化，并在感应线圈中感应出交变电动势，交变电动势的幅值和频率与转速有关，可作为点火信号电压输入给点火控制器以控制点火系统工作。

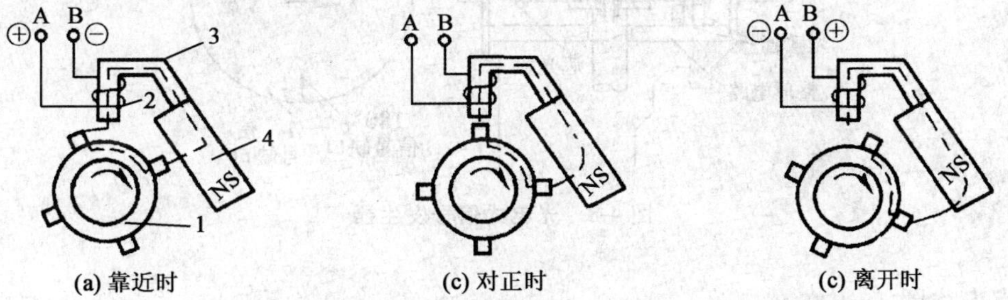

图 4-6　磁电式信号发生器

1-转子　2-感应线圈　3-铁芯　4-永久磁铁

（2）霍尔式信号发生器。如图 4-7 所示，其组成元件包括：触发叶轮、永久磁铁、霍尔触发器（霍尔元件）。霍尔信号发生器是利用霍尔效应产生霍尔电压（一般为 20 mV），将其进行放大整形后再输出给点火控制器。其工作过程如下：触发叶轮持续转动，当触发叶轮叶片进入磁铁与霍尔元件之间的空气隙时，磁场被旁路，霍尔元件不产生霍尔电压，霍尔集成电路末级三极管截止，信号发生器输出高电位；当触发叶轮离开空气隙，永久磁铁的磁力线通过霍尔元件而产生霍尔电压，集成电路末级三极管导通，信号发生器输出低电位。叶片不停地转动，信号发生器输出一个矩形波信号，作为控制信号给点火器，由点火器控制初级电路的通断。

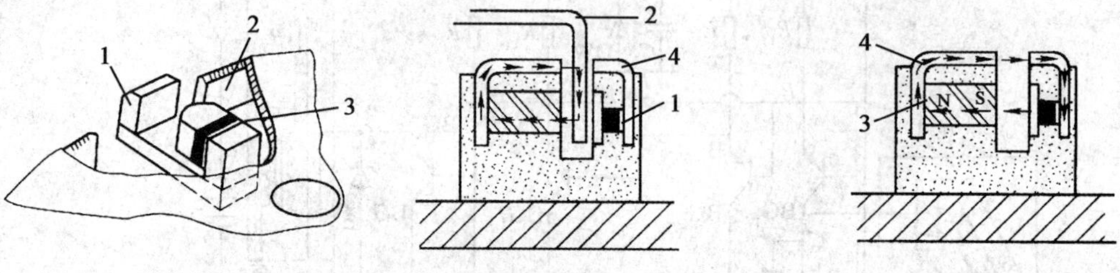

(a) 结构原理　(b) 叶轮片在霍尔元件和永磁体之间　(c) 叶轮片离开霍尔元件和永磁体之间

图 4-7　霍尔式信号发生器

1-霍尔元件　2-触发叶轮片　3-永久磁铁　4-导磁板

(3)光电式信号发生器。如图 4-8 所示，其组成元件包括：光源、光接收器和遮光盘三部分。光电式信号发生器利用光敏元件的光电效应原理，以红外线或可见光光束产生触发信号，其工作原理如下：当遮光盘的转动挡住发光二极管的光线时，光敏三极管截止，控制电路输出低电平；当缝隙对准发光二极管和光敏三极管时，光线照到光敏三极管上，控制电路输出高电平。发光二极管持续发光；故产生脉冲信号，经过电子控制器处理后，输出点火信号，这样就能实现对点火线圈初级电流的控制，来达到控制次级绕组高压电的产生和准确、适时地进行点火的目的。

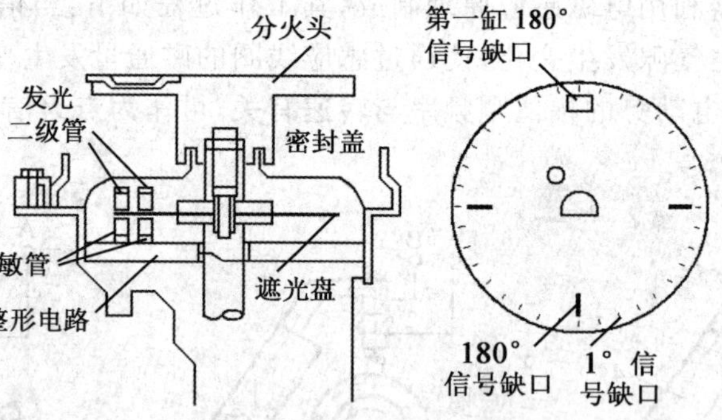

图 4-8　光电式信号发生器

4. 点火线圈

按照结构类型不同，可分为开磁路点火线圈和闭磁路点火线圈。

(1)传统点火线圈。如图 4-9 所示，传统点火线圈里面有两组线圈，初级线圈和次级线圈。初级线圈用较粗的漆包线，通常用 0.5～1 mm 的漆包线绕 200～500 匝；次级线圈用较细的漆包线，通常用 0.1 mm 左右的漆包线绕 15 000～25 000 匝。

(2)高能点火线圈。电子点火系所匹配的点火线圈为专用高能点火线圈，一般采用闭磁路，能量损失小，对外电磁干扰小。线圈的初级绕组电阻、电感都比较小，初级电流上升快，初

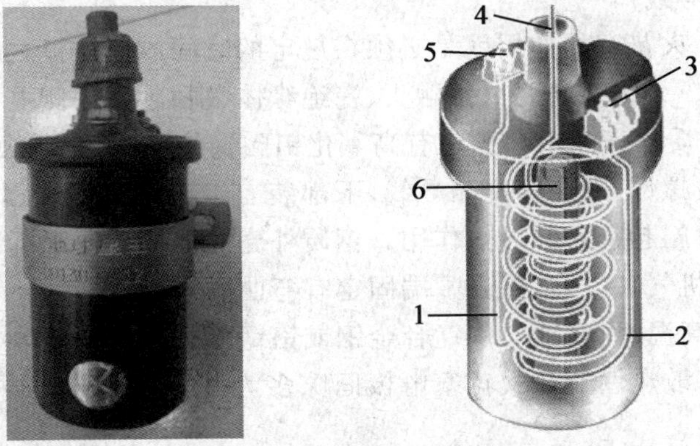

图 4-9　传统点火线圈

1-初级绕组　2-次级绕组　3-正极接线柱　4-中央高压线接线柱　5-负极接线柱　6-铁芯

级电流稳定值都比较大，在不控制的状态下一般可达 20～30 A，为此，在点火器内一般都设有限流控制装置，当初级电流上升到一定值时，使其保持恒定不变，这样保证了发动机在任何工况下都能实现稳定的高能点火。

①双缸点火线圈。如图 4-10 所示，同时点火系统的点火线圈有两个高压线插孔，分别和两个气缸的火花塞相连接。双缸点火线圈一个总的点火线圈内部又分两个点火线圈，两个气缸共用一个点火线圈，当两同步缸活塞同时到达上止点时，火花塞跳火，其中一缸接近压缩行程上止点，为有效点火；另一缸接近排气行程上止点，为无效点火。无效点火的气缸作为电路的一部分以构成完整的回路，并且无效点火的火花塞跳火可起到自洁作用。

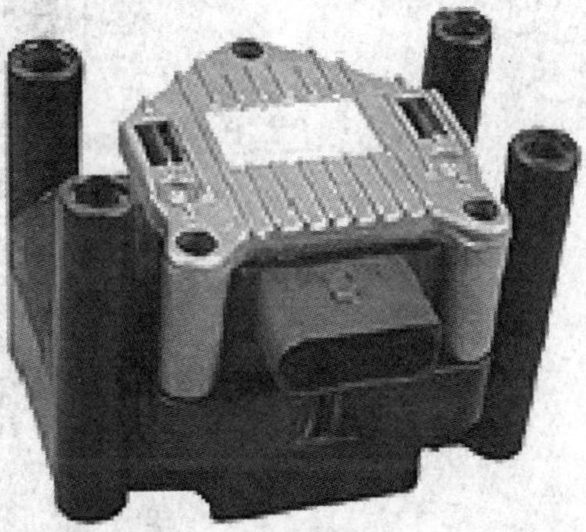

图 4-10　双缸点火线圈

②独立点火线圈。如图 4-11 所示，直接点火系统的点火线圈高压端直接插在火花塞上(每缸配用一个火花塞)。点火模块和点火线圈形成一个点火组件，单独点火方式点火系统中每个气缸独立使用一个点火组件。

图 4-11　独立点火线圈

5. 火花塞和高压导线

(1)火花塞结构。火花塞的作用就是必须在规定的时间内使电极之间切实产生强火花，使可燃混合气充分燃烧。火花塞主要由接触头、瓷绝缘体、中心电极、侧电极和壳体等部分组成，如图 4-12 所示。在钢质外壳的内部固定有高氧化铝陶瓷绝缘体，在绝缘体中心孔的上部有金属杆，杆的上端有接线螺母，用来接高压导线，下部装有中心电极。金属杆与中心电极之间用导体玻璃密封，铜质垫圈起密封和导热作用。钢质外壳的上部有便于拆装的六角平面，下部有螺纹以便旋装在发动机气缸盖内，外壳下端固定有弯曲的侧电极。

电极一般采用耐高温、耐腐蚀的镍锰合金钢或铬锰氮、钨、镍锰硅等合金制成，也有采用镍包铜材料制成，以提高散热性能。火花塞电极间隙多为 0.6～0.7 mm，电子点火其间隙可增大至 1.0～1.2 mm。

火花塞与气缸盖座孔之间应保证密封，密封方式有平面密封和锥面密封两种。平面密封时，在火花塞与座孔之间应加装铜包石棉垫圈；锥面密封是靠火花塞壳体的锥形面与气缸盖之间相应的锥形面进行密封。

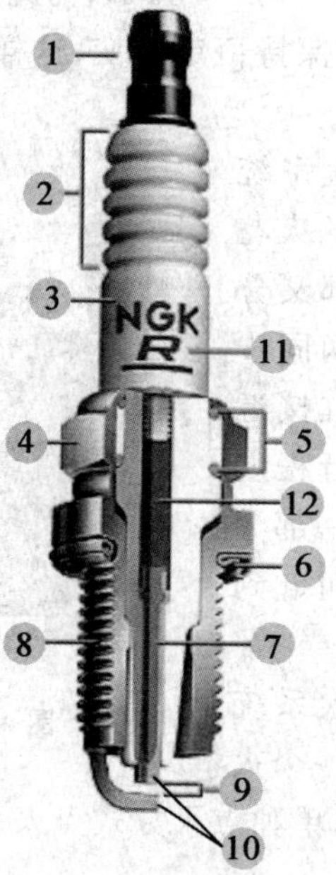

1. 接线螺母
2. 高氧化铝陶瓷绝缘体
3. 商标
4. 铜质壳体（六角形）
5. 内垫圈（密封导热）
6. 密封垫圈
7. 中心电极导电杆
8. 火花塞裙部螺纹
9. 电极间隙
10. 中心电极和侧电极
11. 型号
12. 去干扰电阻

图 4-12　火花塞的构造

(2)火花塞分类。由于火花塞跳火电压达 10 000 V 以上；在进气行程，温度为 60℃，压力为 90 kPa；点火燃烧时，瞬间长至 3 000℃、4 000 kPa，火花塞的工作环境变化较大，但要求火花塞的温度应保持在 500℃左右，因为如果温度过高易早燃，温度过低易积碳。因此，在中心电极周围有以氧化钴为基础的金属陶瓷作为绝缘层。

按裙部的长短火花塞可分为冷型[图 4-13(a)]、热型[图 4-13(b)]、中型[图 4-13(c)]，对应的 NGK(热值)分别为 7、6、5，热值越大，散热性越好，即裙部短的散热性好，反之则较差。将裙部长度定义为 L，L=8 mm 为冷型，L=11 mm 或 14 mm 的为中型 L=16 mm 或 20 mm 的为热型。在火花塞的选择上，高端汽车发动机的转速快，产生热量相对较多，因此适合采用冷型火花塞；而经济性汽车发动机的转速慢，产生热量相对较少，因此适合采用热型火花塞。

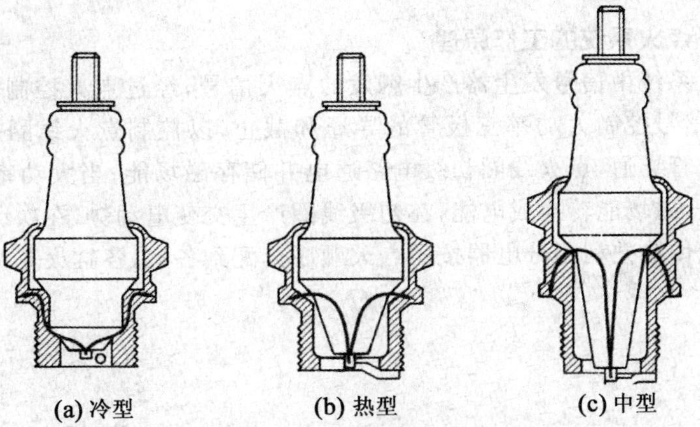

图 4-13　火花塞的分类

(3)火花塞选用准则。根据火花塞的材料不同，其类型可分为：普通铜芯、钇金、铂金，铱金、铂铱合金火花塞等。不同类型的火花塞使用寿命有所不同，对应的更换里程也存在差异(图 4-14)。火花塞的选用，应根据发动机性能和使用条件而定，一般按照汽车使用说明书的规范要求选配。使用中应保持清洁干燥，电极完整无油污，绝缘无破损。加强维护，清除积碳，正确使用，使之保持其完好的技术状况，以发挥其正常作用。

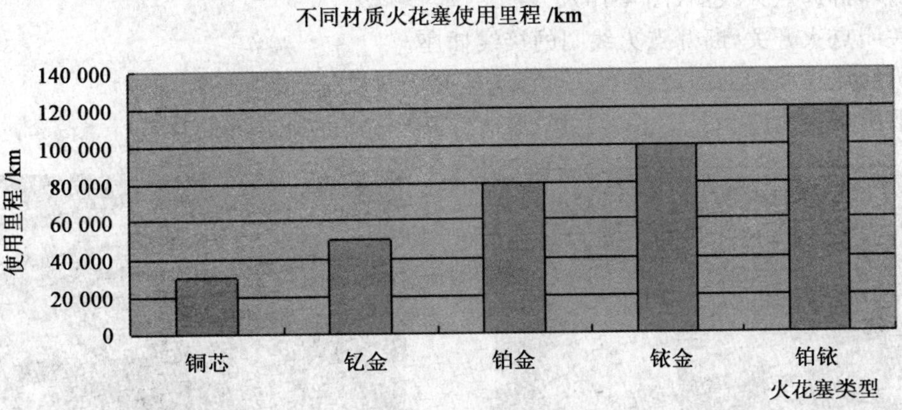

图 4-14　火花塞选用

根据《火花塞产品型号编制方法》(ZB/T 37003—89)的规定，火花塞型号由三部分组成：

1	2	3

1—火花塞结构类型及主要形式尺寸，用汉语拼音字母表示。

2—热值，用阿拉伯数字表示。

3—火花塞派生产品结构特征、发火端特征、材料特性及特殊技术要求，用汉语拼音字母表示。

(4)高压导线。高压导线即缸线，分为中央高压导线和分缸高压导线。中央高压导线用于将点火线圈产生的高压电输送到分电器，再由分缸高压导线将高压电输送到对应气缸的火花塞。

(六)普通电子点火系统的工作原理

普通电子点火系统由信号发生器产生触发的点火信号，经过点火控制器内部的放大电路放大处理后，输出信号控制大功率三极管的导通和截止，以控制点火线圈初级电路的电流通断。当大功率三极管导通，点火线圈初级电路通电并储存磁场能；当大功率三极管截止，点火线圈初级电路断电，磁场能转换成电能，在初级线圈产生交变电动势，在次级线圈产生高压电，高压电通过高压线传输并利用分电器按照点火顺序分配到各缸，各缸火花塞跳火产生电火花，点燃混合气。

二、技能训练

通过点火系统部件拆卸，理解点火系统的组成及工作原理。将点火系统总成从实车上拆卸，并进一步检查，具体步骤如下。

第一步，车辆防护(图 4-15)

(1)装车轮挡块，接排气烟道。

(2)安装车内防护。

(3)拉起驻车制动杆，降下驾驶员侧车窗玻璃，拉发动机舱盖释放杆。

(4)打开发动机舱盖，安装翼子板布和前格栅布。

第二步，拆卸点火线圈(图 4-16)

(1)关闭点火开关，断开点火线圈的接线插座。

(2)拆卸点火线圈的固定螺栓。

(3)取出点火线圈。

图 4-15 车辆防护

图 4-16 拆卸点火线圈

第三步，拆卸火花塞(图 4-17)

(1)用专用套筒拆下火花塞，并取出。

(2)用干净的布遮住火花塞孔。

第四步，检查火花塞电极(图 4-18)

检查火花塞电极是否有烧蚀、积碳和油污。

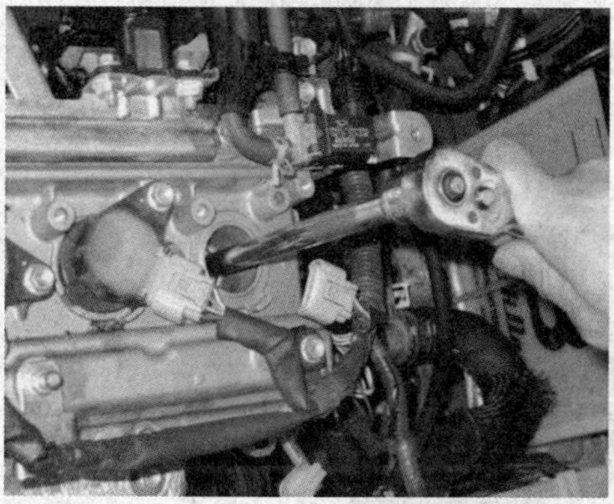

图 4-17　拆卸火花塞

图 4-18　检查火花塞电极

第五步，检查火花塞外观(图 4-19)

(1)检查火花塞绝缘体是否有损坏。

(2)检查连接螺纹是否有损坏。

图 4-19　检查火花塞外观

第六步，检查火花塞间隙(图 4-20)

用塞尺测量火花塞间隙。测量标准：量规与间隙之间应有轻微的阻力；火花塞间隙一般为 0.8～1.1 mm。

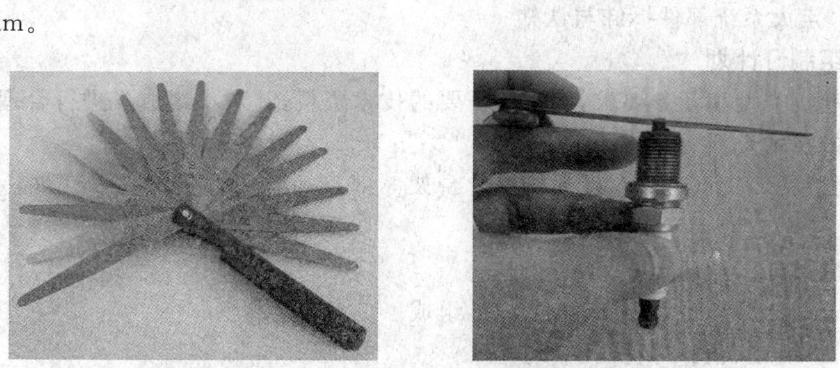

图 4-20　用塞尺测量火花塞间隙

第七步，装复火花塞(图 4-21)

(1)装复火花塞，并按规定扭矩拧紧。

(2)装复点火线圈及电气连接线。

(3)接排气烟道。

(4)起动发动机，确认运行平稳。

图 4-21 复装火花塞

第八步，现场管理

发动机熄火，取下排气烟道；取下车内、外防护用品；车辆复位，清洁车身；清洁并整理工具。

三、制订检修计划

(一)岗位任务

一辆大众高尔夫轿车进入汽车维修厂，该车行驶里程为 70 000 km。车主反映该车最近经常冒黑烟，且动力性明显下降。维修人员通过检查判断为点火系统故障，其主要问题是火花塞积碳严重，需要从发动机上拆卸火花塞并进一步检查。

(二)教师布置任务

任务 1 点火系统认识

任务 2 点火系统部件拆卸与认知

(三)小组制订计划

根据发动机类型和任务要求，确定所需要的技术资料，并对小组成员进行合理分工。

1.需要的技术资料

(1)常用工具 2 套；(2)汽车发动机拆装台架 3 部；(3)常用拆装工具 3 套；(4)点火系统维修手册 3 本。

2.小组成员分工

第一步，小组分组，每组由 4～6 名成员组成。

第二步，小组完成表 4-1 和表 4-2。

第三步，小组汇报计划，并根据教师建议进行修改和完善。

表 4-1　小组成员分工决策

序号	操作人	任务
1		
2		
3		

表 4-2　任务实施计划

序号	工作步骤	使用工具	注意事项	操作人
1				
2				
3				
4				
5				

四、任务实施

第一环节：教师讲解并进行演示。

教师讲解点火系统的组成元件、工作原理，点火系统的基本检查方法以及各部件的拆装，对于关键的步骤进行现场演示。

第二环节：学生现场实施任务。

(1)根据图 4-22，写出电控点火系统组成：

1. ______
2. ______
3. ______
4. ______
5. ______

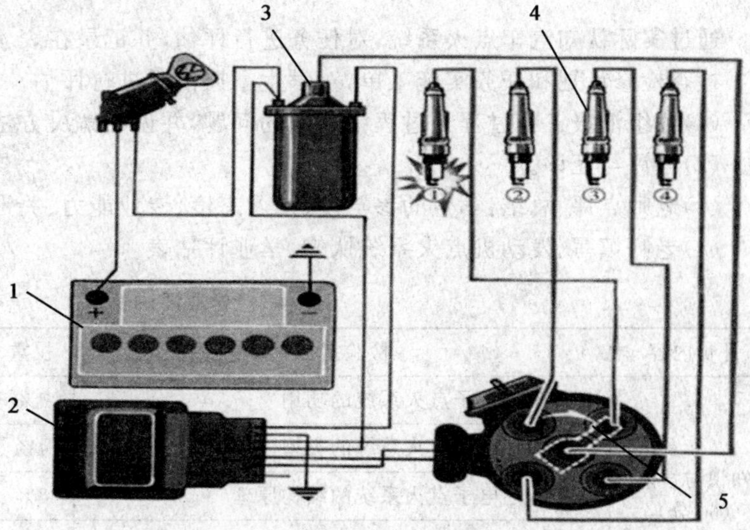

图 4-22　电子点火系统

(2)比较三种不同类型发动机的点火系统,填写表 4-3。

表 4-3 记录表

	卡罗拉点火系统	5AE 发动机点火系统	大众点火系统
类型			
组成			
电路图			

(3)从实车上拆卸点火系统部件,并填写表 4-4。

表 4-4 检查记录表

名称	作用	标准	测量	处理
火花塞				
高压线				
点火线圈				

第三环节:任务实施完成后,各小组负责清理工具和量具等,清洁地面卫生。

五、检验评估

通过实际认知汽车点火系统,对任务进行评估,并记录在表 4-5 中。

检查检修计划和任务实施工单,对学生掌握情况进行评估。

(1)各组汇报工作过程与过程中遇到的问题,并说明解决方法。

(2)自评与互评。

(3)老师点评、总结:学生的参与度、学习态度、专业能力、关键能力。

(4)老师填写《发动机点火系统认知》学业评估表。

表 4-5 学业评估表

评价内容	检验指标	权重	自评	互评	师评	总评
知识与技能(60 分)	1.能叙述电子点火系统的功用	3%				
	2.能叙述电子点火系统的类型	4%				
	3.能叙述电子点火系统的结构原理	8%				
	4.能在车上正确找到对应的组成	20%				
	5.能正确认知这些组成部分的作用	20%				

续表 4-5

评价内容	检验指标	权重	自评	互评	师评	总评
过程与方法（40分）	1.学习态度：主动参与学习，遵守纪律	5%				
	2.团队合作：与小组成员分工合作，在小组完成任务过程中所起的作用	5%				
	3.获取信息：获取学习所需信息、资料的方法与途径	5%				
	4.方法能力：发现、分析、解决问题的方法与能力	10%				
	5.创新意识：积极思考，不断改进维修方案	5%				
	6.节能与环保意识：学习过程中注重节能，不污染环境	5%				
	7.现场管理：服从工位安排、执行实训室“5S”管理规定	5%				
对学生综合评价与建议						

思考与练习

1.判断题

(1)以卡罗拉为例，进行火花塞火花测试时，起动发动机不能超过 2 min。(　　)

(2)以卡罗拉为例，若电极间隙检测值大于标准值，则需调整电极间隙。(　　)

(3)火花塞间隙过小，高压火花变弱。(　　)

(4)检测点火信号波形时，需采用双通道连接检测。(　　)

(5)点火线圈出现故障会导致点火电压下降火花较弱。(　　)

2.单选题

(1)单独点火的配电方式中，一个点火线圈供几个火花塞点火？(　　)

A.1　　B.2　　C.3　　D.4

(2)以卡罗拉为例，火花塞电极间隙的规定状态为(　　)。

A.0.1～1.1 mm　　B.0.1～1.5 mm　　C.1.0～1.1 mm　　D.1.0～1.5 mm

(3)电控点火系统由(　　)直接驱动点火线圈进行点火。

A.ECU　　B.点火控制器　　C.分电器　　D.转速信号

3.问答题

(1)复习回顾普通电子点火系统的相关知识，并描述其组成和工作原理。

(2)微机控制点火系统由哪些部分组成？各部分的作用和构成是什么？

任务 4.2 普通电子点火系统检修

案例引入

小李叔叔家的汽车维修厂来了一辆大众速腾轿车，行驶里程 50 000 km。客户反映该车最近明显动力性变差，并且出现“闯车”现象。小李遇到难题了，这样的问题应该如何解决呢？

任务要求

1. 熟悉汽车电子点火系统主要元件的检修内容。
2. 熟悉汽车电子点火系统检修要点、思路和注意事项。
3. 按照正确的思路对汽车电子点火系统进行检修。
4. 能熟练操作专用仪器检测点火系统，并正确辨别、判断、记录识别结果。

一、知识学习

(一)火花塞的检查与更换

1. 火花塞的更换要求

检修火花塞对于判断发动机运转情况显得尤为必要，主要检修内容包括检查电火花、检查火花塞电极、检查火花塞电极间隙。火花塞间隙是指中心电极与侧电极之间的距离(图 4-23)。通常，火花塞电极间隙范围是 0.6～0.7 mm，电子点火的间隙可增大至 1.0～1.2 mm。例如，日本车系轿车发动机的火花塞间隙为 1.0～1.1 mm，如果间隙大于最大值，则更换火花塞。

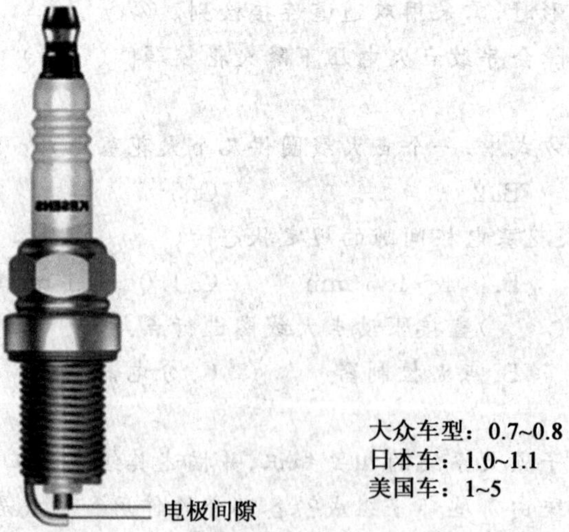

图 4-23 火花塞间隙标准

在汽车维护与保养上，要求车辆按照一定的行驶里程更换火花塞，否则会导致点火能量不足或没有电火花的故障。一般要求车辆每行驶4万km更换火花塞，一旦出现以下情况，则需提前更换火花塞。

(1)加速时有“闯车”现象，火花塞点火能量低，动力变差。

(2)油耗高，混合气燃烧不充分，行驶时出现冒黑烟的现象。

(3)发动机动力变差，不易起动，发动机故障警报灯长亮，尾气排放超标。

2.火花塞常见故障

正常情况下，火花塞绝缘体端部呈浅褐(灰)色，表面没有燃油或机油沉积物，说明热值正确且点火正常，如图4-24(a)所示。

发动机运转过程中，火花塞除了承受大的电负荷外，还与高温、高压燃气直接接触，且受到燃烧产物的强烈腐蚀。因此，火花塞是故障率较高、较易损坏的部件。有以下几种常见的故障现象：

(1)积碳，如图4-24(b)所示。

现象：火花塞上有松软、乌黑的沉积物，表明有积碳。

原因：

①可燃混合气比例不正确、空气滤清器堵塞等造成的混合气过浓。

②发动机温度过低，燃烧不完全。

③燃油质量太低或变质，燃烧不正常。

④火花塞太冷、热值太低。

后果：当车子行驶到一定的公里数，火花塞会产生积碳，电极间隙也增大，电极间隙增大会造成起动困难。碳的沉积物是可以导电的，可能造成火花塞失火。

(2)机油油污，如图4-24(c)所示。

现象：火花塞电极和内部出现油性沉积物，表明机油进入燃烧室内。

原因：个别火花塞上有油性沉积物，可能是气门杆油封损坏造成的。

各个缸体的火花塞都粘有这种沉积物，则说明气缸蹿油。空气滤清器和通风装置堵塞气缸极易出现蹿油。

后果：机油沉积物覆盖火花塞会使火花塞无法通过间隙跳火，而是通过机油从更短的路径跳火到侧电极。

(3)积灰，如图4-24(d)所示。

现象：火花塞中心电极及侧电极表面覆盖的浅褐色沉积物。

原因：积灰是由于过多的机油添加剂引起的。积灰若出现在火花塞半边，说明发动机上部磨损严重。积灰包围电极，说明发动机下部磨损严重。

后果：积灰可引起自点火，造成功率损失或损坏发动机。

(4)爆震，如图4-24(e)所示。

现象：绝缘体顶端破裂。

原因：爆震燃烧是绝缘体破裂的主要原因。点火时刻过早，汽油辛烷值低、燃烧室内温度过高都可能导致发动机爆震燃烧。

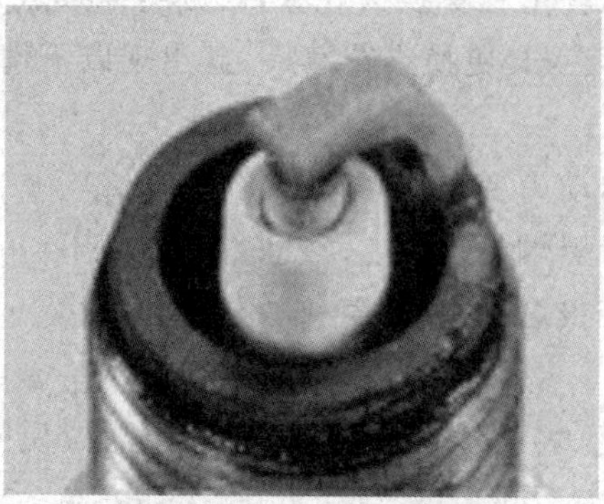

(a) 正常火花塞

(b) 火花塞积碳

(c) 火花塞油污

(d) 火花塞积灰

(e) 爆震后的火花塞情况

(f) 瓷件大头爬电

图 4-24 火花塞常见故障

后果：相同的振动也会损坏其他发动机零部件，如活塞和气门。

(5)瓷件大头爬电，如图 4-24(f)所示。

现象：绝缘体上出现垂直于铁壳方向的黑色燃烧痕迹。

原因：由于安装不好或火花塞连接线套老化，导致点火高压沿着瓷体外部闪络接地。

后果：导致发动机熄火。

3.火花塞清洗

在判断火花塞可以继续使用的基础上，经过一定行驶里程的火花塞按要求进行清洗，其原因是：在使用过程中，火花塞的电极端及绝缘体裙部会有正常的燃烧积碳产生。如果长时间不进行清理，会越积越厚，严重的还会导致电极漏电甚至不跳火，最终导致发动机故障。

清洗准备工具：火嘴套桶、化油器清洗液、刷子（毛刷）、风枪。

火花塞清洗步骤如下：

a.拆下火花塞（要先熄火，吹干净发动机的灰尘，以免灰尘掉入气缸）；

b.查看火花塞的工作状况；

c.把化油器清洗液喷进瓶子，注意角度，浸过火嘴即可，浸泡3～5 min；

d.拿出来边用化油器清洗液喷，边用刷子刷；

e.用风枪吹干或晾干；

f.重新装上火花塞到发动机上；

g.点火试车查看工作状况。

二、技能训练

点火线圈的检验主要包括外部检验、初次级绕组断短路搭铁检验以及发火强度检验。

1.外部检验

检查点火线圈的外表，若绝缘盖破裂或外壳碰裂，因容易受潮而失去点火能力，应予以更换。

2.初次级绕组断路、短路、搭铁检验

(1)普通点火线圈。用万用表测量点火线圈的初级绕组、次级绕组以及附加电阻的电阻值，应符合技术标准，否则说明有故障，应予以更换。

①检查初级绕组电阻[图4-25(a)]。用万用表电阻档测量“＋”与“－”端子间的电阻，其电阻值为____________。

②检查次级绕组电阻[图4-25(b)]。用万用表电阻档测量“＋”与中央高压端子间的电阻，其电阻值为____________。

(2)双缸点火线圈。

再检查初级线圈的电阻[图4-26(a)]，将万用表连接____________之间，其电阻值为____________，参考标准值为3.0～7.0 Ω。

拔下点火线圈的5脚插头[图4-26(b)]。从火花塞上拔下点火线。先用万用表电阻挡接到被检查点火线路的____________插头之间，其电阻值为____________，参考标准值为16～27 kΩ。

3.发火强度检验

(1)在万能电器试验台上检验火花强度及连续性。检查点火线圈产生的高电压时，可与分电器配合在试验台上进行试验，如果三针放电器的火花强，并能击穿5.5 mm以上的间隙时，说明点火线圈发火强度良好。检验时将故电电极间隙调整到7 mm，先以低速运转，待点火线

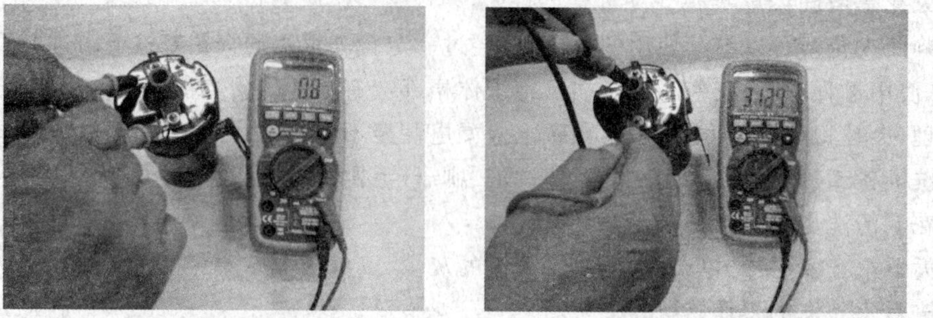

(a) 初级线圈测量　　(b) 次级线圈测量

图 4-25　点火线圈测量

(a) 检查点火线圈次级绕组　　(b) 检查点火线圈初级绕组

图 4-26　双缸点火线圈检查

圈的温度升高到工作温度(60～70℃)时,再将分电器的转速调至规定值,(一般 4、6 缸发动机用的点火线圈的转速为 1 900 r/min,8 缸发动机的为 2 500 r/min),在 0.5 min 内,若能连续发出蓝色火花,表示点火线圈良好。

(2)用对比跳火的方法检验。此方法在试验台上或车上均可进行,将被检验的点火线圈与好的点火线圈分别接上进行对比,看其火花强度是否一样。点火线圈经过检验,如内部有短路、断路、搭铁等故障,或发火强度不符合要求时,一般均应更换新件。

三、制订检修计划

(一)岗位任务

一辆丰田卡罗拉轿车进入汽车维修厂,该车行驶里程为 60 000 km,车主反映该车出现无法起动的故障。维修人员试车发现该车在起动挡时,起动机能带动发动机飞轮转动,但是不能着车,检查判断为点火系统的故障,而查找故障点需要查阅该车的电路图,根据电路图制订检修计划。

(二)教师布置任务

任务 1　火花塞检查

任务 2　高压线检查

任务 3　点火线圈检查

(三)小组制订计划

请根据发动机点火系统类型和任务要求,确定所需要的技术资料,并对小组成员进行合理分工。

1. 需要的技术资料

(1)扳手、旋具、兆欧表、塞尺、火花塞清洁器、14 mm 火花塞扳手、100 mm 加长杆。

(2)翼子板护裙、转向盘护套、变速杆护套、座椅护套和脚垫。

(3)SC20HR11 型火花塞。

(4)一汽丰田卡罗拉轿车维修手册。

2. 小组成员分工

第一步,小组分组,每组由 4～6 名成员组成。

第二步,小组完成表 4-6 和表 4-7。

第三步,小组汇报计划,并根据教师建议进行修改和完善。

表 4-6　小组成员分工决策

序号	操作人	任务
1		
2		
3		

表 4-7　任务实施计划

序号	工作步骤	使用工具	注意事项	操作人
1				
2				
3				
4				
5				

四、任务实施

第一环节:教师讲解并进行演示。

教师讲解电子点火系统的检测内容、方法和步骤,检测工具使用方法,操作过程中的注意事项,对于关键的步骤进行现场演示。

第二环节：学生现场按照以下步骤实施任务。

1.火花塞检查

(1)写出火花塞拆卸的步骤及注意事项：

____

____

____

(2)火花塞外观检查。

火花塞外观检查，对照下图 4-27，检查火花塞外观情况记录：____________

____

____

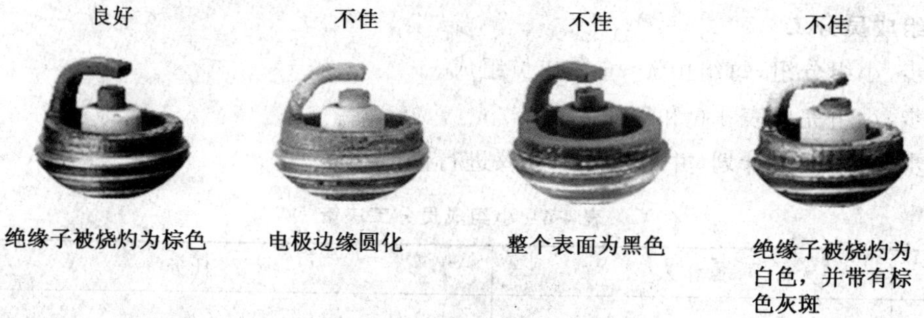

图 4-27　火花塞的检查

(3)火花塞试火。

①断开点火线圈线束连接器，从气缸盖上拆下点火线圈。

②使用火花塞套筒扳手拆下火花塞，将火花塞安装至点火线圈。

③断开 4 个喷油器连接器。

④将火花塞总成放在气缸盖上。

⑤起动发动机但持续时间不超过 2 s，并检查火花。如图 4-28 所示。

正常状态下，电极间隙间跳火。

记录火花情况：____________________。

(4)检查火花塞电极间隙(图 4-29)。

用__________检查火花塞电极间隙，测量值为__________，正常值为__________，判断火花塞技术状况为__________。

2.检查高压线

(1)外观检查：目测高压线连接是否可靠，高压线是否有裂纹、老化等现象。

(2)测量高压线电阻。

测量值：__________，标准值：__________，是否正常：__________。

图 4-28　火花塞试火

图 4-29　火花塞间隙

3. 检查点火线圈

从火花塞上拔下点火线。先用万用表电阻挡接到被检查点火线路的____________插头之间[如图 4-30(a)],其电阻值为____________,标准值为____________。

再检查初级线圈的电阻,将万用表连接____________之间[如图 4-30(b)],其电阻值为____________,标准值为____________。

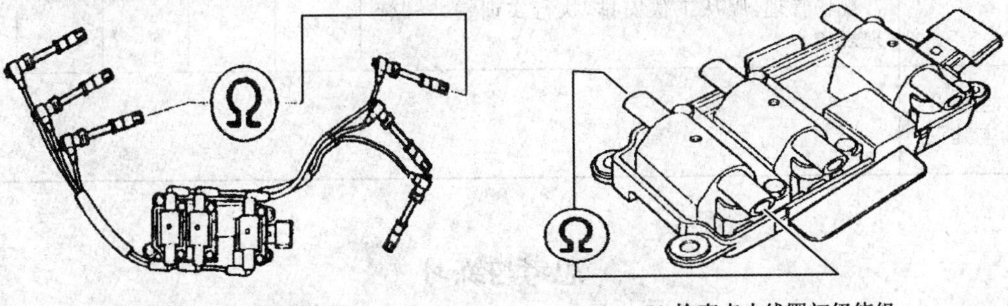

(a) 检查点火线圈次级绕组　(b) 检查点火线圈初级绕组

图 4-30　点火线圈检查

第三环节:任务实施完成后,各小组负责清理工具和量具等,清洁地面卫生。

五、检验评估

通过实际检查发动机普通电子点火系统,对任务进行评估,并记录在表 4-8 中。

检查检修计划和任务实施工单,对学生掌握情况进行评估。

(1)各组汇报工作过程与过程中遇到的问题,并说明解决方法。

(2)自评与互评。

(3)老师点评、总结:学生的参与度、学习态度、专业能力、关键能力。

(4)老师填写《普通电子点火系统的检查》学业评估表。

表 4-8 学业评估表

评价内容	检验指标	权重	自评	互评	师评	总评
知识与技能（60 分）	1. 能叙述电子点火系统常见故障现象	3%				
	2. 能叙述电子点火系统的检查内容	4%				
	3. 能完成火花塞的检测	8%				
	4. 能完成点火线圈的检测作业	20%				
	5. 能在车上正确认知电子点火系统检查与维护	20%				
过程与方法（40 分）	1. 学习态度：主动参与学习，遵守纪律	5%				
	2. 团队合作：与小组成员分工合作，在小组完成任务过程中所起的作用	5%				
	3. 获取信息：获取学习所需信息、资料的方法与途径	5%				
	4. 方法能力：发现、分析、解决问题的方法与能力	10%				
	5. 创新意识：积极思考，不断改进维修方案	5%				
	6. 节能与环保意识：学习过程中注重节能，不污染环境	5%				
	7. 现场管理：服从工位安排、执行实训室“5S”管理规定	5%				
对学生综合评价与建议						

思考与练习

1. 汽车负荷不变的情况下，随着发动机转速的增大，最佳点火提前角将__________。

2. 爆震传感器功用是________________。

3. 点火系统的作用是________________；电喷发动机起动时需要的击穿电压超过________________。

4. 火花塞按照裙部的长短可分为__________和__________。

5. 电子点火系与传统点火系相比，最大特点是(　　)。

A. 初级电流小，次级电压高　　B. 用信号发生器控制初级电路

C. 点火正时更精确　　D. 用点火控制器代替断电器控制初级电路

6. 电控点火系统的点火正时信号是(　　)。

A. IGT　　B. IGF　　C. TPS　　D. ECT

7. 以下哪一项不是点火系统的定位信号？(　　)

A. CMP　　B. CKP　　C. TPS　　D. TDC

任务 4.3　微机控制点火系统检修

案例引入

一辆丰田 1.8T 乘用车，装备四缸 2.0 气门双顶置凸轮轴(DOHC)、涡轮增压多点喷射发动机和手动变速器，发动机怠速时抖动，加速时动力不足，在大负荷时该症状尤为明显。

任务要求

1. 能掌握微机控制点火系统的类型和工作过程。
2. 能选用合适的诊断设备对电子控制点火控制系统故障进行检测。
3. 能正确记录、分析各种检测结果并做出故障判断。
4. 能按照正确操作规范进行电子控制点火系统故障部件的修复和更换。

一、知识学习

(一)微机控制点火系统组成及原理

1. 微机控制点火系统的组成

微机控制点火系统主要由以下部件组成：低压电源、点火开关、电子控制单元(ECU)、点火控制器、点火线圈、火花塞、高压线和各种传感器，如图 4-31 所示。

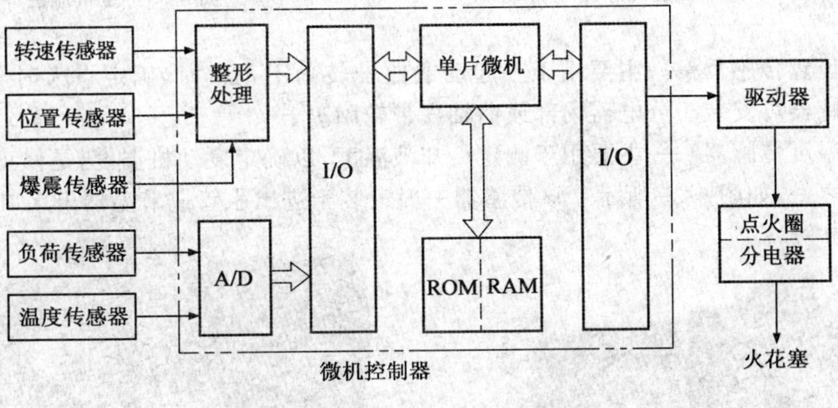

图 4-31　微机控制点火系的组成

(1)微机控制单元。微机控制单元内部存储发动机在各种工况下对应的最佳点火控制参数，它依靠发动机传感器输入的各种发动机运转工况信息(包括转速、进气量、发动机温度)以及车辆行驶状况(怠速、换挡、减速等)，计算点火正时。点火正时一经确定，控制单元则在点火正时之前预先留出点火线圈的充电时间并送出一个信号 IGT 给点火器。点火器内的三极管被这个信号导通，初级电流从蓄电池经过点火开关至点火线圈，让点火线圈有充足的时间储存点火电能。当曲轴位置传感器到达点火正时(此时刻为控制单元计算的最佳点火时刻)，控制单元停止 IGT 信号。点火器的三极管截止，点火初级电流被切断，点火线圈产生高压电，依次按点火顺序被分配到各缸的火花塞使之在电极之间产生火花，用于点燃被压缩的混合气。

（2）传感器。微机控制的点火系统的正常工作完全依赖于发动机电脑的控制，而发动机电脑根据各有关传感器传来的发动机工况信息，按照设定的程序进行运算，发出指令给点火执行元件，适时对发动机进行点火控制。所以，判断发动机的工作状况即传感器向电脑提供反映状态的信号是保证实现最佳点火控制的前提条件。传感器用来不断地检测与点火有关的发动机工作状况，并将检测结果输入发动机 ECU，作为运算和控制点火的依据。

影响到点火的传感器主要有：

曲轴位置传感器——主要用于检测曲轴位置与转速用于确定喷油与点火时刻，如图 4-32 所示。该传感器一般安装于曲轴飞轮附近。

空气流量计——主要用于测量进气量，是修正点火提前角的重要依据，如图 4-33 所示。该传感器一般安装于进气总管的空气滤清器后方。

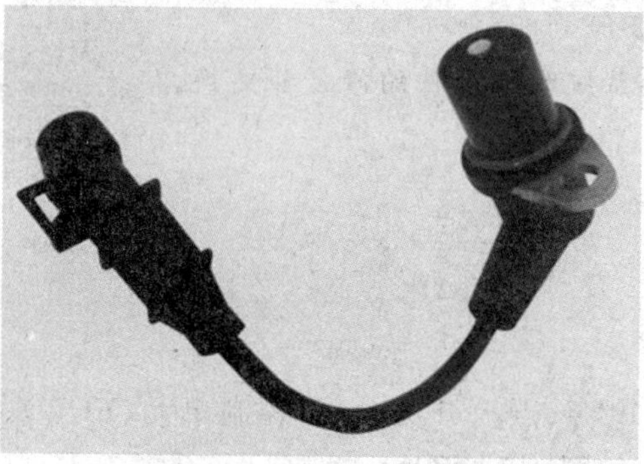

图 4-32 曲轴位置传感器

图 4-33 空气流量计

凸轮轴位置传感器——主要用于在起动或曲轴转角不正常时，确定点火时刻，如图 4-34 所示。该传感器可安装于分电器内部或曲轴皮带轮附近。

冷却液温度传感器——主要用于测定冷却液温度，以确定发动机温度，是修正点火提前角的重要依据之一，如图 4-35 所示。该传感器一般安装于进出水管或节温器出水口处。

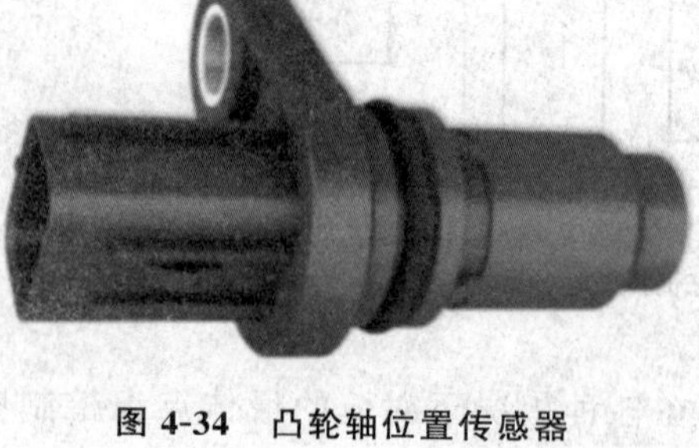

图 4-34 凸轮轴位置传感器

图 4-35 冷却液温度传感器

爆震传感器——主要用于收集发动机爆震信号，是爆震反馈控制的重要传感器，如图 4-36 所示。该传感器一般安装于发动机缸体正中央。

进气温度传感器——测量进气温度，作为修正点火提前角的依据，如图 4-37 所示。该传感器可安装于空气滤清器壳体上或与空气流量计集成一体。

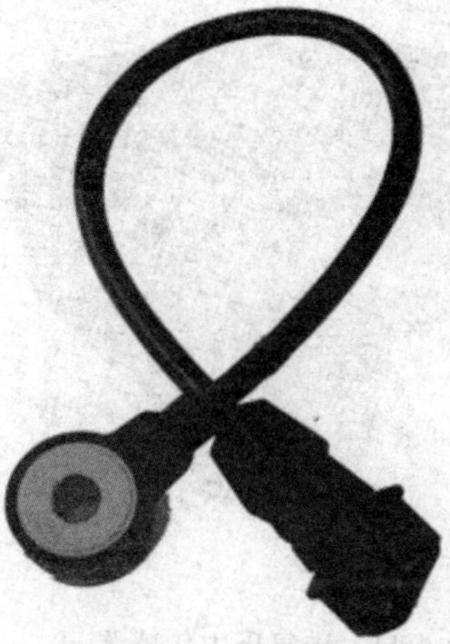

图 4-36 爆震传感器

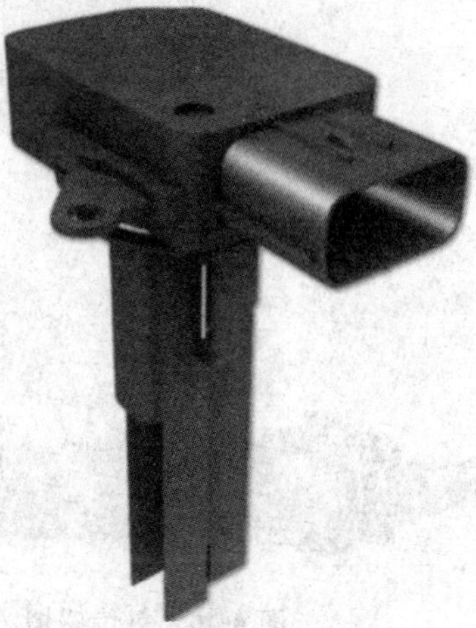

图 4-37 进气温度传感器

节气门位置传感器——ECU 可从节气门的开度计算出发动机的符合状态，是控制点火的依据之一，如图 4-38 所示。该传感器安装于节气门体转轴附近。

车速传感器——主要用于收集车速信号，是点火控制的依据之一，如图 4-39 所示。该传感器可安装于变速器输入轴附近。

图 4-38 节气门位置传感器

图 4-39 车速传感器

氧传感器——用于检测排气管中的废气中氧气浓度，ECU 根据废气中的氧含量判断混合气浓度，并对燃油喷射系统进行闭环控制，如图 4-40 所示。该传感器安装于发动机排气管上。

进气压力传感器——主要用于测量进气歧管压力，是 ECU 计算进气量的主要信号，同时也是是修正点火提前角的依据之一，如图 4-41 所示。该传感器的真空管一侧通常连接到进气歧管。

(3)执行器。当初级电流被切断时，点火初级线圈会产生一个反电动势，通过设置相应的检测电路对该反电动势进行检测，可用于监督点火系统中至次级线圈一段工作是否正常。该信号称为点火确认信号，英文缩写为 IGF。IGF 告诉电脑点火信号已经发生，次级线圈可以正常产生高压电(但火花塞是否能正常点火则不一定)。若在这个过程中点火失效，8～11 个 IGT(点火时刻控制)信号发送到点火器后而没有接收到 IGF 信号时，电脑将会进入故障防护模式，关闭喷油器以防止催化剂可能会过热。

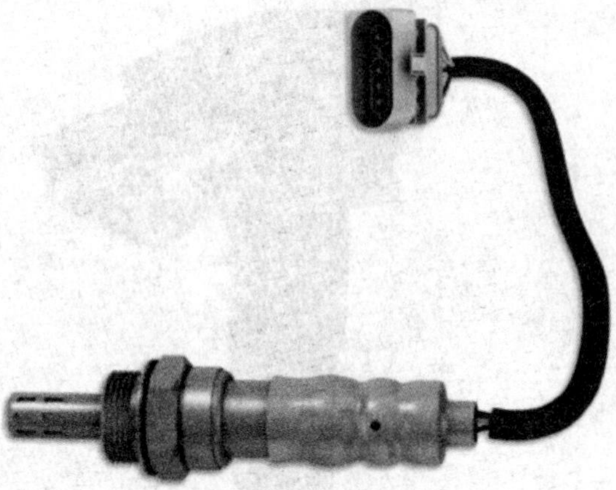

图 4-40　氧传感器

图 4-41　进气压力传感器

2. 电子控制点火系工作原理

电子控制单元 ECU 内储存着大量发动机运转工况的最佳点火数据，它依靠发动机传感器进来的各种发动机运转工况信息（包括转速、进气量、发动机温度）以及车辆行驶状况（怠速、换挡、减速等），计算点火正时。点火正时一经确定电脑则在点火正时之前预先留出点火线圈的充电时间并送出一个信号 IGT 给点火器，如图 4-42 所示。点火器内的三极管被这个信号导通，初级电流从蓄电池经过点火开关至点火线圈，让点火线圈有充足的时间贮存点火电能。当曲轴位置传感器到达点火正时（此时刻为电脑计算的最佳点火时刻），ECU 停止 IGT 信号。点火器的三极管截止，点火初级电流被切断，点火线圈产生高压电，依次按点火顺序被分配到各缸的火花塞，使之在电极之间产生火花以点燃被压缩的混合气。

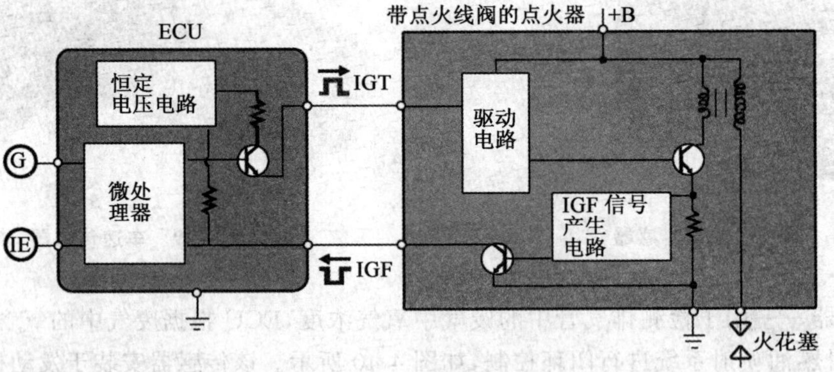

图 4-42　点火控制过程

3. 微机控制点火系统分类

根据点火线圈的数量和高压电分配方式的不同，微机控制点火系统可分为直接点火（无分电器）和非直接点火（有分电器）两种类型。随着汽车技术的发展，大多数轿车采用直接点火方式。按照工作方式的不同，直接点火系统又可分为独立式点火和同时点火，介绍如下。

（1）独立点火方式。独立点火方式是指发动机每个气缸的火花塞配一个点火线圈，各个独立的线圈直接安装在火花塞上，独立向火花塞提供高压电，各缸直接点火，如图 4-43 所示。由于独立式点火系统直接提供高压电而取消了高压线，其高压电能量的传递损失降低到最低水平。

独立点火系统工作过程如下：点火模块接收 ECU 的点火控制信号，当点火模块接收到点火指令时，点火控制器三极管导通，初级电流流过初级绕组产生磁场；三极管截止，磁场迅速消失，次级绕组产生感应电动势，高压电送至火花塞跳火。

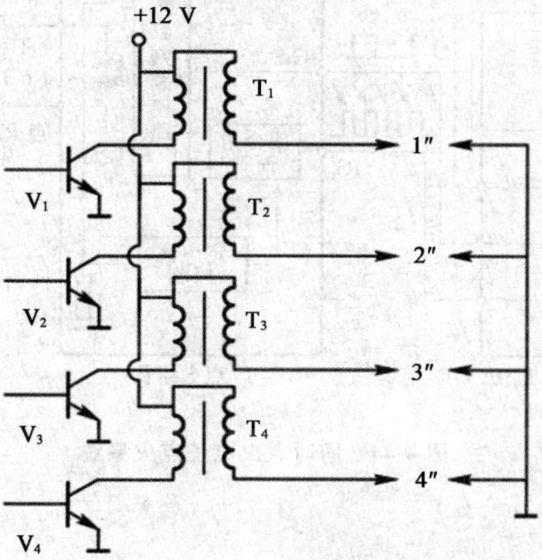

图 4-43　独立电子点火系的组成

(2)同时点火方式。同时点火是指两个缸的火花塞共用一个点火线圈的点火方式。点火线圈有两个初级绕组、一个次级绕组，相当于是共用一个次级绕组的两个点火线圈的组件。次级绕组的两端通过四个高压二极管与火花塞组成回路，其中配对点火的两个活塞必须同时到达上止点，即一个处于压缩行程上止点时，另一个处于排气行程上止点。

①点火线圈配电式。点火控制器中有与点火线圈数量相等的功率三极管，各控制一个点火线圈的工作，如图 4-44 所示。点火控制器根据电脑提供的点火信号，由气缸判别电路按点火顺序轮流激发功率三极管，使其导通或截止，以此控制点火线圈初级绕组的通断，产生次级电压而点火。

②二极管配电式。二极管配电方式(图 4-45)是利用二极管的单向导通特性，对点火线圈产生的高压电进行分配的同时点火方式。微机控制单元根据曲轴位置等传感器输入的信息，经计算、处理，输出点火控制信号，通过点火控制器中的两个大功率三极管，按点火顺序控制两个初级绕组的电路交替接通和断开。当 1、4 缸点火触发信号输入点火控制器时，大功率三极管 T_{r_1}、初级绕组 N_1 断电，次级绕组产生虚线箭头所示方向的高压电动势，此时 1、4 缸高压二极管正向导通而使火花塞跳火。当 2、3 缸点火触发信号输入点火控制器时，大功率三极管 T_{r_2} 截止，初级绕组 N_1 断电，次级绕组产生实线箭头所示方向的高压电动势，此时 2、3 缸高压二极管导通，故 2、3 缸火花塞跳火。二极管配电方式的主要特点是一个点火线圈组件为 4 个火花塞提供高压电，因此特别适宜于四缸或八缸发动机。

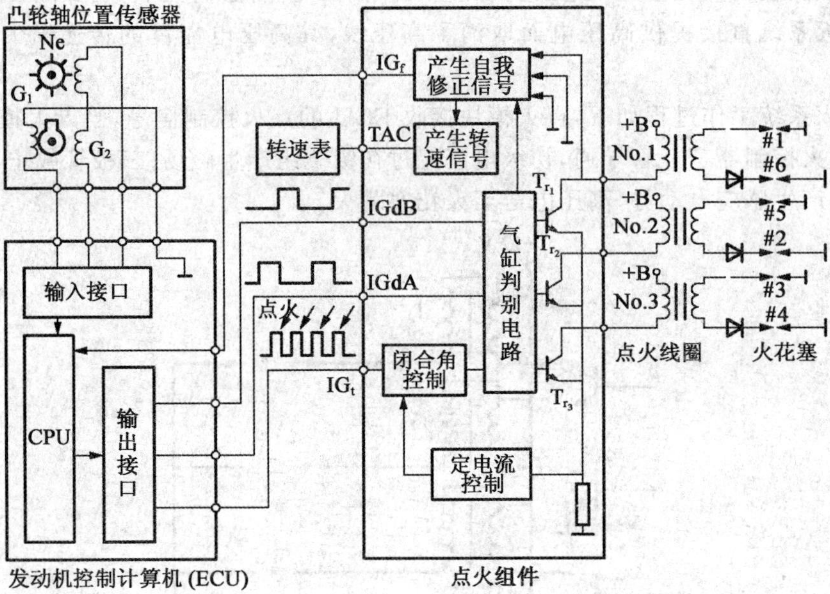

图 4-44　同时点火电子点火系统

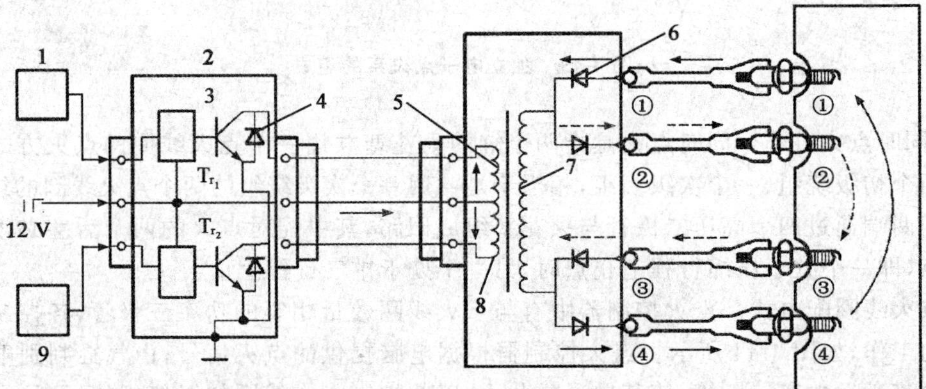

图 4-45　二极管配电点火系统

(二)曲轴位置传感器结构与检测

1. 基本结构

曲轴转角传感器用于向电控单元 ECU 输入活塞位置(上止点)、曲轴转角、曲轴转速等信息,以计算点火时刻。

如图 4-46 为曲轴转角传感器基本结构,该传感器属于磁电式传感器,其安装位置是分电器内部。该传感器由上部的 G 信号发生器和下部的 Ne 信号发生器组成。

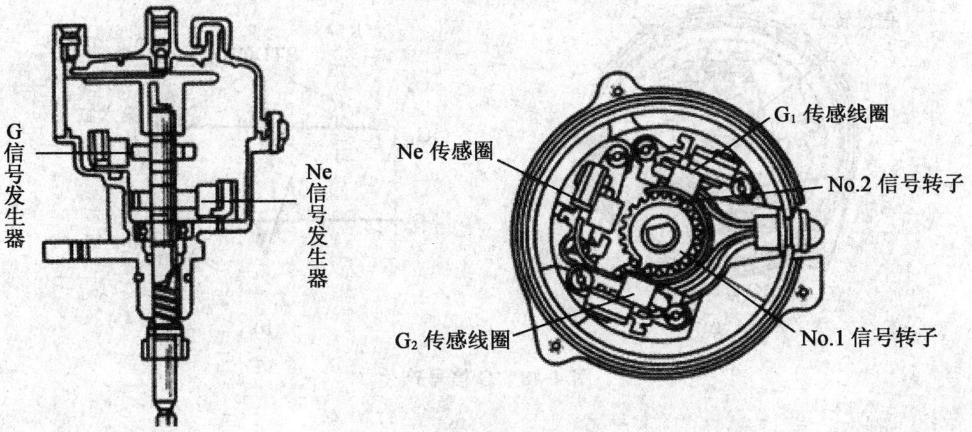

图 4-46　曲轴转角传感器基本结构

①Ne 信号发生器。主要由固定在分电器轴上的信号转子和传感线圈组成，如图 4-47(a)所示。Ne 信号是曲轴转角及发动机转速信号。当信号转子随曲轴转动时，轮齿与传感线圈凸缘部的空气隙交替变化，使其内的传感线圈磁通发生变化而产生交变电动势信号。当分电器旋转一周，因为有 24 个轮齿，故每个交变信号相当于 30°曲轴转角，由此可计算出发动机转速，如图 4-47(b)所示。

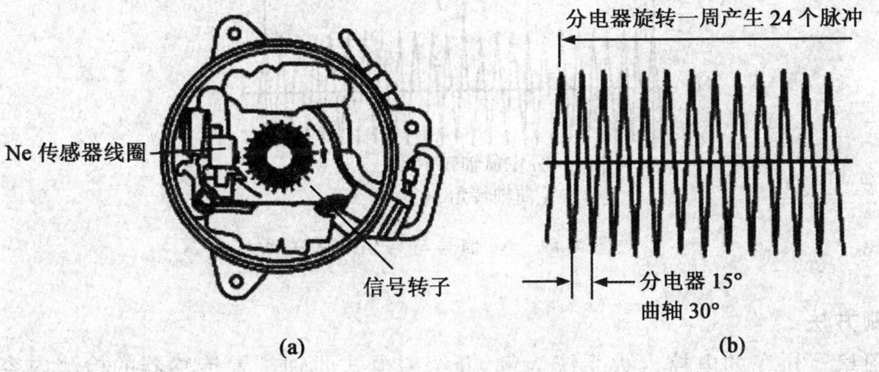

图 4-47　Ne 信号产生

②G 信号发生器。由带有凸缘的信号转子、G_1、G_2 两个传感线圈组成，如图 4-48(a)所示。G 信号是测试曲轴转角的基准信号，用来判别气缸及检测活塞上止点的位置。当 G 信号转子上的凸缘通过 G_1 传感线圈凸缘时，产生 G_1 信号，检测第六缸上止点位置；当 G 信号转子上的凸缘通过 G_2 传感线圈凸缘时，产生 G_2 信号，检测第一缸上止点位置。由于 G_1、G_2 是相对安装的，故分电器转一圈，分别出现一次，如图 4-48(b)所示。

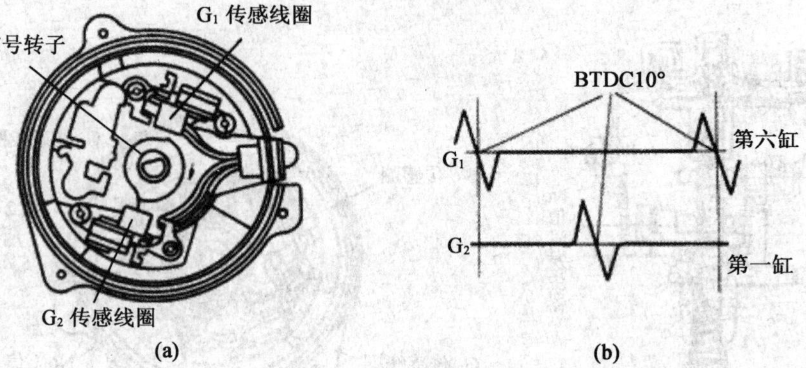

图 4-48 G 信号产生

由此可以得出 Ne 信号与 G 信号的关系如图 4-49 所示。

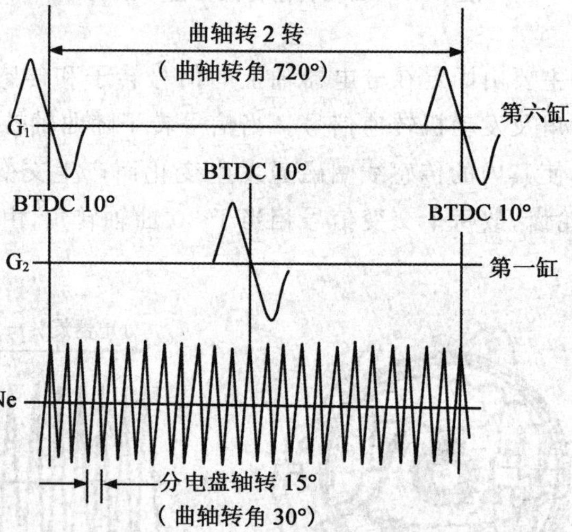

图 4-49 Ne 信号与 G 信号的关系

2. 检测方法

以丰田皇冠轿车的电控点火系统为例，介绍磁电式曲轴位置传感器的检测内容和方法。

(1) 电阻检查。点火开关 OFF，拔开曲轴位置传感器的导线连接器(图 4-50)，用万用表的电阻挡测量曲轴位置传感器上 G_1—G^-、G_2—G^-、Ne—G^- 间的电阻值。

其值应符合原生产厂的规定，一般在 300～1 500 Ω 之间。电阻过大，则说明线圈内部有断路；电阻过小，则说明线圈内部有短路。

(2) 输出信号的检查。拔下曲轴位置传感器的导线连接器，当发动机转动时，用万用表的电压档检测曲轴位置传感器上 G_1—G^-、G_2—G^-、Ne—G^-，端子间是否有脉冲电压信号输出。如没有脉冲电压信号输出，则须更换曲轴位置传感器。

(3)感应线圈与正时转子的间隙检查。用厚薄规测量信号转子与传感器线圈凸出部分的空气间隙，其间隙应为 0.2～0.4 mm，否则，更换传感器。

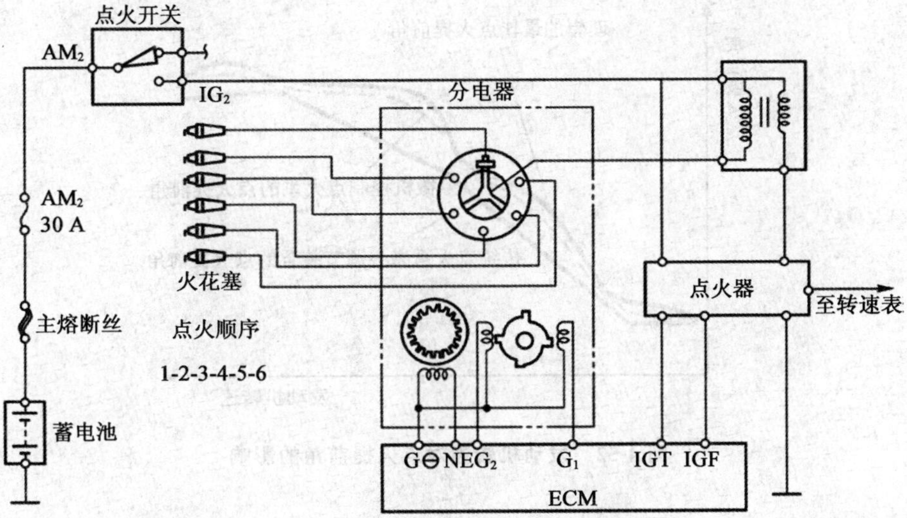

图 4-50　曲轴位置传感器电路连接

(三)电子控制点火系控制内容

在发动机工作过程中,当工况变化时,其转速、负荷、温度等参数发生变化,导致缸内混合气的状态也发生变化,则控制系统需要改变点火提前角、点火闭合角等控制量。以下分别介绍点火控制主要内容:点火提前角控制、通电时间控制和爆震控制。

1. 点火提前角的控制

(1)点火提前角是随着发动机转速的不同而随之变化的,如图 4-51 所示。混合气从点燃、燃烧到烧完有一个时间过程,最佳点火提前角的作用就是在各种不同工况下使气体膨胀趋势最大段处于活塞做功下降行程。点火提前角通常设置在 5°以上,这也是起动转速所需要的角度。最大点火提前角也不能太大,一般不能超过 60°。点火过早,会造成爆震,活塞上行受阻,效率降低,热负荷、机械负荷、噪声和振动加剧,这是应该防止的。点火过晚,气体做功困难,油耗大,效率低,排气声大。不论点火过早或过迟,都会影响转速的提升及发动机的动力性、经济性和舒适性等。

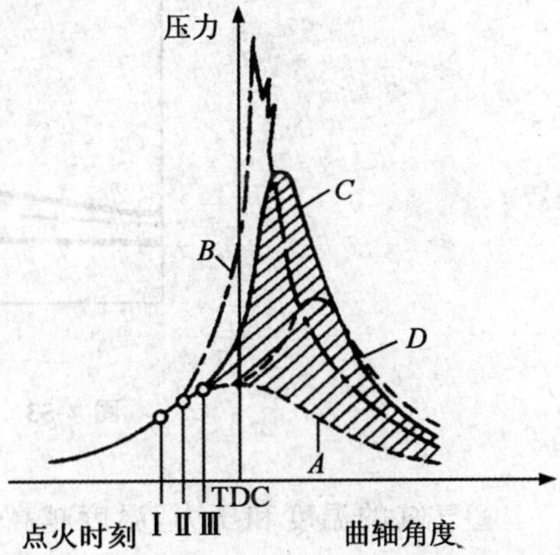

图 4-51　点火时刻对发动机影响

最佳点火角的选择主要受以下因素影响:

①影响点火提前量最大的因素是发动机转速和负荷。

当节气门开度一定时,随着转速的上升,转过同样角度的时间变短,只有更大的提前角才能得到相应的提前时间,即点火提前角应随转速提高而加大(图 4-52)。

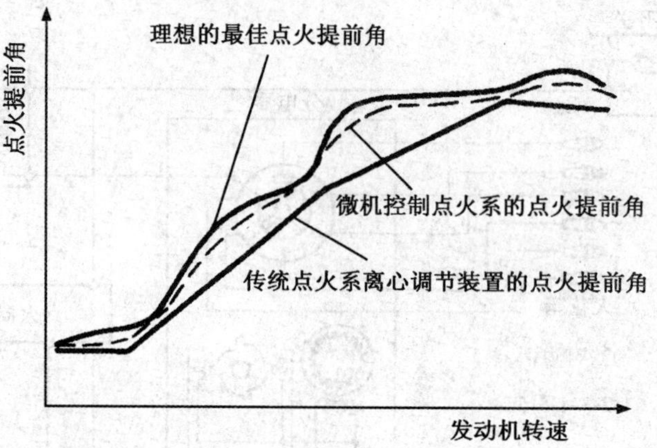

图 4-52 发动机转速对点火提前角的影响

当发动机转速一定时，随着负荷的增加，节气门开度变大，进入气缸的可燃混合气增多，则压缩终了时的混合气压力及温度变高，并且残余废气在气缸内所占比例减少，混合气燃烧速度加快。此时，点火提前角应适当减少，即点火提前角应随负荷增高而减小(图 4-53)。

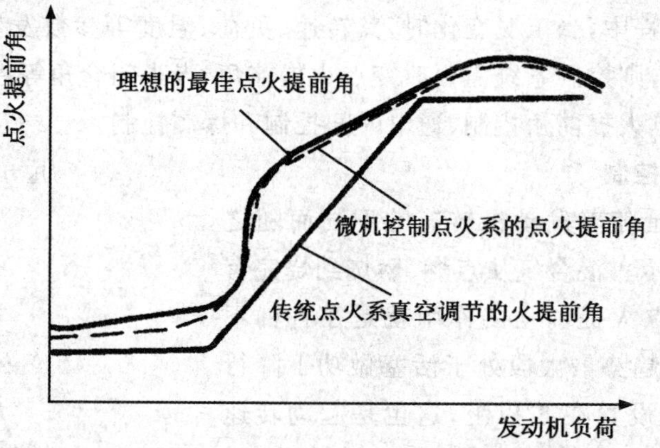

图 4-53 发动机负荷对点火提前角的影响

②气缸的温度和压力，温度越高、压缩压力越大，其点火提前角应相应减小，否则容易导致发动机爆震。

③汽油辛烷值。汽油的牌号是用辛烷值表示，辛烷值越高，则汽油的抗爆性能越好，相应允许更大的点火提前角。一般来说，选用汽油的牌号取决于发动机的压缩比。

④混合气浓度。混合气过浓或过稀，都导致燃烧效果变差，需增加点火提前角。

⑤爆震传感器信号。为了预防发动机爆震，现代汽车发动机都安装了爆震传感器，当发出爆震信号时，控制单元 ECU 会自动降低点火提前角。

(2)初始点火提前角。为了确定点火正时，电控单元根据上止点位置确定点火的时刻。在有些发动机中，电控单元把 G_1 或 G_2 信号后第一个 Ne 信号过零点定为压缩行程上止点前

10°,电控单元计算点火正时时,就把这一点作为参考点。这个角度就称作初始点火提前角,其大小随发动机而异。

(3)点火提前角的计算。电控发动机工作时,电控单元 ECU 根据进气量(由空气流量传感器测量)或进气歧管压力(由进气压力传感器测量)、发动机转速(发动机转速传感器测量)两个信号,计算出基本点火提前角,再根据节气门位置传感器、水温传感器等信号计算出修正点火提前角,按照式子 4.1 计算得出实际点火提前角。

实际点火提前角＝初始点火提前角＋基本点火提前角＋修正点火提前角　(4.1)

2.通电时间的控制

点火系统通电时间的控制实质是控制点火线圈初级电路的通电时间。点火通电时间是点火系统储存磁场能的时间,其大小决定了点火能量。因此,必须按照发动机工况控制点火通电时间,使初级电流达到点火能量的要求。另外,如果通电时间过长,点火线圈又会发热并使电能消耗增大。因此,控制一个最佳的初级电路通电时间需兼顾上述两方面的要求。

3.爆震控制

(1)爆震的危害。爆震是发动机混合气燃烧过程中所产生的异常现象。爆震的发生对发动机危害性很大,会使发动机的功率下降,温度急剧上升,油耗增大;不正常燃烧产生的脉冲压力波会加剧发动机零部件的损坏,气缸过热会加重积碳的形成,局部过热甚至会使金属熔化或烧损,如爆震严重时,常常就会出现活塞顶被烧毁;发动机运转不稳定,震动剧烈等。

(2)爆震的原因。

①点火提前角过大:即点火过早,其结果是未充分压缩的混合气被点燃,而活塞继续向上压缩火焰,导致气缸内某部分混合气在点燃的火焰尚未传播到达时即因温度及压力的原因自我形成火焰中心,并以极高的速率燃烧,从而产生频率很高的脉冲压力波。

②燃油辛烷值过低。辛烷值是燃油抗爆震的指标,辛烷值越高,抗爆震性越强。选用汽油牌号必须依据发动机压缩比。压缩比高的发动机,燃烧室的压力较高,若是使用抗爆震性低的燃油,则容易发生爆震。

③积碳严重:发动机于燃烧室内过度积碳,除了会使压缩比增大(产生高压),也会在积碳表面产生高温热点,使发动机爆震。

④发动机温度过高:发动机在太热的环境使得进气温度过高,或是发动机冷却水循环不良,都会造成发动机高温而爆震。

⑤混合气过稀:过于稀的燃料空气混合比,会使得燃烧温度提升,而燃烧温度提高会造成发动机温度提升,当然容易爆震。

(3)爆震修正。目前在用汽车对于爆震,发动机控制系统一般利用爆震传感器来监测发动机是否产生爆震,并根据传感信息,采取闭环反馈控制的方法修正点火提前角,使发动机工作在爆震的边缘。带有发动机爆震控制的点火提前角闭环控制系统由爆震传感器、发动机电控单元和点火控制器等组成。如图 4-54 所示。电控单元根据发动机的爆震程度修正点火提前角。当爆震程度强时,点火提前角的修正推迟角度大;当爆震程度弱时,修正的推迟角度小。

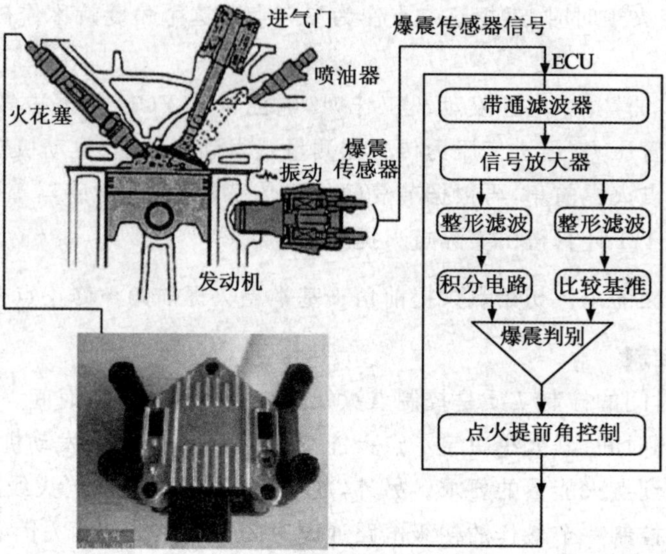

图 4-54 爆震控制原理图

二、技能训练

1.用故障诊断仪读取故障码

故障诊断仪(也称为"解码器"),通过汽车电脑的自诊断座在一定协议支持下与汽车电脑进行互相通信交流各种信息,从而获取电脑工作的重要参数。

在汽车维修领域,故障诊断仪包括专用故障诊断仪和通用故障诊断仪。专用故障诊断仪是汽车制造厂家专为自己所生产的汽车提供诊断检测服务的解码器,具有功能强大、诊断数据准确丰富的优势,但专用性非常强,只适合做本公司生产的汽车,且价格非常高,如宝马车系专用仪器 GT1、大众车系专用仪器 VAS5053、丰田车系专用仪器 Intelligent Tester2 等。通用诊断仪器可以应用于大多数车系,使用方便、适用性强,但诊断数据准确度不如专用诊断仪器,目前最常用的通用诊断仪器如金德 KT600S、车博士 A2600+等。现以车博士 A2600+通用诊断仪器为例说明使用方法。

(1)故障诊断接口。

①自诊断座:是现代电控汽车上用来诊断故障的接口,自诊断座的端子直接与汽车控制单元相连。

②诊断接口:解码器利用诊断接口与汽车自诊断座匹配相连,进行互相交流数据(图 4-55)。

(2)仪器使用方法。

第一步,连接仪器与诊断口,如图 4-56 所示。

第二步,进入操作界面,选择车型和诊断座,如图 4-57 所示。

第三步,打开点火开关或发动汽车,点击开始诊断。与汽车通信后,选择进入要测试的系统(如 PGM-F1-发动机系统),如图 4-58 所示。

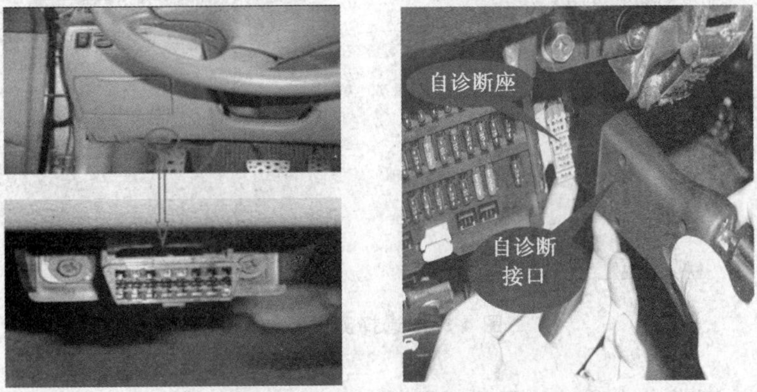

图 4-55　故障诊断接口

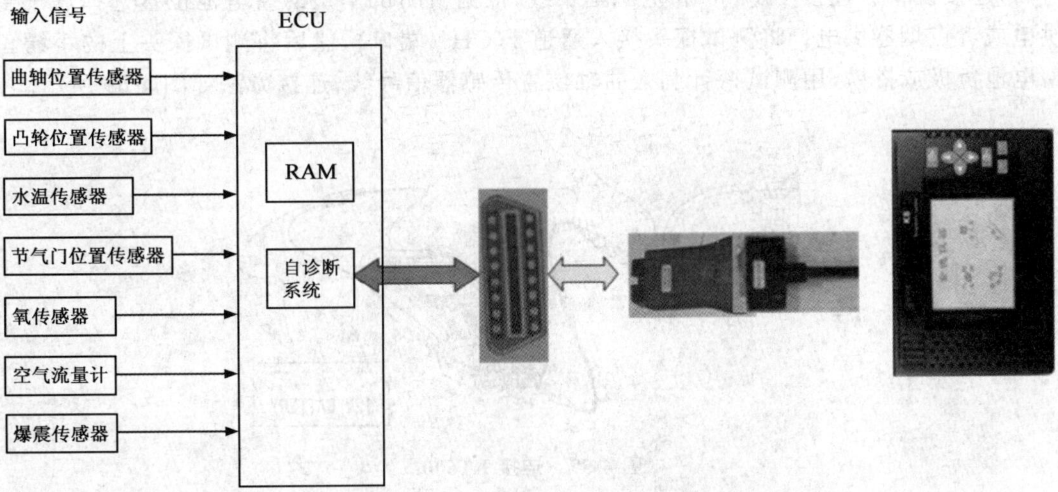

图 4-56　故障诊断仪连接方法

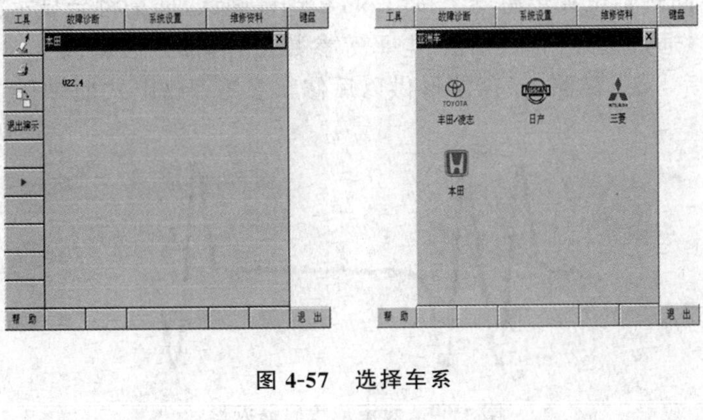

图 4-57　选择车系

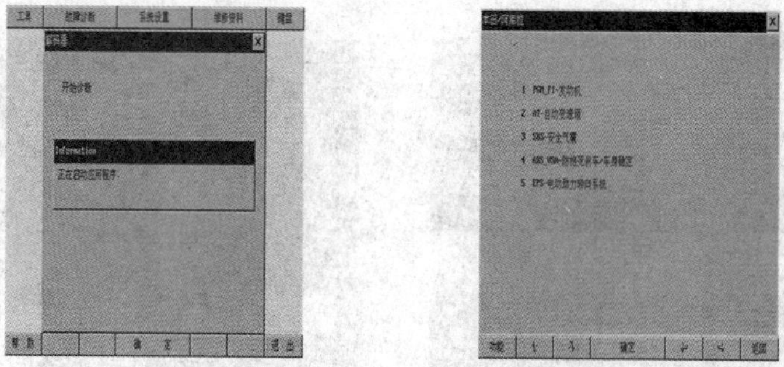

图 4-58 选择测试系统

2. 用示波器检测磁电式曲轴位置传感器波形

曲轴位置传感器用于检测曲轴的转速和位置信号，以判断喷油和点火的时刻。用汽车示波器 KT600 读取其信号波形。具体步骤如下：

(1)连接设备。连接 KT600 和电源延长线，根据被测试车型的蓄电池位置选择汽车蓄电池供电或者点烟器供电。将测试探头接入通道 1(CH1 端口)，然后将测试探头上的小鳄鱼夹接蓄电池负极或搭铁，用测试探针刺入曲轴位置传感器信号线，连接方法如图 4-59 所示。

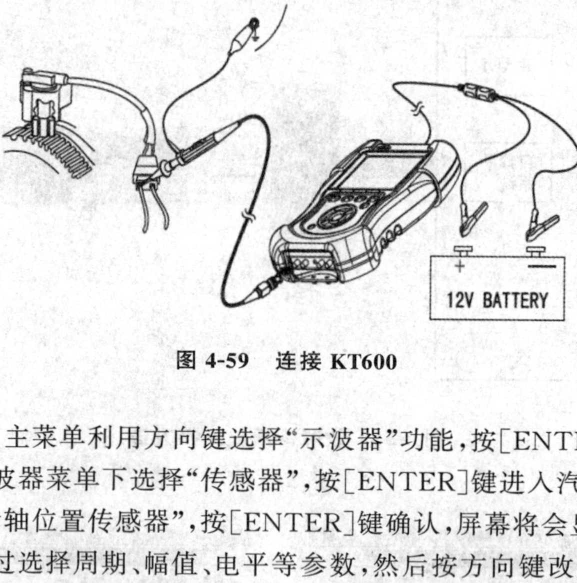

图 4-59 连接 KT600

(2)在金德 KT600 主菜单利用方向键选择“示波器”功能，按[ENTER]键确认。

(3)在汽车专用示波器菜单下选择“传感器”，按[ENTER]键进入汽车传感器选择菜单。

(4)选择“曲轴凸轮轴位置传感器”，按[ENTER]键确认，屏幕将会显示波形。

(5)必要时可以通过选择周期、幅值、电平等参数，然后按方向键改变波形位置，也可以选择停止，冻结波形后，选择存储，保存波形供以后修车参考。磁电式曲轴位置传感器的参考波形如图 4-60 所示。

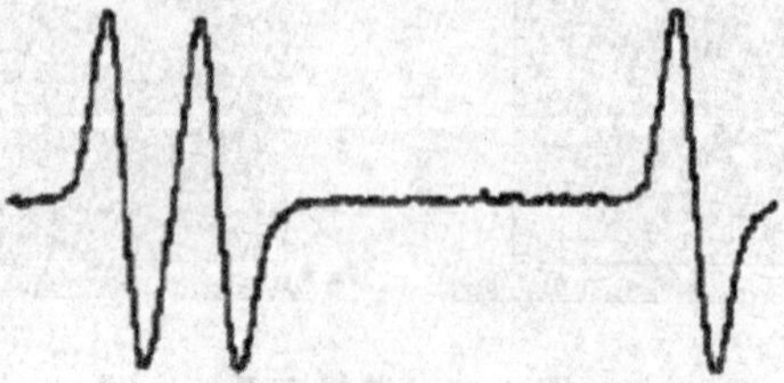

图 4-60 磁电式传感器波形

3.用示波器检测点火波形

通过对点火次级波形的分析可以有效地检查车辆行驶性能及排放问题产生的原因，一般情况下，该波形主要是用来检查火花塞高压线是否有短路或者开路现象，火花塞是否由于积碳而引起点火不良。点火的次级波形还受到不同发动机、燃油供给系统、进气系统和点火条件的影响，所以还能根据点火次级波形有效的检测出发动机机械部件和燃油供给系统部件以及点火系统部件的故障。

(1)连接示波器。在检测的时候，一般根据点火系统的不同分成三类：传统点火、直接点火和双头点火。以下分别介绍点火波形的连接设备方法。

①有分电器的点火系统：在包装箱中找出感性感应夹和一个容性感应夹，感性感应夹一端接 KT600 的 CH5/(CH3)端口，信号夹夹住发动机一缸的高压线，请查看信号夹上有“此面朝向火花塞”，注意不要夹反；容性感应夹一端接 CH1 端口，然后用其中的一个夹子夹住高压总线，请参考图 4-61 连接方法。

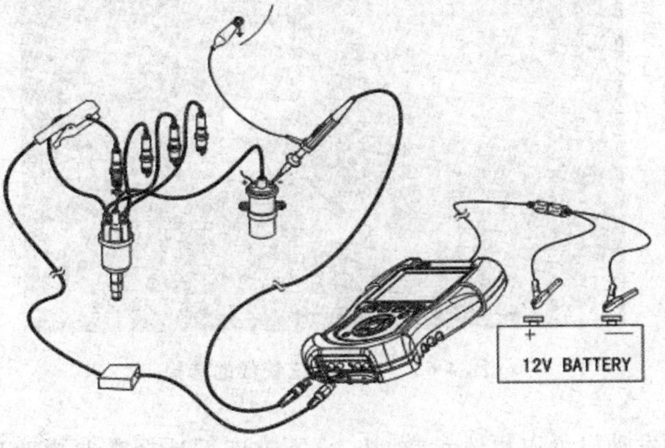

图 4-61 有分电器点火系统的测试方法

②直接点火系统：在包装箱中找出感性感应夹和一个容性感应夹，感性感应夹一端接 KT600 的 CH5/(CH3)端口，信号夹夹住发动机一缸的高压线，请查看信号夹上有“此面朝向火花塞”；容性感应夹一端接 CH1 端口，然后将容性夹分别夹到各气缸高压线上。

③同时点火系统：在包装箱中找出感性感应夹和两个容性感应夹，感性感应夹一端接 KT600 的 CH5/(CH3)端口，信号夹夹住发动机一缸的高压线，请查看信号夹上有“此面朝向火花塞”；查看点火线圈的极性，假设一侧是正那么另一侧肯定为负，相同侧的极性相同，共用同一个容性夹，连接方法见图 4-62。

(2)在金德仪器主菜单下按上下方向键选择“示波器”功能，按[ENTER]键确认。

(3)在汽车专用示波器菜单下选择“点火系统”，按[ENTER]键进入点火系统选择菜单。

(4)选择“次级点火”，按[ENTER]键确认。

(5)选择发动机参数设定，按[ENTER]键，屏幕显示如图 4-63 所示。

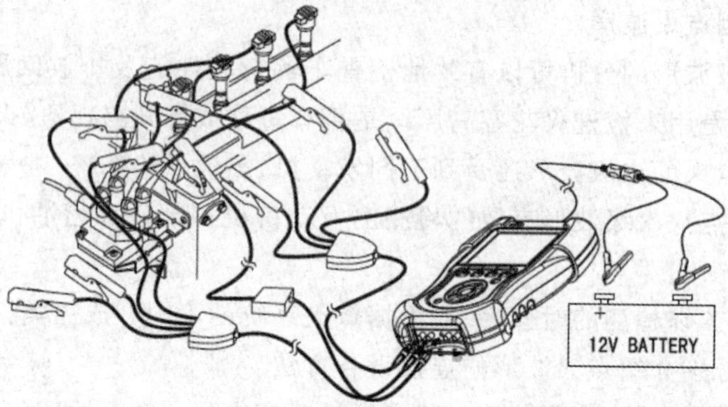

图 4-62 同时点火方式的测试方法

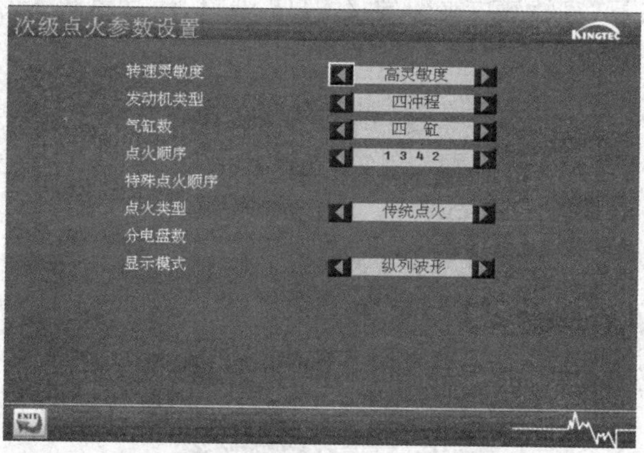

图 4-63 点火系统参数的选择

(6)根据被测试发动机可以更改参数，按上、下方向键选择需要更改项目，按左、右方向键可以更改参数，更改完毕，按[EXIT]键返回上级菜单。

(7)按向下方向键选择“次级点火测试”，按[ENTER]键确认，按照测试条件，屏幕显示波形。

(8)必要时可以通过选择周期、幅值、电平等参数，然后按上下方向键改变波形，也可以选择停止，冻结波形后，选择存储，保存波形供以后修车参考。如图 4-64 所示。

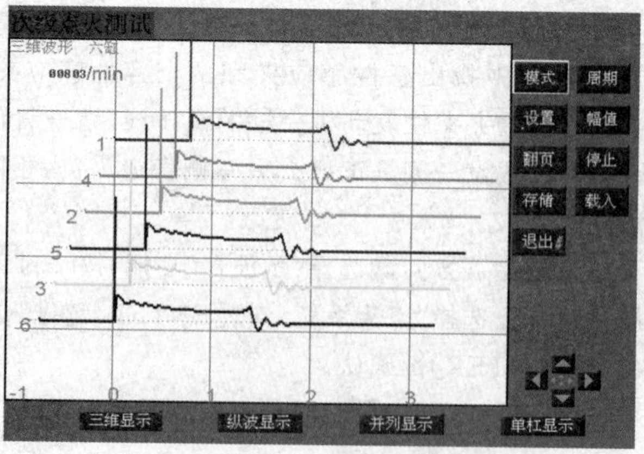

图 4-64 点火波形参考

三、制订检修计划

(一)岗位任务

一辆大众迈腾轿车进入汽车维修厂，该车行驶里程为 90 000 km，车主反映该车出现发动机抖动、工作不稳定的故障。维修人员试车发现该车发动机运行时出现明显的缺缸现象，需要根据维修手册制订检修计划。

(二)教师布置任务

任务 1　电控点火系统总体认识

任务 2　对比大众 AJR 发动机点火系统与丰田 5AE 发动机点火系统

任务 3　检测电控点火系统

(三)小组制订计划

请根据发动机电子点火控制系统的类型和任务要求，确定所需要的技术资料，并对小组成员进行合理分工。

1. 需要的技术资料

(1)常用工具 3 套；(2)大众发动机、丰田发动机实训台架各 1 台；(3)点火系统维修手册 3 本；(4)专用检测工具 3 套。

2. 小组成员分工

(1)每组由 4～6 名成员组成。

(2)完成表 4-9 和表 4-10。

(3)发动机点火控制系统控制原理、系统维护、常见故障检修分别由专门同学进行资讯认知，同时由专门同学进行记录。

3. 制订计划

表 4-9　小组成员分工决策

序号	操作人	任务
1		
2		
3		

表 4-10　任务实施计划

序号	工作步骤	使用工具	注意事项	操作人
1				
2				
3				
4				
5				

四、任务实施

第一环节：教师讲解并进行演示。

教师在实训台架上讲解电控点火系统常见的故障现象、原因和故障排除方法，对于关键的步骤进行现场演示，并说明注意事项。

第二环节：学生现场按照以下步骤实施任务。

第一步，对照实车，认知卡罗拉轿车点火系统总体结构。

(1)打开车门，罩好“三件套”，拉动发动机舱盖手柄；

(2)打开发动机舱盖，罩好发动机舱防护罩，拆下发动机护板；

(3)找出点火线圈和火花塞，观察点火线圈和火花塞安装（ 是 否）牢固；

(4)找出凸轮轴位置传感器，观察其所在的位置在__________，凸轮轴位置传感器有________根引线；

(5)找出爆震传感器，观察其所在的位置在__________，爆震传感器有____根引线。

(6)找出发动机舱内（或驾驶室仪表板下方）的 ECU，观察其安装位置在________。

第二步，对照实车，对比分析大众 AJR 发动机点火系统和丰田 5A-FE 发动机点火系统，填写表 4-11。

表 4-11 记录表

类型	大众 AJR 发动机点火系统	丰田 5A-FE 发动机点火系统
不同点		
共同点		

第三步，传感器检测（以曲轴位置传感器为例）。

1. 读取故障码

①打开故障诊断接口盖，将汽车故障诊断仪连接到诊断接口上，点火开关置于 ON 位置，打开诊断仪。

②选择菜单项 Powertrain/Engine and ECT/DTC。

③读取诊断仪上的故障码__________，判断故障为____________________。

2. 读取数据流

①选择菜单项 Powertrain/Engine and ECT/Data List/Engine Speed。

②起动发动机，发动机运转时读取诊断仪上的检测值__________。根据检测值判断曲轴位置传感器电路可能存在__________故障。

3. 检查曲轴位置传感器脉冲波形

①起动发动机，使发动机暖机。

②发动机处于怠速运转状态时，打开示波器电源开关，调整示波器量程为 5 V/格、20 ms/格。检测以下两端子间的脉冲波形：B31-122(NE+)与 B31-121(NE-)

③比对正常波形，分析检测波形。

第三环节：任务实施完成后，各小组负责清理工具和量具等，清洁地面卫生。

五、检验评估

通过实际检修电控点火控制系统，对任务进行评估，并记录在表 4-12 中。

检查检修计划和任务实施工单，对学生掌握情况进行评估。

(1)各组汇报工作过程与过程中遇到的问题，并说明解决方法。

(2)自评与互评。

(3)老师点评、总结：学生的参与度、学习态度、专业能力、关键能力。

(4)老师填写《电控点火控制系统的检修》学业评估表 4-12。

表 4-12 学业评估表

评价内容	检验指标	权重	自评	互评	师评	总评
知识与技能（60分）	1.能叙述电控点火系统的分类、组成、特点	3%				
	2.能叙述电控点火系统的工作原理	4%				
	3.能叙述电控点火系统常见故障	8%				
	4.能检测电控点火系统的故障	20%				
	5.能在车上完成点火控制系统故障排除	20%				
过程与方法（40分）	1.学习态度：主动参与学习，遵守纪律	5%				
	2.团队合作：与小组成员分工合作，在小组完成任务过程中所起的作用	5%				
	3.获取信息：获取学习所需信息、资料的方法与途径	5%				
	4.方法能力：发现、分析、解决问题的方法与能力	10%				
	5.创新意识：积极思考，不断改进维修方案	5%				
	6.节能与环保意识：学习过程中注重节能，不污染环境	5%				
	7.现场管理：服从工位安排、执行实训室“5S”管理规定	5%				
对学生综合评价与建议						

思考与练习

1.点火线圈按其磁路结构形式的不同，可分为________式和________式两种。

2.实际点火提前角=________提前角+________提前角+________提前角。

3.一般把发动机发出最大功率或油耗最小的点火提前角，称为最佳点火提前角，影响最佳点火提前角的主要因素是发动机的(　　)和(　　)。

A.油耗　　B.发动机转速　　C.时速　　D.负荷

4.描述电控点火系统的常见故障现象、机理。

5.描述电控点火系统的故障检测方法。

6.描述故障诊断仪、示波器等使用方法。

7.描述丰田卡罗拉轿车点火系统组成、原理、专用检测工具使用方法。

8.描述大众桑塔纳轿车点火系统组成、原理、专用检测工具使用方法。

9.描述通用雪佛兰轿车点火系统组成、原理、专用检测工具使用方法。

任务 4.4　点火系统故障诊断与排除

案例引入

一辆丰田 1.8T 乘用车，装备四缸 2.0 气门双顶置凸轮轴(DOHC)、涡轮增压多点喷射发动机和手动变速器，发动机怠速时抖动，加速时动力不足，在大负荷时该症状尤为明显。

任务要求

1. 能掌握点火系统的常见故障类型及故障原因。
2. 能正确选用故障诊断设备对电子点火控制系统进行检测。
3. 能根据故障检测结果准确判断故障点。
4. 能按照正确操作规范进行电子点火系统故障修复。

一、知识学习

(一)电子控制点火系统日常维护

1. 常规检查

点火系统的性能直接影响到发动机的动力性、经济性和环保性。一旦点火系统出现故障，整车性能将受到较大的影响，因此有必要对点火系统进行常规的维护和保养，如图 4-65 所示。

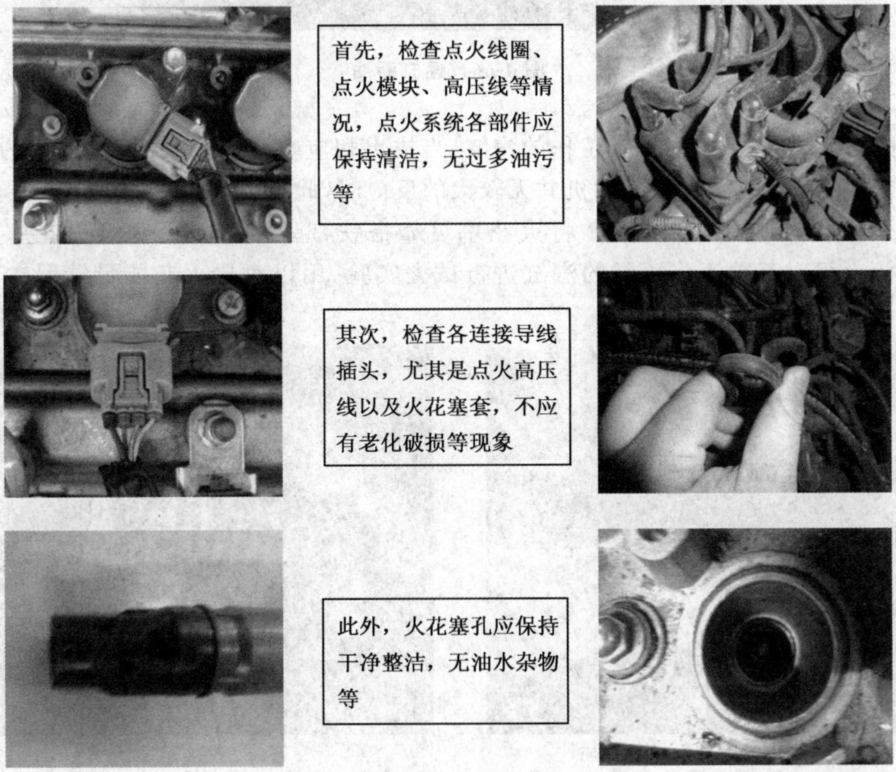

图 4-65　点火系统的常规检查

2.试火试验

试火试验是检验发动机各缸点火性能的方法。在以下情况下，需要进行点火系统试火试验：①发动机无法起动，且无着车征兆；②发动机起动后怠速不稳，发动机出现异常抖动。

试火试验方法介绍如下：起动发动机，逐个拔出喷油嘴的插头，如图 4-66 所示，正常工作的汽缸，当拔出相应喷油嘴插头时，发动机的抖动会加剧，当拔出某个喷油嘴插头，而发动机并无较大的反应时，此时可判断该缸工作不良，此时应熄火，拔出相应刚的火花塞套，接上火花塞，并将火花塞可靠搭铁，起动发动机，观察火花塞的跳火情况，火花颜色以耀眼的蓝色为正常。

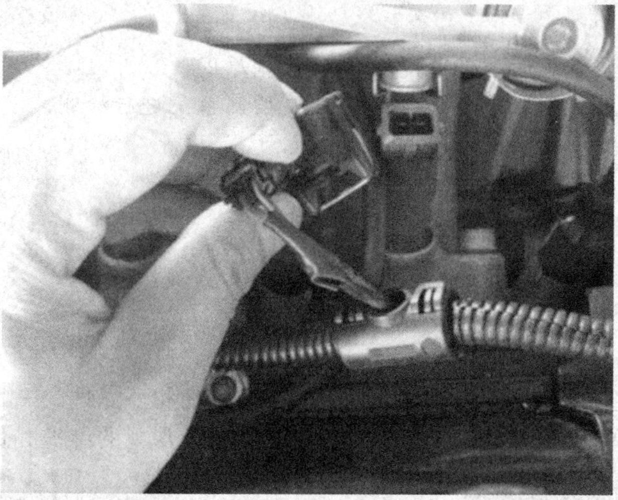

图 4-66 逐缸断油

逐个拔出喷油嘴的插头，正常工作的汽缸，当拔出相应喷油嘴插头时，发动机的抖动会加剧，当拔出某个喷油嘴插头，而发动机并无较大的反应时，此时可判断该缸工作不良。

拔出火花塞套，接上火花塞，并将火花塞可靠搭铁，起动发动机，观察火花塞的跳火情况，必要时，也可对其他工作正常的汽缸进行试火实验，用以对比火花能量情况。如图 4-67 所示。

图 4-67 单缸试火

点火波形测试。试火实验需要维修人员观察火花的颜色以判断火花是否正常，但由于肉眼观察存在主观因素，容易出现误判的情况；另一方面，当火花塞出现漏电、点火线圈性能下降等故障时，纯粹观察是无法正确判断火花是否正常。因此，可使用示波器读取点火波形，以准确判断点火能量、点火时间等参数。如下图所示为金德 KT600 在卡罗拉 1AZ-FE 发动机正确连接相关仪器后，操作仪器，进入相关功能菜单，正确读出点火波形后，可通过对波形的分析判断点火是否正常。

3. 点火正时测试

发动机点火正时异常时，会造成发动机运转不稳、抖动、动力不足等故障，可使用正时枪（结构见图 4-68）检测点火提前角，过程如图 4-69 所示。

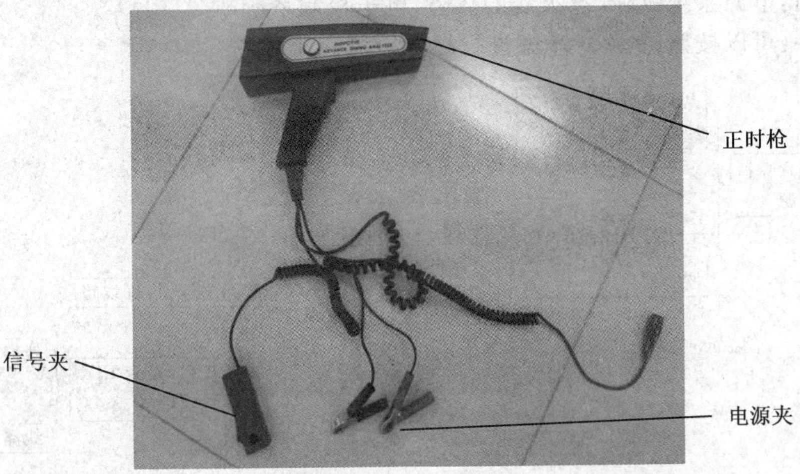

图 4-68　点火正时枪

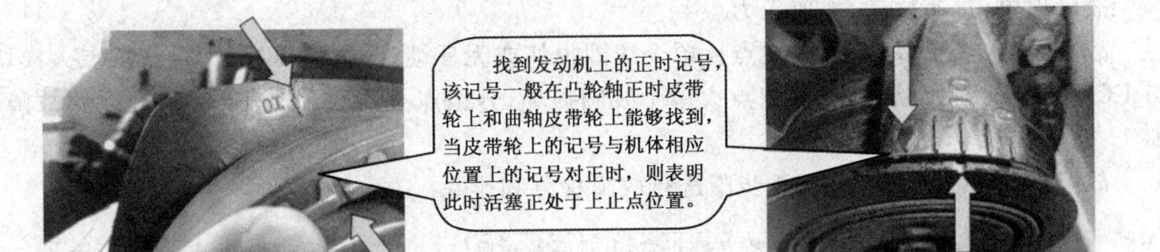

图 4-69　点火正时测试

二、技能训练

(一)点火系统故障检测与排除

点火系统的常见故障有:无高压点火,单缸不点火,点火正时错误,点火能量不足,点火错乱以及“失火”等。当发动机出现故障怀疑是点火系统问题时,应根据故障现象,采取相应的检测手段对点火系统进行分段检测。

1.无高压点火

故障现象:发动机无法起动。

故障原因:电源系统故障,点火线圈故障,电子控制系统故障。

故障排除:可以按照图 4-70 步骤进行故障检测和排除。

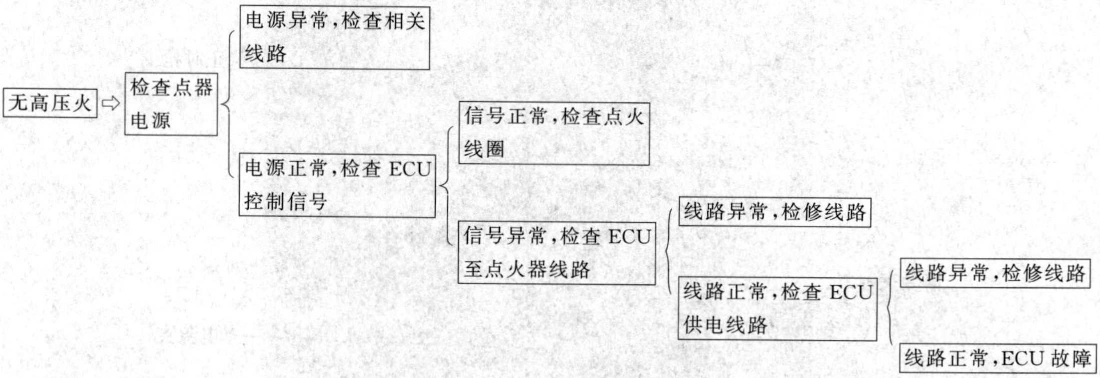

图 4-70 无高压点火故障排除流程

2.单缸不点火

故障现象:怠速抖动,加速无力。

故障原因:火花塞故障,独立点火单个线圈损坏或无反馈,分缸高压线断路,某缸点火模块与 ECU 之间控制线路故障,分组点火单个线圈损坏,分组点火点火器与 ECU 之间线路故障,ECU 故障。

故障排除:可以按照图 4-71 步骤进行故障检测和排除。

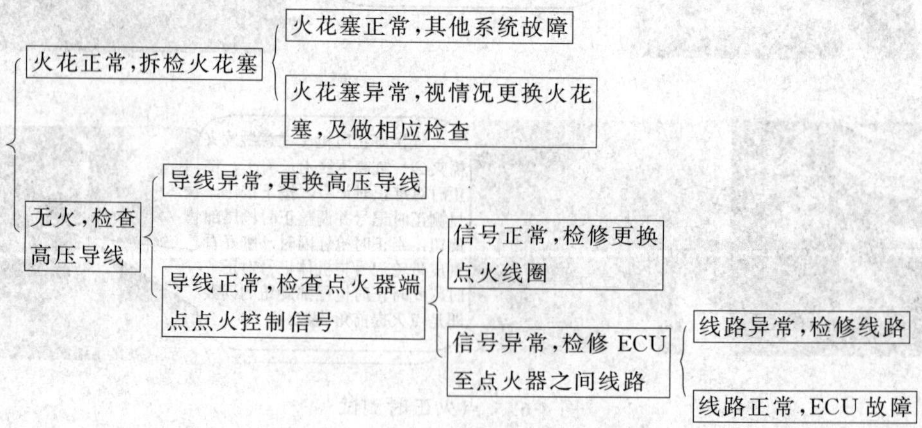

图 4-71 单缸不点火故障排除流程

3. 点火正时错误

故障现象：起动或无法起动，但有着车迹象，怠速不稳，加速无力，严重时伴有“放炮”或“回火”现象。

故障原因：水温传感器，空气流量计，节气门位置传感器等信号异常，只是皮带或链条跳齿，ECU 故障。

故障排除：可以按照图 4-72 步骤进行故障检测和排除。

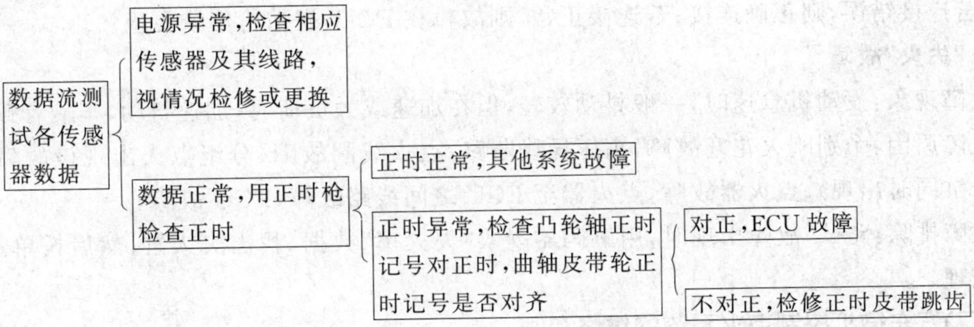

图 4-72　点火正时错误故障排除流程

4. 点火能量不足

故障现象：着车困难，怠速不稳，易熄火，加速无力。

故障原因：高压导线断路，点火线圈故障，点火器故障，线路及 ECU 故障。

故障排除：可以按照图 4-73 步骤进行故障检测和排除。

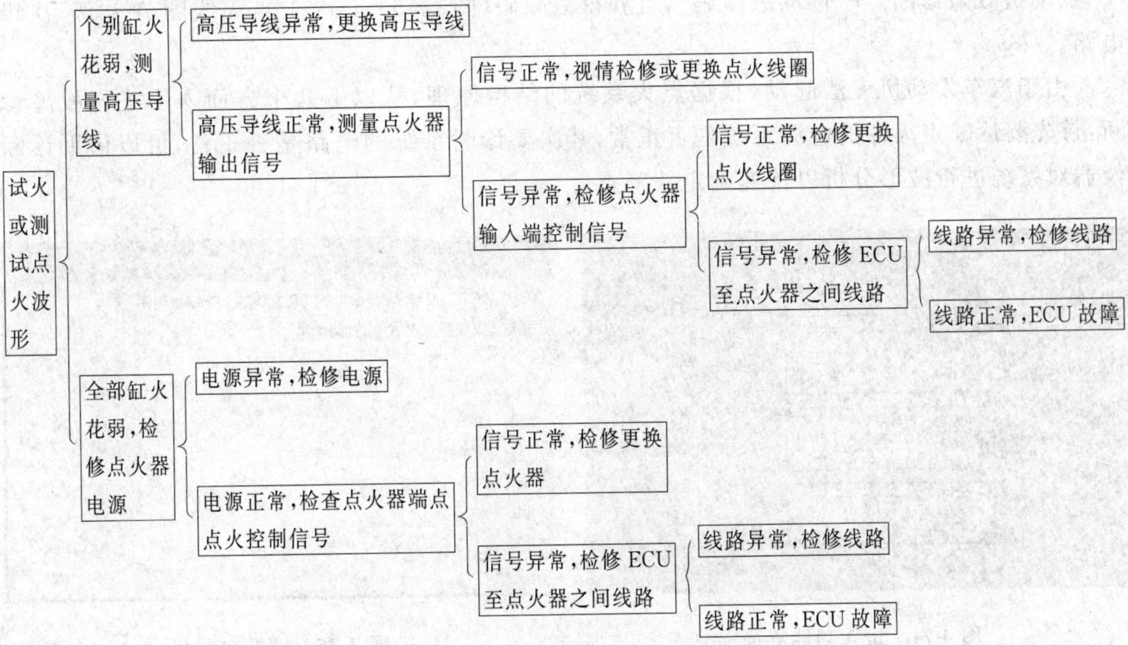

图 4-73　点火能量不足故障排除流程

5. 点火错乱

故障现象：起动机正常运转，发动机无法着车，但有着车迹象，着车时，感觉点火的瞬间曲轴被顶死，燃烧膨胀的方向刚好与活塞运动方向相冲，发动机设置有反转的迹象。

故障原因：点火高压线插接错误，独立点火系统各点火器控制线连接错误，分组点火点火器控制线连接错误，ECU 故障。

故障排除：检查高压导线插接是否正确，检查 ECU 至点火器之间的点火控制线连接是否正确，若连接错误，则正确连接；若连接正常，则故障在 ECU，视情检修或更换。

6. “失火”故障

故障现象：发动机怠速时，一般抖动较轻，但在加速或大负荷时，加速抖动，车辆有顿挫感。

故障原因：个别刚火花塞故障，高压导线断路，点火线圈故障（分组点火出现该故障时，都是两个缸同时出现），点火器故障，点火器至 ECU 之间线路故障，ECU 故障。

故障排除：路试，故障出现时，用解码器读取“失火率”数据，找出失火缸，然后按单缸断火故障处理。

（二）汽车微机控制点火系统的维修实例

1. 故障现象

一辆丰田卡罗拉 1.6LGL 轿车汽油发动机无法起动，故障指示灯亮起，维修人员进行了整车系统检查，初步判断为点火系统故障。

2. 故障检测步骤

(1)用诊断仪器读取当前故障码。由于丰田卡罗拉采用的是独立点火方式，故先使用诊断仪器 KT600 进行检查，进入主界面(图 4-74)，选择汽车诊断。然后依次选择“车系”→“车型”→“发动机故障诊断”→“读取故障码”，可获得故障码(图 4-75)：P0351 点火线圈 A 初级/次级电路。

由于汽车发动机无法起动，根据点火系统的结构原理，从以下几个方面入手进行故障诊断：首先要诊断点火器的电源系统是否正常，其次要诊断系统的电路是否正常，可以借助诊断仪器对系统进行波形分析以快速确定故障点。

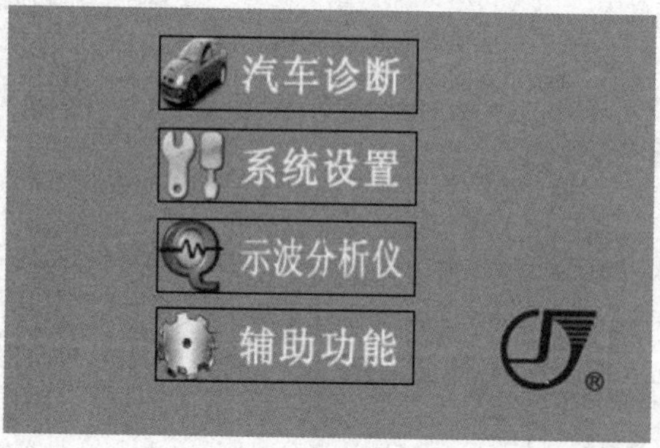

图 4-74 进入功能界面

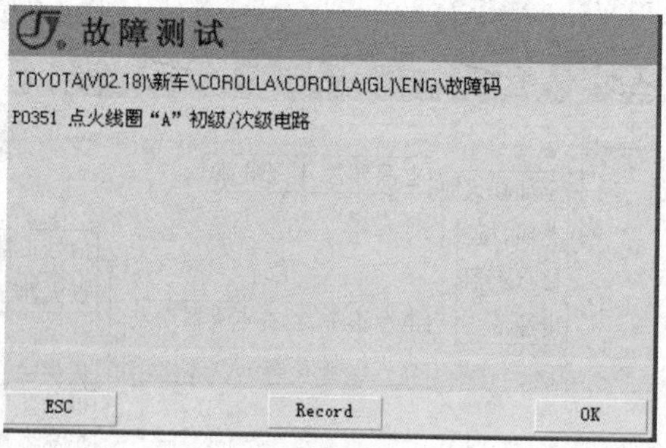

图 4-75 读取故障码

(2)点火系统的故障检测。查找对应的点火系统电路图,如图 4-76 所示。丰田卡罗拉 1.6LGL 轿车电控点火系统组件包括:电源、电控单元 ECM、各缸点火线圈和火花塞以及导线。

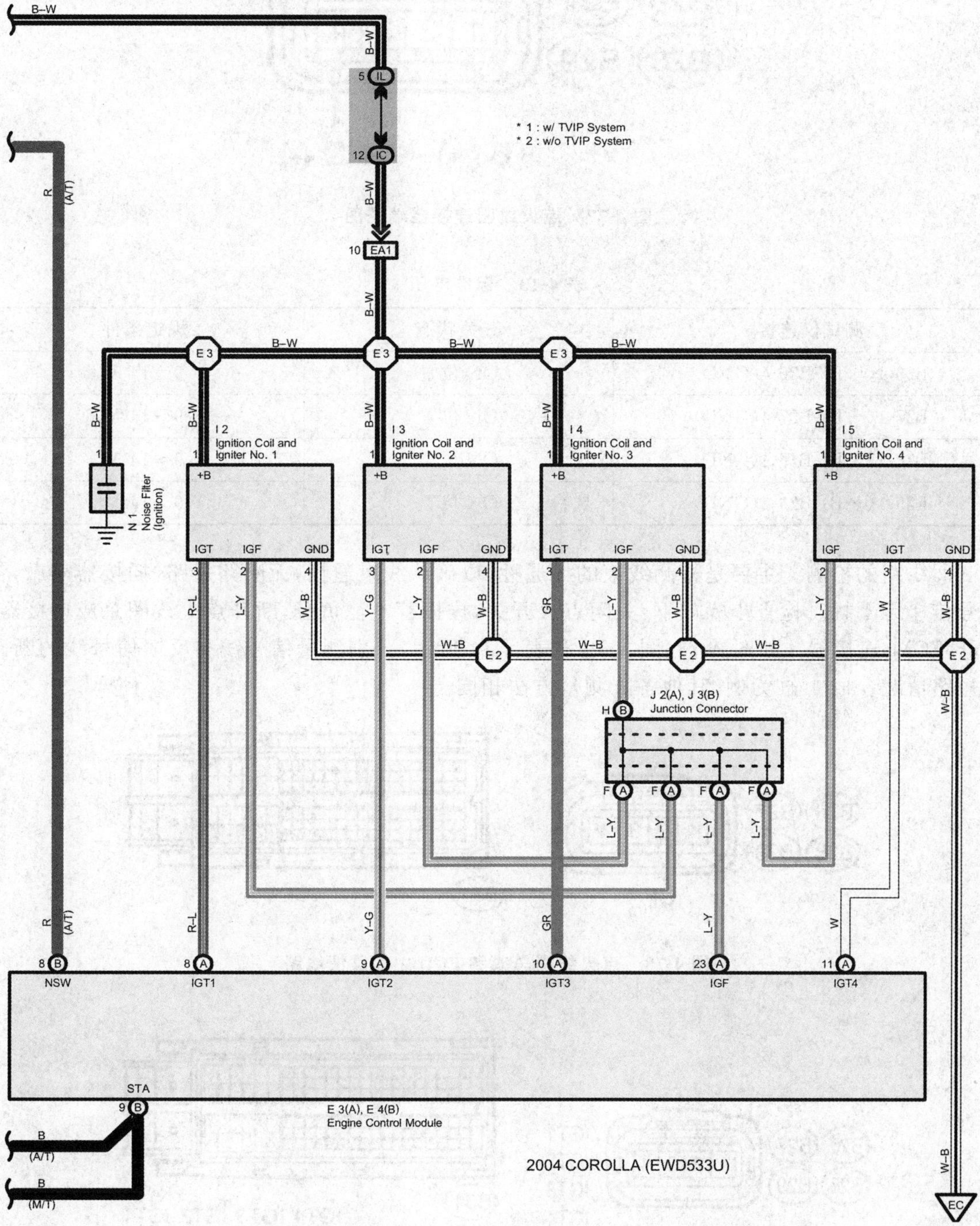

图 4-76　丰田卡罗拉 1.6L GT 电控点火系统电路图

①点火线圈电源的检测:断开点火线圈总成连接器,将点火开关在 ON 位置,根据图 4-77 以及表 4-13 所示,测量电压。测量结果:电压值为 12 V,正常。

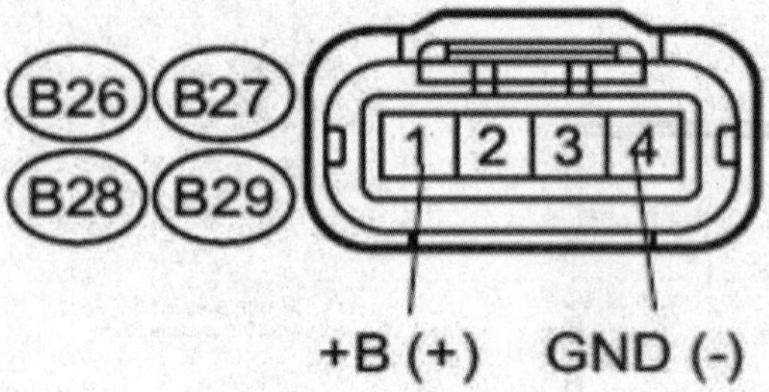

图 4-77 点火线圈连接器端子图

表 4-13 标准电压

测试仪连接	开关状态	规定条件
B26-1(+B)-B26-4(GND)	ON 位置	9～14 V
B27-1(+B)-B27-4(GND)	ON 位置	9～14 V
B28-1(+B)-B28-4(GND)	ON 位置	9～14 V
B29-1(+B)-B29-4(GND)	ON 位置	9～14 V

②线路的检测。主要是检测线束的导通性,以确认线束通畅,无断路短路,插接器牢靠,各信号传递无干扰。检查步骤如下:关闭点火开关,拔掉蓄电池负极,断开点火线圈总成连接器,断开 ECM 连接器。如图 4-78、图 4-79 和表 4-14 所示,分别测量信号线和反馈信号线的断路及短路情况。以 1 缸为例,其他各缸测量方法相同。

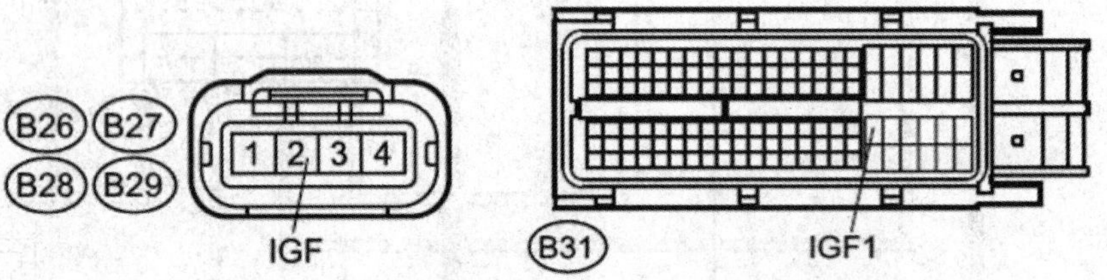

图 4-78 点火线圈总成和 ECU 之间反馈线路

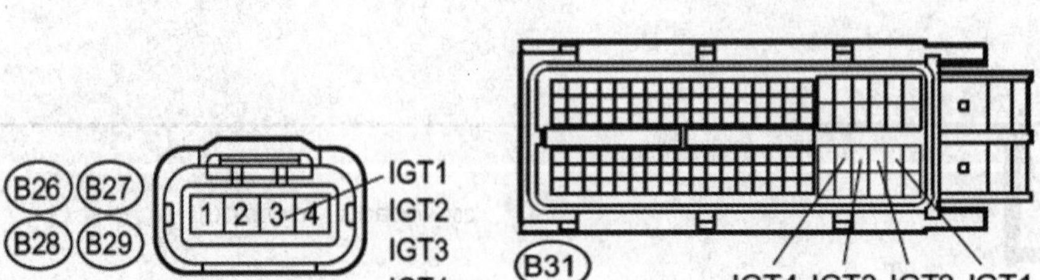

图 4-79 点火线圈总成和 ECU 之间信号线路的测量

表 4-14　标准电阻

标准电阻(检查是否存在断路)	
测试仪连接	规定条件
B26-2(IGF)-B31-81(IGF1)	低于 1 Ω
B26-3(IGT1)-B31-85(IGT1)	
标准电阻(检查是否存在短路)	
测试仪连接	规定条件
B26-2(IGF)-B31-81(IGF1)-车身接地	10 kΩ 或者更高
B26-3(IGT1)-B31-85(IGT1)-车身接地	

测量结果:经测量点火信号 IGT 线的数值与标准值相同,线路正常。反馈信号 IGF 线的两端之间的电阻值为无穷大,初步判定点火系统反馈信号线断路。

③检测火花塞。

a. 检测电极:使用绝缘电阻表(MΩ 档)测量绝缘电阻,标准绝缘电阻:10 MΩ 或者更高。

b. 目视检查火花塞:如果电极是干的,表面火花塞工作正常。

c. 检查火花塞的螺纹和绝热器是否有损坏。

d. 测量火花塞间隙,在 1.0～1.1 mm 范围。

进行跳火试验打火正常。经过上述故障诊断与检测,可以得出结论是该点火系统存在的故障就是点火器反馈信息 IGF 线断路。维修人员对该线路进行维修,重新使用 KT600 解码器对系统进行故障码清除,然后再读取故障码发现无故障码存在,发动机可以正常运行,故障指示灯熄灭。因此,可以确定故障已经有效排除。

三、制订检修计划

(一)岗位任务

一辆丰田卡罗拉轿车进入汽车维修厂,该车行驶里程为 150 000 km。维修人员试车发现该车出现严重的发动机故障,初步判断为发动机爆震所引起的故障,需要检测该发动机点火系统的点火提前角、点火控制器以及点火波形。

(二)教师布置任务

任务 1　点火正时的检查与设置

任务 2　点火系统电路检测

任务 3　点火系统波形检测

(三)小组制订计划

请根据发动机电子点火控制系统的类型和任务要求,确定所需要的技术资料,并对小组成员进行合理分工。

1.需要的技术资料

(1)常用工具3套;(2)丰田卡罗拉实训车辆2辆;(3)点火系统维修手册3本;(4)专用检测工具3套。

2.小组成员分工

第一步,小组分组,每组由4～6名成员组成。

第二步,小组完成表4-15和表4-16。

第三步,小组汇报计划,并根据教师建议进行修改和完善。

表4-15 小组成员分工决策

序号	操作人	任务
1		
2		
3		

表4-16 任务实施计划

序号	工作步骤	使用工具	注意事项	操作人
1				
2				
3				
4				
5				

四、任务实施

第一环节:教师讲解并进行演示。

教师在实训车辆上讲解电控点火系统故障诊断与排除思路和步骤,对检测工具的使用方法进行现场演示,并说明注意事项。

第二环节:学生现场按照以下步骤实施任务。

第一步,完成点火正时的检查与设置作业。

1.点火正时标示识别

所有发动机都在驱动盘、飞轮或曲轴带轮上设置了红色的正时标记,该标记指示的是1号气缸的基本点火正时角。请对照实车发动机的标记,在图4-80指出点火正时标识。

图 4-80　点火正时标记

2.点火正时检测

图 4-81 为点火正时枪，写出各组成部件名称。

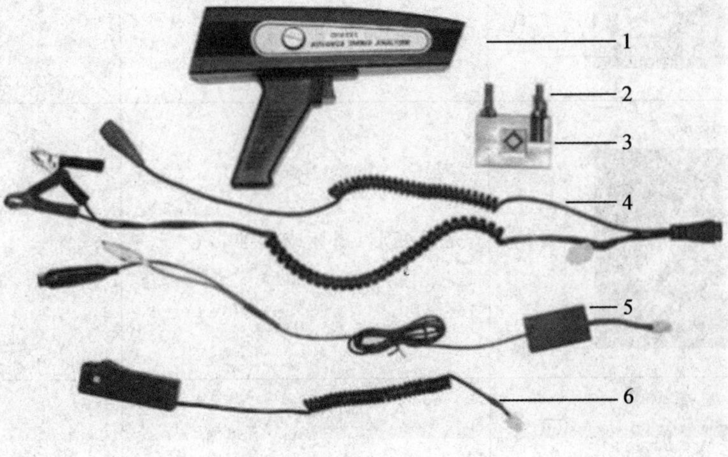

图 4-81　点火正时枪示意图

写出点火正时检测步骤：

____

____

____

____

____

3. 根据点火提前角检测结果，完成表 4-17。

表 4-17 记录表

发动机工况	标准点火提前角	测量点火提前角	处理方法
怠速			
小负荷			
中等负荷			
大负荷			

第二步，按照标准技术要求，检查电控点火系统，完成表 4-18 的记录。

表 4-18 记录表

检查部位	内 容	检查记录和维修意见
点火线圈与火花塞套接触处 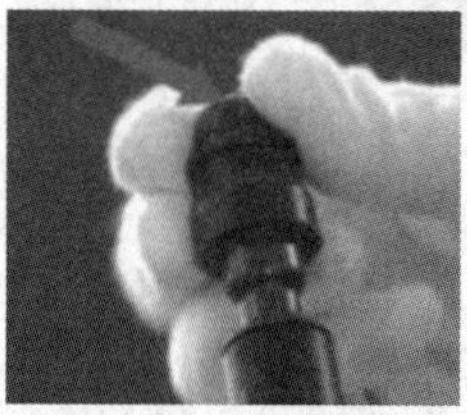	生锈、烧蚀或损坏	
连接器 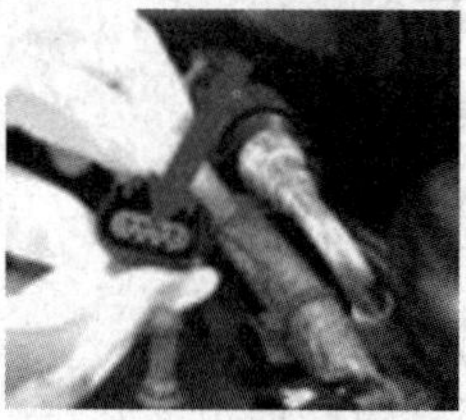	是否变形、损坏或锈蚀	
火花塞螺纹 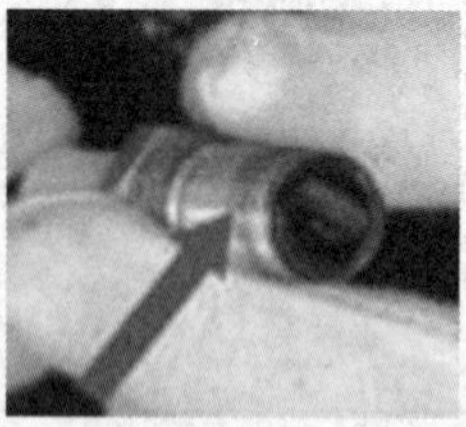	螺纹是否完好，陶瓷是否有裂纹	
电极 	若火花塞电极部分的颜色不正常，进行清洁或更换。若火花塞烧蚀严重，则必须更换火花塞	

第三步，根据实训车辆的故障，排除电控点火系统故障，并填写表4-19。

表4-19　故障检测与排除结果记录表

序号	故障描述	故障现象检查分析	处理方法
1	发动机无法起动		
2	发动机运行时抖动严重		
3	排气管冒黑烟		
4			
5			

第三环节：任务实施完成后，各小组负责清理工具和量具等，清洁地面卫生。

五、检验评估

通过实际检修电控点火系统，对任务进行评估，并记录在表4-20中。

检查电子点火控制系统故障诊断过程的填写，对学生掌握情况进行评估。

(1)各组汇报工作过程与过程中遇到的问题，并说明解决方法。

(2)自评与互评。

(3)老师点评、总结：学生的参与度、学习态度、专业能力、关键能力。

(4)老师填写《点火系统的故障维修》学业评估表4-20。

表 4-20 学业评估表

评价内容	检验指标	权重	自评	互评	师评	总评
知识与技能（60分）	1.能叙述电控点火系统维修的流程	3%				
	2.能叙述电控点火系统的检测内容	4%				
	3.能用工具检测点火提前角	8%				
	4.能用工具检测点火系统数据流及波形	20%				
	5.能在车上完成点火控制系统故障排除	20%				
过程与方法（40分）	1.学习态度：主动参与学习，遵守纪律	5%				
	2.团队合作：与小组成员分工合作，在小组完成任务过程中所起的作用	5%				
	3.获取信息：获取学习所需信息、资料的方法与途径	5%				
	4.方法能力：发现、分析、解决问题的方法与能力	10%				
	5.创新意识：积极思考，不断改进维修方案	5%				
	6.节能与环保意识：学习过程中注重节能，不污染环境	5%				
	7.现场管理：服从工位安排、执行实训室“5S”管理规定	5%				
对学生综合评价与建议						

思考与练习

1.从哪里可以找到红色正时标记？（可以多选）

A.可以从分电器转子上找到红色正时标记

B.可以从飞轮或驱动盘上找到红色正时标记

C.可以从曲轴皮带轮上找到红色正时标记

D.可以从凸轮轴皮带轮上找到红色正时标记

2.红色正时标记指示的是下列哪一项？

A.1号气缸的上止点　　B.1号气缸的基本正时角

C.1号气缸的喷射正时　　D.1号气缸的气门开启角

3. 就电极间隙测量而言，下面图 4-82 中哪一个显示的是正确位置？

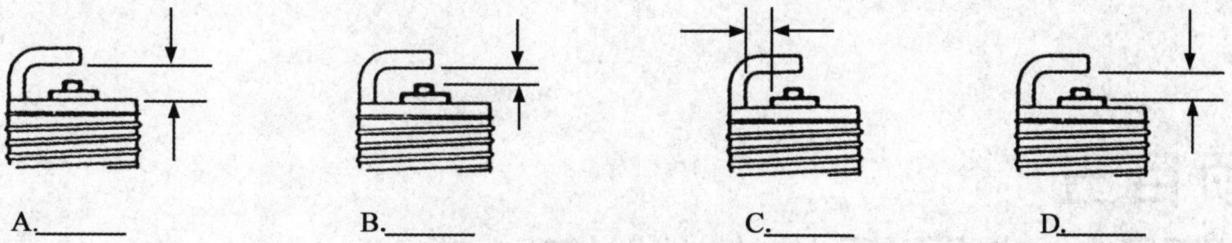

图 4-82　电极间隙测量方法

4. 正时灯应连接到哪个部位？

A. 正时灯将连接到 1 号点火线　　B. 正时灯将连接到 2 号点火线

C. 正时灯将连接到 3 号点火线　　D. 正时灯将连接到 4 号点火线

项目五
照明与信号系统的检修

任务 5.1　汽车照明与信号系统的概述

案例引入

小李舅舅家修理厂来了一辆丰田卡罗拉轿车，行驶 5 年，里程 10 万 km，最近出现了大灯不亮的故障现象。小李想解决这个故障，但是汽车的照明设备和信号系统都包含哪些组成部分呢？

任务要求

1. 能描述汽车照明与信号系统的功能、组成及原理。
2. 能指出车内部灯光和车外部灯光的具体位置。
3. 能进行基本的灯光系统操作，并检查照明和信号设备的情况。

一、知识学习

(一)汽车照明设备的种类及用途

汽车仪表系统包括照明设备和灯光信号装置，由电源、照明灯具、控制等组成。照明设备主要用于夜晚照明道路，标示车辆宽度，照明车厢内部、仪表及夜间检修等；灯光信号装置主要用于发出警报信号，以提醒其他车辆和行人注意。根据安装位置的不同，照明装置可分为外部照明装置和内部照明装置。汽车常见的灯光种类、特点及用途见表 5-1。

表 5-1　汽车照明灯的种类、特点及用途

种类	外照明灯			内照明灯		
	前照灯	雾灯	牌照灯	顶灯	仪表灯	行李箱灯
安装位置	汽车头部侧有两灯、四灯	汽车头部、尾部	汽车尾牌照上方或左右	汽车内部	汽车仪表板内部	行李箱内部
工作时的特点	白色常亮远近光变化	黄色或白色单丝常亮	白色常亮	白色常亮	白色常亮	白色常亮
功率	40～60 W	前 45 W 后 21 W 或 6 W	5～10 W	5～15 W	2 W	5 W
用途	为驾驶员安全行车提供保障	雨、雪、雾天保证有效照明及提供信号	用于照亮汽车牌照	用于夜间车内照明	用于夜间观察仪表时的照明	用于夜间拿取行李物品时的照明

1. 车外照明

按照外部灯具的前后安装位置，车外照明又可分为前部照明以及后部照明。

(1)车前照明。

①前照灯。前照灯包括远光灯和近光灯，其安装位置为汽车头部的两侧，功率为 40～60 W，主要用于夜间照亮前方道路。根据结构不同，前照灯可分为两灯制和四灯制。图 5-1(a)为两灯制前照灯，即车辆左右各有一只前照灯，每只前照灯都能分别发出近光和远光，通常用于轿车。图 5-1(b)所示为四灯制前照灯，可用于轿车和商用车上，其外侧一对大灯为近、远光双光束灯，内侧一对大灯为远光单光束灯。

(a)两灯制

(b)四灯制

图 5-1　前照灯

②雾灯。在雨雾、雾霾等能见度低的恶劣天气条件下，雾灯可用于改善道路的照明情况。按照安装部位，雾灯可分为前雾灯和后雾灯。其中，前雾灯的安装位置位于前照灯下方(图 5-2)，距离地面约 30 cm，功率为 45 W，射出的光线倾斜度大，光色一般为黄色；后雾灯功率为 21 W 或 6 W，光色为红色，用来提醒后方车辆保持安全间距。

图 5-2　雾灯

③驻车灯。用于路边停车时的信号灯光，起到提示作用，一般安装于车头和车尾两侧。驻车灯的亮度要求是：从车前和车尾 150 m 远处确认灯光信号；光色要求是：前驻车灯为白色，

后驻车灯为红色。夜间靠边停车时，驾驶员关闭点火开关，将转向灯开关置于左侧或右侧位置时，即可开启相应一侧的驻车灯(图 5-3)。

图 5-3 驻车灯操作

④轮廓灯。根据《机动车运行安全技术条件》规定，高 3 m 以上的车辆均应安装示廓灯。轮廓灯的主要作用是：一方面，在夜间无路灯或者亮度较差的情况下，该车灯能向本车的前后车辆驾驶人员提供位置信号；另一方面，在本车掉头转弯的时候，清楚地给外界的人员指示本车的外形和通过外形感知本车的运动方向。

⑤日间行车灯。日间行车灯(图 5-4)的主要作用是：提醒周边车辆保持警惕。当发生紧急情况时，路面信息反应更迅速，更容易被其他驾驶者看到，从而减少交通事故的发生。在欧美一些国家(如德国、荷兰等)，上路的行驶车辆被强制要求安装日间行车灯。权威机构研究表明，车辆安装日间行车灯可以降低交通事故比例可达 5%～15%。

图 5-4 日间行车灯

(2)车后照明。一般是指安装在车尾的灯，其主要作用是：在恶劣天气和黑夜打开，表明车辆位置，也示意车辆当前和将要行驶的方向。车后照明灯主要包括：制动灯、尾灯、后转向灯、倒车灯、牌照灯、后雾灯等。车后照明系列灯具如图 5-5 所示。

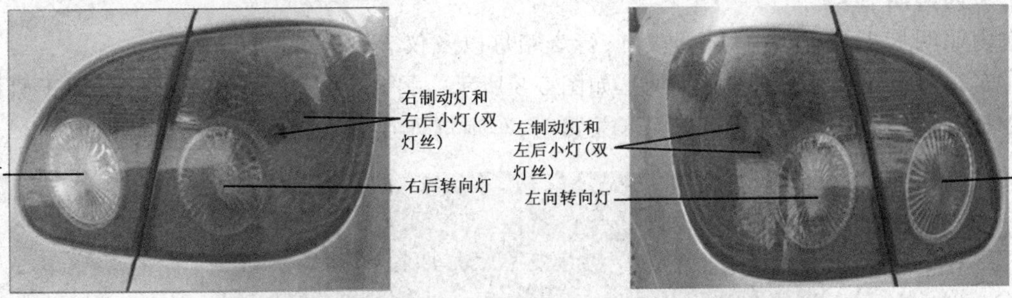

图 5-5　车后照明系列灯具

①制动灯。当驾驶员踏下制动踏板时，位于车尾处的制动灯便发出较强的红光，作为警示信号提醒后方车辆。通常情况下，制动灯光色为红色，其额定功率为 21 W。为避免尾随大型车对轿车碰撞的危险，轿车后窗内可加装由发光二极管成排显示的高位制动灯。

②尾灯。当开启小灯或前照灯时，装在汽车尾部的尾灯会同时开启，如图 5-6 所示，其作用是：用于警示后方车辆，使前后车辆保持安全距离。

图 5-6　汽车尾灯

③倒车灯。倒车灯安装于车辆的尾部，如图 5-7 所示，主要作用是：当变速器挂入倒挡时，提醒后方车辆或行人注意本车的位置。倒车灯额定功率一般为 21 W，灯色多为白色。

图 5-7　倒车灯

2.车内照明

车内照明灯主要有车顶灯、阅读灯、行李箱灯以及仪表灯等。

①车顶灯。主要用于车内部照明，如图 5-8 所示。另外，大多汽车的车顶灯可用于监视车门是否打开，当有汽车其中一扇车门未关紧时，车顶灯即点亮以提示驾驶员车辆状况。

图 5-8 车顶灯

②阅读灯。一般安装于乘员席前部或顶部。阅读灯技术要求是：满足乘客夜间阅读需要，但照明范围较小，聚光时不应给驾驶员产生眩目现象。

③行李箱灯。装于轿车或客车行李箱内，功率大多为 5 W。只需打开行李箱盖，行李箱灯自动发亮，方便人员查找行李箱物品。

④门灯。装于轿车外张式车门内侧底部，光色为红色，如图 5-9 所示。夜间开启车门时，门灯发亮，以告示后来行人、车辆注意避让。

图 5-9 车门灯

⑤仪表照明灯。装在仪表板反面，如图 5-10 所示，用于照亮仪表指针及刻度板。

图 5-10　汽车仪表照明灯

⑥仪表报警及指示灯。常见的有充电指示灯、机油压力过低报警灯、转向指示灯、远光指示灯等，报警灯一般为红色或黄色，指示灯一般为绿色或蓝色，如图 5-11 所示。

图 5-11　仪表报警及指示灯

(二)灯光电路组成

1. 车灯开关

现代汽车车型繁多，其灯光开关也各有不同，按照结构形式不同，车灯开关分为旋转式[图 5-12(a)]和组合开关式[图 5-12(b)]。

(a) 旋转式车灯开关　　(b) 组合式车灯开关

图 5-12　车灯开关

组合式车灯开关多用于日系车，安装在方向盘下方，设计人性化，易于操作。该组合开关可用于控制前照灯、雾灯、转向灯等电路。

旋转式开关多用于欧洲车系，可控制驻车灯、前照灯、雾灯等电路。其中，向外拉开关一挡为前雾灯，二挡为前后雾灯同时开启。

2.车灯继电器

在主要的灯光设备中，前照灯、雾灯的功率较大，需要设置相应的保护装置，最常见的是利用灯光继电器保护电路。例如，前照灯的工作电流大，如果车灯开关直接控制前照灯，容易导致车灯开关损坏，因此在灯光电路中设有大灯继电器。如图 5-13 所示为大灯继电器，由一对触点和一个磁化线圈组成，外部有四个引脚，为常开式继电器。

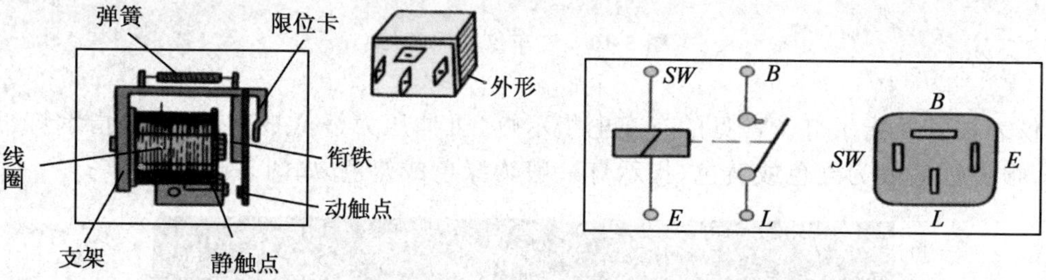

图 5-13 大灯继电器

3.灯光电路

如图 5-14 为典型的车灯电路，工作过程一般符合以下规律：

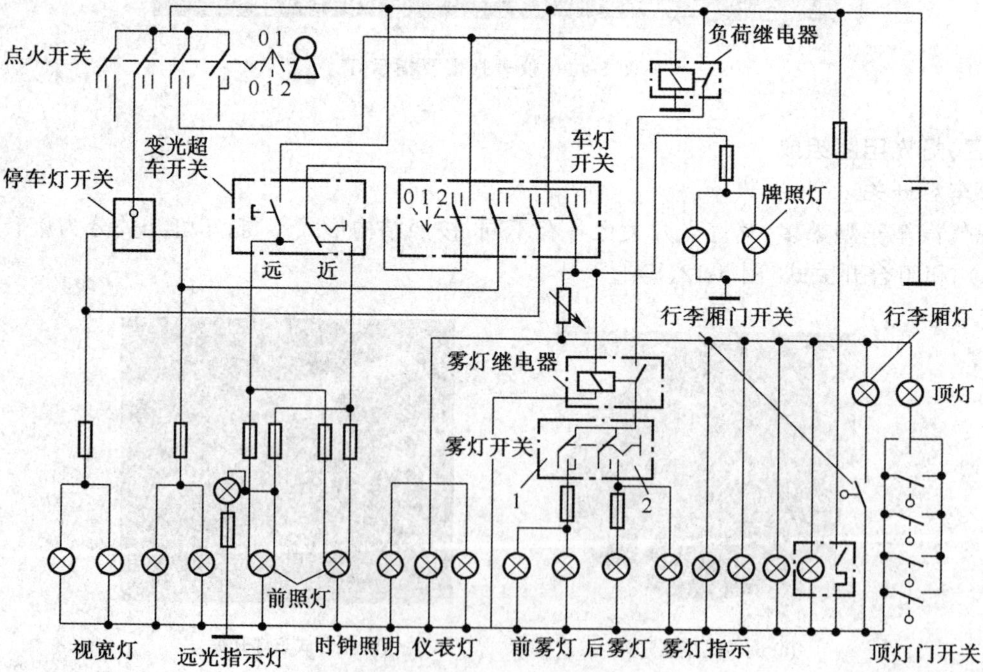

图 5-14 桑塔纳轿车车灯电路

(1)照明灯由灯光开关控制,灯光开关位于一挡,示宽灯、尾灯、仪表灯及牌照灯亮;二挡,一挡接通的灯仍发亮的同时前照灯发亮。

(2)超车灯信号常用远光灯闪烁来表示,发出此信号时不通过灯光开关,属于短时接通式。

(3)在有些车辆中,为了保证发动机顺利起动,当点火开关打至起动挡时,前照灯及空调系统等耗电量较大的用电设备将被断电。

(4)由于前照灯远光功率较大,为了减少照明开关的烧蚀,常用灯光继电器来控制。

(三)信号灯及电路

以下介绍制动信号灯电路和倒车信号灯电路。

1.制动信号灯

制动信号灯安装在车辆尾部。在驾驶员踩下制动踏板时,制动信号灯应自动亮起以提醒后方车辆采取相应措施保持安全车距。

在制动信号灯电路中,制动开关控制制动信号灯工作。按照开关闭合方法的不同,制动开关可分为气压式、液压式和机械式三种类型。

气压式和液压式制动开关通常用于载货汽车上,一般装在制动管路中,利用管路中的气压或液压使开关中两接线柱相连,从而导通制动信号灯的电路,如图 5-15 和图 5-16 所示。

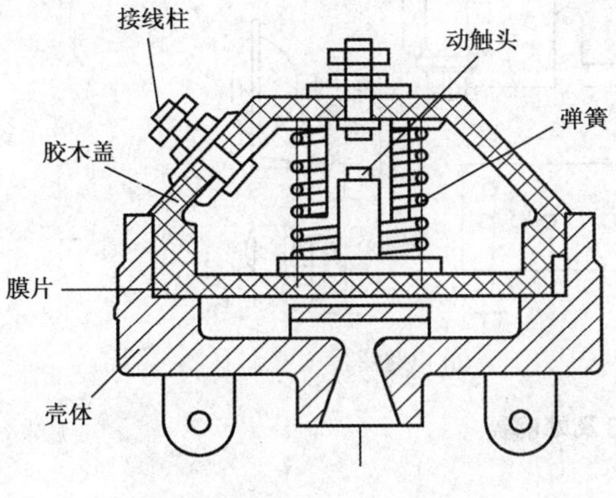

图 5-15　气压式制动灯开关

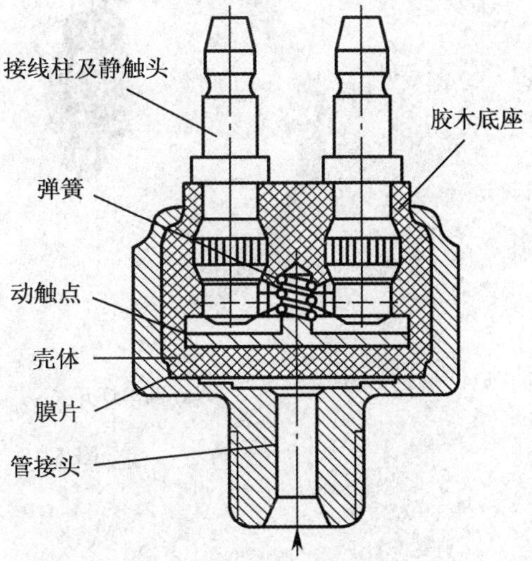

图 5-16　液压式制动灯开关

机械式制动开关一般用于轿车,安装位置是制动踏板的下方,如图 5-17 所示。当踩下制动踏板时,制动开关内的活动触点使两个接线柱接通,制动灯亮。松开制动踏板后,断开制动灯电路。

2.倒车灯与倒车蜂鸣器

如图 5-18 所示,倒车信号装置主要由倒车开关、倒车灯、倒车蜂鸣器等部件组成。其工作过程如下:当变速杆挂入倒挡时,在拨叉轴的作用下,倒车灯开关接通倒车信号灯电路,倒车灯亮,同时倒车蜂鸣器通电发出倒车警报声。

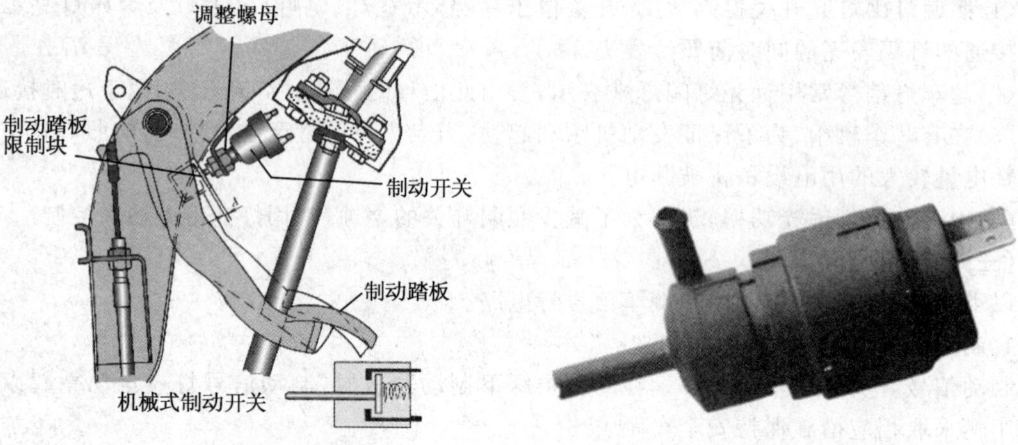

(a) 制动开关安装示意图　　(b) 制动开关的实物图

图 5-17　机械式制动信号灯开关

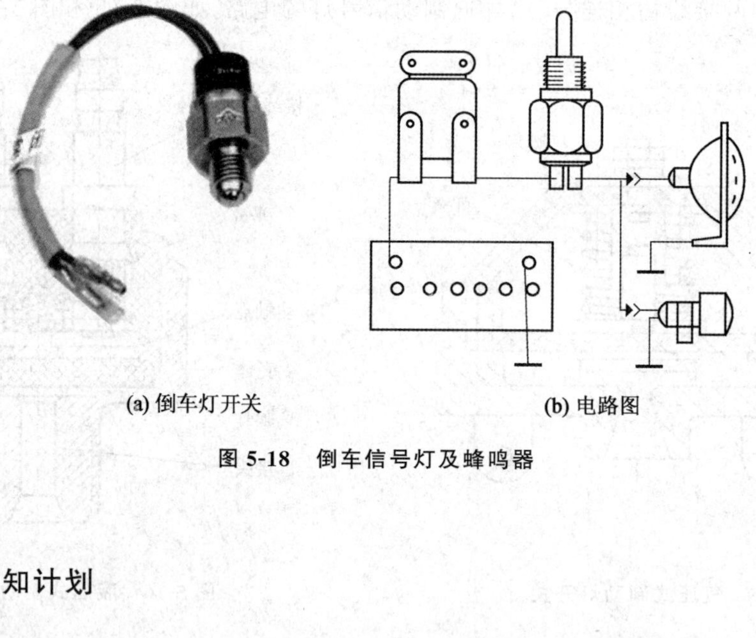

(a) 倒车灯开关　　(b) 电路图

图 5-18　倒车信号灯及蜂鸣器

二、制订认知计划

(一)岗位任务

一辆大众捷达轿车进入汽车 4S 店进行维护保养,该车行驶里程为 50 000 km。维修人员开始电器系统检查作业,其中,照明系统是比较重要的内容,需要全面检查各灯光设备的性能,并详细记录。

(二)教师布置任务

任务 1　汽车照明系统组成认知

任务 2　汽车照明系统的基本检查

(三)小组制订计划

请根据照明系统类型和任务要求,确定所需要的技术资料,并对小组成员进行合理分工。

1.需要的技术资料

(1)常用工具2套;(2)丰田卡罗拉轿车、大众迈腾轿车各1辆;(3)灯光保养手册3本;(4)灯光实训台架2台。

2.小组成员分工

第一步,小组分组,每组由4～6名成员组成。

第二步,小组完成表5-2和表5-3。

第三步,小组汇报计划,并根据教师建议进行修改和完善。

表5-2　小组成员分工决策

序号	操作人	任务
1		
2		
3		

表5-3　任务实施计划

序号	工作步骤	使用工具	注意事项	操作人
1				
2				
3				
4				
5				

三、任务实施

第一环节:教师讲解并进行演示。

教师首先在实训车辆上讲解轿车灯光系统的组成、功能、分类,然后演示灯光操作方法,并指导学生灯光检查与养护的要点。

第二环节:学生在现场按照以下步骤完成任务。

学生现场观察整车照明与信号系统。学生按照分组完成以下内容的记录与填写。

1.灯光系统。照明设备和灯光信号装置,称为灯系,主要用于＿＿＿＿＿＿。汽车照明灯根据安装位置和用途不同,可分为:＿＿＿＿＿＿和＿＿＿＿＿＿。

2.观察图5-19,对照实车上的灯光设备,可知:

照明类灯光有＿＿＿＿＿＿＿＿＿＿＿＿＿＿＿＿＿＿＿＿;警示类灯光有＿＿＿＿＿＿＿＿＿＿＿＿＿＿＿＿。

图 5-19 轿车灯光系统

3. 学生在实车上开启常见的照明和信号设备，检查其是否正常，并完成表 5-4。

表 5-4 检查记录表

序号	项目	开灯操作方法	检查结果	处理意见
1	示宽灯		正常□ 否□	
2	远光灯		正常□ 否□	
3	前雾灯		正常□ 否□	
4	右转向灯		正常□ 否□	
5	安全警灯		正常□ 否□	
6	近光灯		正常□ 否□	
7	制动灯		正常□ 否□	
8	倒车灯		正常□ 否□	
9	后雾灯		正常□ 否□	

第三环节：任务实施完成后，各小组负责清理工具和量具等，清洁地面卫生。

四、检验评估

通过实际认知汽车照明及信号系统，对任务进行评估，并记录在表 5-5 中。

检查检修计划和任务实施工单，对学生掌握情况进行评估。

(1)各组汇报工作过程与过程中遇到的问题，并说明解决方法。

(2)自评与互评。

(3)老师点评、总结：学生的参与度、学习态度、专业能力、关键能力。

(4)老师填写《汽车照明及信号系统的认知》学业评估表 5-5。

表 5-5　学业评估表

评价内容	检验指标	权重	自评	互评	师评	总评
知识与技能（60 分）	1. 能叙述汽车电器应用情况	3%				
	2. 能叙述汽车电器系统的特点	4%				
	3. 能描述汽车电器系统的结构组成	8%				
	4. 能在车上正确找到对应的子系统	20%				
	5. 能在车上正确认知这些子系统的作用	20%				
过程与方法（40 分）	1. 学习态度：主动参与学习，遵守纪律	5%				
	2. 团队合作：与小组成员分工合作，在小组完成任务过程中所起的作用	5%				
	3. 获取信息：获取学习所需信息、资料的方法与途径	5%				
	4. 方法能力：发现、分析、解决问题的方法与能力	10%				
	5. 创新意识：积极思考，不断改进维修方案	5%				
	6. 节能与环保意识：学习过程中注重节能，不污染环境	5%				
	7. 现场管理：服从工位安排、执行实训室“5S”管理规定	5%				
对学生综合评价与建议						

思考与练习

1. 照明系统电路由______、______、______等组成。

2. 下列不属于汽车外部灯具的是______。

A. 前照灯　　B. 顶灯　　C. 牌照灯　　D. 转向灯

3. 当灯的功率较小时，灯的电流直接受______控制，当灯的数量多，功率大时，为了减少开关热负荷，减少线路压降而采用______控制。

A. 灯光总开关　　B. 点火开关　　C. 继电器　　D. 断电器

4. 简述车内外主要灯光及信号装置名称、位置、功用。

任务 5.2 前照灯检查与更换

案例引入

在学习汽车电器系统基础的过程中，小李发现汽车维修资料大部分是以电路图的形式介绍的。因此，必须理解汽车电器电路图的知识，并且学会识读汽车电路图，才能进一步理解汽车电器的工作原理和故障检修方法。汽车电路图有什么特点？如何识读常见车系的电路图呢？

任务要求

1. 能描述汽车前照灯的组成、结构和分类。
2. 能分析不同类型的前照灯泡特点，根据车型选用灯泡。
3. 能判断前照灯的性能，并完成前照灯的更换作业。
4. 能利用灯光检测仪检查前照灯的性能，并调整亮度、照射范围等。

一、知识学习

(一)汽车前照灯种类

现代轿车由于灯具设计的不同，所使用的灯泡不尽相同。总体上，灯泡可分为白炽灯、卤钨灯和氙气灯三种。其中，白炽灯主要用于信号灯系统，如制动灯、转向灯、行车灯等。卤钨灯多用于前照灯和雾灯。氙气灯亮度很高，按照国家相关规定，氙气灯一般用作近光灯。

(1)白炽灯。白炽灯是基于钨丝通电流产生高温而转化成光能的原理，其应用非常广泛。为限制钨灯丝的蒸发速度，将玻璃泡内的空气抽出后，再充满惰性混合气体(通常为 96%的氩气和 4%的氮气)。充入灯泡的惰性气体可以在灯丝受热时膨胀，增大压力，减少钨的蒸发，提高灯丝的温度和发光效率，节省电能，延长灯泡的使用寿命。但是由于钨灯丝的质点仍然要蒸发，使灯丝损耗，而蒸发出来的钨沉积在灯泡上，使灯泡发黑。

(2)卤钨灯。在白炽灯技术基础上，在充入灯泡的气体中加入一定的卤族元素，如氟、氯、溴、碘等，利用卤钨再生循环反应的原理制成的。卤钨再生循环的基本作用过程是：从灯丝蒸发出来的气态钨与卤族反应生成了一种气态的卤化钨，该气态卤化钨扩散到灯丝附近的高温区又受热分解成卤和钨，使钨重新回到灯丝上，被释放出来的卤素继续扩散参与下一次循环反应。如此周而复始地循环下去，防止了钨的蒸发和灯泡的发黑现象。

卤钨灯泡的优点包括：尺寸小，泡壳采用石英玻璃制成，有更好地耐高温、机械强度高的性能表现，充入惰性气体的压力较高。因工作温度高，灯内的工作气压将比其他灯泡高得多。在相同的功率下，卤钨灯的亮度是白炽灯的 1.5 倍，而寿命是白炽灯的 2～3 倍。

卤钨灯泡从外形上可分为：H1、H2、H3、H4、H7、9005 及 9006 等，其中 H1、H4、H7、9005 及 9006 在前照灯上应用广泛，H1 和 H7 分别为前照灯的单丝远光灯泡，H4 为前照灯远、近光双丝灯泡。

(3)氙气灯。是一种含有氙气的新型大灯，氙气灯又称为高亮度弧光灯（Intensity

Discharge Lamp，HID）。氙气灯光色与日光灯发出的光非常接近，如图 5-20 所示，可以有效减少驾驶员的视觉疲劳。

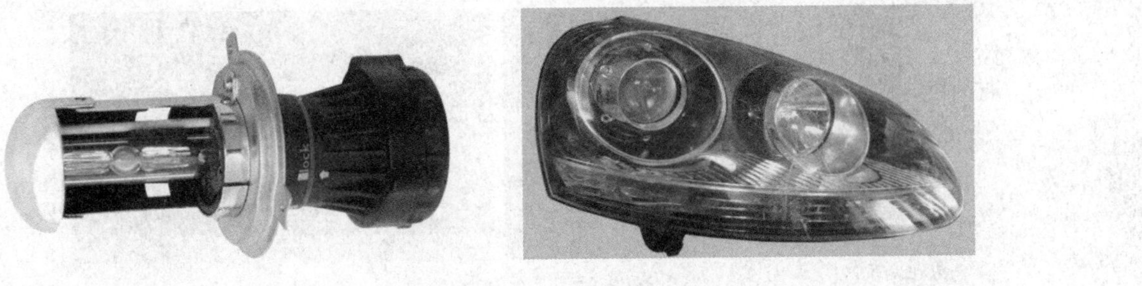

图 5-20　氙气大灯

在结构上，氙气灯的灯泡内没有传统的灯丝，取而代之的是石英管内的两段电极，石英灯管内填充高压惰性气体——Xenon 氙气及微量金属（水银或金属卤化物）。

在发光原理上，氙气灯打破了传统白炽灯依靠钨丝发热产生光的原理，而是依靠氙气在高电压下电离而产生光。氙气灯电路结构如图 5-21 所示，由弧光灯组件、电子控制器和升压器三大部分组成。气体放电灯充入惰性气体氙和金属卤化物的化合物，同时还需要一个电子镇流器使它点火和工作。用 10～20 kV 的点火电压使气体在电极之间发生电离，产生弧光放电弧形状的导电路径。灯管用可调的交流电源（400 Hz）加热，使充入的金属物质蒸发，从而辐射出亮光。

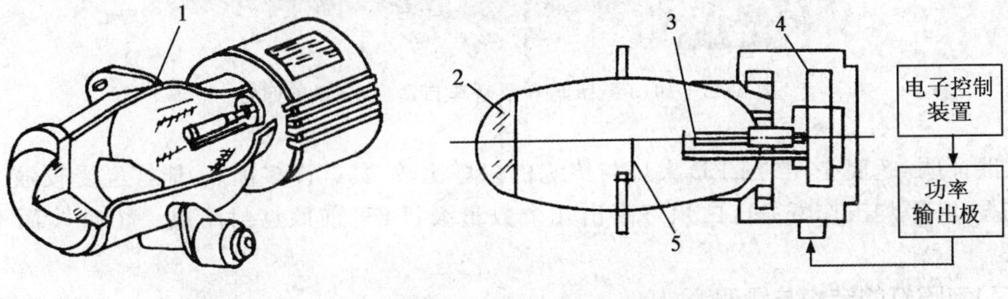

图 5-21　高亮度弧光灯

1-总成　2-透镜　3-弧光灯　4-引燃及稳弧部件　5-遮光灯

氙气灯亮度是目前卤钨灯泡的 2.5 倍，寿命是卤钨灯泡的 5 倍，灯泡的功率为 35 W，可节能 40%。色泽更好、色温穿透力更强、光照更远、性能更稳定。自从德国宝马 1991 年发表汽车 HID 原理后，最早应用 HID 氙气灯的是 1995 年新款奔驰 E 级轿车。目前，氙气灯在中高级以上轿车有越来越广泛的应用，全球超过 3 000 万辆汽车安装了氙气灯，被誉为 21 世纪革命性汽车照明产品。

（4）LED 灯。LED 大灯就是利用 LED 作为光源的照明器具。LED 是一种电致发光器件，可以直接将电能转化为光能，起动时间仅为几十纳秒，对高速行驶中至关重要的制动灯而言，可大大降低事故发生率。LED 照明设备是一种几乎不发热的光源，使用寿命长达 5 年以上。早在 20 世纪 60 年代，新一代固态冷光源 LED 问世，但早期 LED 的亮度不高。从 20 世纪 80 年代开始，LED 灯被用作为车内照明灯、制动灯、指示灯等。1986 年 Nissan 公司在 300

ZX 型汽车上使用了 72 只 ϕ5 mm 的 LED 作为中央高位刹车灯，标志着 LED 开始进入了汽车领域中的应用。LED 高位制动灯与白炽灯高位制动灯的比较如图 5-22 所示。

图 5-22 LED 高位制动灯与白炽灯高位制动灯的比较

21 世纪以来，越来越多主流汽车厂商将 LED 推广到汽车大灯使用上。例如，日本丰田公司在 2007 年推出一款 2008LSGoohL 雷克萨斯混合动力豪华汽车量产车，其前照灯采用了 LED 设计。德国宝马于 2013 年款宝马 5 系轿车上安装自适应 LED 前照灯，如图 5-23 所示。

图 5-23 2013 款宝马 5 系轿车自适应 LED 前照灯

实践证明，超高亮度的 LED 大灯与传统白炽灯比较，具有许多优点：能够经受较强的机械冲击和振动；平均工作寿命比白炽灯高出几个数量级；LED 前照灯封闭成一个整体而不必考虑维修。

(二)前照灯的结构与原理

1. 前照灯的结构

汽车前照灯一般由光源（灯泡）、反光镜、配光镜（散光镜）三部分组成，如图 5-24 所示。

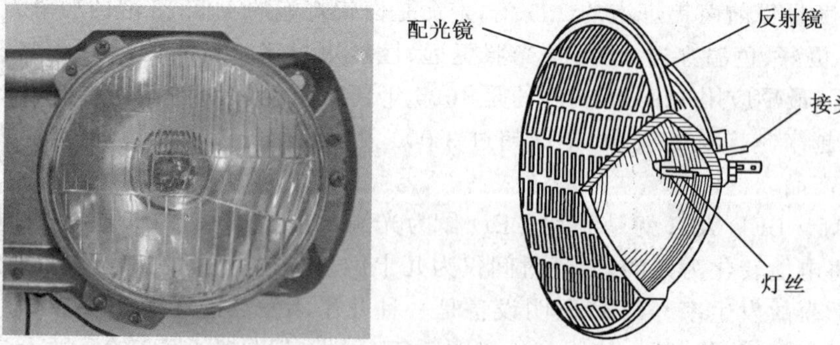

图 5-24 前照灯的结构

(1)反射镜。反射镜的作用是将灯泡发出的光线聚合成平行光束并导向前方，提高照射强度以增加照射距离，如图 5-25 所示。

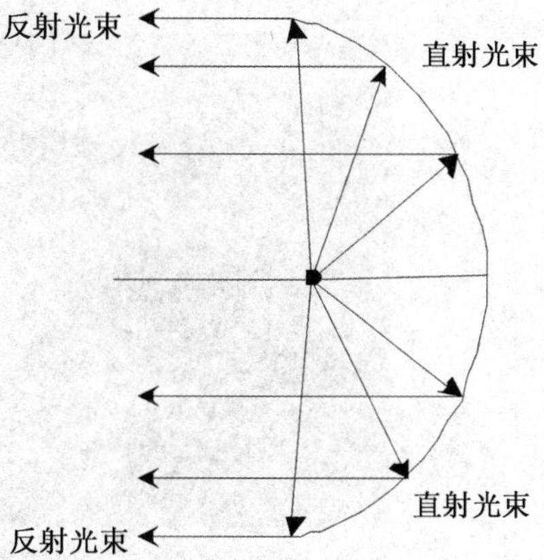

图 5-25　反射镜的聚光示意图

反射镜的表面形状呈旋转抛物面，一般由 0.6～0.8 mm 的薄钢板冲压而成或由玻璃、塑料制成。其内表面镀银、铝或镀铬，然后抛光处理；目前反射镜内面采用真空镀铝的较多。

灯丝位于反射镜的焦点上，灯丝的绝大部分光线经反射镜反射后，变成平行光束射向远方，亮度增强几百倍甚至上千倍，使车前 150 m，甚至 350 m 内的道路照得足够清楚。经反射镜后，尚有少量的光线向两侧和上、下方散射，其中向上的完全无用，向侧方和下方的光线则有助于照明 5～10 m 的路面和路缘。

(2)配光镜。又称为散光玻璃，用透光玻璃压制而成，是很多块特殊的棱镜和透镜的组合体。配光镜的几何形状比较复杂，外形一般为圆形和矩形，如图 5-26(a)所示。

配光镜的作用是将反射镜反射出的平行光束进行折射，使车前路面和路线都有良好而均匀的照明。同时，配光镜可使反射光束和任何漫射光重新分布，从而将眩目降低到最低程度的情况下，可取得更好的道路照明总体效果，如图 5-26(b)、图 5-26(c)所示。

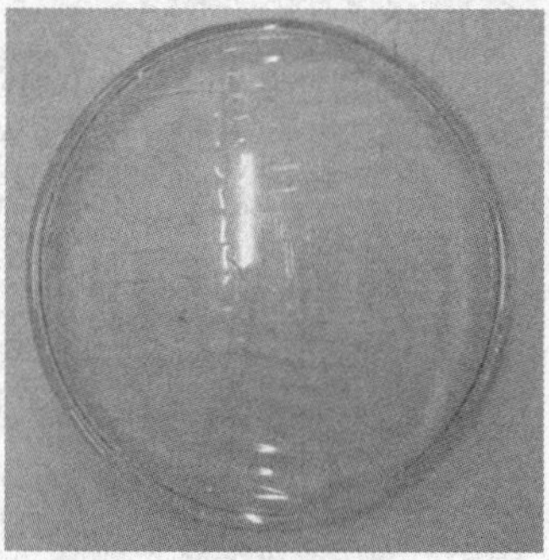
(a) 配光镜实物

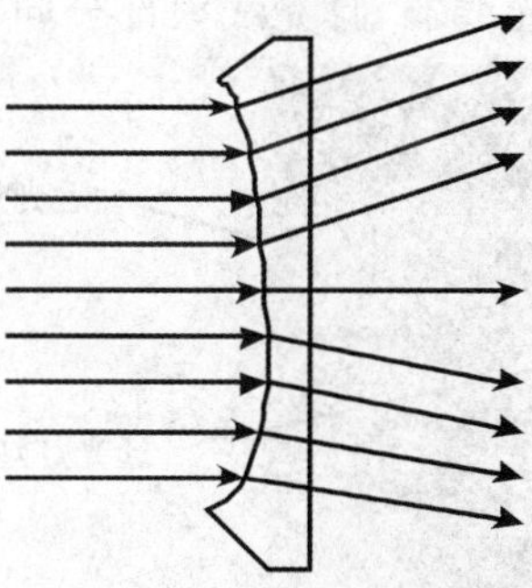
(b) 水平部分发生散射

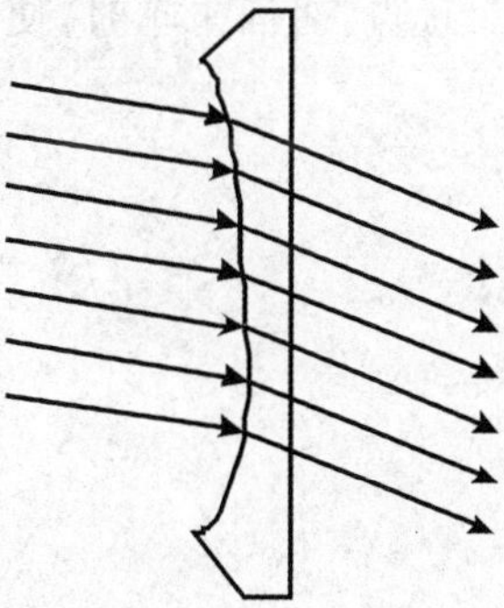
(c) 垂直部分发生折射

图 5-26　配光镜及其作用

(3)灯泡。汽车前照灯灯泡的结构如图 5-27 所示。目前,汽车前照灯用灯泡的额定电压有 6 V、12 V 和 24 V 三种。灯泡的灯丝由功率大的远光灯丝和功率较小的近光灯丝组成,由钨丝制作成螺旋状,以缩小灯丝的尺寸,有利于光束的聚合。

(a) 普通灯泡

(b) 卤素灯泡

图 5-27 前照灯的灯泡

为了保证安装时使远光灯丝位于反射镜的焦点上,使近光灯丝位于焦点的上方,故将灯泡的插头制成插片式。插头的凸缘上有半圆形开口,与灯头上的半圆形凸起配合定位。三个插片插入灯头距离不等的三个插孔中,保证其可靠连接。其优点是结构简单,拆装方便,接触性能可靠,并能与全封闭式前照灯通用。

2.前照灯的防眩目措施

夜间会车时,前照灯强烈的灯光可造成迎面驾驶员眩目,容易引发交通事故。为了避免前照灯的眩目作用,一般在汽车上都采用双丝灯泡的前照灯,可以通过变光开关切换远光和近光。

目前前照灯防眩目的措施有:采用双丝灯泡、采用带遮光罩的双丝灯泡、采用非对称光形、Z 型光形和具有光敏电阻的自动变光器电路。

(1)采用双丝灯泡。远光灯丝位于反射镜的焦点上,功率为 45～60 W;近光灯丝位于反射镜焦点前上方,功率为 20～50 W,如图 5-28 所示。

优点:对面来车时,使用近光灯,光线弱,且光线大部分向下,可防眩目。

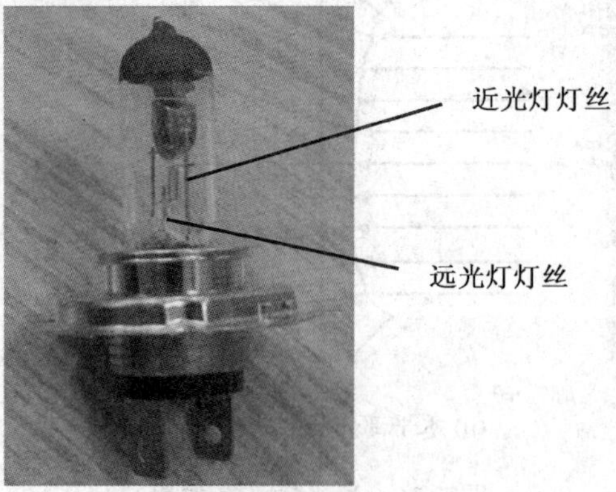

图 5-28 采用双丝灯泡

(2)采用带遮光罩的双丝灯泡。在近光灯丝下方安装有遮光罩,如图 5-29 所示。

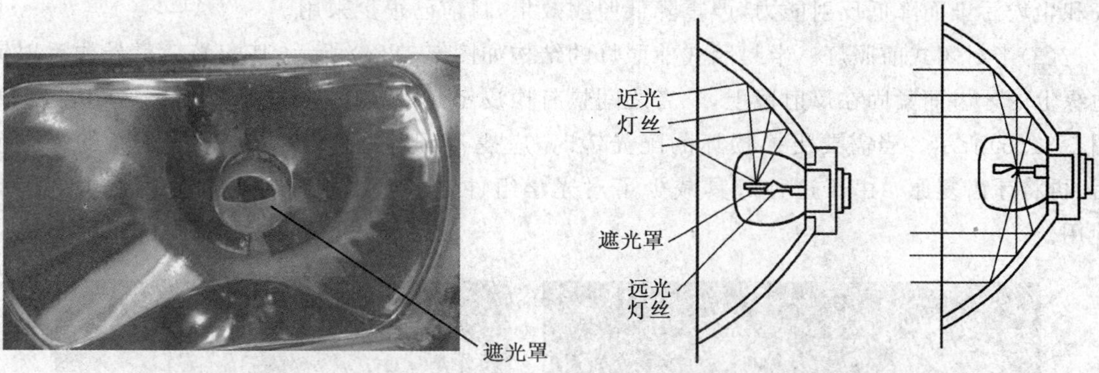

(a) 遮光罩位置　　(b) 遮光罩作用

图 5-29　带遮光罩的双丝灯泡

优点:当使用近光灯时,遮光罩能将近光灯丝射向反射镜下部的光线遮挡住,无法反射,提高防眩目效果,目前广泛使用。

(3)采用非对称光形。这是一种新型的防眩目前照灯,安装时将遮光罩偏转一定的角度,使其近光的光形分布不对称,将近光灯右侧光线倾斜升高 15°,如图 5-30b)所示。

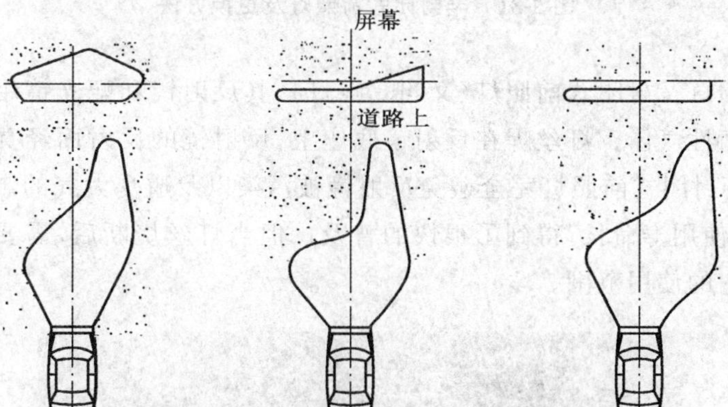

(a) 标准型　　(b) 非对称性型　　(c) Z 型

图 5-30　典型的非对称光型

(4)Z 型光形。目前国外又发展了一种更优良的光形,由于明暗截止线呈 Z 形,故称 Z 形配光。它不仅可以防止驾驶者眩目,还可以防止迎面而来的行人和非机动车者眩目,进一步保证了汽车行驶的安全,如图 5-30(c)所示。

3. 前照灯的类型

按照安装方式的不同可分为:外装式前照灯和内装式前照灯。前者整个灯具在汽车上外露安装;后者灯壳嵌装于汽车车身内,装饰圈、配光镜裸露在外。按前照灯光学组件的结构不同,可将其分为可拆式、半封闭式和封闭式前照灯三种。

(1)可拆式前照灯。反射镜和配光镜分别安装而构成组件,该灯气密性差,反射镜易受湿气和尘埃污染而降低反射能力,严重降低照明效果,目前已很少采用。

(2)半封闭式前照灯。半封闭式前照灯的结构如图 5-31(a)所示,其配光镜靠卷曲反射镜边缘上的牙齿而紧固在反射镜上,二者之间垫有橡皮密封圈,灯泡只能从反射镜后端装入,如图 5-31(b)所示。当需要更换损坏的配光镜时,应撬开反射镜外缘的牙齿,安上新的配光镜后,再将牙齿复原。由于这种灯具减少了对光学组件的影响因素,维修方便,因此得到广泛使用。

(a) 结构

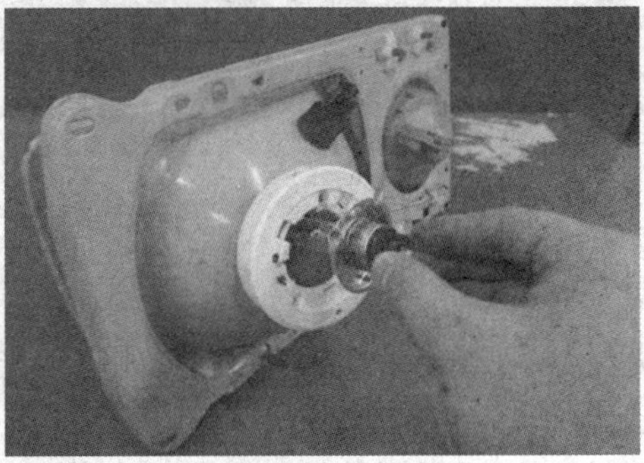

(b) 灯泡更换

图 5-31 半封闭式前照灯及更换方法

(3)封闭式前照灯。封闭式前照灯(又叫真空灯),其反射镜和配光镜用玻璃制成一体,形成灯泡,里面充以惰性气体。灯丝焊在反射镜底座上,反射镜的反射面经真空镀铝,其结构如图 5-32 所示。由于封闭式前照灯完全避免反射镜被污染以及遭受大气的影响,因此其反射效率高,照明效果好,使用寿命长,得到了很快的普及。但当灯丝烧断后,需要更换整个总成,成本高,因此限制了它的使用范围。

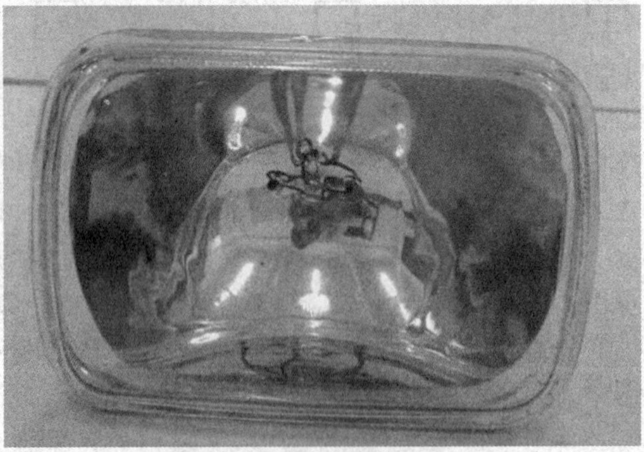

图 5-32 封闭式卤钨前照灯

二、技能训练

1. 大灯更换

在更换大灯灯泡之前，为避免在更换灯泡时被发动机舱内的部件烫伤，首先确认车辆已经熄火，且处于冷车状态。然后，打开发动机罩盖，开始前照灯更换作业。

第一步，将灯泡的电源插口拔开(图 5-33)。

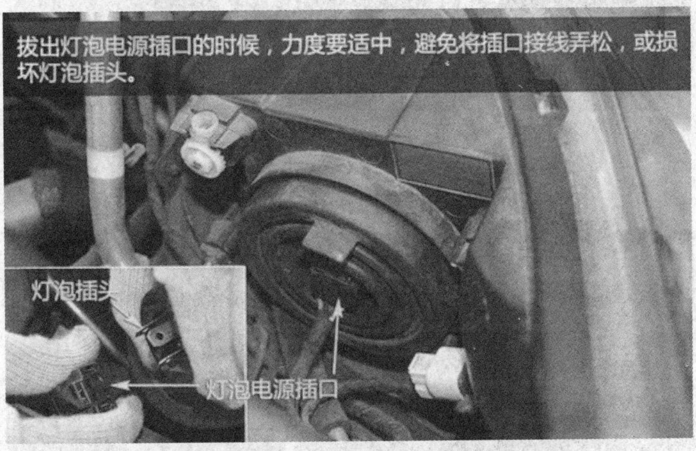

图 5-33 拔开单元插头

第二步，拔开电源接口后，取下灯泡背后的防水盖(图 5-34)。

图 5-34 取下防水盖

第三步，将灯泡从反射罩中取出。灯泡一般是由钢丝卡簧固定，某些车型的灯泡还带有塑料底座(图 5-35)。

第四步，将新灯泡放入反射罩，对准灯泡的固定卡位，捏住两边的钢丝卡簧往里推，将新灯泡固定在反射罩内(图 5-36)。

第五步，重新盖上防水盖，将灯泡电源插上，更换操作便完成了。

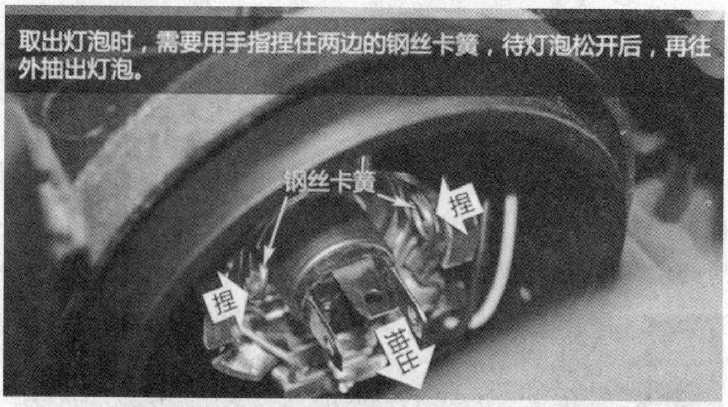

图 5-35 取下灯泡

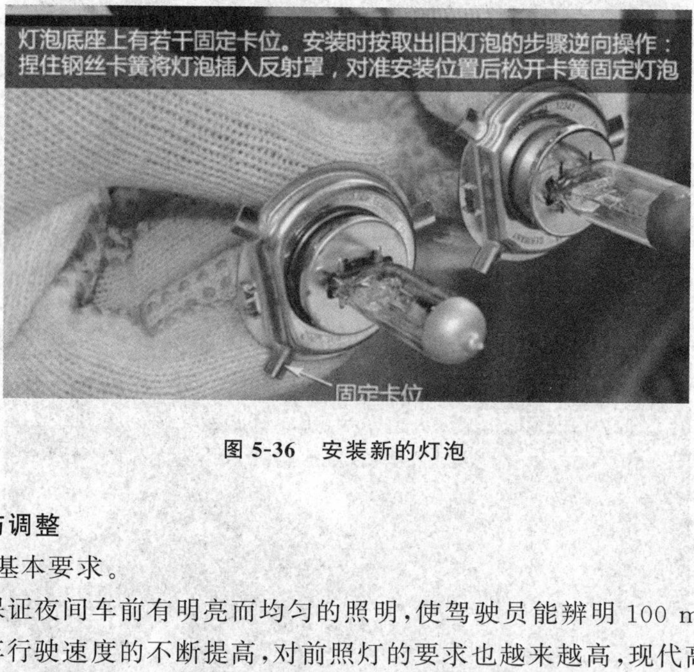

图 5-36 安装新的灯泡

2. 大灯检测与调整

(1)前照灯的基本要求。

①前照灯应保证夜间车前有明亮而均匀的照明，使驾驶员能辨明 100 m 以内道路上的任何物体。随着汽车行驶速度的不断提高，对前照灯的要求也越来越高，现代高速汽车的前照灯的照明距离能达到 200～250 m。

②前照灯应具有防炫目装置，以免夜间车辆交会时造成对方驾驶员炫目而发生事故。

(2)前照灯的检查。为保证前照灯使用性能，需要及时对前照灯进行检测与调整。可使用灯光检测仪，如图 5-37 所示。

检验前仪器及车辆准备。检测仪受光面应清洁；对手动式前照灯检测仪应检查其电池电压是否在规定范围内；轨道内应无杂物，使仪器移动轻便；前照灯应清洁。

检验程序。用自动式前照灯检测仪检验：

①车辆沿引导线居中行驶至规定的检测距离处停止，车辆的纵向轴线应与引导线平行，如不平行，车辆应重新停放，或采用车辆摆正装置进行拨正。

②置变速器于空挡，车辆电源处于充电状态，开启前照灯的远光灯。

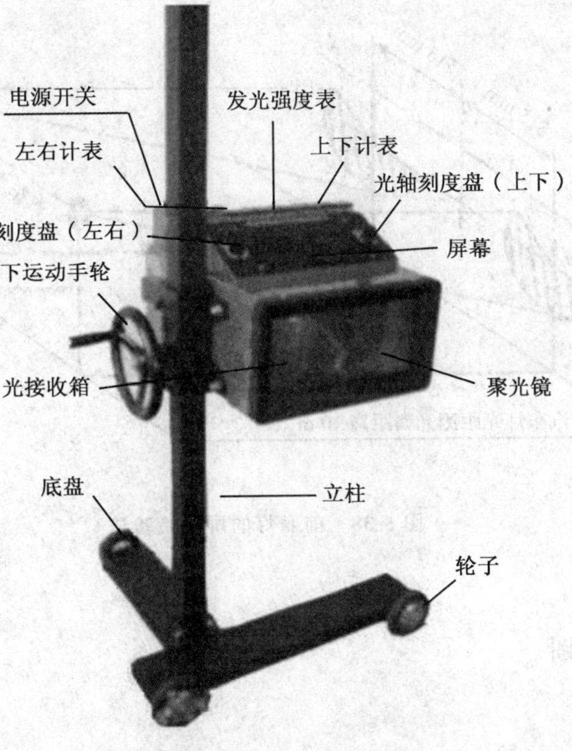

图 5-37　车灯测试仪

③给自动式前照灯检测仪发出起动测量的指令，仪器自动搜寻被检前照灯，并测量其远光发光强度及远光照射位置偏移值。

④被检前照灯转换为近光光束，自动式前照灯检测仪自动检测其近光光束明暗截止线转角(或中点)的照射位置偏移值。

⑤按上述③、④步骤完成车辆所有前照灯的检测。

⑥在对并列的前照灯(四灯制前照灯)进行检验时，应将与受检灯相邻的灯遮蔽。

前照灯除应检查是否能正常点亮和熄灭以外，还需检查其发光强度和照射位置是否合格。发光强度是指光源在给定方向上所能发出的光线强度，单位是坎德拉，代号 cd。检查时需要使用灯光检测仪以远光灯强度为准进行检查。照射位置是指光轴中心相对于前照灯配光镜几何中心在垂直方向偏上或偏下、水平方向偏左或偏右的距离。检查时以近光灯照射位置为准。

(3)前照灯的调整。调整前照灯时，相关参数应参照调整车辆的说明书和技术手册进行。目前，主要采用屏幕检验法或仪器检验法，汽车检测站多用仪器检验法。由于各仪器型号不同，其使用方法也不相同，只能参照仪器说明书进行。以下介绍屏幕检验法。

将汽车停在水平路面上，按规定给轮胎充足气压，汽车轻载(一名驾驶员乘坐)，距离前照灯 10 m 处(具体参数见相关数据)竖一幕布(或利用白墙壁)，在屏幕上画出两条垂直线(一条通过左前照灯中心，一条通过右前照灯中心)和两条水平线(一条 AA′与前照灯离地距离等高 H，另一条 BB' 比 H 低 D mm)，比 H 低 D mm 的水平线与两垂直线分别相关于 a、b 两点，即为光点中心，如图 5-38 所示。

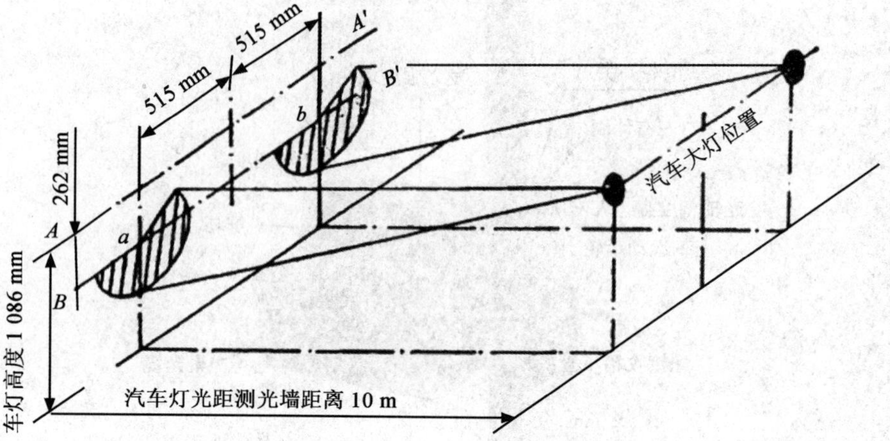

图 5-38 前照灯的屏幕检验法

三、制订检修计划

(一)岗位任务

一辆丰田凯美瑞轿车进入汽车维修厂,该车行驶里程为 80 000 km,车主反映最近该车前照灯出现故障,夜间照亮效果比之前明显变差。维修人员试车发现该车在该车的前照灯亮度不足,射程较短,需要更换前照灯并调整灯光亮度。

(二)教师布置任务

任务 1 拆卸和更换前照灯

任务 2 检测前照灯并调整灯光

(三)小组制订计划

请根据故障现象和任务要求,确定所需要的检测仪器、工具,并对小组成员进行合理分工,制订详细的诊断和修复计划。

1. 需要的检测仪器、工具

(1)丰田轿车、大众轿车各 1 辆;(2)常用工具 3 套;(3)车内电器维修手册 3 本;(4)灯光检测仪 1 台。

2. 小组成员分工

第一步,小组分组,每组由 4～6 名成员组成。

第二步,小组完成表 5-6 和表 5-7。

第三步,小组汇报计划,并根据教师建议进行修改和完善。

3.制订计划

表 5-6　小组成员分工决策

序号	操作人	任务
1		
2		
3		

表 5-7　任务实施计划

序号	工作步骤	使用工具	注意事项	操作人
1				
2				
3				
4				
5				

四、任务实施

第一环节:教师讲解并演示。

教师首先讲解前照灯的组成以及类别,在实训车辆上演示前照灯更换步骤,说明注意事项,并指导学生完成灯光检测的步骤。

第二环节:学生按照以下步骤完成任务。

第一步,在实车上完成前照灯更换与检查作业,填写表 5-8。

第二步,在实车上完成前照灯灯光检测作业,填写表 5-9。

表 5-8　前照灯更换与检查记录

名称	标准	测量	结果判断	处理意见
电源插头				
搭铁				
线路				

表 5-9　检查记录表

名称	标准	测量	判断	调整方法
灯光强度				
灯光照射范围				
射程				

第三环节：任务实施完成后，各小组负责清理工具和量具等，清洁地面卫生。

五、检验评估

通过实施前照灯检查及更换作业，对任务进行评估，并记录在表5-10中。

检查检修计划和任务实施工单，对学生掌握情况进行评估。

(1)各组汇报工作过程与过程中遇到的问题，并说明解决方法。

(2)自评与互评。

(3)老师点评、总结：学生的参与度、学习态度、专业能力、关键能力。

(4)老师填写《汽车前照灯检查及更换》学业评估表5-10。

表5-10 学业评估表

评价内容	检验指标	权重	自评	互评	师评	总评
知识与技能(60分)	1.能叙述前照灯的种类	3%				
	2.能叙述前照灯组成、结构	4%				
	3.能叙述前照灯防眩目措施	8%				
	4.能检查与调整前照灯	20%				
	5.能在车上正确更照前照灯	20%				
过程与方法(40分)	1.学习态度：主动参与学习，遵守纪律	5%				
	2.团队合作：与小组成员分工合作，在小组完成任务过程中所起的作用	5%				
	3.获取信息：获取学习所需信息、资料的方法与途径	5%				
	4.方法能力：发现、分析、解决问题的方法与能力	10%				
	5.创新意识：积极思考，不断改进维修方案	5%				
	6.节能与环保意识：学习过程中注重节能，不污染环境	5%				
	7.现场管理：服从工位安排、执行实训室“5S”管理规定	5%				
对学生综合评价与建议						

思考与练习

1. 汽车前照灯的光学组件由____________、____________、____________三部分组成。

2. 汽车前照灯采用防眩目的方法有____________、____________和____________三种。

3. 采用双丝灯泡的前照灯，远光灯丝放在反射镜的____________，近光灯丝放在反射镜的____________，在近光灯丝的下方放置有____________。

4. 前照灯应能保证车前有明亮而均匀的照明，使驾驶员能看清车前________m内的路面障碍物。

A. 10　　B. 50　　C. 200～250　　D. 500以上

5. 前照灯组件中反射镜、配光镜、配光屏各有什么作用？

任务5.3 汽车灯光系统电路认识与检修

案例引入

在查找车灯维修资料的过程中，小李发现汽车灯光系统的维修资料包含许多电路图，且不同车系的车灯电路区别很大。因此，必需学会分析典型车型的车灯电路。

任务要求

1. 能够拆画并分析前照灯电路。
2. 根据前照灯电路，能检测前照灯电路故障点，并排除故障。
3. 能够拆画并分析转向信号灯电路。
4. 根据转向信号灯电路，能检测转向信号灯电路故障点，并排除故障。

一、知识学习

(一)轿车灯光系统的电路

1. 灯光系统电路

以本田雅阁轿车灯光系统电路为例。电路如图5-39所示。灯光组合开关在Ⅰ挡时，可控制仪表灯、前小灯、尾灯、牌照灯和后位灯；灯光开关在Ⅱ挡时，上述灯继续亮的同时，灯光开关使前照灯继电器接通，前照灯近光灯工作；灯光开关中的前照灯变光开关可通过前照灯变光继电器控制远光灯的工作：灯光开关向上，前照灯变光继电器的磁化线圈通电，触点闭合，远光灯电路接通，灯光开关向下，远光灯电路断开。此外远光灯还可通过灯光开关中的超车挡直接控制，在超车时使用。

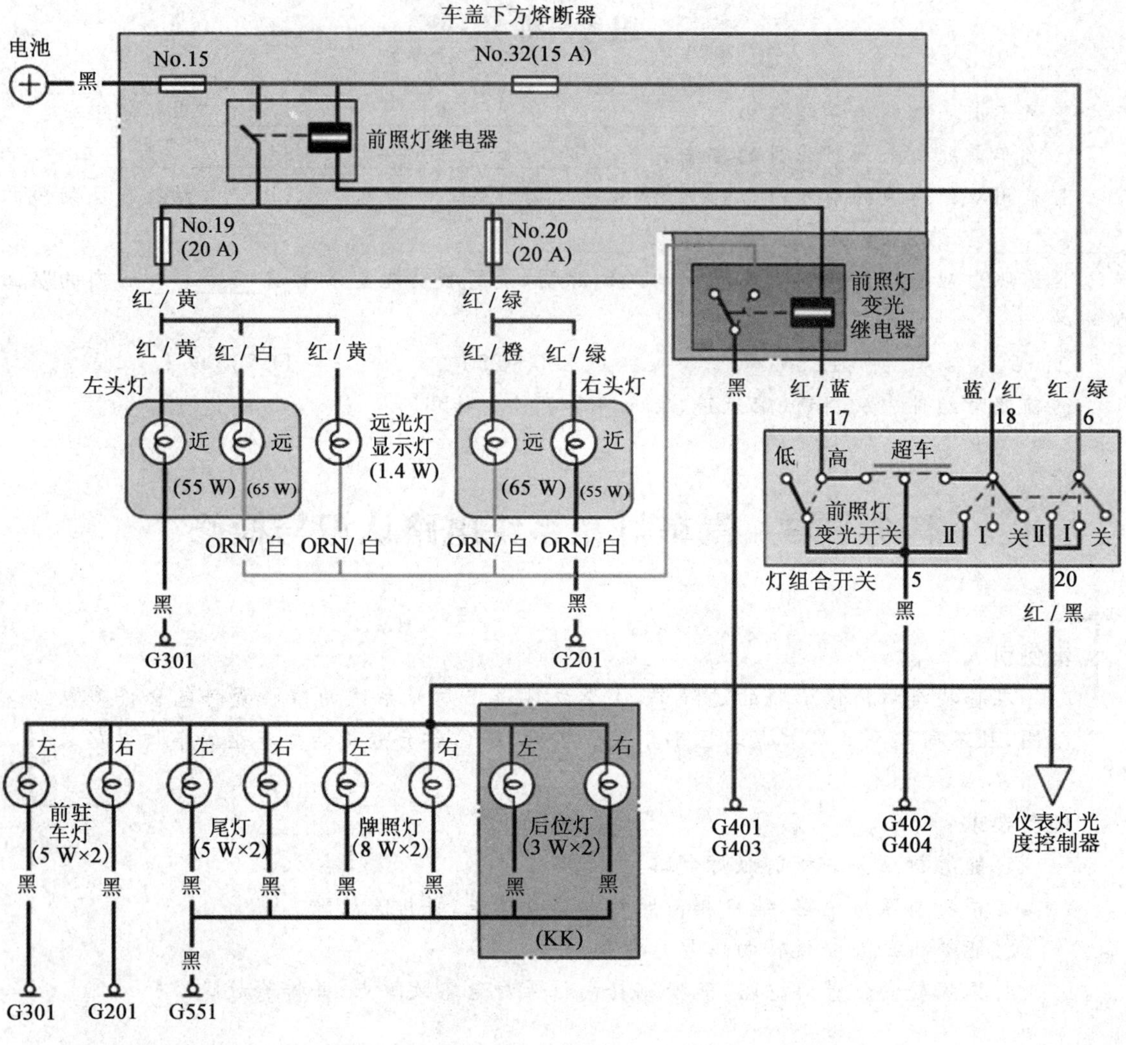

图 5-39 本田雅阁灯光系统电路

2. 雾灯电路

以卡罗拉轿车雾灯电路为例。电路如图 5-40 所示。电路分析如下：雾灯由点火开关、车灯控制开关和雾灯开关共同控制。首先接通点火开关，车灯开关须置于“小灯”或者“大灯”挡位，雾灯继电器(Fog Relay)触点开关接通；然后，选择“前雾灯”挡位，前雾灯亮；选择“后雾灯”挡位，前、后雾灯同时亮。

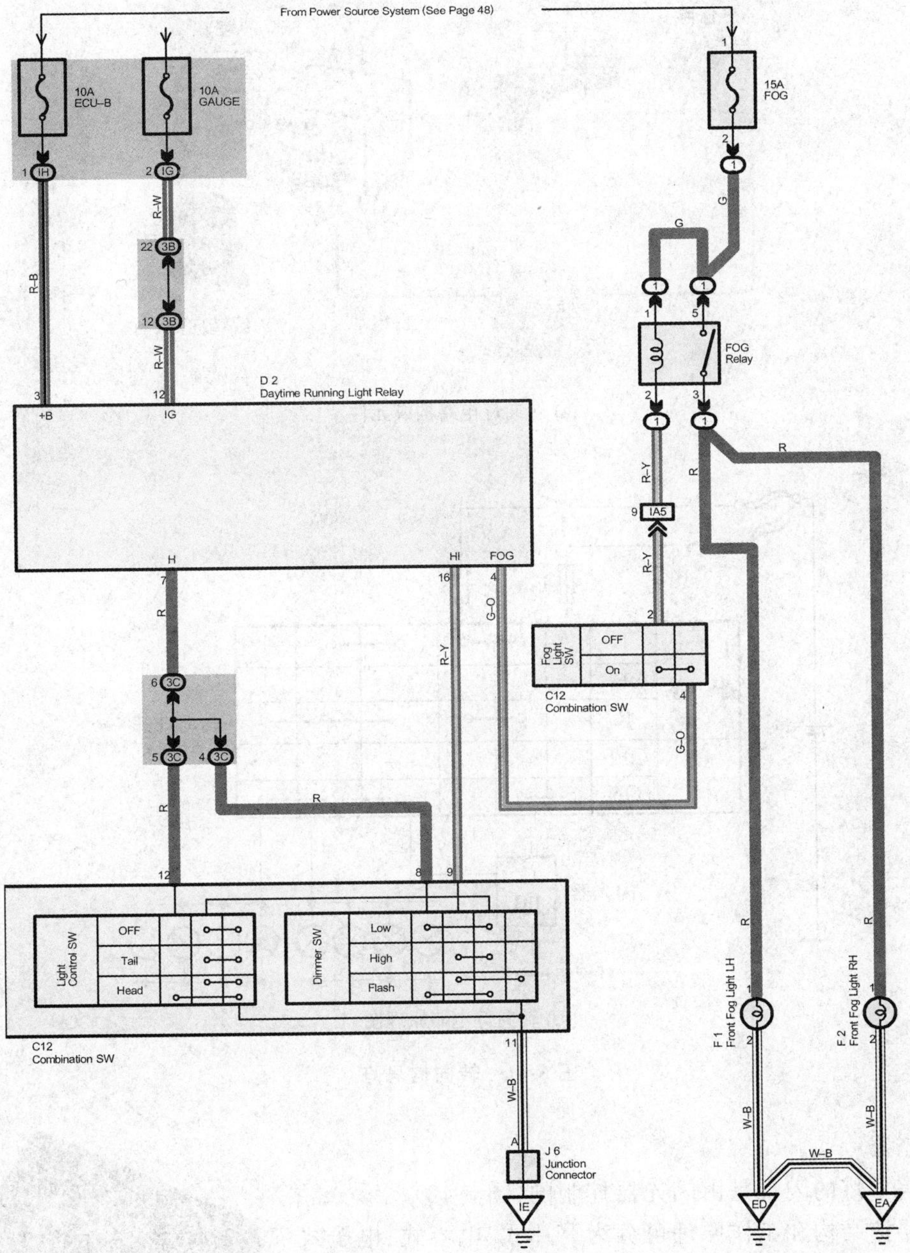

图 5-40　卡罗拉雾灯电路

(二)汽车转向及危险警告信号装置

1.转向信号灯组成

转向及危险警告灯信号电路一般由转向灯、转向灯开关、危险警告灯开关、闪光器等组成，如图 5-41 所示。

以左转向灯为例，其电路分析如下：点火开关→保险丝 F_1→转向灯开关(L 挡)→闪光器→转向灯。

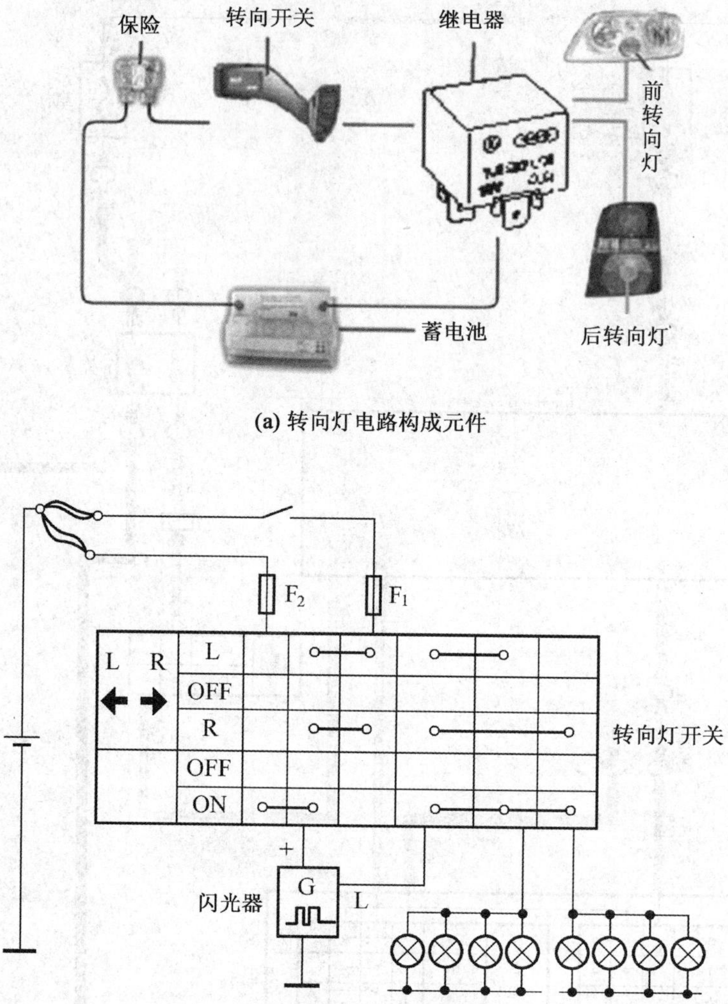

(a) 转向灯电路构成元件

(b) 转向灯电路原理图

图 5-41 转向信号灯

2. 闪光器

转向信号灯的闪烁是由闪光器控制的(图 5-42)。

图 5-42 闪光器

闪光器按结构和工作原理可分为翼片式、电容式、电子式等多种。电容式闪光器闪光频率稳定;电子式闪光器具有性能稳定、可靠等优点,故已广泛使用。

下面分别介绍常见的电容式闪光器和电子式闪光器。

(1)电容式闪光器。电容式闪光器的结构与原理如图 5-43 所示。电容式闪光器主要元件包括一个常闭合继电器和一个电容器。在继电器的铁芯上绕有串联线圈和并联线圈,电容器采用大容量的电解电容器。电容式闪光器是利用电容器充、放电延时特性,使继电器的两个线圈产生的电磁吸力时而相加，时而相减，继电器便产生周期的开关动作，从而使转向信号灯闪烁。

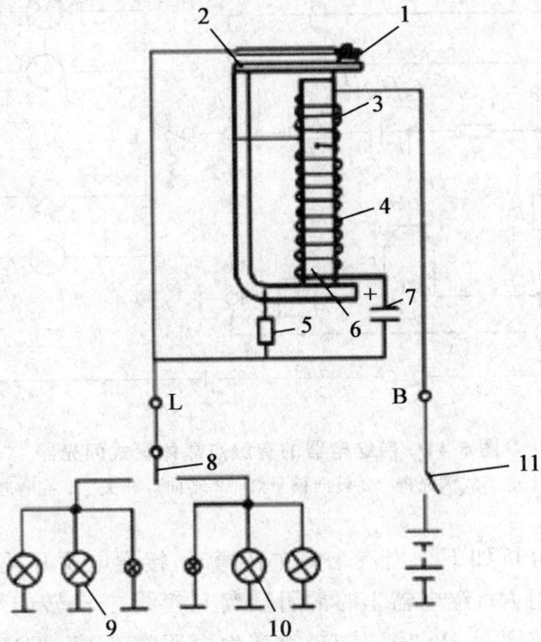

图 5-43　电容式闪光器

1-触点　2-弹簧片　3-串联线圈　4-并联线圈　5-灭弧电阻　6-铁芯　7-电容器　8-转向灯开关
9-左转向信号灯和指示灯　10-右转向信号灯和指示灯　11-电源开关

以下介绍电容式闪光器的工作原理。

①当汽车向左转弯时，接通转向灯开关，左转向信号灯就被串入电路中。此时并联线圈、电容器及电阻被触点短路，而电流通过线圈产生的电磁吸力大于弹簧片的作用力，继电器的触点迅速被打开，转向信号灯处于暗的状态。触点打开后，蓄电池经串联线圈、并联线圈向电容器充电，由于电容器电阻较大，充电电流很小，不足以使转向信号灯亮，转向信号灯仍处于暗的状态。同时充电电流通过串联线圈和并联线圈产生的电磁吸力方向相同，使触点继续打开。

②随着电容器的充电，电容器两端电压逐渐升高，而电流逐渐减小至零，串联线圈和并联线圈的电磁吸力减小，在弹簧片的复位作用下触点重新闭合。触点闭合后，转向信号灯和指示灯处于亮的状态。与此同时，电容通过线圈和触点放电，其放电电流通过线圈时产生的磁场方向与线圈相反，所产生的电磁吸力减小，故触点仍保持闭合，左转向信号灯和指示灯继续发亮。

③随着电容器的放电，电容器两端电压逐渐下降，其放电电流减小，则线圈的退磁作用减弱，串联线圈的电磁吸力增强，触点重又打开，灯变暗。

以上的三个阶段重复发生，即利用电容的充放电特性，继电器的开关间隔通断，因此转向信号灯闪烁。

(2)电子式闪光器。电子式闪光器包括晶体管式闪光器和集成电路闪光器，按照闪光器是否保留触点，可分为触点式(带继电器)和无触点式(不带继电器)。

①触点式电子闪光器。主要由一个三极管 VT 的开关电路和一个常闭合继电器 J 组成，如图 5-44 所示。

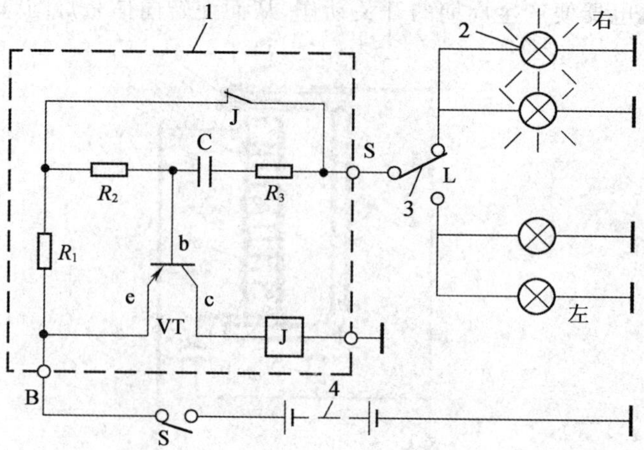

图 5-44　带继电器的有触点晶体管式闪光器

1-电子式闪光器　2-转向信号灯　3-转向灯开关　4-蓄电池

触点式闪光器原理分析如下。当汽车向左转弯时，接通电源开关 S 和转向灯开关 L(置于左转向挡)，电流流经电阻 R_1、继电器 J 的常闭触点 J、接线柱 S、转向灯开关 L、左转向信号灯，左转向信号灯亮。当电流通过 R_1 时，在 R_1 上产生电压降，三极管 VT 因正向偏压而导通，集电极电流流过继电器 J 的线圈，使继电器常闭触点立即断开，左转向信号灯熄灭。三极管 VT 导通的同时，VT 的基极电流向电容器 C 充电，随着电容器电荷的积累，充电电流逐渐减小，三极管 VT 的集电极电流也随之减小，当此电流不足以维持衔铁的吸合而释放时，继电器 J 的常闭触点 J 又重新闭合，转向信号灯再次发亮。这时电容 C 通过电阻 R_2、继电器的常闭触点 J、电阻 R_3 放电。放电电流在 R_2 上产生的电压降又为 VT 提供正向偏压使其导通。以上过程不断反复进行。

综合以上分析，电子式闪光器利用电路中的电容器 C 不断充电和放电，三极管 VT 间隔导通、截止，控制继电器的触点反复接通、断开，使转向信号灯闪烁。

②无触点式电子闪光器，如图 5-45 所示。

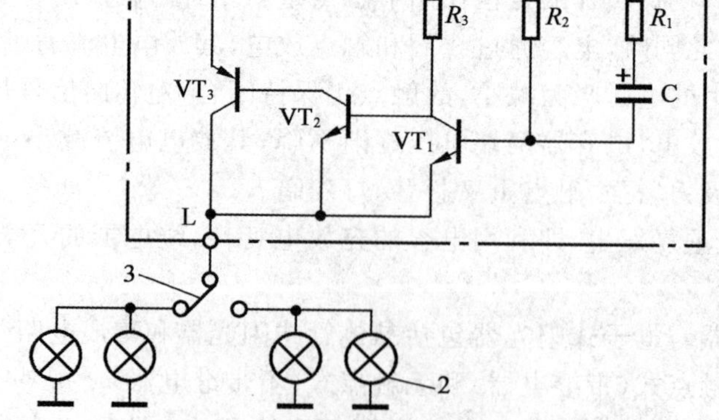

图 5-45　全晶体管式闪光器

1-闪光器　2-转向信号灯　3-转向灯开关

无触点闪光器利用电容器放电延时的特性、三极管 VT_1 的导通和截止来达到闪光的目的。接通转向开关后，三极管 VT_1 的基极电流由两路提供，一路经电阻 R_3，另一路经 R_1 和 C，使 VT_1 导通，在其导通时，VT_2 和 VT_3 组成的复合管处于截至状态 。由于 VT_1 的导通电流很小，仅 60 mA 左右，故转向信号灯暗。与此同时，电源对电容器充电，随着电容器 C 两端电压升高，充电电流减小，VT_1 的基极电流减小，使 VT_1 由导通变成截止。这时 A 点电位升高，当其电位达到 1.4 V 时，VT_2 和 VT_3 导通，于是转向信号灯亮。此时电容器 C 经过 R_1 和 R_3 放电，放电时间为灯亮时间。C 放完电，接着又充电，VT_1 再次导通使 VT_2 和 VT_3 截止，转向信号灯又熄灭，C 的充电时间为灯灭的时间。如此反复，使转向信号灯闪烁。

③集成电路闪光器。随着集成电路技术的快速发展，集成电路闪光器目前在汽车上有广泛应用。集成电路闪光器与晶体管闪光器的不同之处是用集成电路 IC 取代了晶体管振荡器。

如图 5-46 所示为大众桑塔纳汽车使用的集成电路闪光器，其核心部分是 U243B 型集成块，具有低功率、高精度的优点，其内部元件包括：输入检测器 SR、电压检测器 D、振荡器 Z 及功率输出级 SC。输入检测器 SR 用于检测转向信号灯开关是否接通；振荡器 Z 利用一个电压比较器和外接的电阻 R_4 和电容器 C_1 构成的振荡电路形成电路的振荡。当输入检测器 SR 检测出转向灯开关闭合，输出级的矩形波便控制继电器线圈的电路并使继电器触点反复打开和闭合，从而实现转向灯闪烁。

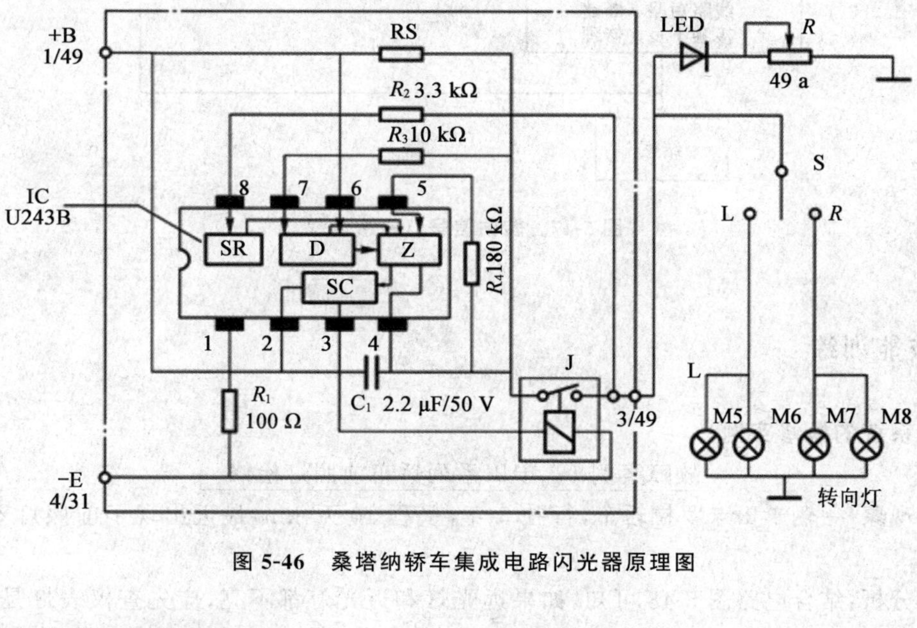

图 5-46　桑塔纳轿车集成电路闪光器原理图

3. 转向信号灯故障检修

对于转向信号灯故障，常见的如信号灯全不亮、单个灯不亮，可参考图 5-47 进行故障检修。

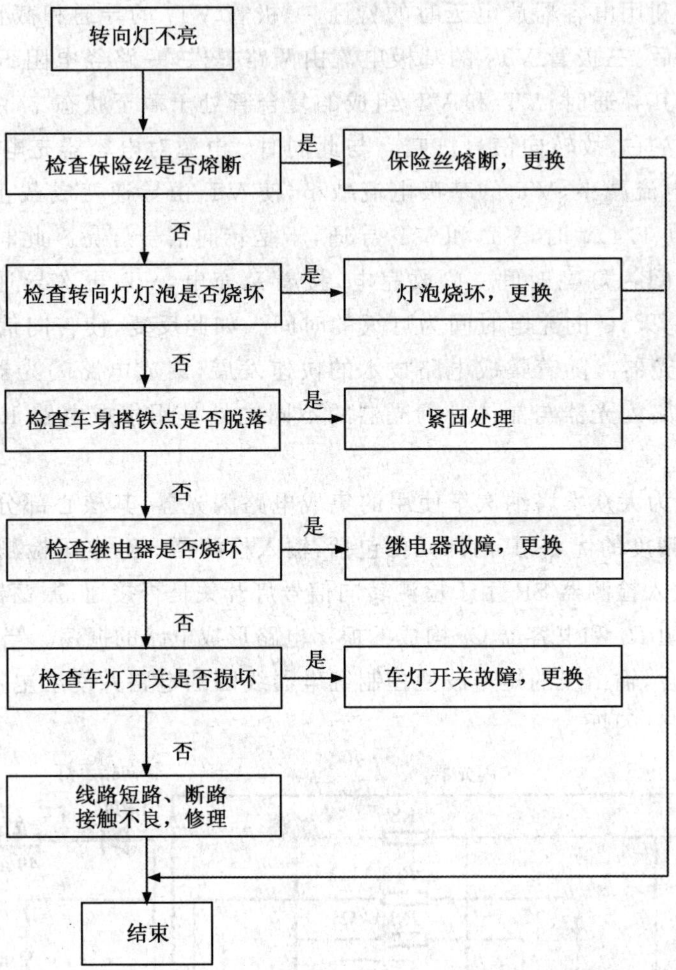

图 5-47 转向信号灯检修流程

二、技能训练

灯光系统的检修实例

故障案例 1 丰田系列轿车前照灯检修

故障现象：一辆丰田卡罗拉轿车，行驶 5 年，里程 10 万 km，最近出现了前照灯不亮的故障现象。

故障分析：结合电路图 5-48 可知，如果远光灯和近光灯都不亮，应先查仪表灯是否亮，如果仪表灯亮，说明车灯开关的电源线正常，将点火开关接通、车灯开关置于 2 挡位置，测变光开关上的火线接线柱电压是否正常，若电压为零，说明车灯开关至变光开关之间断路或车灯开关有故障；若电压正常，可以短接变光开关试验，若灯亮，说明变光开关损坏，应更换。若灯不亮，则检查变光开关后的线路和灯丝。

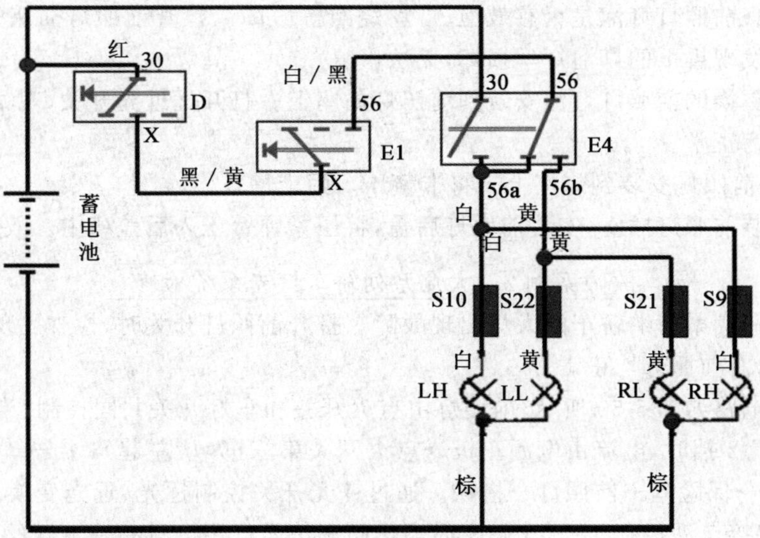

图 5-48　前大灯电路

制定故障检修流程图(图 5-49)：

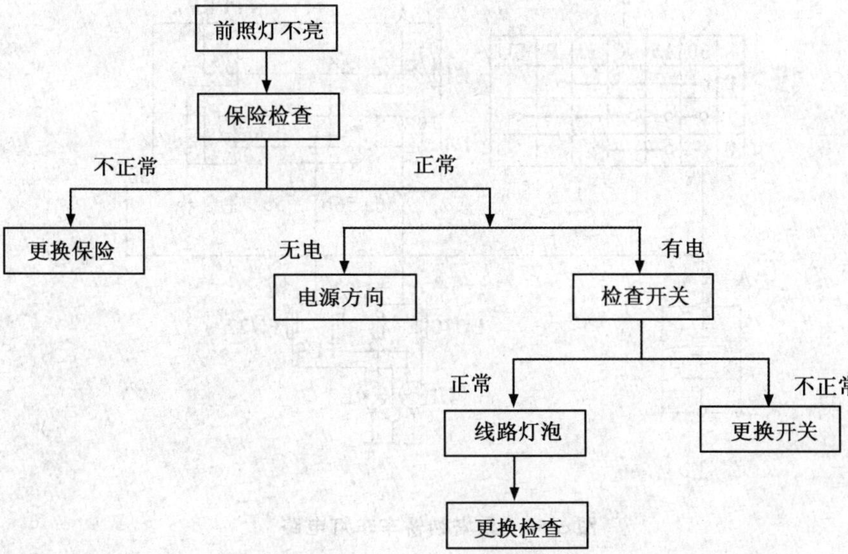

图 5-49　前照灯检修流程图

故障解决过程：

第一步，检查中央接线盒的前照灯保险无烧断迹象；打开前照灯近光开关，测量前照灯插座黄色导线与搭铁间电压，电压值约为 12 V；测量棕色导线与搭铁间的电阻，阻值为 0 Ω。检查结果属于正常。

第二步，关闭近光灯开关，打开远光开关。测量前照灯插座白色导线与搭铁间电压，电压值约为 12 V。检查结果正常。

第三步，拆下前照灯后盖、拔下前照灯插座。松开压紧卡簧，取出前照灯灯泡。

第四步，检查前照灯灯泡是否有鼓泡、灯丝烧断等故障。检查前照灯插座是否有烧蚀、变形。检查结果：发现拆下的灯泡灯丝损坏，无法修复。

第五步，将更换的前照灯灯泡安装到前照灯插座上。打开远近光开关，观察远近光灯是否工作正常；结果为正常。

第六步，将前照灯安装到灯座上。将卡簧压入固定槽口。

第七步，安装前照灯插座，安装前照灯后盖，将压紧弹簧压入后盖槽中。故障排除。

故障案例 2 大众系列轿车灯光系统检修

故障现象：一辆桑塔纳轿车的大灯出现故障。打开前照灯开关时，检查发现左前照灯远光不亮，近光正常，右前照灯均正常。

故障分析：电路如图 5-50 所示，前照灯由点火开关和车灯开关共同控制，当点火开关置于 1 挡、车灯开关置 2 挡时，电流由电源正极→点火开关第三掷(从左起)1 挡→车灯开关第一掷 0 挡→变光开关→保险丝→前照灯→搭铁。通过变光开关控制远光、近光变换。此外，远光灯还由超车开关直接点动控制，在汽车超车时当作超车信号灯用。只有一个灯丝不亮，故障往往是该灯丝或其保险丝烧断所致，如果灯丝和保险丝正常而灯不亮，说明该灯线路断路或接触不良，检查排除即可。

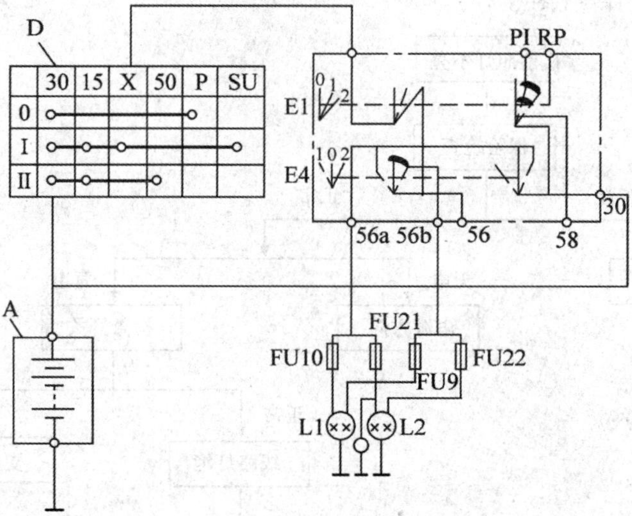

图 5-50 桑塔纳轿车车灯电路

三、制订检修计划

(一)岗位任务

一辆桑塔纳轿车进入汽车维修厂，该车行驶里程为 60 000 km，车主反映该车左转向灯不工作，而右转向灯正常。维修人员试车初步判断为转向灯电路故障，而查找故障点需要查阅该车的电路图，根据电路图制订检修计划。

(二)教师布置任务

任务 1 灯光电路拆画

任务 2 灯光故障检测

(三)小组制订计划

请根据故障现象和任务要求,确定所需要的检测仪器、工具,并对小组成员进行合理分工,制订详细的诊断和修复计划。

1.需要的检测仪器、工具

(1)丰田轿车、大众轿车各1辆;(2)常用工具3套;(3)车内电器维修手册3本;(4)灯光检测仪1台。

2.小组成员分工

第一步,小组分组,每组由4～6名成员组成。

第二步,小组完成表5-11和表5-12。

第三步,小组汇报计划,并根据教师建议进行修改和完善。

3.制订计划

表5-11　小组成员分工决策

序号	操作人	任务
1		
2		
3		

表5-12　任务实施计划

序号	工作步骤	使用工具	注意事项	操作人
1				
2				
3				
4				
5				

四、任务实施

第一环节:教师讲解并进行演示。

由辅导教师首先讲解转向灯的组成、闪光器的原理,在实车上演示灯光系统检测的方法与步骤。

第二环节:学生现场按照以下步骤实施任务。

第一步,根据实车电路图,拆画出桑塔纳轿车的前照灯电路、雾灯电路以及转向灯电路。

第二步,根据前两步拆画的桑塔纳轿车前照灯电路图,检测实训车辆的灯光故障,并填写表5-13。

表 5-13 车灯检查记录表

检查项目	标准	检查结果	处理意见
左前近光灯灯泡	灯丝完好,通电发光	正常□ 否□	
右前近光灯灯泡	灯丝完好,通电发光	正常□ 否□	
保险丝 S1		正常□ 否□	
保险丝 S2		正常□ 否□	
接地点 G1		正常□ 否□	
接地点 G3		正常□ 否□	
接地点 G10		正常□ 否□	
S1-J12-T9/2		正常□ 否□	
S2-J12-T9/2		正常□ 否□	
J12-T9/2		正常□ 否□	
J12-T9/4		正常□ 否□	
J12-继电器		正常□ 否□	
J12-T9/4 与电源正极		正常□ 否□	
J12-T9/5 与电源负极		正常□ 否□	
J12-T9/9		正常□ 否□	
J12-T9/9 与 E4-T5a/2		正常□ 否□	
E4-T5a/2		正常□ 否□	
E4-T5a/3		正常□ 否□	
E4-T5a/3 与 E1-6/56		正常□ 否□	
E1-6/56		正常□ 否□	
E1-7		正常□ 否□	
保险丝 S24		正常□ 否□	

第三环节:任务实施完成后,各小组负责清理工具和量具等,清洁地面卫生。

五、检验评估

通过灯光电路的拆画、故障检测与排除,对任务进行评估,并记录在表 5-14 中。

检查检修计划和任务实施工单,对学生掌握情况进行评估。

(1)各组汇报工作过程与过程中遇到的问题,并说明解决方法。

(2)自评与互评。

(3)老师点评、总结:学生的参与度、学习态度、专业能力、关键能力。

(4)老师填写《汽车灯光电器认知与检修》学业评估表 5-14。

表 5-14　学业评估表

评价内容	检验指标	权重	自评	互评	师评	总评
知识与技能(60 分)	1. 能分析典型车系的车灯电路	3%				
	2. 能拆画出灯光子系统的电路,并分析工作过程	4%				
	3. 能按照拆画的电路图制订检修计划	8%				
	4. 能根据检修计划在实车上检测灯光电路	20%				
	5. 能查找出灯光电路的故障点,并排除故障	20%				
过程与方法(40 分)	1. 学习态度:主动参与学习,遵守纪律	5%				
	2. 团队合作:与小组成员分工合作,在小组完成任务过程中所起的作用	5%				
	3. 获取信息:获取学习所需信息、资料的方法与途径	5%				
	4. 方法能力:发现、分析、解决问题的方法与能力	10%				
	5. 创新意识:积极思考,不断改进维修方案	5%				
	6. 节能与环保意识:学习过程中注重节能,不污染环境	5%				
	7. 现场管理:服从工位安排、执行实训室“5S”管理规定	5%				
对学生综合评价与建议						

思考与练习

1. 闪光器类型主要有________、________、________。

2. 转向信号灯的电路图主要由________、________、________、________组成。

3. 分析卡罗拉轿车危险警报灯电路。

4. 说明晶体管式电子闪光器和集成电路式电子闪光器的原理。

任务 5.4 汽车电喇叭的检修

案例引入

在汽车维修过程中，小李发现汽车电喇叭有不同的结构形式，并且可能出现音量偏低、音调不正常、无响声等故障。那么，如何对电喇叭进行调整以及故障排除呢？

任务要求

1. 能够描述电喇叭的功能、分类和特点。
2. 能够根据电喇叭的调整方法，调整电喇叭的音量、音调等参数。
3. 能够分析电喇叭电路，能检测转向信号灯电路故障点，并排除故障。

一、知识学习

(一)电喇叭分类及结构

汽车上都装有喇叭，用来警告行人和其他车辆，以引起注意，保证行车安全。

分类：按发音动力的不同分为气喇叭和电喇叭；按声频高低可分为高音和低音；按外形不同分为有螺旋形、筒形、盆形，如图 5-51 所示。

图 5-51 喇叭外形

(1)盆形电喇叭。盆形电喇叭的结构如图 5-52 所示。电磁铁采用螺管式结构，铁芯上绕有线圈，上、下铁芯之间的气隙在线圈中间，所以能产生较大的吸力。盆形电喇叭无需扬声筒，其原理是：将上铁芯、膜片和共鸣板固装在中心轴上，当电路接通时，线圈产生吸力，上铁芯被吸下与下铁芯碰撞，产生较低的基本频率，并激励与膜片一体的共鸣板产生共鸣，从而发出比基本频率强得多，且分布又比较集中的谐音。另外，为减少触点火花，在触点间并联了一个电容器(有些电喇叭采用灭弧电阻)。

(a) 电喇叭实物图

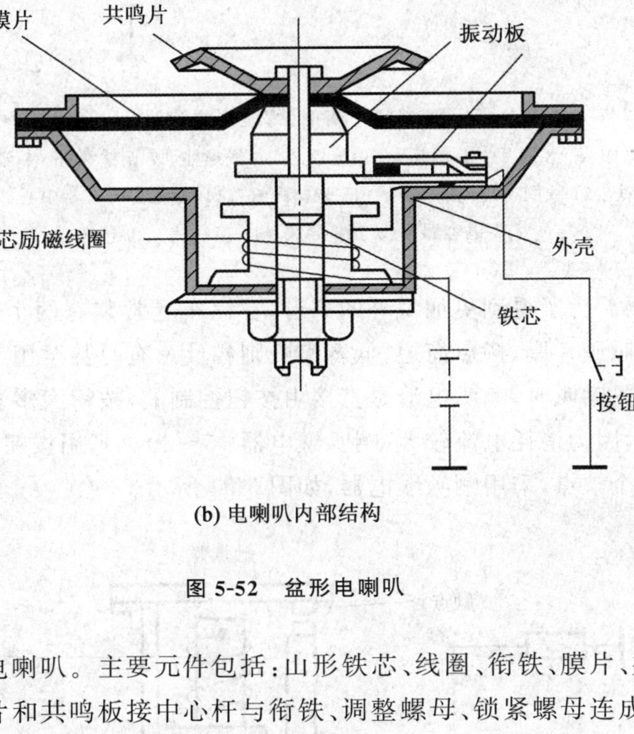

(b) 电喇叭内部结构

图 5-52　盆形电喇叭

(2)筒形、螺旋形电喇叭。主要元件包括:山形铁芯、线圈、衔铁、膜片、共鸣板、扬声筒、触点以及电容器等。膜片和共鸣板接中心杆与衔铁、调整螺母、锁紧螺母连成一体。筒形、螺旋形电喇叭是利用线圈的通断使得膜片不断振动,从而发出一定音调的音波,由扬声筒加强后传出。

工作原理分析如下。如图 5-53 所示,当按下按钮时,其电路为:蓄电池正极→线圈→触点→按钮→搭铁→蓄电池负极。当电流流过线圈时,产生电磁吸力,吸下衔铁,中心杆上的调整螺母压下活动触点臂,使触点分开而切断电路。此时线圈电流中断,电磁吸力消失,在弹簧片和膜片的弹力作用下,衔铁又返回原位,触点闭合,电路重又接通。以上过程反复进行,膜片则处于不断的振动状态,从而发出一定音调的声波,经扬声筒加强后传出,共鸣板与膜片刚性连接,在振动时发出陪音,使声音更加悦耳。

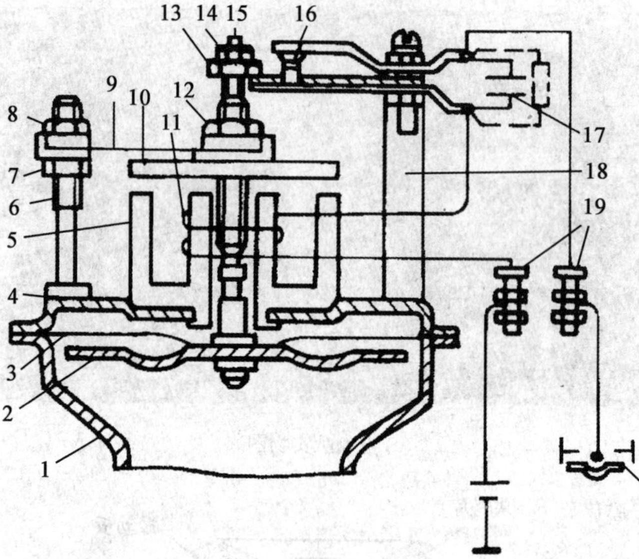

图 5-53 筒形、螺旋形电喇叭

1-扬声器 2-共鸣板 3-膜片 4-底板 5-山形铁芯 6-线螺柱 7-调整螺钉 8-锁紧螺母 9-弹簧片 10-衔铁 11-线圈 12-锁紧螺母 13-调整螺钉 14-锁紧螺母 15-中心杆 16-触点 17-电容器导线 18-导线 19-接线柱 20-按钮

(3)喇叭继电器。为了得到更加悦耳的声音,在汽车上常装有两个不同音调(高、低音)的喇叭。其中高音喇叭膜片厚,扬声筒短,低音喇叭则相反。有时甚至用三个(高、中、低)不同音调的喇叭。装用单只喇叭时,喇叭电流是直接由按钮控制的,按钮大多装在转向盘的中心。当汽车装用双喇叭时,因为消耗电流较大(喇叭继电器 15～20 A),用按钮直接控制时,按钮容易烧坏。为了避免这个缺点,采用喇叭继电器,如图 5-54 所示。

图 5-54 喇叭继电器

(4)环保喇叭。随着科技的不断发展,现代汽车上开始装配“环保喇叭”。所谓“环保喇叭”,是指采用语言压缩技术、由集成电路制成的新型电喇叭,其优点在于:结构简单、制作成本低,耗能少、无噪声污染、低分贝、声音轻细柔和、音质悦耳动听。“环保喇叭”安装方便,不需要更改汽车线路设备,可直接并联到警示灯上。只要按下警示灯开关,就有声音、灯光双重提示,既完善了汽车警示功能,又解决了城市禁鸣喇叭的难题。

(二)电喇叭的调整方法

电喇叭的调整包括音调调整和音量调整。如图5-55所示,常见的调整部位有两处:①改变铁芯间隙;②改变触点压力。

(1)音调的高低取决于膜片振动的频率,改变铁芯间隙可以改变膜片的振动频率,从而改变音调(有的在制造时已经调好工作中不用调整);松开锁紧螺母,旋转铁芯,(间隙减小时音调提高,间隙增大时音调降低)调至合适音调时,旋紧螺母即可。

(2)音量的大小与通过线圈的电流大小有关,通过的工作电流大,喇叭发出的音量也就大。线圈通过的电流大小,可以通过改变喇叭触点的接触压力来调整(压力增大,通过线圈的电流增大,喇叭的音量增大,反之音量减小)。盆形电喇叭音量的调整可通过调整螺钉来调整触点压力,进而实现对音量的调整。

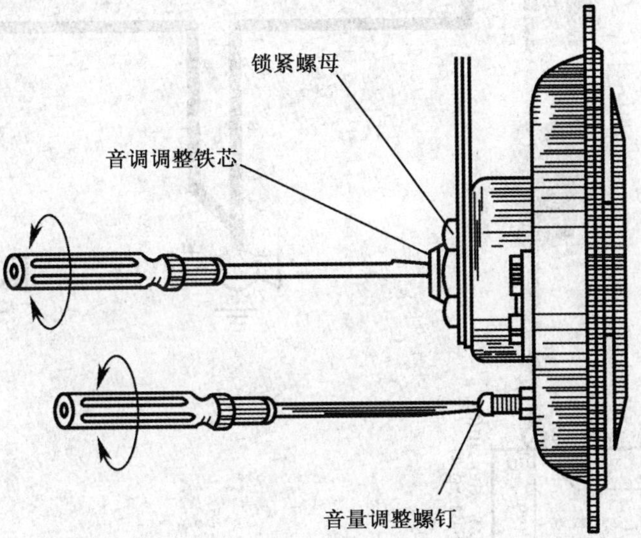

图5-55　喇叭调整

(三)电喇叭控制线路

如图5-56为卡罗拉轿车的电喇叭控制电路。当驾驶员按下喇叭开关(位于方向盘中央),接通搭铁,喇叭继电器线圈通电,喇叭继电器开关吸合,蓄电池向喇叭总成供电,喇叭应正常工作。由以上分析可知,卡罗拉轿车电喇叭不受点火开关控制。

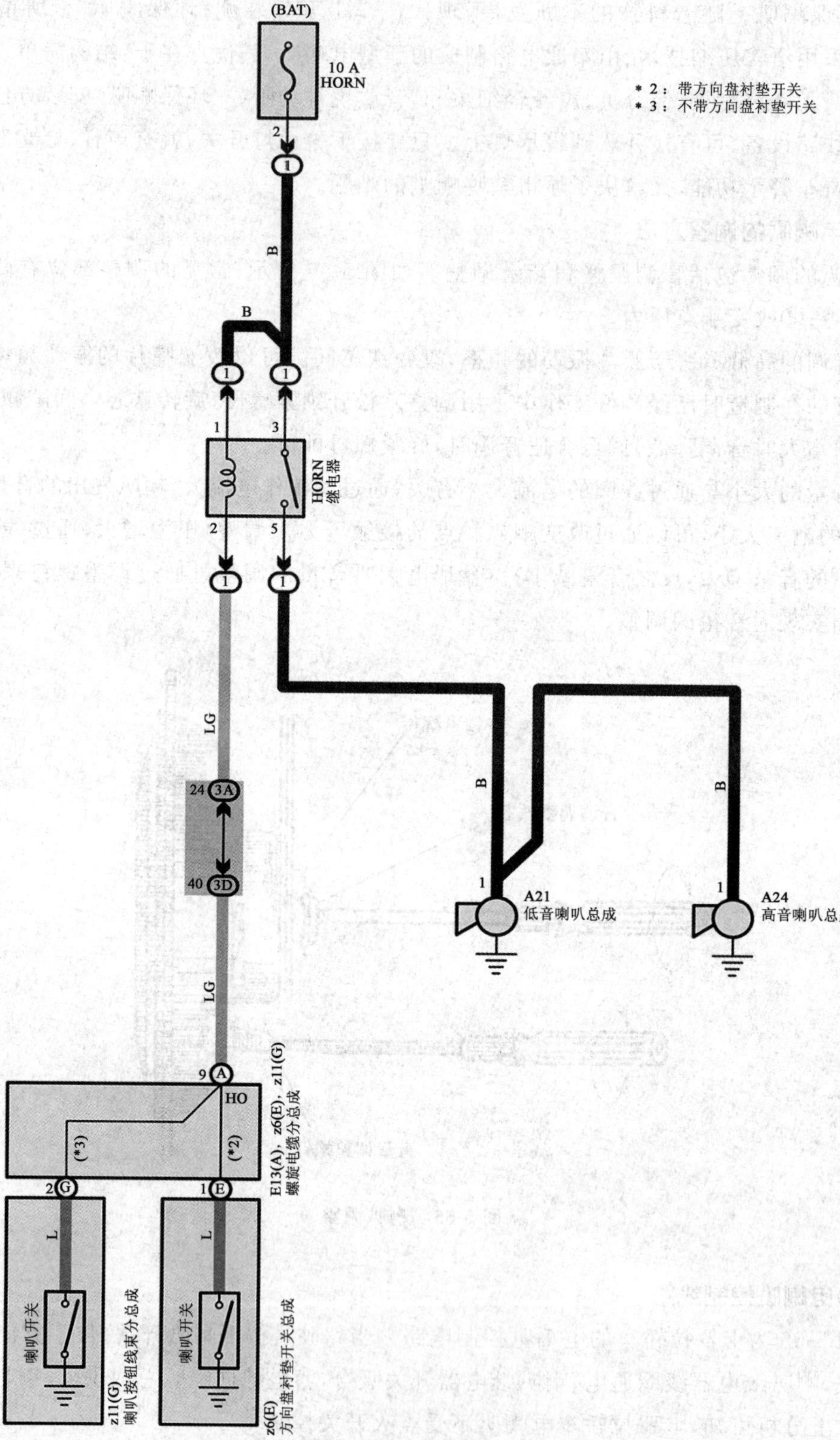
(BAT)
10 A
HORN
* 2：带方向盘衬垫开关
* 3：不带方向盘衬垫开关
B
HORN
继电器
LG
B
A21
低音喇叭总成
A24
高音喇叭总成
HO
E13(A)，z6(E)，z11(G)
螺旋电缆分总成
L
喇叭开关
z11(G)
喇叭按钮线束分总成
z6(E)
方向盘衬垫开关总成

图 5-56 喇叭电路连接

二、技能训练

(一)电喇叭故障检修思路

电喇叭是汽车上的主要信号装备,一旦出现故障,必须及时维修。电喇叭的常见故障检修可参考图 5-57 进行。

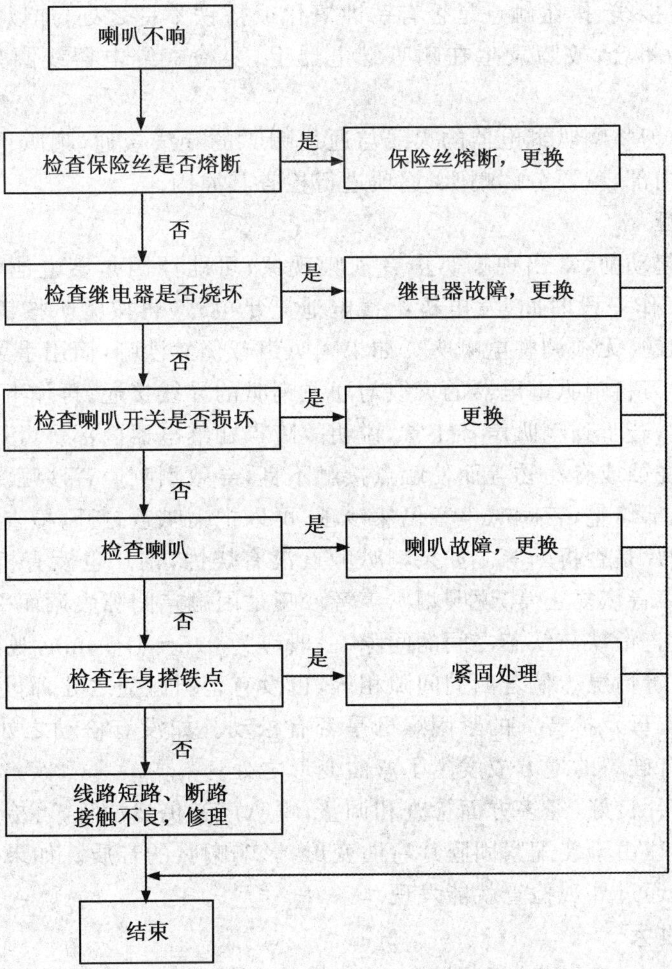

图 5-57　电喇叭故障检修思路

(二)电喇叭常见故障及处理方法

1. 喇叭不响

当按下喇叭按钮时,喇叭一点声音也没有。造成喇叭不响的原因有很多,通常的检查判断方法如下:

(1)打开前照灯开关,观察灯光情况。如果灯不亮,应首先检查保险器是否断开,若没有断开,说明从蓄电池至保险器间有断路之处,应检查电线接头是否松动,导线是否有破皮搭铁的地方;若保险被烧断,则需要查明电路中是否有短路故障。

(2)用、螺丝刀将喇叭继电器火线(即电源线)接线柱划碰搭铁,观察搭铁处是否有火花出现。如果没有火花,这说明保险器至喇叭继电器之间有断路之处,应检查电线是否折断,电线接头是否松动等。

(3)再用螺丝刀将喇叭继电器的火线与通往喇叭的导线相搭接通,此时听喇叭是否有声音。如果喇叭有响声,说明故障点在喇叭继电器与喇叭按钮之间。将喇叭继电器上通往喇叭按钮的接线柱(一般注有"按钮"二字)用螺丝刀直接搭铁试验,若喇叭发出响声,证明故障发生在按钮处,检查按钮接线、按钮触点是否有锈蚀氧化或搭铁不良之处,加以排除。若喇叭仍然不响,说明触点不能闭合,故障发生在喇叭继电器上,要检查继电器线圈是否烧损或是否有断路。

(4)如果用螺丝刀将喇叭继电器的火线与通往喇叭的导线接通,喇叭仍然不响,则可以判断故障发生在喇叭内部,就要分解喇叭,逐项进行检查其原因。

2.喇叭声音沙哑

如果在发动机起动前,常出现喇叭声音沙哑现象,可能原因是蓄电池亏电。检查方法如下:让发动机正常工作一段时间,发电机给蓄电池充足电量,再按喇叭按钮,喇叭声音恢复正常,证明是蓄电池问题,无须调整电喇叭。如果喇叭声音仍然沙哑,而用手晃动喇叭时,固定螺钉无松动,可用螺丝刀将喇叭继电器的火线与通往喇叭的导线接通,再作下列检查:

(1)按喇叭按钮,若听到喇叭声音正常,说明故障点在继电器内部。可打开继电器盖,检查继电器触点是否因烧蚀或有污物等而使触点接触不良,导致喇叭声音沙哑。

(2)经检查和局部修整,若喇叭声音仍然沙哑,可以把喇叭盖打开,检查钨金触点是否烧蚀或黏接,回位弹簧钢片是否折断等。如果喇叭触点没有烧蚀,钢片也没有折断,可用扳手调整触点间隙。调整后声音恢复正常,说明喇叭声音沙哑是因触点间隙失调而引起的;若调整后声音仍然沙哑,可以检查衔铁与铁芯之间的间隙,一般应为0.5~1.5 mm,观察此间隙四周是否相等,有无歪斜碰撞等情况。倘若四周间隙相等,也没有歪斜碰撞之处,而且间隙也比较合适,此时可以检查锁紧螺母及扩音筒的紧固螺母是否有松动。如没有松动之处,可以进一步分解检查振动膜片是否有破裂的地方或发生了弯曲变形之处。

(3)如果振动膜片良好,经多方面检查和调整,喇叭声音仍然沙哑,可检查扩音筒装配振动膜片处是否变形,往往由于装配紧固膜片弯曲变形,影响喇叭的音质。如果是喇叭扩音筒破裂造成声音沙哑,一般通过外观检查就能发现。

3.喇叭耗电量过大

电喇叭耗电量过大,会引起继电器触点的烧蚀或黏结。一旦黏结,将引起喇叭长鸣,使接在继电器上的电源线过热,导致保险器自动断开。根据实践经验,喇叭耗电量过大的故障多数是由于喇叭内部出现故障引起的。通常检查的方法是:卸下喇叭盖,检查触点和继电器的绝缘情况,如没有什么问题,须进一步检查容电器是否短路,消弧电阻是否断路,喇叭衔铁与铁芯之间的间隙是否过大。

三、制订检修计划

(一)岗位任务

一辆丰田威驰轿车进入汽车维修厂,该车行驶里程为80 000 km,车主反映该车的电喇叭音量低，且响声不连续。维修人员通过试车和检查判断为电喇叭电路的故障，而查找故障点需要查阅该车的电路图，根据电路图制订检修计划。

(二)教师布置任务

任务1　认知电喇叭电路

任务2　检修电喇叭

(三)小组制订计划

请根据故障现象和任务要求，确定所需要的检测仪器、工具，并对小组成员进行合理分工，制订详细的诊断和修复计划。

1.需要的检测仪器、工具

(1)电喇叭若干；(2)常用工具3套；(3)车内电器维修手册3本。

2.小组成员分工

第一步，小组分组，每组由4～6名成员组成。

第二步，小组完成表5-15和表5-16。

第三步，小组汇报计划，并根据教师建议进行修改和完善。

表5-15　小组成员分工决策

序号	操作人	任务
1		
2		
3		

表5-16　任务实施计划

序号	工作步骤	使用工具	注意事项	操作人
1				
2				
3				
4				
5				

四、任务实施

第一环节：教师讲解并进行演示。

由辅导教师首先讲解任务实施的内容和步骤。按照实验台架上的实物、示教板上的实物来讲解电器检测设备的使用方法。

第二环节：学生现场按照以下步骤实施任务。

第一步，根据实车电路图，拆画出卡罗拉电喇叭的电路图。

第二步，完成电喇叭的检查，填写表5-17。

表 5-17 检查记录表

名称	标准	测量	判断	处理方法
喇叭电源			正常□ 否□	
喇叭继电器			正常□ 否□	
喇叭保险			正常□ 否□	

第三环节:任务实施完成后,各小组负责清理工具和量具等,清洁地面卫生。

五、检验评估

通过电喇叭电路认知、电喇叭检修,对任务进行评估,并记录在表 5-18 中。

检查检修计划和任务实施工单,对学生掌握情况进行评估。

(1)各组汇报工作过程与过程中遇到的问题,并说明解决方法。

(2)自评与互评。

(3)老师点评、总结:学生的参与度、学习态度、专业能力、关键能力。

(4)老师填写《汽车电喇叭的检修》学业评估表 5-18。

表 5-18 学业评估表

评价内容	检验指标	权重	自评	互评	师评	总评
知识与技能(60 分)	1. 能叙述汽车电喇叭功用	3%				
	2. 能叙述电喇叭的类型	4%				
	3. 能叙述电喇叭电路图的组成要素	8%				
	4. 能根据电路图检测电喇叭	20%				
	5. 能在车上正确查找各电路组成	20%				
过程与方法(40 分)	1. 学习态度:主动参与学习,遵守纪律	5%				
	2. 团队合作:与小组成员分工合作,在小组完成任务过程中所起的作用	5%				
	3. 获取信息:获取学习所需信息、资料的方法与途径	5%				
	4. 方法能力:发现、分析、解决问题的方法与能力	10%				
	5. 创新意识:积极思考,不断改进维修方案	5%				
	6. 节能与环保意识:学习过程中注重节能,不污染环境	5%				
	7. 现场管理:服从工位安排、执行实训室“5S”管理规定	5%				
对学生综合评价与建议						

思考与练习

1. 常见的电喇叭类型有__________、__________、__________。
2. 电喇叭调整内容包括__________、__________、__________、__________。
3. 卡罗拉轿车电喇叭如何控制？
4. 一台轿车的电喇叭出现音量低的故障，请介绍如何调整？

项目六
汽车仪表与警报系统的检修

任务 6.1　汽车仪表系统的认知

案例引入

小李舅舅家修理厂来了一辆本田雅阁轿车，行驶 4 年，里程 8 万 km，最近出现了仪表板出现多个指示灯闪烁的故障现象。小李想解决这个故障，但是还没搞明白这些指示灯的含义。那么，汽车仪表板上都有哪些常见的指示灯？各有什么功能呢？

任务要求

1. 能描述不同车型的汽车仪表装置的功能、组成、特点。
2. 能够描述汽车常见仪表的作用、结构及原理。
3. 能完成汽车仪表设备维护与更换作业。

一、知识学习

(一)汽车常见仪表设备的种类

为了便于驾驶员随时了解汽车的工作状况，如发动机转速、冷却水温度、机油压力等，汽车上都设置有各种仪表，实现不同的功能。仪表系统是车辆与驾驶员进行信息沟通的最重要、最直接的人机界面，驾驶员通过仪表系统的信息及时了解整车运行状况，保证汽车安全行驶，并及时发现和排除车辆存在的故障。

汽车仪表系统通常是由仪表、指示灯，警告灯和警报器等组成。传统仪表板上应用的是机械式的速度表和里程表、电热式油量和水温表等。图 6-1 所示为桑塔纳轿车早期仪表。这种仪表的特点是外界传感器直接接到表内线圈上，传感器电阻变化导致线圈电流变化，进而在线圈内产生磁场变化，控制指针转动。

由于机械式仪表存在显示信息少、视觉特性不好、易使驾驶员疲劳、准确率低等缺陷，难以满足人们对汽车性能越来越高的要求。因此，电子化和信息化成为汽车仪表的发展主要方向，电子显示组合仪逐渐成为汽车仪表发展的主流。

图 6-1　桑塔纳 2000 轿车仪表

电子显示组合仪表与常规的机械式表相比，具有以下优点：电子显示组合仪表显示精确度高、信息刷新快，且能提供大量复杂的信息；易于使用数字进行分时显示，可使表盘得到简化；采用数字显示，驾驶员可以选择仪表的显示内容，大多数系统还能让有潜在危险情况的仪表自动显示。例如，水温表和机油压力表共用一块仪表显示，如果驾驶员选择了显示机油压力，而当时发动机温度已升到设定上限，则仪表自动显示水温，并发出警报，以提醒驾驶员注意。不过很少有车采用仪表分时显示，而是多加一块仪表。只要有足够的存储器，LED 图形造型的自由度就会更高，为仪表盘造型的设计提供了有利条件。

1997 年年末，我国开始生产电控发动机的汽车，仪表也进入高速发展时期。现代仪表一般如图 6-2 所示为标准四表加 LCD(液晶)段码显示，图 6-3 所示为带中央显示的大众仪表，图 6-4 所示为丰田真空荧光投影反射式仪表。

图 6-2　标准四表加 LCD 段码显示

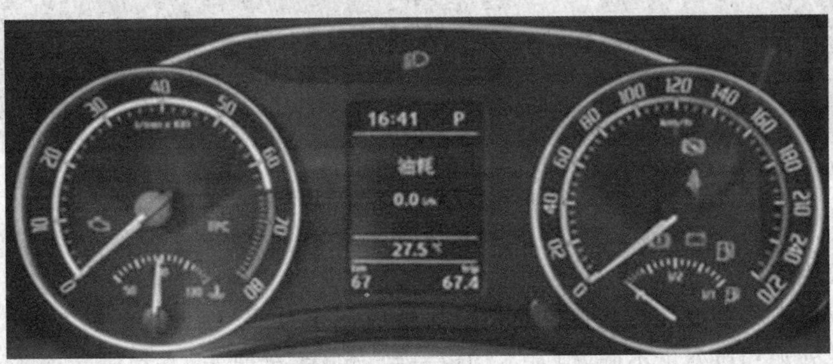

图 6-3　带中央显示的仪表

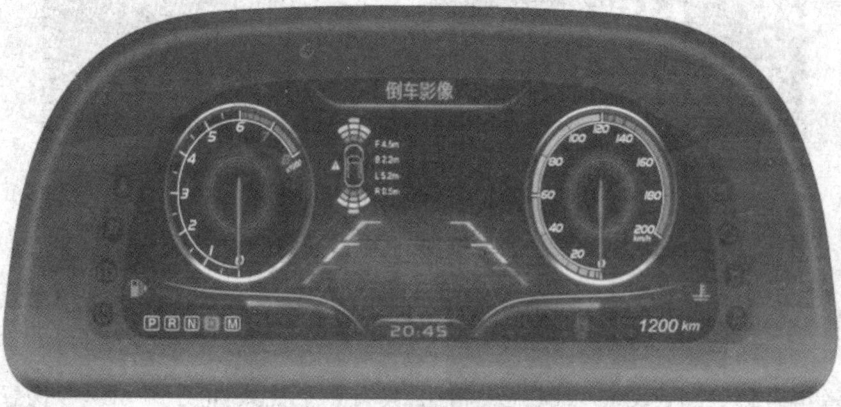

图 6-4　真空荧光投影反射式仪表

现代指针仪表多采用步进电动机和十字线圈式两种驱动方式，多为两相步进电动的形式。随着数字式仪表的普及，使用 LCD 和 LED 的仪表板已成为现代轿车主流趋势，而且中、高档车用仪表板已由大屏显示汽车诊断信息和安全信息等。

大屏 LCD(液晶显示器)、LED(发光二极管)是显示的主流，真空荧光显示器(VFD)应用较少，主要在日本丰田车系中使用。过去仪表板指示灯和照明灯用灯泡被替换为贴片发光二极管，可靠性大大提高，避免了过去仪表指示灯泡或照明灯泡损坏后要拆表换灯泡的问题。薄膜场效应晶体管(简称 TFT- LCD)，即液晶平板显示器，它是唯一在亮度、对比度、功耗、寿命、体积和重量等综合性能上全面赶上和超过 CRT 的显示器件，它的性能优良，大规模生产特性好，自动化程度高，原材料成本低廉，发展空间广阔，将迅速成为 21 世纪的主流产品。采用大型 TFT-LCD 显示一切的全图形显示板(图 6-5)，开始配置在部分高级车里。变更行走模式显示，可进入显示夜视摄像机的图像和导航画面。

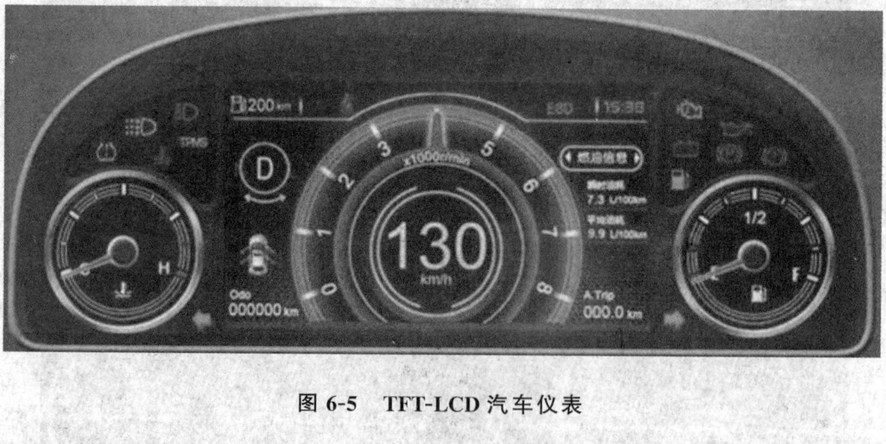

图 6-5　TFT-LCD 汽车仪表

(二)仪表组成

现代汽车通常将各仪表安装在仪表板上而组成一个总成，称为组合仪表板。组合仪表板因车型不同其外观和风格也不同，但基本构成一致，包括：车速表、发动机转速表、油量表等各种仪表和转向指示灯、充电指示灯、故障指示灯等，如图 6-6 所示。

图 6-6　组合仪表盘

1. 发动机转速表

用于指示发动机实时运转的速度，如图 6-7 所示。其信号一般是从点火系统的曲轴位置传感器获得转速信息。

2. 车速里程表

用于指示汽车实时行驶速度，并显示汽车累计行驶里程数，如图 6-8 所示。其信号一般是利用变速器输入轴的速度传感器获得信息。

图 6-7　发动机转速表

图 6-8　车速里程表

3. 水温表

用于指示发动机水温，水温过高则发出警报信号(量程的红色区域)，如图 6-9 所示。其信号一般是取自发动机水温传感器的信息。

4. 油量表

指示汽车燃油箱的油量，油量不足则发出警报信号(量程的红色区域)，如图 6-10 所示。其信号一般取自燃油箱中的浮子式燃油量传感器。

图 6-9 水温表

图 6-10 油量表

(三)状态指示灯和警报灯

为显示汽车各个系统的工作情况，防止不良工况的恶化，及时直观地提醒驾驶员注意，保证行车安全，从而设置了状态指示灯和警报灯，以及提供声音报警信号的蜂鸣器。状态指示灯和警报灯一般都集成在组合仪表内。灯泡多采用 2 W 的白炽灯泡或者发光二极管，在灯泡前有滤光片，以使灯泡发黄或发红。由于刚起动发动机时，ECU 进行系统自检，指示灯和故障灯等通常会点亮并维持几秒钟，然后自动熄灭，则表示正常；如果指示灯和警报灯维持不熄灭，则表明相应的系统出现故障，需进行检修。

1. 状态指示灯和警报灯等级

汽车状态指示灯和警报灯的说明如表 6-1 所示，其图形符号和颜色都沿用国际通用的标准。按照不同颜色区分指示信号的重要性等级：

(1)红色：如图 6-11(a)所示，与安全性关联性大，一旦红色指示灯持续闪烁，必须立即停车进行检修。

(2)绿色：如图 6-11(b)所示，反映当前汽车或某个系统的工作状态，绿色通常表示该系统处于运行状态，如巡航控制系统、车道辅助系统、车身稳定控制系统等。

(3)黄色：如图 6-11(c)所示，反映某个系统或总成部件工作异常，需就近停车以检修。

警报灯一直点亮或发动机运转时闪烁，说明相关单元出现故障。例如“发动机机油压力低”、“制动液液位低”“冷却液温度高”和“电子制动力分配系统故障”警告灯相连。在点火开关打开时灯亮自检，但无故障时会熄灭，如果在发动机运转时该灯闪烁，则应立即停车。

2. 常见的指示灯和警报灯作用

当被监测的系统或总成工作不正常时，指示灯或警报灯的开关自动接通而发亮，以提醒驾驶员注意，如大灯、尾灯故障警报灯、水温警报灯、机油压力警报灯等。常见的指示灯和警报灯图形符号、作用及检查方法如表 6-1 所示。

(a) 红色信号（需立即停车检修）

(b) 绿色信号（指示行驶状况）

(c) 黄色信号（需就近停车检修）

图 6-11　汽车常见指示灯和警报灯符号

表 6-1 常见指示灯和警报灯符号作用

序号	名称	图形	颜色	功率/W	作用
1	蓄电池液面过低警报灯		红	1～4	蓄电池的液面低于规定量时，灯亮
2	机油压力过低警报灯		红	1～4	发动机机油压力低于规定值时，灯亮
3	充电指示灯		红	1～4	接通点火开关，发电机不发电时，灯亮
4	预热指示灯	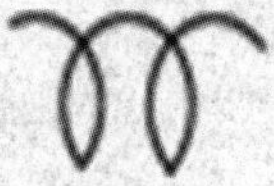	黄	1～4	点火开关闭合，灯亮；预热结束后，灯灭
5	燃油滤清器积水警报灯		红	1～4	燃油滤清器内积水时，灯亮
6	远光指示灯		蓝	1～4	开启远光灯时，灯亮
7	散热器液量不足指示灯		红	1～4	散热器的液量比规定量低时，灯亮
8	转向指示灯	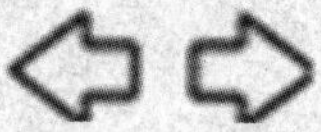	红	1～4	开启转向灯时，灯闪烁
9	驻车制动警报灯		红	1～4	驾驶员拉手制动时，灯亮
10	制动器失效警报灯		红	1～4	制动器失效时，灯亮
11	燃油不足警报灯		黄	1～4	燃油余量低于 10 L 时，灯亮

续表 6-1

序号	名称	图形	颜色	功率/W	作用
12	安全带警报灯		红	1～4	行车时，驾驶座或副驾驶座未系安全带，灯闪烁
13	车门未关警报灯		红	1～4	车门未全关，灯亮
14	制动灯失效警报灯		黄	1～4	制动灯或高位制动灯损坏，灯亮
15	洗涤器液面过低警报灯		黄	1～4	风窗洗涤液低于规定量，灯亮
16	安全气囊警报灯	AIR BAG	黄	1～4	安全气囊失效时，灯常亮
17	ABS失效警报灯	ABS	红	1～4	ABS失效时，灯常亮
18	发动机故障警报灯		红	1～4	发动机电控系统故障，灯常亮

(四)机械式仪表结构与原理

1.机油压力表

由机油压力表和机油压力传感器两部分组成。其中，机油压力表安装在组合仪表内，机油压力传感器安装在润滑主油道上。目前，国内外较多车型已取消了机油压力表，用机油压力警报灯代替。

机油压力表最常用的为电热式机油压力表(也称为双金属片式机油压力表)，其电路如图6-12所示。机油压力表内装有中双金属片，其上绕有加热线圈，线圈两端分别与机油压力表接线柱相接，机油压力表接线柱与机油压力传感器相接，机油压力表接线柱经点火开关与电源相接。双金属片的一端弯成勾形，扣在指针上。机油压力传感器内部装有膜片，其下腔与发动机润滑主油道相通，机油压力直接作用到膜片上，其上方压着弹簧片，簧片一端与外壳固定并搭铁，另一端焊有触点，双金属片上绕着加热线圈，线圈的一端焊在双金属片的触点上，另一端焊在接触片上。

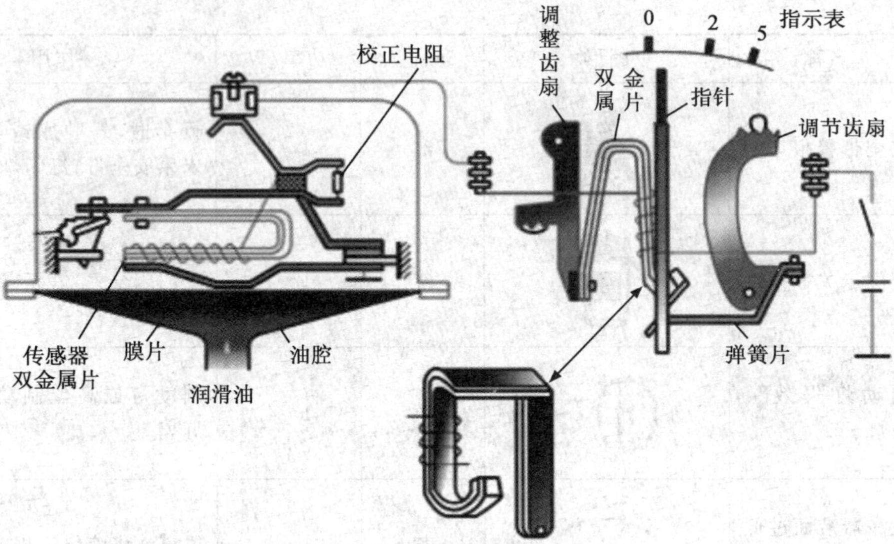

图 6-12 机油压力表电路

机油压力表工作过程如下：

(1)当点火开关闭合时，电流表的电路为：蓄电池正极→点火开关→机油压力表接线柱→机油压力表内双金属片的加热线圈→机油压力表接线柱→机油压力传感器接线柱→接触片→机油压力传感器内双金属片上的加热线圈→触点→弹簧片→搭铁，回到电源负极。

(2)电流通过电流表内双金属片的加热线圈时生热就会使双金属片变形，带动指针偏转。发动机正常工作时，机油压力正常值为：低速时不低于 0.15 MPa，高速时不高于 0.5 MPa。

①当机油压力较低，则传感器膜片变形量很小，作用在触点上的压力也很小。通电时，由于电流流过，温度有所上升，双金属片相应产生一定的变形量，使触点断开，从而切断电路；当温度下降，双金属片恢复原状，触点又接通电路，循环工作。因触点压力小，分开时长，接触时短，平均电流小，压力表内双金属片变形小，指针偏转量小，指示低油压。

②当机油压力升高，则传感器膜片变形增大，作用在触点上的压力也增大，传感器内双金属片被压向上弯曲，需要通电时间长双金属片变形量大才能使触点分开，切断电路；当温度下降，触点又接通电路，循环工作。因此，机油压力升高时，触点分开时短，接触时长，平均电流大，压力表内双金属片变形大，指针偏转量大，指示高油压。

③为使油压压力表指示值不受外界温度变化影响，双金属片做成“Π”形的两臂结构，其中有加热线圈的臂为“工作臂”，另一臂为“补偿臂”。补偿臂的作用是：当外界温度变化而引起工作臂变形时，由补偿臂的相应变形进行补偿，以减小误差。

2.冷却液温度表

其组成包括温度传感器和冷却液温度指示表两部分，如图 6-13 所示。其中，冷却液温度指示表安装在组合仪表内，温度传感器安装于发动机水套上。

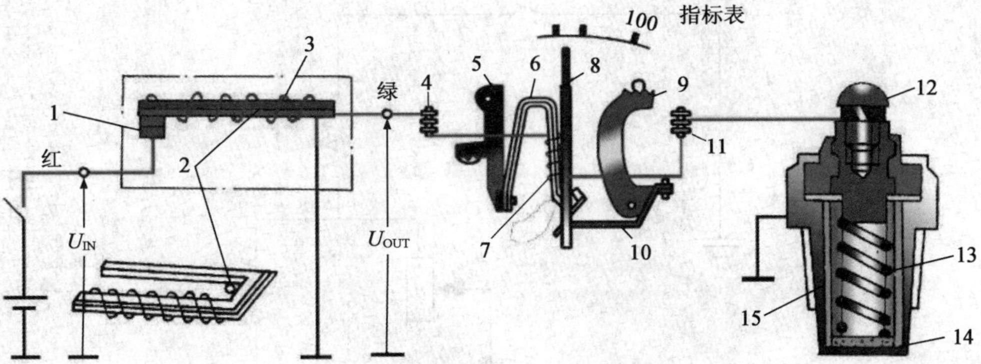

图 6-13　冷却液温度表的工作电路

1-触点　2、6-双金属片　3、7-加热线圈　4、11、12-接线柱　5、9-调节齿扇　8-指针
10、13-弹簧　14-热敏电阻　15-冷却液温度传感器外壳

电热式冷却液温度表的工作原理与机油压力表类似。发动机正常工作水温应在75～90℃之间，双金属片变形最大时指示低温，变形最小时指示高温。主要由热敏电阻、弹簧、壳体等组成。热敏电阻下端通过壳体接地，上端通过弹簧与导电柱、接线柱相通。按照热敏电阻的温度特性，可分为负温度系数热敏电阻和正温度系数热敏电阻。

(1)负温度系数的热敏电阻：由二氧化钛与氧化镁的混合物、氧化镍与氧化锰的混合物或氧化锰、氧化镍、氧化钴的混合物等半导体材料制成。其电阻值与温度呈反比关系，即温度升高时其阻值变小，温度降低时其阻值变大。目前，汽车上的温度传感器多采用负温度系数特性的热敏电阻。

(2)正温度系数的热敏电阻：由半导体钛酸钡为基本材料制成。其电阻值与温度成正比关系，即温度升高时其阻值增加，温度降低时其阻值也减小。

3.燃油表

其组成包括：燃油表、传感器及浮筒。对双油箱系统在各油箱均有一个浮筒和一个传感器，由开关切换，如图6-14所示。

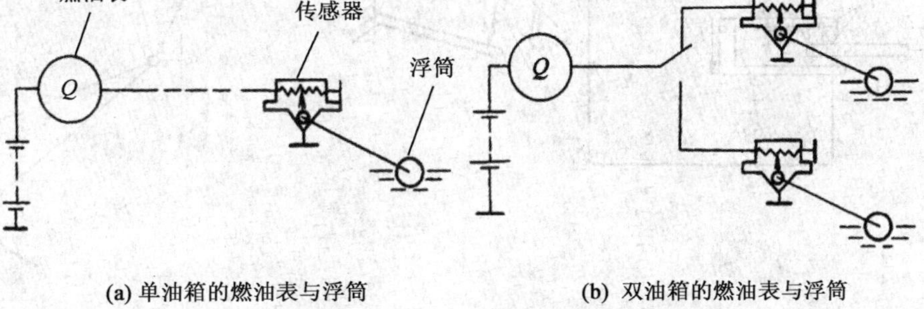

(a) 单油箱的燃油表与浮筒　(b) 双油箱的燃油表与浮筒

图 6-14　油箱与燃油表的连接

(1)电磁式燃油表。

①组成：左线圈、右线圈、指针、转子、可变电阻、滑片和浮子等，其等效电路如图6-15所示。

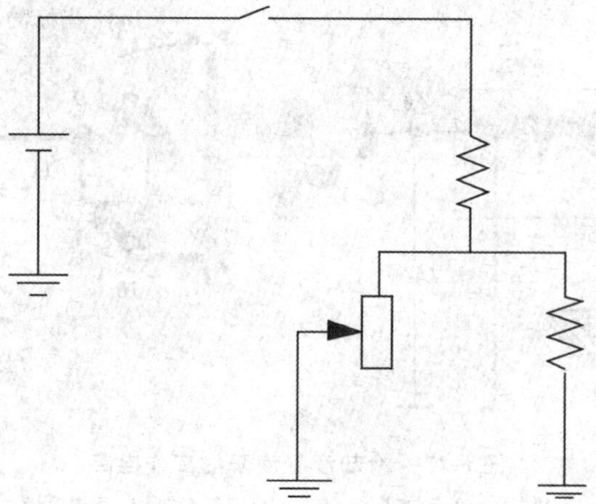

图 6-15 电磁式燃油表的等效电路

②工作原理:当燃油液面变化时,浮子位置发生变化,浮子上的永磁体与线圈的相对位置发生变化,产生的感应电也发生相应的变化,从而拉动指针转动。

③该电路附加了可变电阻(阻值约为 65 Ω),其一端搭铁可避免滑片与电阻接触不良时产生火花发生火灾。

(2)电热式燃油表。

①组成:如图 6-16 所示,主要包括滑动变阻片、可变电阻、浮子、双金属片、指针、稳压器双金属片、电阻丝等。

②工作原理:油量多时,浮子上升,传感器阻值减小,流过表中电热线圈的电流增加,双金属片变形大,指针指向燃油多的一侧;反之指向燃油少的一侧。

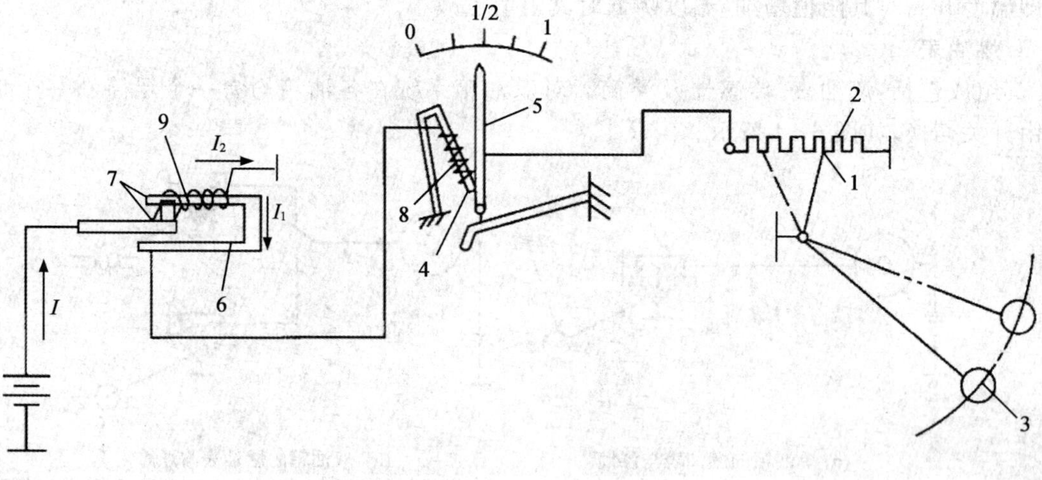

图 6-16 电热式燃油表

1-滑动变阻片 2-可变电阻 3-浮子 4-双金属片 5-燃油表指针 6-稳压器双金属片 7-触点 8-燃油表电阻丝 9-稳压器电阻丝

(五)电子式仪表结构与原理

1.直接显示式仪表

现代汽车所采用的电子显示组合仪表利用各种传感器传来的信号,并根据这些信号进行计算,以确定车辆的行驶速度、发动机转速、发动机冷却液温度、燃油量以及车辆其他情况的测量数据,并将这些数据以指针、数字或条形图的形式显示出来。汽车电子仪表多采用八位或十六位单片机,由具有多路大电流输出的步进电动机十字交叉线圈的驱动控制;可直接驱动LCD液晶显示;带有在线可编程Flash Rom、SRAM存储器;具有低电压CPU复位检测功能;具有CAN通道;采用多通道8/10位A/D转换技术;具有多路8/16位输入捕捉通道等。仪表的基本功能如图6-17所示。仪表板从水温传感器、燃油位置传感器采集的信号经仪表处理器内置的A/D转换器转变成相应的数字信号。车速表传感器、发动机转速传感器频率信号有的要整理成方波信号进入仪表微处理器,再经软件处理为数字信号。仪表处理器控制四个步进电动机的两相线圈换流转动,即可显示基本四表的内容。若有气压表,则储气筒上有气压传感器,若有电压表,则直接采集发机发出的电压。步进电机会增加两个共计六个LCD屏的图形、文字内容是存储好的一帧一帧的数据,在显示屏上一帧一帧显示出来,显示哪帧数据由外部触发。仪表照明灯、警告灯、指示灯采用LED,对于照明灯LED还可由外部触发进行PWM调光,几乎所有仪表内都有内置的蜂鸣器进行声音警告,若存在故障需要提醒司机时蜂鸣器会发出声音。

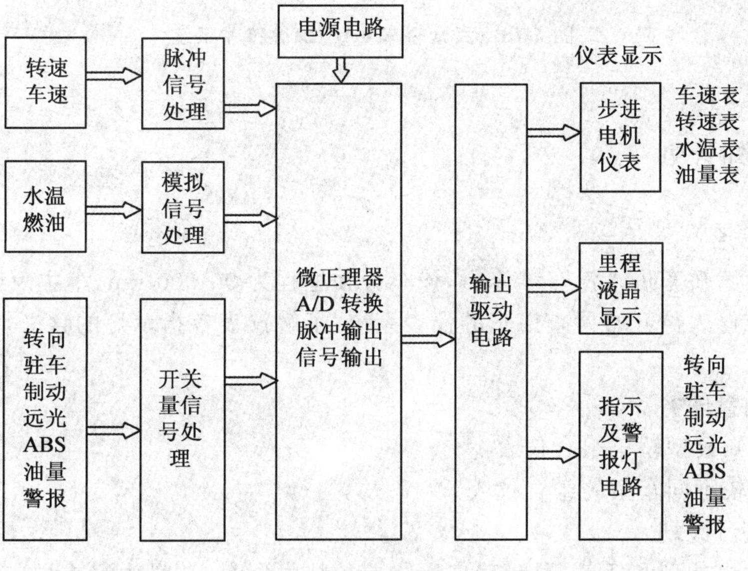

图6-17　仪表系统的功能

2.CAN总线信号传输系统

现代汽车仪表为减少通入仪表的导线数量,采用CAN总线共享整车各电控控制单元信号。以大众系列轿车CAN总线控制系统为例,高尔夫轿车动力CAN数据总线连接了多个控制节点,如图6-18所示,包括仪表ECU、变速器ECU、发动机ECU、安全气囊ECU等。近年来有整车采用全数字化管理的方式出现,即用电控单元把所有的信号全转化为数字量,油耗信号、驻车开关、机油开关等采用传感器把信号送到仪表,更多数据由其他控制单元发到CAN

总线上共享。仪表作为汽车中的控制节点之一，随时与CAN网络进行通信，并将重要的车辆信息显示出来提供给驾驶员参考以了解车况。例如，电控发动机控制单元将发动机转速信号放到CAN总线上，仪表控制节点可通过CAN总线共享发动机转速信号，并通过显示屏显示发动机转速信息。

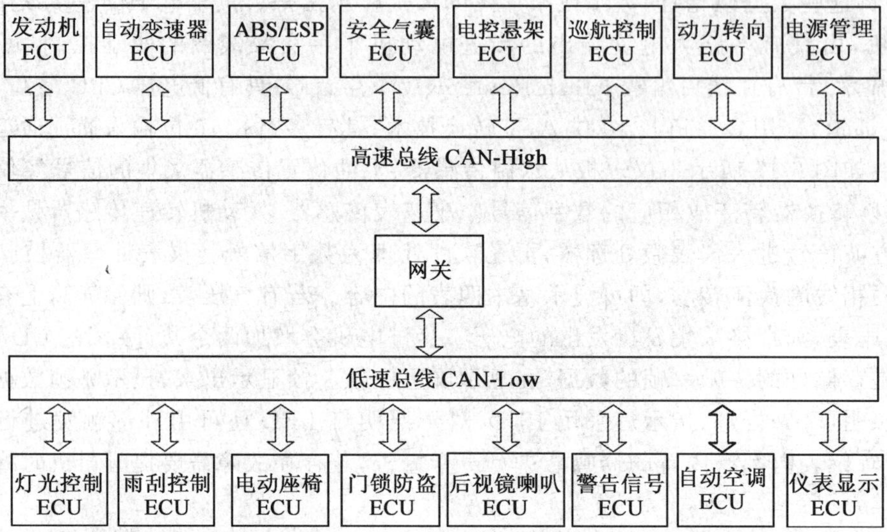

图 6-18　大众轿车 CAN-BUS 传输系统

二、制订认知计划

(一)岗位任务

一辆大众迈腾轿车进入汽车维修厂，该车行驶里程为90 000 km，车主反映该车多个仪表指示灯常亮。维修人员开始检查该车的仪表系统，了解仪表各指示灯的含义，详细记录并做出处理意见。

(二)教师布置任务

任务1　认知典型轿车组合仪表

任务2　比较不同车型的组合仪表

(三)小组制订计划

请根据发动机类型和任务要求，确定所需要的技术资料，并对小组成员进行合理分工。

1. 需要的技术资料

(1)丰田轿车、大众轿车各1辆；(2)常用工具3套；(3)仪表维修手册3本。

2. 小组成员分工

第一步，小组分组，每组由4～6名成员组成。

第二步，小组完成表6-2和表6-3。

第三步，小组汇报计划，并根据教师建议进行修改和完善。

3.制订计划

表 6-2　小组成员分工决策

序号	操作人	任务
1		
2		
3		

表 6-3　任务实施计划

序号	工作步骤	使用工具	注意事项	操作人
1				
2				
3				
4				
5				

三、任务实施

第一环节:教师讲解并进行演示。

由辅导教师首先讲解丰田轿车仪表系统组成。按照试验台架上的实物、示教板上的实物来讲解各仪表功能、组成及操作方法。

第二环节:学生现场按照以下步骤实施任务。

1.仪表系统认知。观察图 6-19,写出仪表系统中所标注数字对应的仪表名称

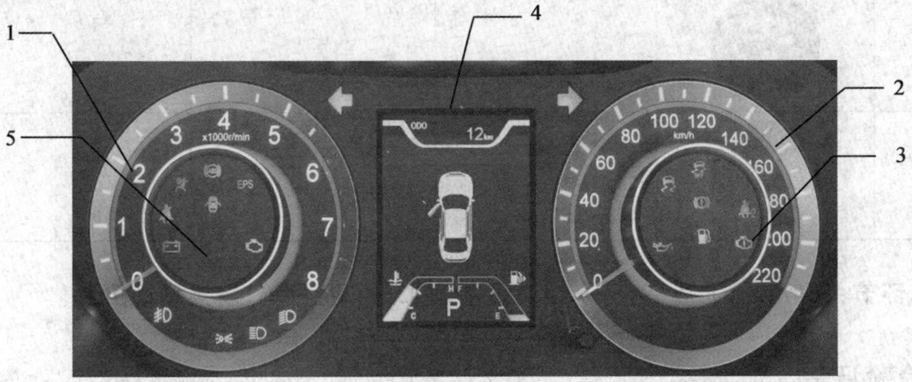

图 6-19　轿车仪表系统

1. ______________;2. ______________;3. ______________;

4. ______________;5. ______________

2. 接通汽车点火开关，观察并查找表 6-4 各指示灯和警报灯符号，完成表的填写。

表 6-4　指示灯和警报灯符号

序号	图形	名称	作用	点亮条件
1				
2				
3				
4				
5				
6				
7				
8				
9				

第三环节：任务实施完成后，各小组负责清理工具和量具等，清洁地面卫生。

四、检验评估

通过实际认知汽车仪表系统，对任务进行评估，并记录在表 6-5 中。

检查检修计划和任务实施工单，对学生掌握情况进行评估。

(1)各组汇报工作过程与过程中遇到的问题，并说明解决方法。

(2)自评与互评。

(3)老师点评、总结:学生的参与度、学习态度、专业能力、关键能力。

(4)老师填写《汽车仪表及警报系统的认知》学业评估表 6-5。

表 6-5　学业评估表

评价内容	检验指标	权重	自评	互评	师评	总评
知识与技能(60 分)	1.能叙述汽车仪表应用情况	3%				
	2.能叙述汽车仪表系统的特点	4%				
	3.能描述汽车报警装置功用	8%				
	4.能在车上正确找到对应的仪表装置	20%				
	5.能在车上正确认知仪表结构原理	20%				
过程与方法(40 分)	1.学习态度:主动参与学习,遵守纪律	5%				
	2.团队合作:与小组成员分工合作,在小组完成任务过程中所起的作用	5%				
	3.获取信息:获取学习所需信息、资料的方法与途径	5%				
	4.方法能力:发现、分析、解决问题的方法与能力	10%				
	5.创新意识:积极思考,不断改进维修方案	5%				
	6.节能与环保意识:学习过程中注重节能,不污染环境	5%				
	7.现场管理:服从工位安排、执行实训室“5S”管理规定	5%				
对学生综合评价与建议						

思考与练习

1.报警装置由__________和__________组成。

2.汽车常见的仪表有__________、__________、__________、__________、__________、__________、__________等。

3.机油压力表简称__________表或__________表,其作用是__________。

4.常用的水温表有__________式和__________式两类。

5.燃油表传感器安装在__________中,传感器为__________式的传感器。

任务 6.2　组合仪表的检查与故障维修

案例引入

小李舅舅家修理厂来了一辆大众帕萨特轿车，行驶 2 年，里程 5 万 km，最近出现了仪表灯不亮的故障现象。小李想解决这个故障，但是组合仪表的故障有什么维修要点呢？

任务要求

1. 能对组合仪表的故障进行排除，并能正确地更换组合仪表总成。
2. 掌握组合仪表设备维护与更换方法。
3. 掌握常见仪表系统的故障检测与排除方法。

一、知识学习

(一)组合仪表的介绍

1. 组合仪表的特点及组成

现代组合仪表最突出的特点是功能的模块化。通常要组装一块仪表，只需将几个功能模块定制在 PCB 电路板的基础上联合起来，就可以得到一个完整的系统。

目前仪表以指针式仪表为主，各个表头(最常见的有车速表、转速表、温度表、燃油表)都是独立的模块，提示/警报灯由 PCB 板上的灯泡或者发光二极管实现。图 6-20 所示为大众迈腾的汽车组合仪表示意图。

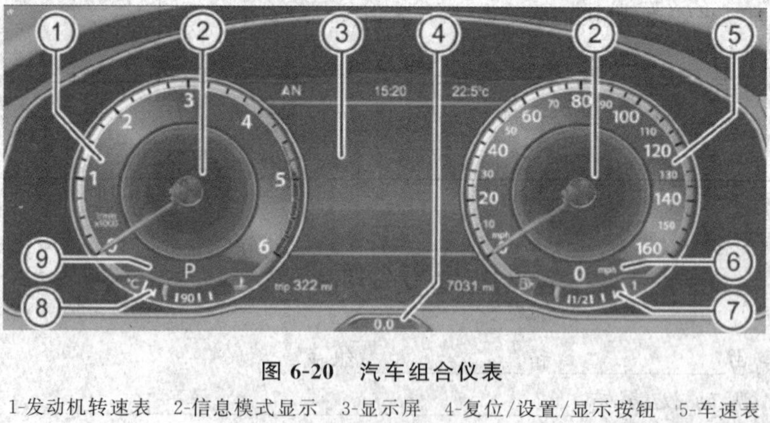

图 6-20　汽车组合仪表

1-发动机转速表　2-信息模式显示　3-显示屏　4-复位/设置/显示按钮　5-车速表
6-数字车速表　7-燃油表　8-发动机水温表　9-挡位信息表

如图 6-21 所示，电子式组合仪表盘中各个仪表不单独密封，而是装在一个大的仪表板外壳中，组成一个密封的整体，以方便维修人员进行分解或更换。若照明、警报灯或指示用灯泡和发光二极管损坏，从仪表盘外壳即可将灯泡更换。

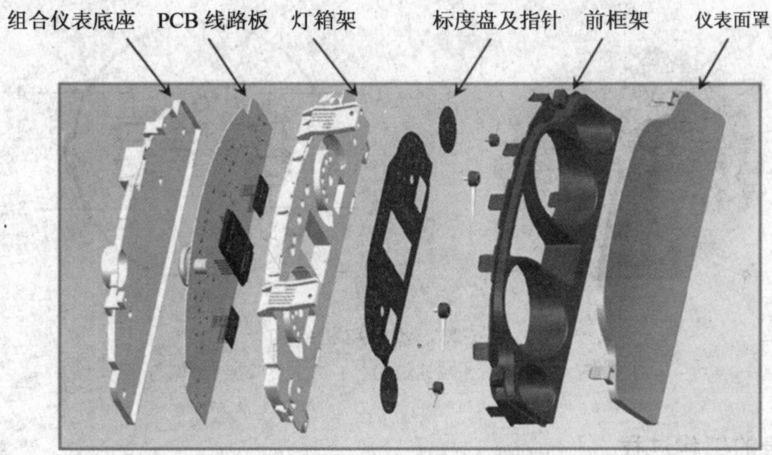

图 6-21　组合仪表分解示意图

组合仪表总成主要由电路板、仪表面罩、底壳组成。电路板是仪表的主体部分，安装有指示灯、控制器、步进电机。其中，核心部件是微控制器(Micro Control Unit，简称 MCU)和步进电机。

(1)MCU。如图 6-22 所示，仪表采用 MCU 处理各传感器的反馈信号，然后将里程、水温、燃油、发动机转速信号处理转化后输出到仪表的步进电机，驱动步进电机使仪表指针动作显示车辆信息。

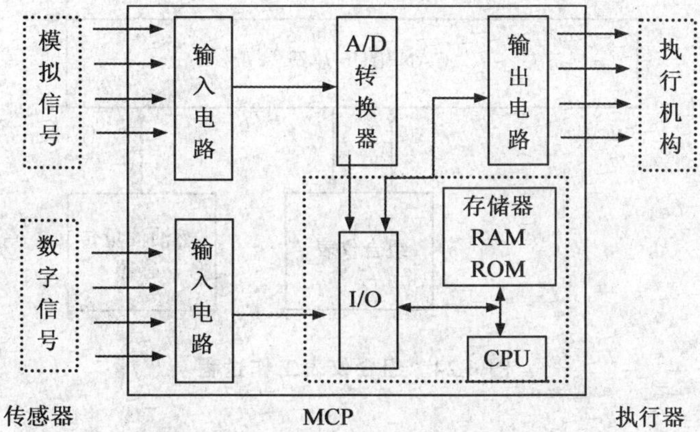

图 6-22　组合仪表电子控制框图

(2)步进电机。仪表步进电机是一种将电脉冲转化为角位移的执行部件，用于带动仪表的指针动作，是仪表指示的重要部件。步进电机的结构如图 6-23 所示，其内部有两组相同的定子线圈与工字形骨架，工字形交汇处有一内镶有永磁体的转子，转子上带有一套精密的齿轮组相接。N_1、N_2 分别为 2 个励磁绕组，如果对步进电机绕组输入一组脉冲信号转子将会转动，其角位移与脉冲数成正比，转速与脉冲频率成正比，脉冲信号的输入由仪表的 MCU 控制。

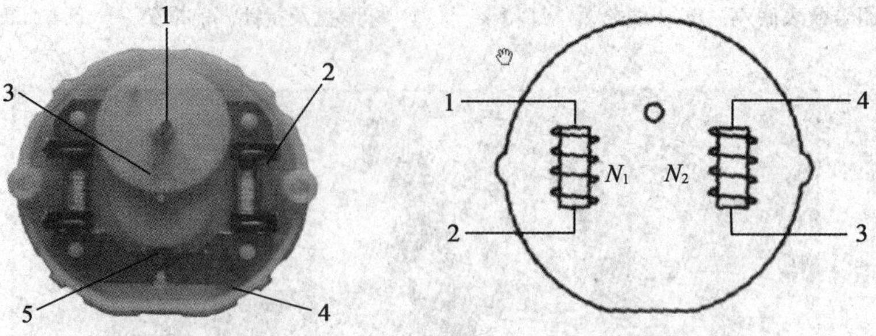

图 6-23 步进电机结构

1-转子 2-线圈 3-减速齿轮 4-工字形骨架 5-转子

2. 组合仪表的工作过程

电子式组合仪表各个表头均采用步进电机驱动。背景光照明灯和提示/警报灯采用发光二极管，里程显示采用液晶显示屏(LCD，逐点或段码显示)。各信号进入仪表经由单片机处理后驱动步进电机转动而带动指针转动。LCD 中还可以显示平均油耗、油箱剩余油量、续航里程、变速器挡位等信息，做成一个比较简单的行车电脑，如图 6-24 所示。

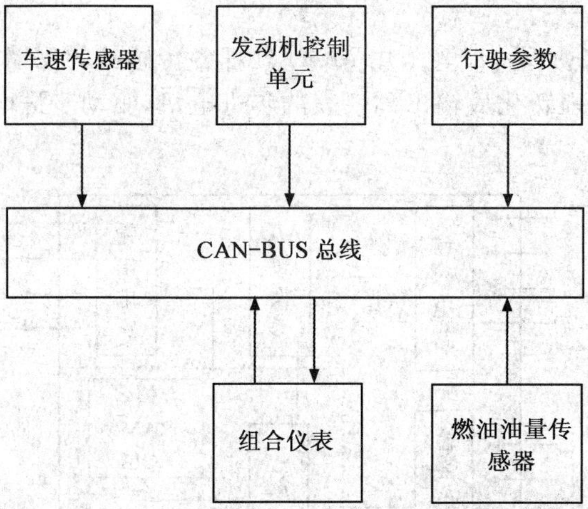

图 6-24 组合仪表工作过程

(二)仪表传感器

1. 发动机转速表信号采集点

(1)早期汽车上，可取发电机三相定子中的其中一相输出的信号作为发动机转速信息。

(2)在电控发动机上，发动机转速由发动机控制单元向仪表传送或通过 CAN 总线共享发动机转速。

如图 6-25 所示，曲轴位置传感器将齿圈转速转化成正弦电压信号，ECU 接收到正弦电压信号，其内部电路将正弦信号转化成规整的矩形波，并输送至仪表控制单元。仪表控制单元接收到脉冲信号，通过步进电机驱动指针偏转。

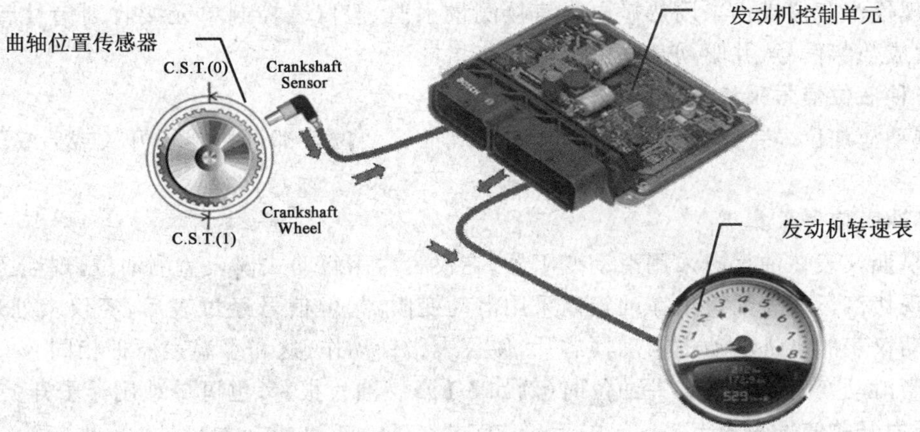

图 6-25　发动机转速表

2. 车速表/里程表信号采集点

汽车仪表不但能指示车速值，还能够显示行驶的里程数，里程表就起到此功能。其实里程表和车速表是相关联的，都反映的是汽车轮胎的行驶状况。

(1)早期汽车上，车速信号来自变速箱上的车速/里程表光电耦合器，由处理器计算频率。

(2)现代轿车采用电控系统，车速信号来自变速箱的车速传感器上，信号经过电控单元处理后，输送到仪表控制单元，通过步进电机驱动指针偏转，如图 6-26 所示。对于配备自动变速箱的车型，车速信号来自自动变速箱电控单元；部分车型以 ABS 的轮速信号转换计算出车速信息。

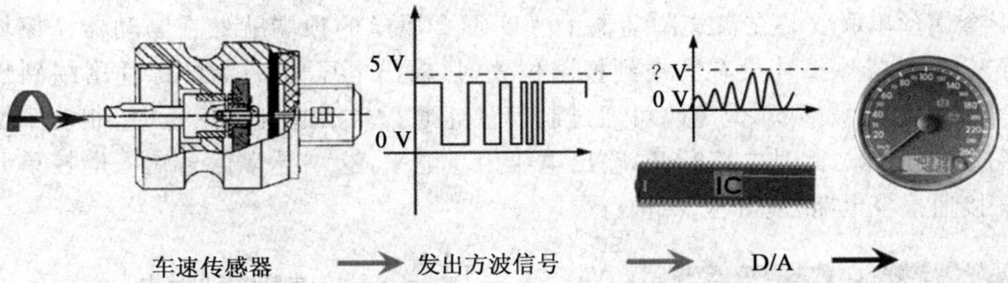

图 6-26　车速表

3. 蓄电池充电指示信号采集点

(1)早期蓄电池充电指示灯的正极接蓄电池正极，另一端通过组合继电器搭铁。当发电机不发电，蓄电池充电指示灯亮；当发电机发电时，发电机控制指示灯负极端为发电机输出电压，指示灯因无电压熄灭。

(2)现代轿车大多是通过发电机的电压调节器和仪表之间采用频率或占空比信号点亮充电灯，表示发电机发电不良。

4. 各种温度信号采集点

(1)早期仪表采用热敏电阻在发动机水套上直接测量水温，利用回路电流来触发热电仪表，这种方式现已淘汰；对于发动机高温、车外低温结冰这样的温度开关信号可直接触发仪表灯。

(2)现代汽车仪表仍采用热敏电阻直接测量水温,但仪表控制单元接收到信号后,将模拟信号转化成数字信号,并驱动步进电机使仪表指针动作。

5.各种液位信号采集点

如制动液油位、转向机油位、喷水壶水位、燃油箱油位等都可用浮子开关或舌簧开关检测采集。

6.燃油表信号采集点

(1)早期仪表在油箱内采用滑动变阻器,在仪表内用磁动式仪表监测油位,现在已淘汰。

(2)现代汽车的燃油表仍在油箱内采用滑动变阻器,但信号经过表后,经仪表处理成数字信号,驱动仪表的步进电动机驱动器芯片,使仪表指针动作,这和水温表原理相同。

注:当滑动变阻器达到某一油位时(例如 5 L),燃油表报警,也可单独用浮子开关报警。

7.压力开关信号采集点

(1)机油压力采用膜片式开关,机油压力过低时触发仪表灯或蜂鸣器报警。

(2)气压开关采用膜片式开关或压力传感器,因为是开关信号,故可直接控制指示灯,一般不用进仪表处理,再驱动指示灯。这类开关电源都来自仪表,控制比较简单。

(3)若压力信号作为微控制器的输入,则指示灯受仪表微控制器控制。

8.制动蹄片磨损量信号采集点

将导线埋入刹车蹄片中,利用刹车盘即是金属搭铁特性产生信号,反映制动蹄片的磨损程度。当摩擦片磨损量超过磨损允许的限度时,通常有两种检测摩擦片磨损情况的方法:一种方法是磨损使检测传感器本身磨断(国内多采用这种方法);另一种方法是磨损使制动盘接触到检测传感器构成检测回路。

如图 6-27 所示,摩擦片上装有磨损检测传感器,该传感器实际上是 U 形金属丝,两个前车轮 U 形金属丝串联安装在盘式制动器上。U 形金属丝的顶端就处在制动器摩擦块的磨损极限位置上,制动器摩擦片没有磨损到极限位置时,输出电压为 0;当摩擦片磨损到规定限度时,U 形金属丝部分被磨断,但电路可通过制动盘连通。当抬起制动踏板时,制动摩擦片和制动盘间形成制动间隙,此时电路断开,输出电压为高电平,这一异常信号输入电控单元中或通过电阻 R 接通报警电路,使灯泡点亮。

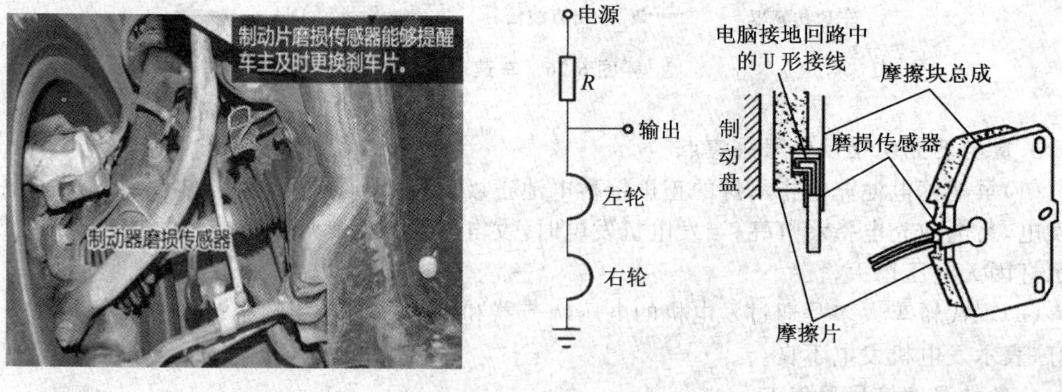

(a) 安装位置　　(b) 电路结构

图 6-27　磨损检测传感器的安装位置及电路结构

9.行车油耗、平均油耗、短里程记数

行车油耗由发动机电脑向仪表传送的喷油器开启时间或流量计信号确定，平均油耗由仪表根据里程和油箱剩油位置等确定，短里程记数由驾驶员按下重新对里程进行累积。

(三)组合仪表信号

1.机油压力开关和机油传感器

(1)普通型机油压力开关和机油传感器。机油压力警报装置的报警开关如图 6-28 所示，一般装在机油滤清器之后缸体的主油道上，称作低压开关。当机油压力低于一定值时开关闭合，报警开关接通报警灯电路，警告灯点亮以提醒驾驶员注意。在仪表上可用指示灯，也可附加蜂鸣器警示。有的轿车为了监测机油滤清器堵塞，在油泵后、机油滤清器前另加了一个高压开关，当机油滤清器堵塞后、机油压力升高时开关断开。

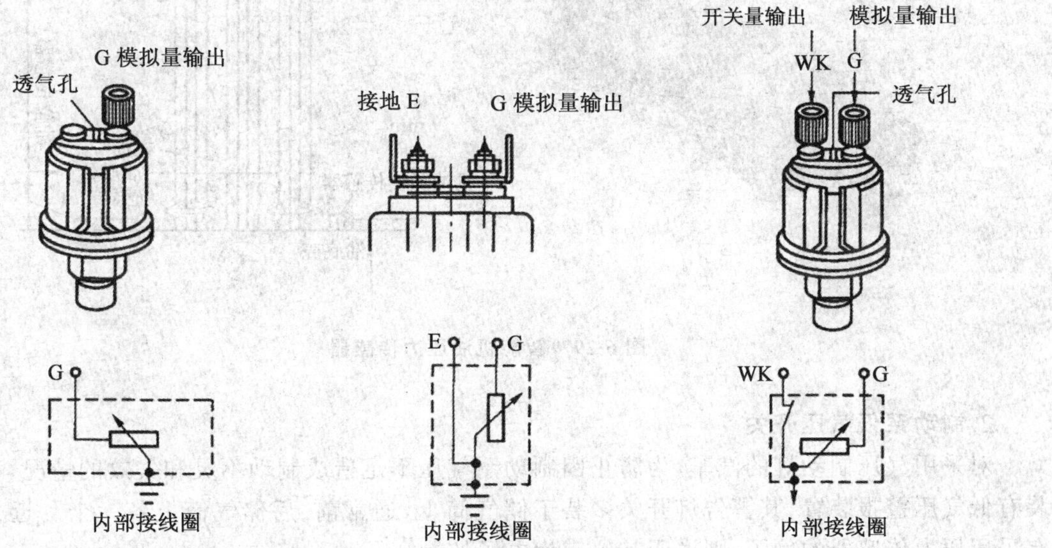

图 6-28　机油压力开关和压力传感器

机油压力开关或机油压力传感器两者的壳体外表有压力触发范围，外壳不标压力触发范围的，轴向端面会标压力触发范围。德国 VDO 单线机油压力传感器外壳接地，接线处标有 GK 字母，上接仪表的机油压力表负极，额定电压为 6～8 V，电阻值为 10～184 Ω。德国 VDO 双线带报警机油压力传感器外壳接地，接线处标有 W、GK 字母，W 上接仪表的警报灯负极，GK 上接仪表的机油压力表负极，额定电压为 6～24 V，电阻值为 10～184 Ω。

注：轿车只有机油压力开关，没有机油压力传感器，即只有 WK 这条线而无 G 线。机油故障灯亮是压力降低还是机油压力开关损坏(开关内部损坏闭合)，判别方法是听发动机噪声是否正常或从发动机加油口看凸轮轴的润滑情况。

大众汽车采用高压和低压两个压力开关，低压机油压力开关为“常开型”，位于滤清器后部的油道上，用于监测曲轴、凸轮和液压挺柱等工作间隙是否正常，高压机油压力开关为“常闭型”，位于机油滤清器前，用于检测滤清器是否堵塞。常开型和常闭型是指不安装在发动机上时开关的状态，装到发动机油道上后，开关状态完全取决于机油压力。

(2)智能机油传感器。智能机油传感器是近几年应用在高档车上的装置。机油传感器可以安装在油底壳中，以便于精确记录机油油位高度、机油温度和机油状况，如图 6-29 所示。机油传感器包括两个桶形电容器，这两个电容器一个装在另一个上面。机油质量由下一部分进行检测，机油油位由上一部分来确定。

该传感器测量原理如下。如果因为磨损或添加剂的分解导致了机油状况的变化，那么充满机油的电容器的电容量就会发生变化。电容量的变化经过集成电路的处理而转变为数字信号，这个数字信号别传送给发动机控制单元。发动机控制单元对此信号进行处理，从而计算出下一次换油维护的时间。该信号通过显示器显示出来，告诉驾驶员机油油位的情况。同时，为了测量机油温度，将机油温度传感器 NTC 集成在机油传感器中。

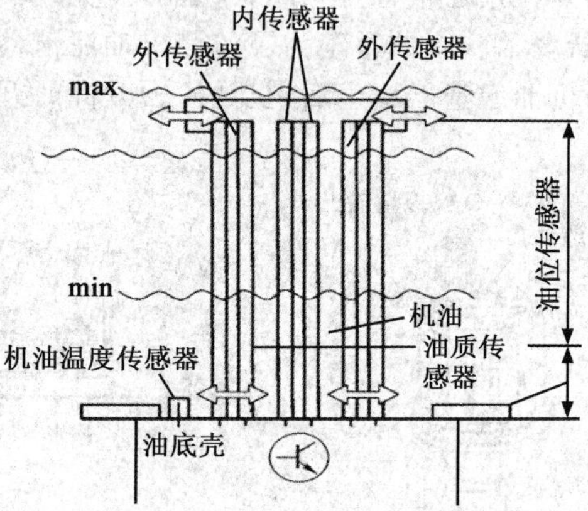

图 6-29 智能机油压力传感器

2. 制动系低气压开关

对采用气压制动灯的汽车，为防止因制动系气压不足造成制动不灵和失效的情况，一般都装有低气压警报装置，其警告灯开关多装于储气筒上，通常前、后储气筒上各一个。近几年也有采用压力传感器的例子，则说明其仪表为电子控制。

3. 两种液面警告灯装置

分为舌簧开关式和热敏电阻式两种。

(1)舌簧开关式。制动液面警告灯开关装在制动主缸的储液罐内，如图 6-30 所示。

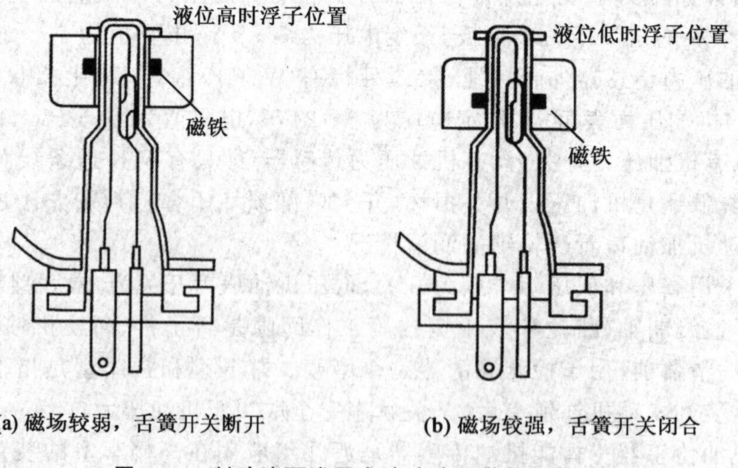

(a) 磁场较弱，舌簧开关断开　　(b) 磁场较强，舌簧开关闭合

图 6-30 制动液面或风窗清洗液面警报开关

舌簧开关外壳的表面套装着浮子，浮子上固定有永磁体，外壳内部装有舌形开关，舌形开关的两个接线柱与警报灯和电源相连，当制动液面在规定值以上时，浮子浮在靠上的位置，永磁体的吸力不足，舌形开关在自身的弹力作用下保持断开的状态；当制动液面下降到一定值时，浮子位置下降，舌形开关在永磁体吸力作用下闭合，警报灯点亮。图 6-31 为舌簧开关实物。

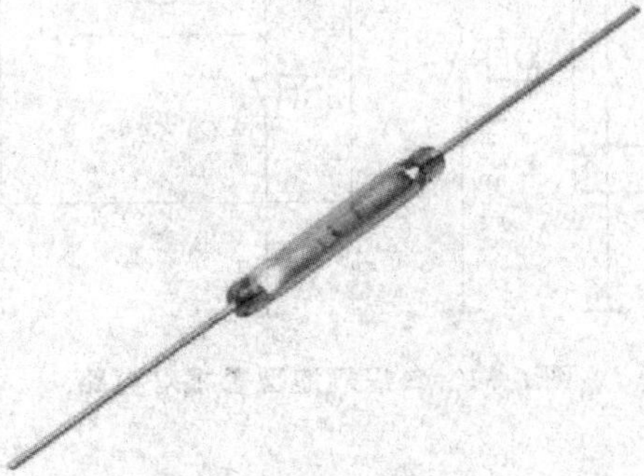

图 6-31　舌簧开关实物

(2)热敏电阻式。在监测燃油箱油位时，在接近油箱底部加装热敏电阻，当油箱内油量减少到一定位置时，热敏电阻开始露出油面，其散热慢，阻值随之发生变化，油量警报灯自动点亮，以提醒驾驶员注意补充燃油。

4.水温异常开关

当发动机冷却液温度上升到一定程度时，警报灯点亮。早期的汽车上常用电热式温度开关控制警报灯点亮。目前，大多车型上采用水温传感器代替温度开关，由仪表控制单元处理后决定是否点亮指示灯。

(四)组合仪表常见电路分析

组合仪表的硬件电路主要由电源电路、信号采集电路、仪表控制器处理电路、仪表和指示灯驱动电路以及仪表和指示灯等组成。

1.分类

(1)白炽灯泡型警报灯电路。一般汽车普遍采用楔形仪表灯泡作为指示灯和警报灯光源。以解放 CA1092 型汽车警报灯电路为例，其电路如图 6-32 所示。接通点火开关后(置于 ON 挡)，充电指示灯通过继电器常闭触点构成回路而发亮，油压过低警报灯因油压开关闭合也发亮。发动机起动后，充电指示灯因发电机中性点接线柱 N 向继电器供电，继电器触点断开而熄灭；油压过低警报灯因发动机建立了油压，在油压作用下机油压力开关断开而警报灯熄灭。当驾驶员拉起手制动器时，驻车制动开关接通(Ⅱ挡)而驻车制动指示灯发亮，而在驻车制动解除后(Ⅰ挡)驻车制动指示灯熄灭。

(2)发光二极管型警报灯电路。有些轿车如桑塔纳、捷达等常用发光二极管作为警报灯。发光二极管警报灯具有结构简单、寿命长、耗电少、鲜艳美观、易于识别等特点。电路一般增设降压电阻及电子驱动控制器，较白炽灯泡型仪表警报灯复杂，如图 6-33 所示。

①机油压力报警灯由气缸盖上的低压机油压力开关、机油滤清器支架上的高压机油压力开关及仪表内的电子控制器控制。接通点火开关 ON 挡，充电指示灯亮，机油压力报警灯亮但蜂鸣器不响。发动机发动后，充电指示灯和机油压力报警灯熄灭。

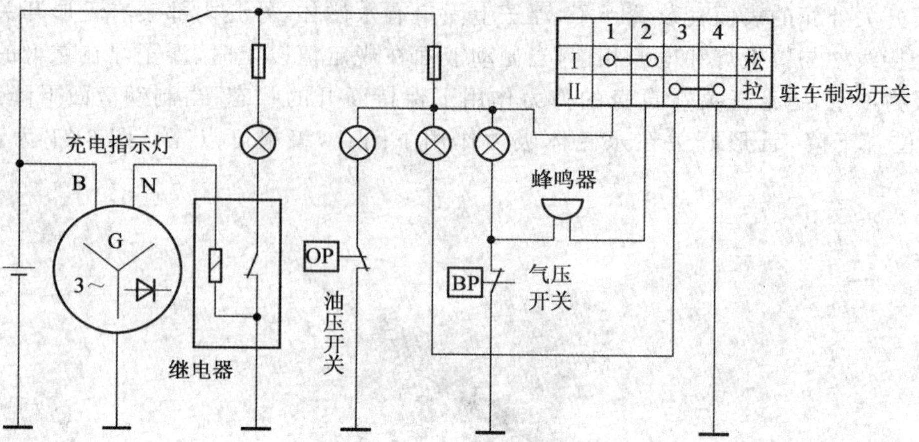

图 6-32 白炽灯泡型警报灯电路

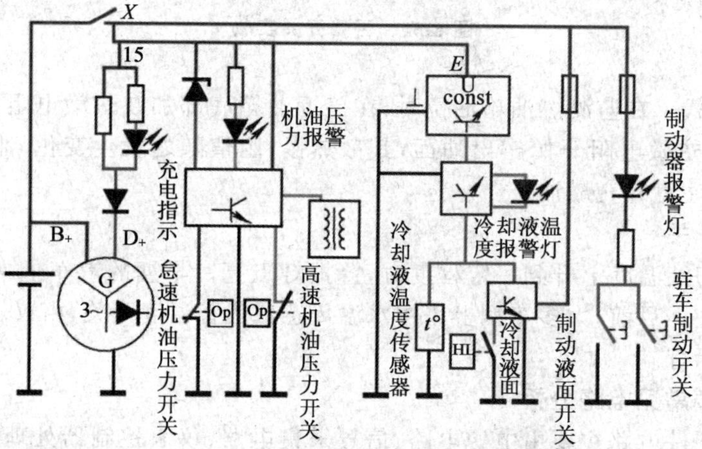

图 6-33 发光二极管型警报灯电路

②若怠速时机油压力小于 0.03 MPa，低压机油压力开关工作，机油压力报警灯亮，表示机油压力过低；若转速升高到 2 000 r/min，机油压力小于 0.18 MPa 时，高压机油压力开关工作，机油压力报警灯亮且蜂鸣器响，表示高速时机油压力过低。

③冷却液温度报警灯由冷却液温度传感器和冷却液液面过低报警开关控制。接通点火开关 ON 挡，冷却液温度报警灯闪烁 5 s 后自动熄灭。发动机工作时，当膨胀贮液罐冷却液液面过低或水温高于 115℃，冷却液温度报警灯闪烁。

④制动器报警灯由驻车制动器报警开关和制动液不足报警开关控制，拉起驻车制动器拉杆，报警灯亮；制动液液面过低时，制动器报警灯亮。

2. 常见电子式仪表电路分析

(1)电子水温表及油压表电路。如图 6-34 所示，水温表及油压表电路主要组成包括：水温传感器(W_1)；机油压力传感器(W_2)；集成电路(ML339)；发光二极管显示器。W_1 和 W_2 均为双金属片式传感器。水温传感器(W_1)与 R_1 串联成水温测量电路；油压传感器(W_2)与 R_8 串联成机油压力测量电路。

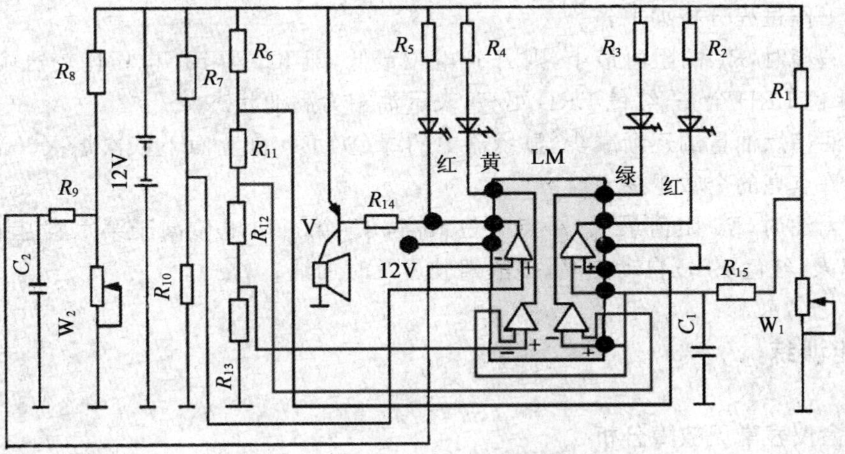

图 6-34　电子式水温表、油压表电路

该电路工作过程分析如下：

①水温表按 40℃、85℃和 95℃设置发光显示和仪表刻度。水温 40℃为安全起步温度，用黄色 LED 显示；水温 85℃为正常工作温度，用绿色 LED 显示；水温 95℃为过高工作温度，用红色 LED 显示。

②机油压力过低时，红色 LED 亮，同时，蜂鸣器发出声音报警。

(2)电子燃油表电路。如图 6-35 所示，电子燃油表电路主要组成包括：燃油传感器 R_X（传统的浮筒式可变电阻式）、集成电路 LM324、发光二极管数字显示器等组成。

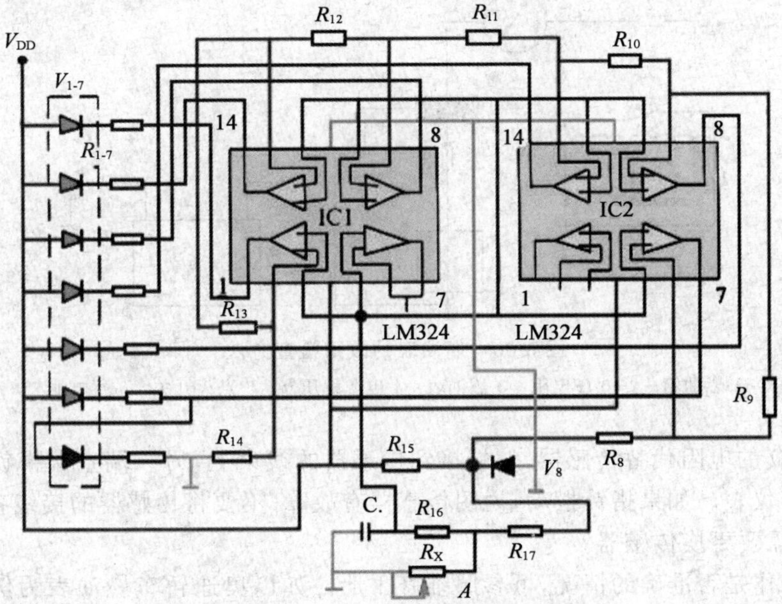

图 6-35　电子式燃油表电路

电阻 R_{15} 和二极管 VD_8 组成稳压电路，将标准电压通过 $R_8 \sim R_{13}$ 接到 IC_1 和 IC_2 所组成的电压比较器反向输入端。

该电路工作过程分析如下：

①燃油满箱时，R_X 的阻值最小，则 A 点电位最低，即 IC_1 和 IC_2 电压比较器输出电压为低电压，六只绿色 LRD 全亮，红色 LRD 不亮，表示油箱为满油状态。

②随着油箱燃油量的逐渐减少，显示器中的绿色 LED 自上而下依次熄灭。油量越少，绿色发光二极管点亮的个数越少。

③油箱无油时，R_X 阻值最大，A 点电位最高，IC_2 第五脚电位高于第六脚基准电位，绿色 LED 全部熄灭，红色 LED 自动点亮，提醒驾驶员及时加油。

二、技能训练

(一)组合仪表常见故障分析

在所有汽车仪表电路中，大部分都配有电源稳压器，而且不论是电磁式仪表还是电热式仪表，又都配有传感器。这样，在仪表故障中，若两个或两个以上仪表同时不工作时，应先检查仪表熔丝和电源稳压器是否有故障；若单个仪表不工作时，应首先确定故障是在传感器还是在仪表。

1.单个仪表不工作

首先检查传感器的接线是否完好。如正常，可将传感器的接线断开，用万用表检测传感器的接线是否有电。如没有电，应检查传感器到仪表及蓄电池的电路；如有电，以燃油表为例，检查方法如图 6-36 所示。

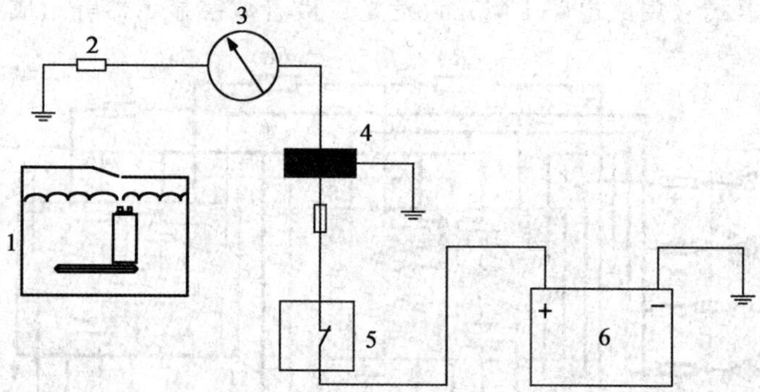

图 6-36 燃油表的故障检查方法

1-燃油箱 2-10 Ω 电阻 3-燃油表 4-电源稳压器 5-点火开关 6-蓄电池

(1)用 10 Ω 的电阻代替传感器，一端接到传感器的线束上，另一端直接搭铁，点火开关打到 ON 挡，观察仪表。如果指针摆动，说明传感器有故障(不要将传感器的接线直接搭铁，否则易烧坏仪表)，需要更换传感器。

(2)仪表工作是否准确的情况，可参照维修手册。如以奥迪轿车燃油表为例，用变阻器代替传感器对其进行检查。当阻值为 40 Ω 时，指针指示为 1；当阻值为 78 Ω 时，指针指示为 1/2；当阻值为 283 Ω 时，指针指示为 0。如果检查结果与上述相符，传感器有故障，应更换；否则，仪表有故障，应更换。

2.两个或两个以上仪表同时不工作

首先检查熔丝,若熔丝正常,检查电源稳压器。测量电源稳压器的输出端 B 及输入端 A 的电压是否符合技术标准。以奥迪轿车为例,测量输出端与搭铁端之间的电压,电压表读数应该在 9.75～10.25 V,否则更换电源稳压器;测量输入端与搭铁端之间的电压,电压表的读数应为电源电压,否则检修电路,如图 6-37 所示。

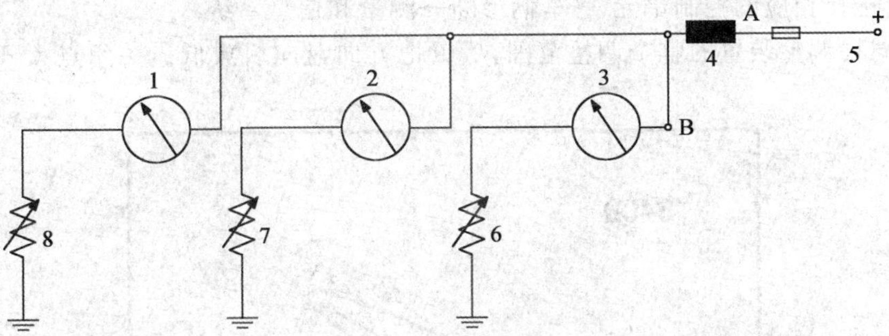

图 6-37　电源稳压器的电路

1、2、3-仪表　4-电源稳压器　5-蓄电池正极　6、7、8-传感器

3.仪表指针异常

在行车过程中出现表头指针回零(仪表自动复位)、表头指针停在某一刻度不动(仪表死机)的问题,但是当点火开关回到 OFF 挡后重新开启,仪表能正常工作。针对此现象,问题一般都是组合仪表的电源受到干扰。

4.水温、燃油量指示不准

此问题一般有三种故障原因:①线束故障,出现断路;②发光二极管损坏;③仪表内部断路。将组合仪表不亮的指示灯引脚直接接地或电源,如果灯亮,说明是仪表外部线路故障,只能通过检查线路来排除故障;如果灯不亮,说明是仪表内部故障,则需要更换组合仪表。

(二)组合仪表的拆装及注意事项

(1)拆装注意事项,现分别介绍如下:

①拆装组合仪表时,应先拆下蓄电池负极电缆线,以免手触摸仪表板后面线束时造成线路短路。

②拆组合仪表装饰面板时,由于固定螺钉是隐蔽的,因此,要仔细查找固定螺钉,否则强行拆卸将会损坏装饰面板。

③拆装组合仪表时,应注意仪表板后面的线束插接器及车速里程表软轴接头,一般都带有锁止机构,切忌强拆。

④从电路板上拆下仪表表芯、电源稳压器、照明灯及指示灯时,不要损坏印制电路。

(2)单独更换表芯或仪表传感器时,注意仪表与传感器必须配套使用。

(3)拆装仪表及传感器时,注意动作要轻,不要敲打。

(4)电热式机油压力传感器安装时有方向要求。

(5)仪表与传感器的接线必须可靠。

(6)电磁式仪表的接线柱有极性之分,不得接错。

(三)组合仪表的更换

以迈腾轿车 2015 款 B7L 为例介绍组合仪表的更换过程。

第 1 步,准备专用工具。包括:拆卸楔形件 3409(图 6-38);钩子 3438 两个(图 6-39)。

注意事项:组合仪表不得分解;拆卸时松开或割断的所有导线扎带,在安装时应在原位置上重新扎好;如果组合仪表和组合仪表内的控制单元 J285 一起被更换,则在 V、A、G1551“引导型功能”中选择相应的控制单元 →车辆诊断→测量和信息系统。

使用转向柱调整装置的整个调整范围,尽量把方向盘向后放低。关闭点火开关并拔出点火钥匙。

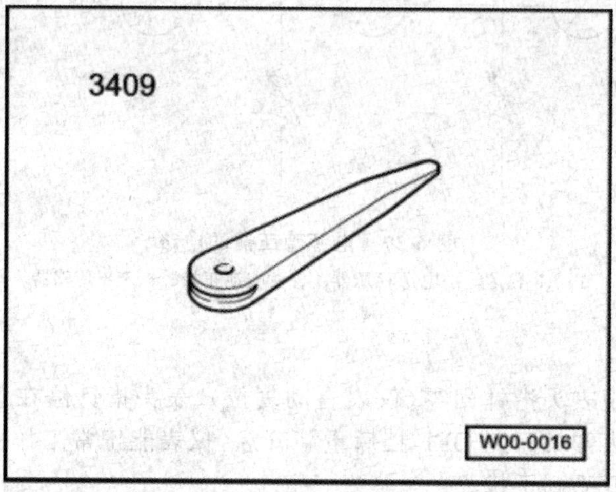

图 6-38　拆卸楔形件

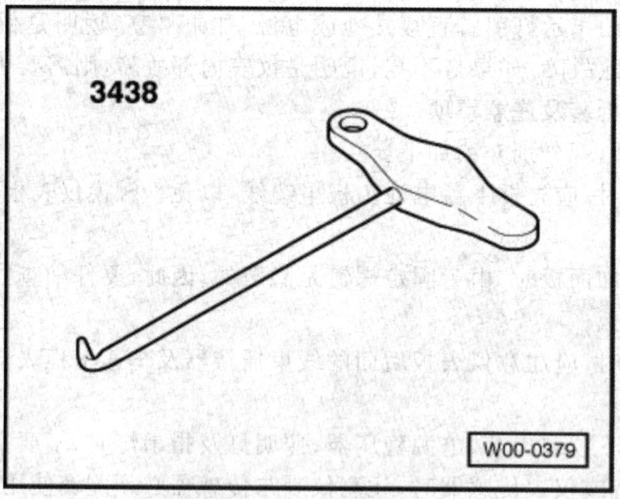

图 6-39　拆卸专用钩子

第 2 步,仪表板排风口的两侧有孔(箭头 A)以便挂入钩子 3438(图 6-40)。将仪表板出风口叶片调到水平。通过钩子 3438 将两侧的仪表板排风口 1 小心地从安装开口中拉出(箭头 B),脱开电气插头连接。

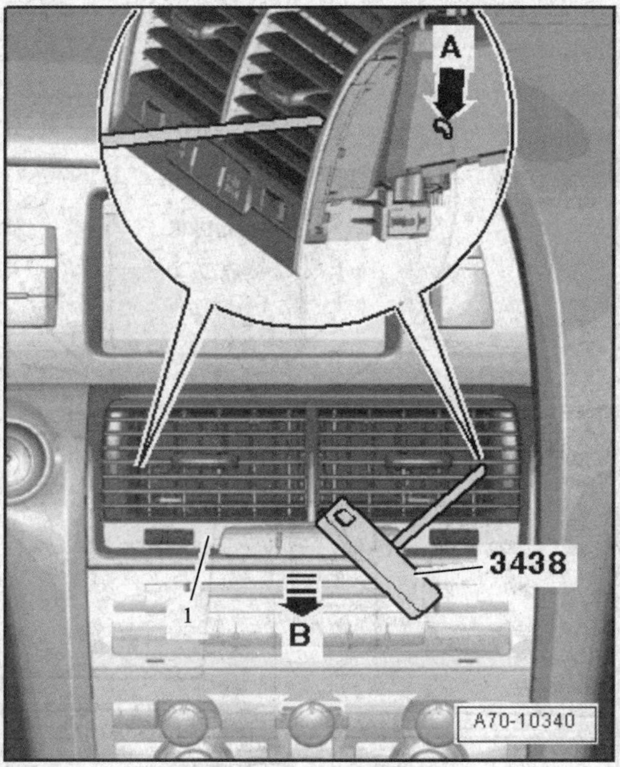

图 6-40　仪表板排风口

第 3 步，沿箭头方向推动组合仪表按钮单元上的覆盖条 1(图 6-41)。抓住护条，并从开关上拔出。

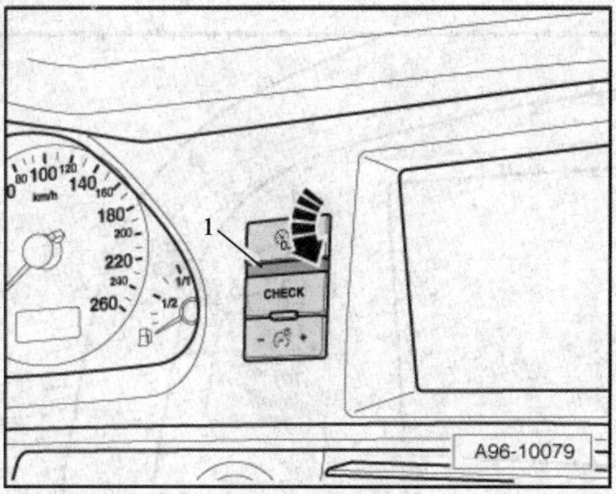

图 6-41　拆卸覆盖条

第 4 步，将钩子 3438 挂入按钮单元上的开口箭头(图 6-42)。小心地将按钮单元 1 从组合仪表挡板上拉出。脱开电气插头连接。

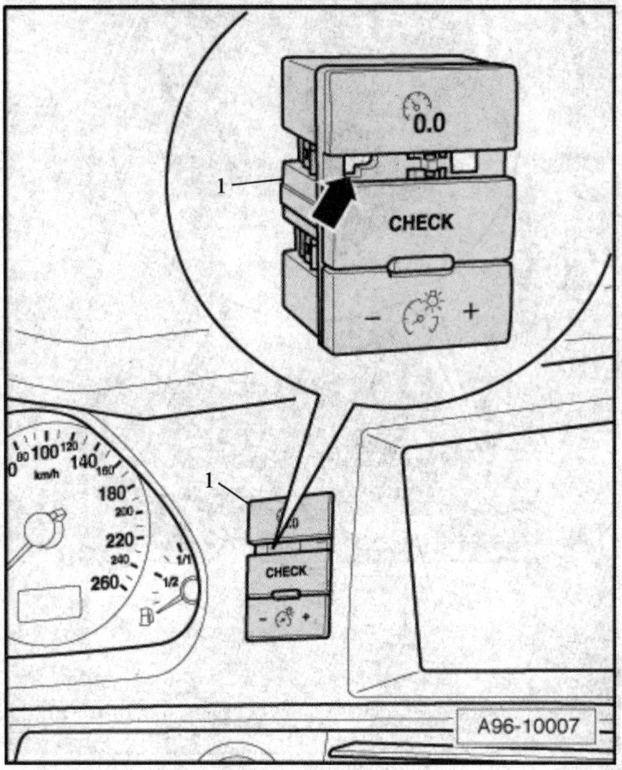

图 6-42 拉出按钮单元

第 5 步，沿箭头方向推动按钮单元上的盖条 1。抓住覆盖条并从按钮单元上拔出（图 6-43）。

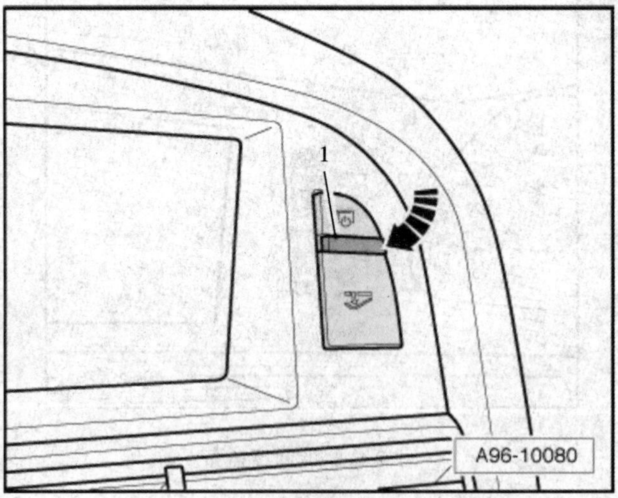

图 6-43 拔出覆盖条

第 6 步，将钩子 3438 挂入按钮单元上的开口箭头。将手套箱按钮 E316 的按钮单元 1 和显示单元按钮 E506 小心地从组合仪表挡板中拔出。脱开电气插头连接(图 6-44)。利用拆卸楔形件 3409 将下部末端上的间隔条从驾驶员侧盖板中撬出(箭头 A)。将间隔条从组合仪表中拔出(箭头 B)(图 6-45)。

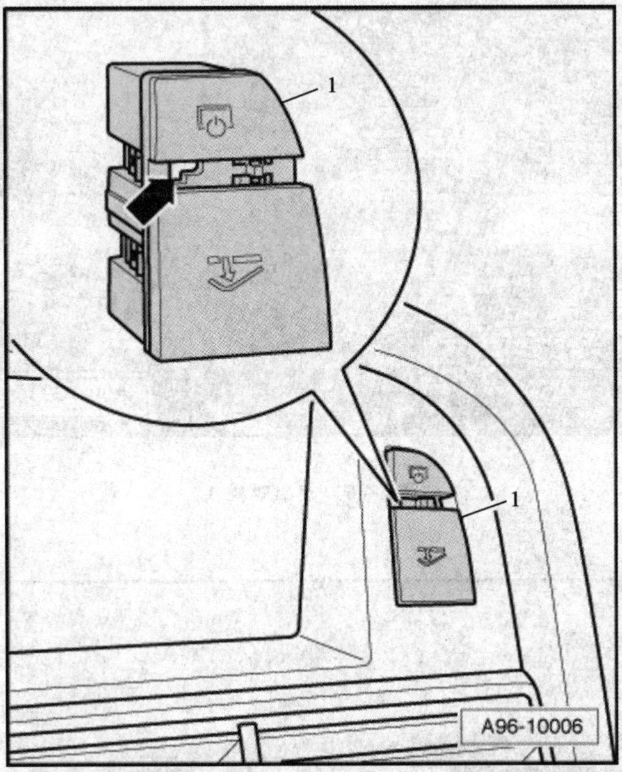

图 6-44 拆卸显示按钮单元

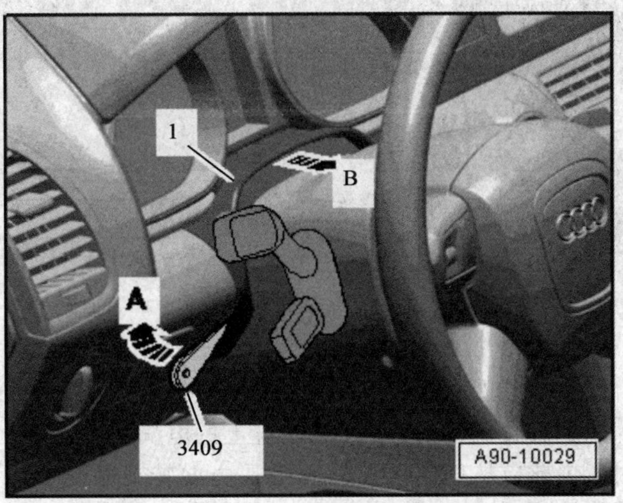

图 6-45 撬出箭头

第 7 步，旋出螺栓，如箭头所示(图 6-46)。旋出螺栓，如箭头所示(图 6-47)。

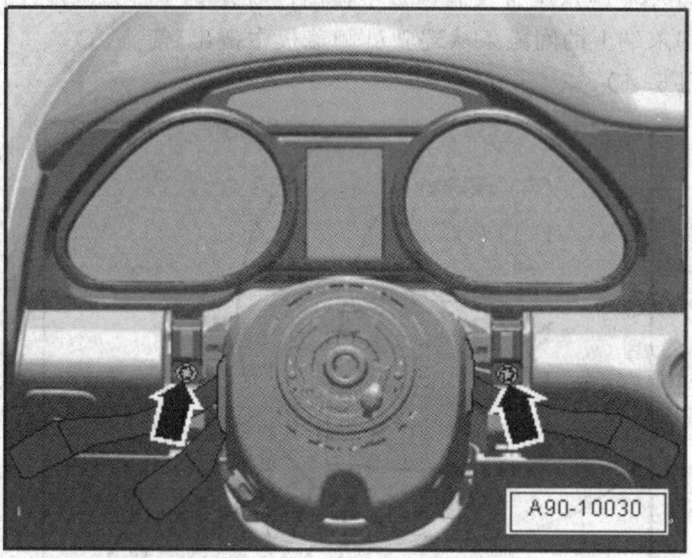

图 6-46 旋出螺栓 1

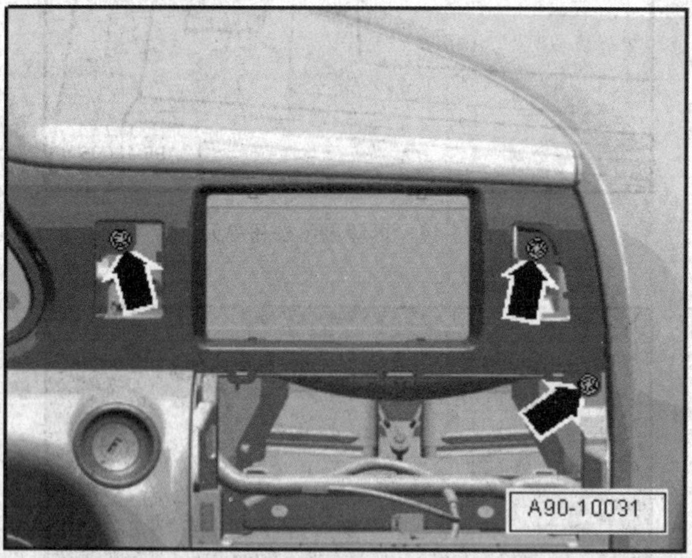

图 6-47 旋出螺栓 2

第 8 步，撬下组合仪表挡板上的导线夹头 4。割断电缆扎带 3。脱开 MMI 显示屏上的插头保险装置 2 箭头，并向上翻转。拆下 MMI 显示屏上的电气插头连接 1(图 6-48)。脱开组合仪表上的电气插头连接，为此应按压固定夹 1，沿箭头方向转动固定卡箍并拔下插头。将组合仪表挡板连同组合仪表和 MMI 显示屏在方向盘和仪表板之间取出(图 6-49)。

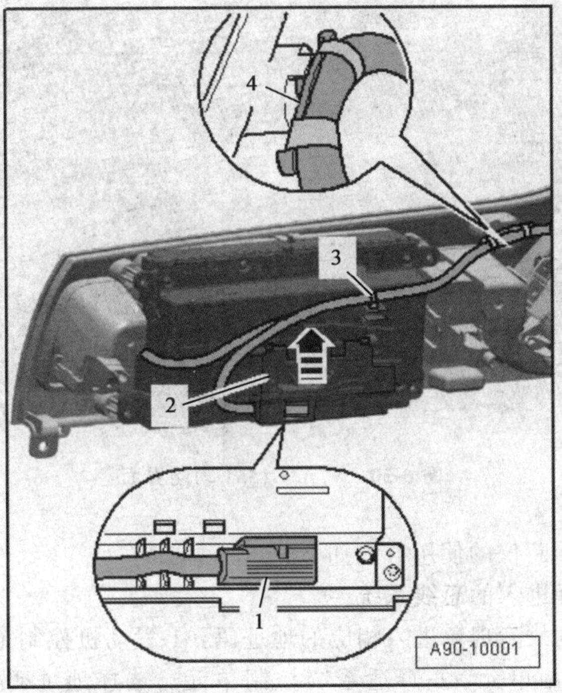

图 6-48 拆卸 MMI 显示屏

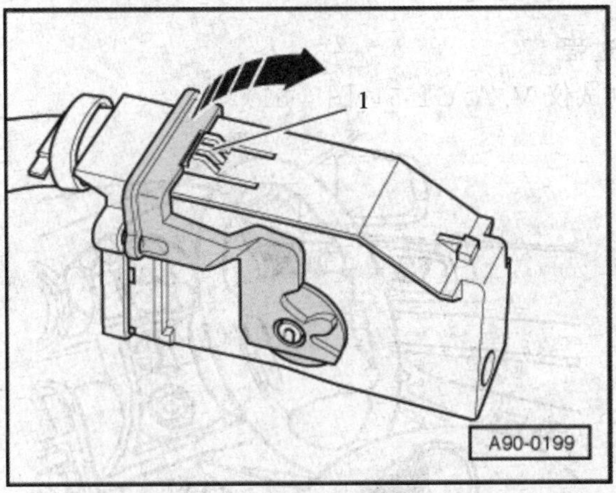

图 6-49 拆卸组合仪表电器插头

(四)组合仪表的执行元件诊断

1. 认识诊断专用工具

图 6-50 为大众车系专用检测工具 V. A. G1551,用于电子车辆系统的接口并执行诊断,对控制单元的参数进行更正和使得车辆系统能够使用其他后续开发的特殊功能。该仪器主要功能包括:①随车自诊断功能;②售后服务日常工作查询;③控制单元的升级编程;④电子控制模块开发过程中的各种应用程序的使用;⑤在售后服务信息查询系统中作为记事本。

图 6-50 V. A. G1551 功能界面

V. A. G1551 故障诊断仪的使用方法如下：

(1)选择网关。选择进入的总线系统。

(2)故障诊断。根据故障现象进入相应的地址码：01-发动机控制单元，02-ABS/EDL 控制单元，03-自动变速器控制单元，46-舒适系统控制单元。选择地址码后，可查询是否存在故障码。

(3)选定故障控制单元的测量数据流。从数据流可看到各部分的测量值与规定值，以判断是否正常工作。

2. 组合仪表的检修过程

(1)连接车辆诊断测试仪 V. A. G1551(图 6-51)。

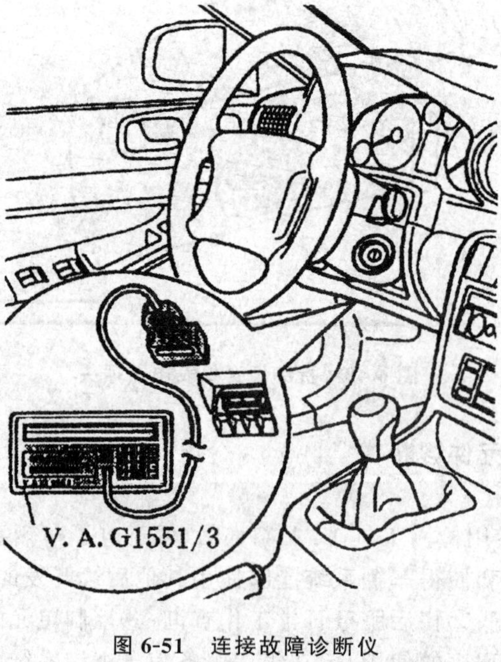

图 6-51 连接故障诊断仪

(2)点火开关 ON,按下“PRINT”键接通打印机,按下“1”键,进入“快速数据传输”模式;输入地址字 17,进入“组合仪表”模式;按下“Q”键确认输入正确;按下“→”键,进入车载诊断系统功能模式。至此,可按表 6-6 选择输入期望的功能模式,转入相应的程序。

表 6-6　功能模式菜单

功能模式	说　明
01	查询控制单元版本
02	查询故障代码存储器
03	部件诊断
05	清除故障代码存储器
06	结束输出
07	对组合仪表编码
08	读出测量数据块
10	匹配 01-59

(3)查询故障代码存储器。输入功能代码 02,进入“查询故障代码存储器”功能模式;按下“Q”键确认输入,如果存储器存有 DTC,显示器显示存入的故障数量;按下“→”键,以提交 DTC 表。故障码含义见表 6-7。

表 6-7　故障码含义

故障码	故障码含义
01039	冷却液温度传感器故障
01086	车速传感器故障
00771	燃油量传感器故障
00779	外部环境温度传感器故障
65535	控制模块故障

(4)输出诊断。输入功能代码 03,进入“输出诊断”功能模式 ;按下“Q”键确认输入;按下“→”键,仪表将扫过全部量程并移至预设位置(表 6-8);继续按下“→”键,将完成对其他部件的诊断。

表 6-8 输出诊断模式菜单

仪表	预设位置
冷却液温度表	88℃
发动机转速表	3 000 r/min
车速里程表	105 km/h
燃油表	1/2

说明：该功能可以检查车速表、转速表、冷却液温度指示器、燃油液面指示器、里程显示、多功能显示、数字时钟、油压报警蜂鸣器。该功能必须在发动机停转、车辆静止情况下进行。

(5)清除故障代码存储器。输入功能代码 05，进入“清除故障代码存储器”功能模式；按下“Q”键确认输入，故障存储器即被清除。

说明：只有在查询故障代码存储器，并且排除所有故障后，才能清除故障代码存储器。

(6)结束输出。输入功能代码 06，进入“结束输出”功能模式；按下“Q”键确认输入，退出车载诊断系统；点火开关 OFF，断开 V.(A)G1551 故障阅读仪并安装数据传输接头(DLC)的护盖。

说明：诊断完毕后，应结束输出，退出车载诊断系统。

(7)对组合仪表编码。输入功能代码 07，进入“对组合仪表编码”功能模式；按下“Q”键确认输入；根据编码表输入代码编号，并按下“Q”键确认输入；按下“→”键，直至返回选择功能模式。

说明：使用该功能模式可以对组合仪表进行编码，编码内容包括国别、汽缸数量、发动机类型、选装设备。如果汽车安装了一个以上选装设备，选装设备编码应为各选装设备的代码相加求和。

(8)读取测量数据块。输入功能代码 08，进入“读取测量数据块”功能模式；按下“Q”键确认输入；输入显示组号，例如输入“002”，并按下“Q”键确认输入，即显示数据块 2 的数据。

说明：使用该功能时，显示器上始终显示着传感器的实际值，而组合仪表显示滤波后的数值，所以，这些数值可能会有偏差。

(9)匹配。燃油表的匹配过程：如果燃油表显示的油量太高或太低(燃油表和传感器无故障)，就可以使用该功能进行校正；点火开关 OFF，完全倒空燃油箱，然后装入 10 L 燃油；输入功能代码 10，进入“匹配”功能模式，并按下“Q”键确认；按表 6-9 输入通道号 30，并按下“Q”键确认输入；按下“1”键或“3”键，调整匹配值；如果指针指在右边红色标志上时，那么燃油表匹配正确，此时按下“Q”键确认输入，存储已修改的匹配值：按下“→”键，结束燃油表匹配，回到选择功能模式。

说明：该功能可实现维护周期显示(SIA)的匹配、更换仪表板时里程计数器的匹配、复位维护周期、燃油储存量的匹配、燃油消耗指示的校正和适用于导航显示设备的语言种类的编码。

表 6-9　通道模式定义

匹配通道号	匹配功能模式
03	燃油消耗指示的校正
04	适用于导航显示设备的语言种类的编码(仅适用于高档仪表)
09	里程计数器的匹配
10	适用于更换机油维护(OEL)里程计数器的维护间隔数据
11	适用于里程检验(INSP)里程计数器的维护间隔数据
12	适用于时间检验(INSP)里程计数器的维护周期数据
30	燃油储存量的匹配

三、制订检修计划

(一)岗位任务

一辆大众迈腾轿车进入汽车维修厂,该车行驶里程为 90 000 km,车主反映该车多个仪表指示灯常亮。维修人员试车发现多个仪表指示灯一直点亮,但正常系统故障正常,初步检查判断为仪表系统内部电路的故障,而查找故障点需要查阅该车的电路图,根据电路图制订检修计划。

(二)教师布置任务

任务 1　组合仪表的拆卸

任务 2　组合仪表的检查与复装

(三)小组制订计划

请根据故障现象和任务要求,确定所需要的检测仪器、工具,并对小组成员进行合理分工,制订详细的诊断和修复计划。

1.需要的检测仪器、工具

(1)实训车辆 2 台;(2)常用拆装与检测工具 3 套;(3)车内电器维修手册 3 本。

2.小组成员分工

第一步,小组分组,每组由 4～6 名成员组成。

第二步,小组完成表 6-10 和表 6-11。

第三步,小组汇报计划,并根据教师建议进行修改和完善。

表 6-10　小组成员分工决策

序号	操作人	任务
1		
2		
3		

表 6-11 任务实施计划

序号	工作步骤	使用工具	注意事项	操作人
1				
2				
3				
4				
5				

四、任务实施

第一环节:教师讲解并进行演示。

教师在实训车辆上讲解组合仪表系统的检测与维修项目,指导学生检测与排除常见的仪表系统故障。

第二环节:学生现场按照以下步骤实施任务。

第一步,按照组合仪表的拆装步骤,完成卡罗拉轿车组合仪表的拆卸作业。

第二步,检查组合仪表各元件,填写表 6-12。

表 6-12 检查记录表

序号	元件名称	标准	测量	处理意见
1	装饰面板			
2	锁止机构			
3	电器插头			
4	覆盖条			
5	按钮单元			

第三步,复装卡罗拉轿车的组合仪表。

第四步,用故障诊断仪连接发动机电脑,并读出故障码。

第三环节:任务实施完成后,各小组负责清理工具和量具等,清洁地面卫生。

五、检验评估

通过实施组合仪表的拆装、检测与更换作业,对任务进行评估,并记录在表 6-13 中。

检查检修计划和任务实施工单,对学生掌握情况进行评估。

(1)各组汇报工作过程与过程中遇到的问题,并说明解决方法。

(2)自评与互评。

(3)老师点评、总结:学生的参与度、学习态度、专业能力、关键能力。

(4)老师填写《汽车组合仪表检查及更换》学业评估表。

表 6-13　学业评估表

评价内容	检验指标	权重	自评	互评	师评	总评
知识与技能（60分）	1.能叙述汽车组合仪表的功用	3%				
	2.能叙述汽车组合仪表的类型	4%				
	3.能叙述主要仪表结构	8%				
	4.能排除仪表故障	20%				
	5.能检查仪表性能	20%				
过程与方法（40分）	1.学习态度：主动参与学习，遵守纪律	5%				
	2.团队合作：与小组成员分工合作，在小组完成任务过程中所起的作用	5%				
	3.获取信息：获取学习所需信息、资料的方法与途径	5%				
	4.方法能力：发现、分析、解决问题的方法与能力	10%				
	5.创新意识：积极思考，不断改进维修方案	5%				
	6.节能与环保意识：学习过程中注重节能，不污染环境	5%				
	7.现场管理：服从工位安排、执行实训室“5S”管理规定	5%				
对学生综合评价与建议						

思考与练习

1.发动机处于怠速工况时，机油表的指示值不得低于(　　)kPa；处于低速工况是，指示值不得低于(　　)kPa。

A.100　　B.200　　C.150　　D.250

2.在正常情况下，水温表指示值应为(　　)℃。

A.80～90　　B.85～95　　C.65～75　　D.85～105

3.常用的冷却液温度表有________式和________式两类。

4.燃油表传感器安装在________中，传感器为________式的传感器。

5.液晶显示器因为其自身不能发光，所以需要________，它只能起到吸收、反射或透光的作用。

6.简述组合仪表的操作步骤。

7.简述组合仪表常见故障及检修要点。

项目七
辅助电器系统的检修

任务 7.1　电动雨刮器及风窗洗涤器的检修

案例引入

一辆捷达牌小汽车来店维修，车主反映说雨刮器失效，不能刮水、转动，请维修人员排除故障。

任务要求

1. 了解电动雨刮器及风窗洗涤器的结构。
2. 掌握电动雨刮器及风窗洗涤器的工作原理。
3. 会识读电动雨刮器电路图。
4. 能正确对电动雨刮器进行保养和检修。

一、知识学习

(一)电动雨刮器的组成和功能

电动雨刮器主要功能：除去挡风玻璃上的雨水、雪及沙尘，保证在不良天气时驾驶员仍具有良好的视线。

电动雨刮器的组成：雨刮片、雨刮电机、雨刮连动杆、雨刮控制开关，如图 7-1 至图 7-4 所示。

1. 雨刮片

最终完成刮水作用的橡胶片雨刮片靠骨架支撑，铰接在弹性刮水臂上，使雨刮片紧紧贴在风挡玻璃上，当使用雨刮器时，雨刮电机会通过联动杆件带动刮水臂左右摆动，雨刮片就会在风挡玻璃上清扫雨水及杂物，如图 7-5 所示。

2. 雨刮电机

雨刮器动力源，为永磁直流变速电机。内有快慢两个线圈，由三个电刷导入电流。电机上由自动停止控制装置。电动机输出经蜗轮减速器减速，并改变输出方向。如图 7-6 所示。

电机主要由外壳、永久磁铁、转子、电刷、电刷安装板及蜗杆等组成。

图 7-1　雨刮片

图 7-2　雨刮电机

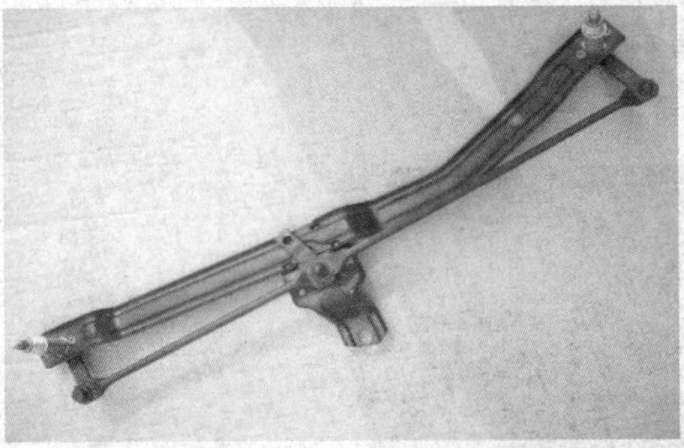

图 7-3　雨刮连动杆

图 7-4　雨刮控制开关

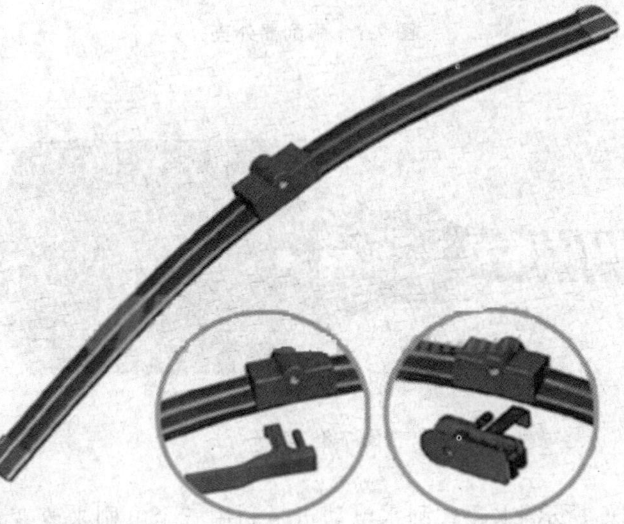

图 7-5　雨刮片

(1)外壳。如图 7-7 所示，在外壳内部装有永磁铁，从而在电机内部建立磁场。

(2)转子。如图 7-8 所示，转子由铁芯、电枢绕组、换向器、转子轴等组成。电枢绕组安装在叠片外径边缘的槽内，绕组线匝分别接到换向器铜片。

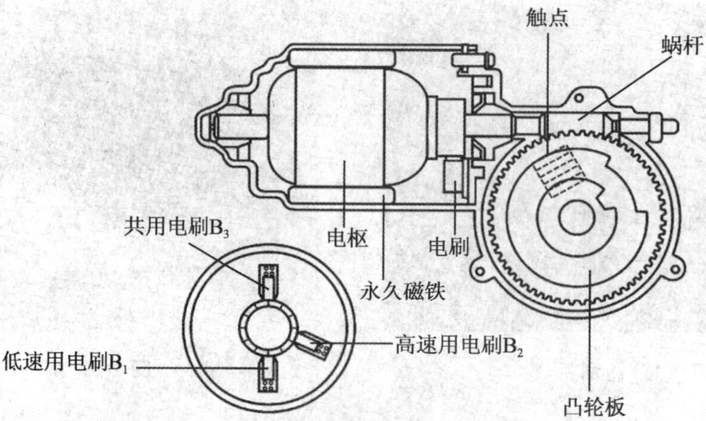

图 7-6 永磁式电动机的构造

图 7-7 雨刮器外壳

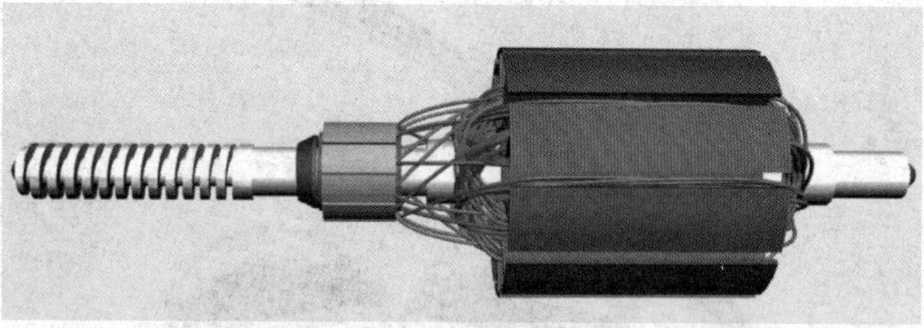

图 7-8 转子

(3)电刷。如图 7-9 所示,永磁式刮水电动机是利用三个电刷来改变正负电刷之间串联线圈的个数,从而实现变速的。

3. 联动机构

把电动机的旋转输出运动,传递到刮水臂,并转化为摆动运动,并控制雨刮片的摆动范围,如图 7-10 所示。

图 7-9　雨刮电刷

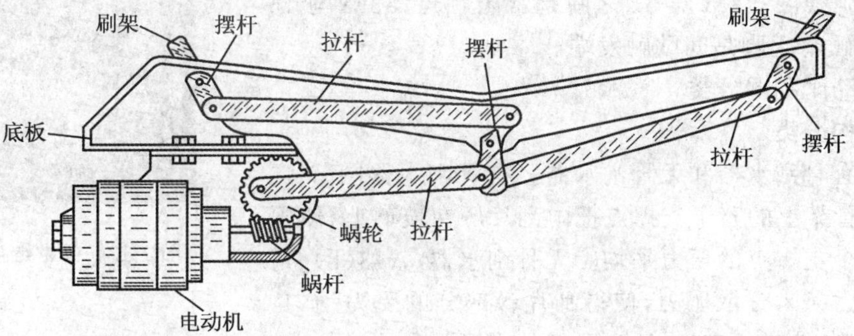

图 7-10　联动机构

4.雨刮控制开关

雨刮控制开关装在组合开关右手边的操作杆上，控制雨刮片的动作。

刮水电机挡位如图 7-11 所示，其控制方式分为：

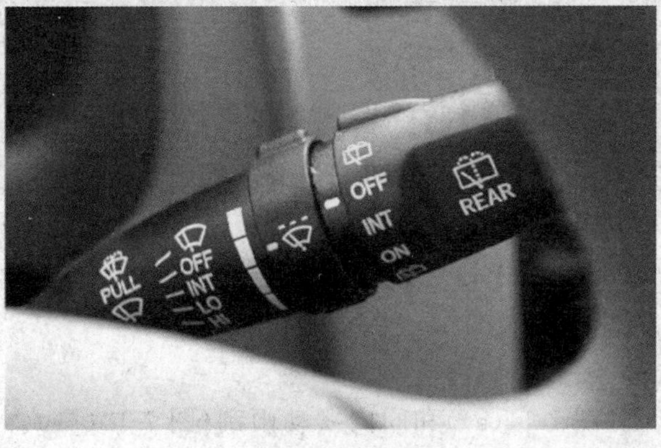

图 7-11　雨刮开关挡位

(1) OFF 挡：即停止挡，无论刮片运行到何种位置，当从别的挡位回到 OFF 挡时，电机都会利用蜗轮上的导电盘缺口，始终停留在固定的位置。

(2) LO 挡：即慢挡，操作杆向上拨动一格，此时电机的低速线圈通电，电机低速旋转。用于下小雨时。

(3) HI 挡：即快挡，操作杆再次向上拨动一格，此时电机的高速线圈通电，电机高速旋转用于下大雨时。

(4)间歇挡：有的车标注 INT；有的车标注 MIST。其利用间歇继电器完成隔几秒刮一下，再隔几秒刮一下的动作。此挡用于下小雨时。

(5)喷水挡：在停止状态时，操作杆向怀中方向抬一格，此时喷水电机运转，喷出玻璃清洁水，同时刮水电机低速旋转，当操作杆回位时，停止喷水，刮水电机停到固定位置。平时不用时，操作杆处于 OFF 位置。

5. 间歇继电器

如图 7-12 所示，间歇继电器有 6 个接脚，分别是：31 与 T 之间是控制线圈；53M 与 51 之间是常闭触点；53M 与 15 之间是常开触点；J 脚是间歇触发端。

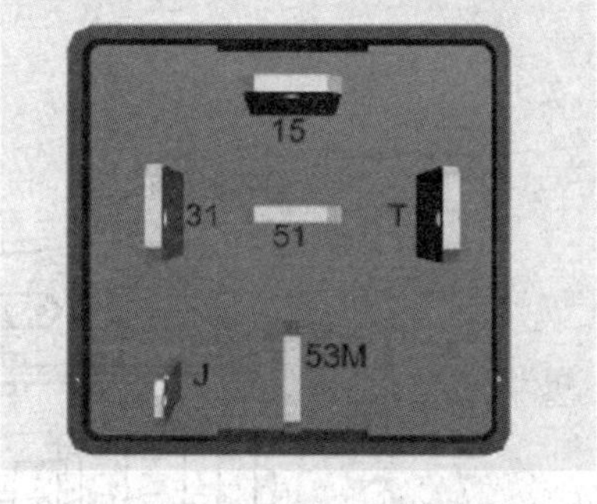

图 7-12　间歇继电器引脚

(二)电动雨刮器分类

1. 按结构分类

可分为有骨刮水器和无骨刮水器。有骨刮水器图[7-13(a)]是通过骨架上的若干支撑点把雨刮片压在玻璃上，使雨刮片上的各个支撑点的压力平均。无骨刮水器[7-13(b)]是靠一整根导力条来分散压力，使得刮片各部分的受力均匀，可以减少水痕、擦痕的产生，达到更好的刮刷效果。

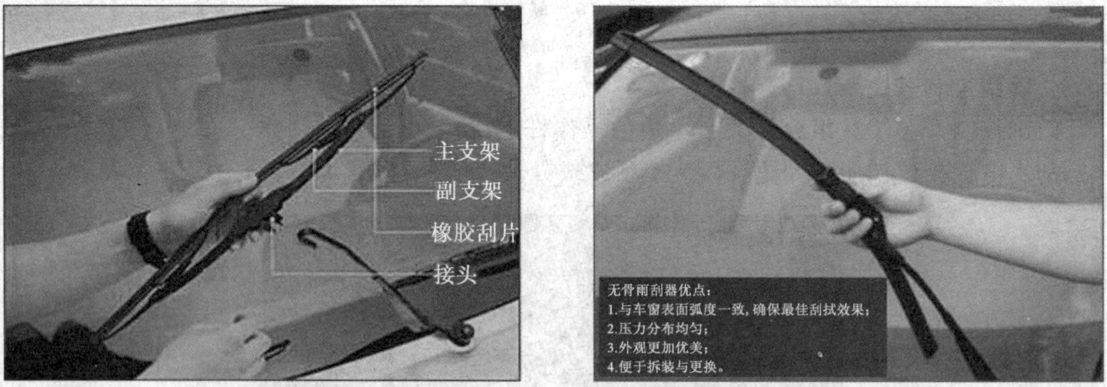

(a)有骨刮水器　　(b)无骨刮水器

图 7-13　有骨刮水器和无骨刮水器

2. 按刮臂摆动方向分类

可分为异向摆动雨刮(图 7-14(a))和同向摆动雨刮(图 7-14(b))。其中，异向摆动雨刮多用于货车，同向摆动雨刮用于一般轿车。

(a)异向摆动雨刮　　(b)同向摆动雨刮

图 7-14　异向摆动雨刮和同向摆动雨刮

(三)雨刮电动机的结构与原理

1.刮水电动机的工作原理

为了实现电动机的高、低速挡位工作，永磁式电动机一般采用三刷式电动机，其工作原理如图 7-15 所示。直流电动机工作时，在电枢内的所有线圈中同时产生反电动势，每个小线圈都产生相等的反电动势。

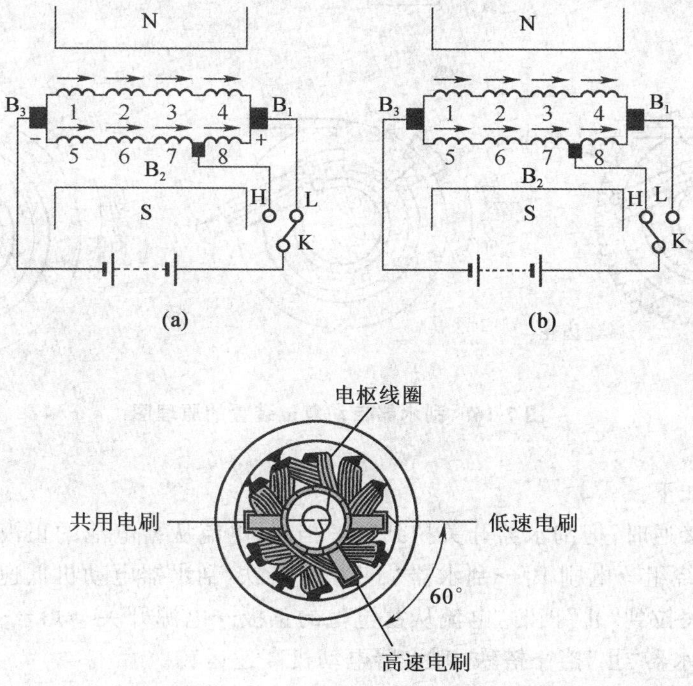

图 7-15　永磁式电动机变速原理

当开关 K 拨到低速挡 L 时，在两个电刷 B_1、B_3 之间有两条并联支路，各有 4 个绕组，反电动势方向如图 7-15(a)所示。两条并联中各绕组的反电功势相加之和相等，电动机稳定在某一较低转速下运行，刮水片每分钟刮动 33～55 次。

当开关 K 拨到高速挡 H 时，在两个电刷 B_2、B_3 之间也有两条并联支路，一个支路有 3 个绕组串联，另一个支路有 5 个绕组串联，形成不对称的两个并联支路。但其中一个绕组的反电动势方向与另三个绕组的反电动势方向相反，如图 7-15(b)所示。由于反电动势的减小，使电枢的转速上升，重新达到电压平衡，在负载不变的情况下，使电动机获得较高的转速，刮水片每分钟刮动 51～72 次(刮水电动机高、低速差大于每分钟 10 次)。控制电刷是否偏置就使永磁式电动刮水器得到了高、低速不同的工作挡位。

2. 刮水器的自动复位原理

为了不影响驾驶员的视线，要求刮水器能自动复位，即不论在什么时候关闭刮水器开关，刮水片都能自动停在风窗玻璃的下部，图 7-16 为刮水器自动复位装置的原理图。

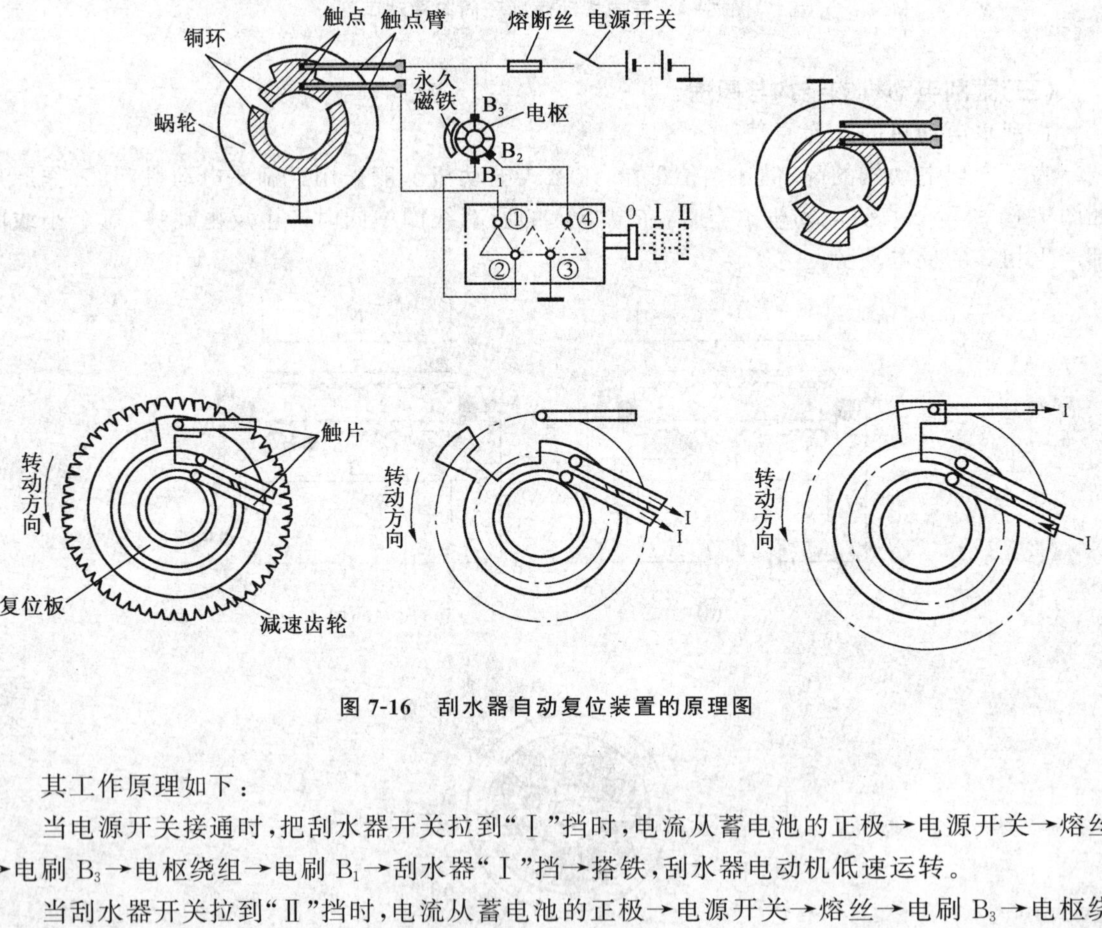

图 7-16　刮水器自动复位装置的原理图

其工作原理如下：

当电源开关接通时，把刮水器开关拉到“Ⅰ”挡时，电流从蓄电池的正极→电源开关→熔丝→电刷 B_3→电枢绕组→电刷 B_1→刮水器“Ⅰ”挡→搭铁，刮水器电动机低速运转。

当刮水器开关拉到“Ⅱ”挡时，电流从蓄电池的正极→电源开关→熔丝→电刷 B_3→电枢绕组→电刷 B_2→刮水器“Ⅱ”挡→搭铁，刮水器电动机高速运转。

当刮水开关推到“0”挡时，如果刮水器的刮水片没有停在规定的位置，则电流经蓄电池正极→电源开关→熔丝→电刷 B_3→电枢绕组→电刷 B_1→刮水器“0”挡→下触点臂→长铜环→搭铁，这时电动机将继续转，当刮水器的刮水片到规定位置时，上、下触点臂都和短铜环接触，使电动机短路。与此同时，电动机电枢由于惯性而不能立刻停下来，电枢绕组通过上、下触点臂与短铜环接触而构成回路，电枢绕组产生感应电流，因而产生制动扭矩，电动机迅速停止转动，使刮水器的刮水片停止在规定的位置。

3.雨刮间歇控制原理

现代汽车电动风窗刮水器上都加装了电子间歇控制系统，使风窗刮水器能按照一定的周期停止和刮水，这样汽车在小雨或雾天中行驶时，玻璃上不至于形成发黏的表面，从而使驾驶人获得更好的视线。汽车风窗刮水器的间歇控制一般是利用自动复位装置和电子振荡电路或集成电路实现的，风窗刮水器的间歇控制按照间歇时间是否可调分为可调节型和不可调节型。

图 7-17 为同步间歇风窗刮水器内部控制电路。当风窗刮水器开关置于间歇挡位置（开关处于 0 位，且间歇开关闭合）时，电源将通过自动复位开关向电容器 C 充电，随着充电时间的增长，电容器两端的电压逐渐升高。当电容器 C 两端的电压升高到一定值时，晶体管 T_1 和 T_2 先后相继由截止转为导通，从而接通继电器磁化线圈的电路，在电磁吸力的作用下，继电器常闭触点打开，常开触点闭合，从而接通了风窗刮水电动机的电路，此时电动机将低速旋转。

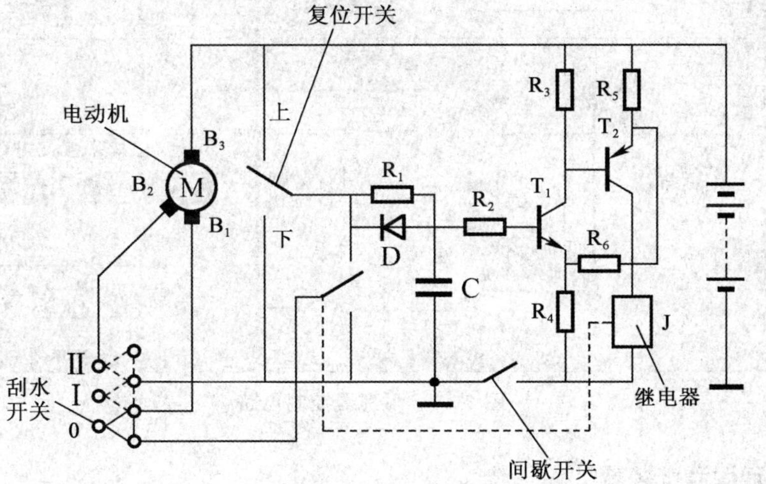

图 7-17　雨刮间歇控制原理

(四)电动雨刮电路分析

1.低速控制电路分析

如图 7-18 所示，接通电源开关，并将刮水器开关拨到低速挡位置时，电流从蓄电池正极→熔断丝→电机的接柱 6→电机的正电刷→电枢绕组→负电刷→电机的接柱 2→除雾开关(MIST)→刮水器 LO 挡→搭铁，电动机以低速运转。

2.高速控制电路分析

当将开关置于高速挡位时，电流从蓄电池正极→熔断丝→电机的接柱 6→电机的正电刷→电枢绕组→负电刷→电机的接柱 1→刮水器 HI 挡→搭铁，电动机以高速运转。

3.间歇控制电路

当将开关置于间歇位置时，电流从蓄电池正极到熔断丝，电流分成两个支路，其中一个支路电流进入间歇继电器，使间歇继电器常开触点闭合。当间歇继电器常开触点闭合时，此时另外一支电流经过电机的接柱 6→电机的正电刷→电枢绕组→负电刷→电机的接柱 2→除雾开关(MIST)→间歇继电器开关→搭铁构成闭合回路，电动机以低速运转。

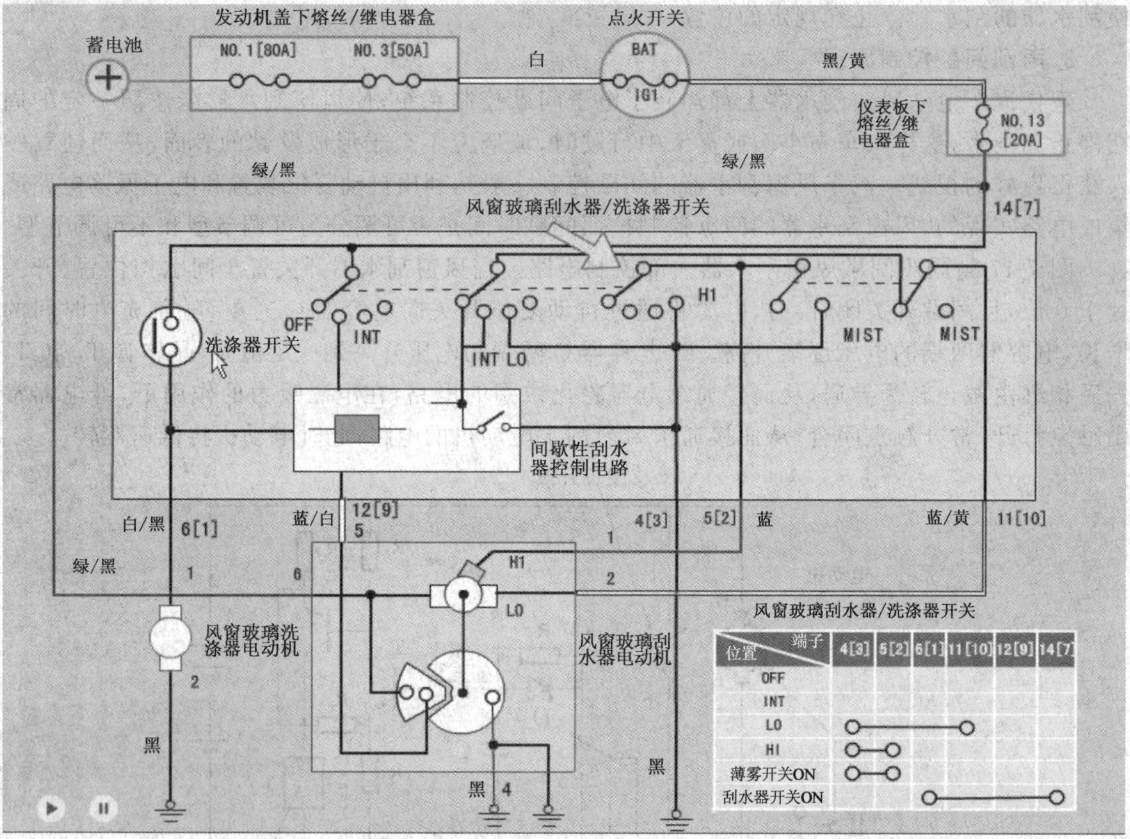

图 7-18 雨刮器控制电路

(五)车窗玻璃清洗装置

电动风窗洗涤器的作用是在需要的情况下向风窗表面喷洒专用洗涤液或水,在刮水片配合工作下,保持挡风玻璃表面的清洁。当按下控制开关时,电动机即带动洗涤液泵齿轮旋转,洗涤液以一定的压力经喷嘴喷到风窗玻璃的外表面上。

1.组成

电动风窗洗涤器的安装位置如图 7-19 所示,由储液罐、清洗泵、软管、三通接头和喷嘴等组成,如图 7-20 所示。

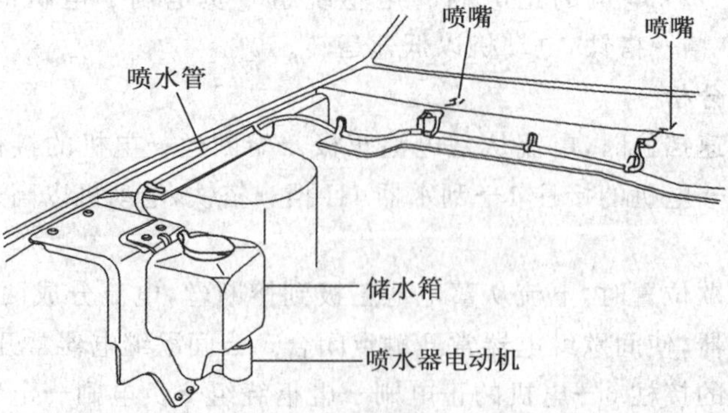

图 7-19 风窗洗涤器位置

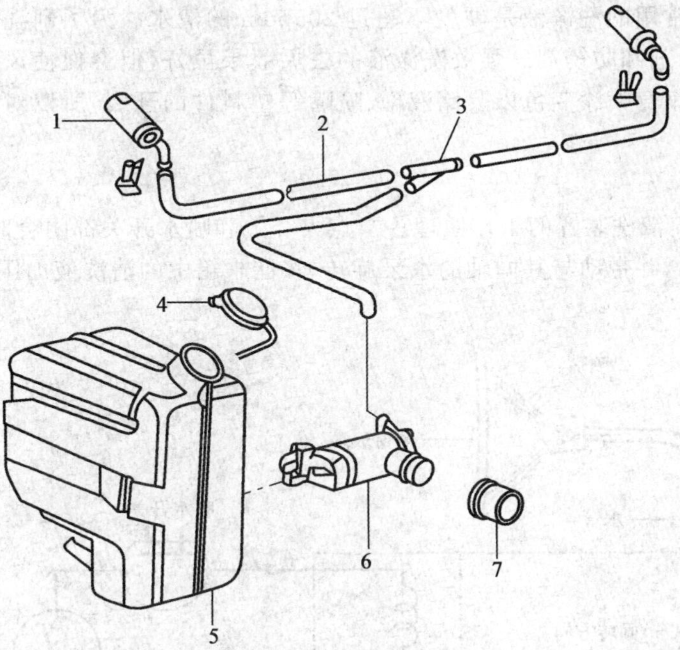

图 7-20　风窗洗涤器

1-喷嘴　2-输液管　3-接头　4-箱盖　5-储液罐　6-清洗泵　7-衬垫

(1)储液罐。由塑料制成,其容量一般为 1～1.5 L。洗涤液一般由水、酒精或适量的添加剂等配制而成的清洗液,添加剂具有清洁和降低冰点的作用。

(2)清洗泵。即喷水电动机,其作用是将清洗剂加压,通过输液管和喷嘴喷射到挡风玻璃上。通常,清洗泵是由一个永磁直流电动机和液压泵组成,安装于储液罐内部,喷射压力一般为 68.6 kPa,工作电流不超过 3.6 A。

(3)喷嘴。汽车洗涤喷嘴分圆形、方形、扁形三种。洗涤器的喷嘴有装一个的或两个的,喷射方向可以调节。单孔喷嘴布置在左右雨刮驱动轴附近,双孔喷嘴布置于车身中心线上。如图 7-21 所示,喷嘴直径一般为 0.8～1.0 mm,喷嘴的喷头是一个球体,使用时用大头针插入内孔,稍稍用力即可调整其朝向,洗涤液喷射到目标面积。喷嘴堵塞时,可用细钢丝加以疏通。

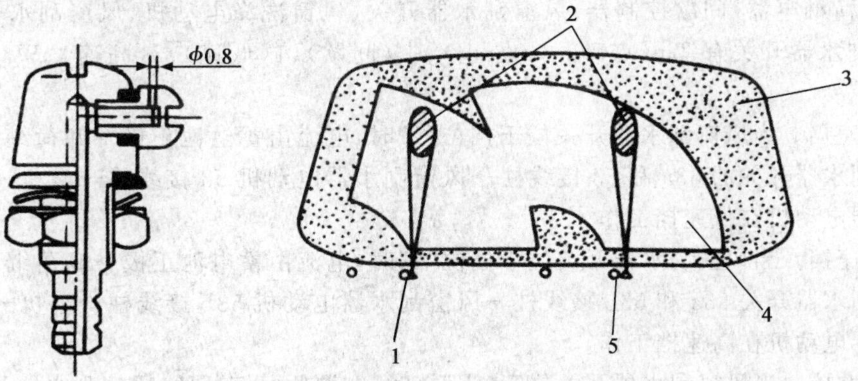

图 7-21　喷嘴的构造和调整位置

1-右喷嘴　2-喷水器　3-挡风玻璃　4-雨刮片刮过的面积　5-左喷嘴

(4)洗涤液。常用的洗涤液是硬度不超过205ppm的清水。为了刮洗油、蜡等物,可在水中添加少量的去垢剂和防锈剂。强效洗涤液的去垢效果虽好,但会促使风窗密封条和刮片胶条变质,还会引起车身喷漆变色以及储液罐、喷嘴等塑料件的开裂,所以对洗涤液的选用必须十分慎重。

2.工作电路

图7-22为风窗清洗装置的工作原理。当点火开关和喷水开关都闭合时,风窗清洗器喷水电机接通开始转动,并带动与其同轴的水泵旋转,将储水箱中的清洗液加压后通过水管由喷嘴喷出。

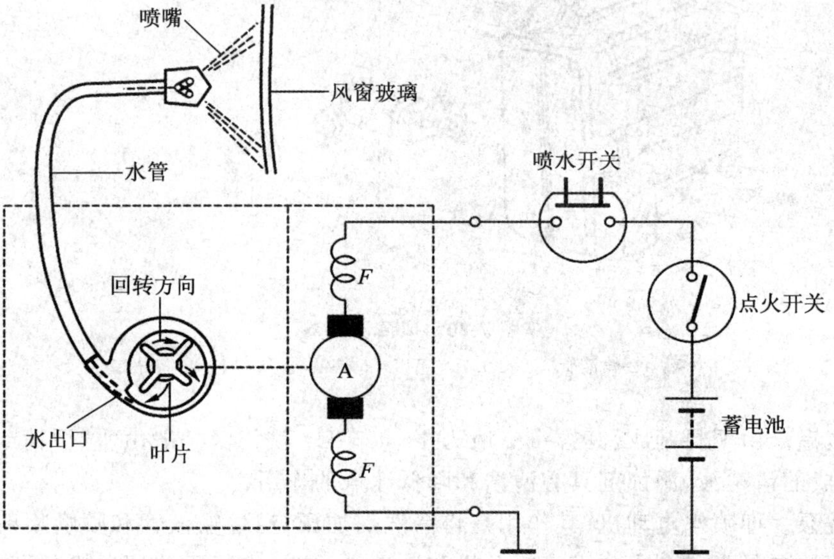

图7-22 风窗洗涤装置工作电路

(六)典型电动雨刮器及风窗洗涤器控制电路分析

1.奥迪汽车电动风窗刮水器和洗涤器控制

奥迪汽车电动风窗刮水器和洗涤器控制电路如图7-23所示。该风窗刮水器电路由点火开关、卸荷继电器、间歇控制器、风窗刮水器开关、风窗洗涤电动机、风窗刮水电动机等组成。风窗刮水器开关有Tip(点动)、0(停止)、Ⅰ(间歇)、1(低速)、2(高速)、Wa(喷水)6个挡位。

(1)低速挡。当风窗刮水器开关位于挡位“1”时,电流由蓄电池正极→卸荷继电器→熔断丝→风窗刮水器开关的53a和53接线柱→风窗刮水器电动机53接线柱→电机→搭铁,此时风窗刮水器电动机在低速挡工作。

(2)高速挡。当风窗刮水器开关位于挡位“2”时,电流由蓄电池正极→卸荷继电器→熔断丝→风窗刮水器开关53a和53b接线柱→风窗刮水器电动机53b接线柱→电机→搭铁,此时风窗刮水器电动机在高速挡工作。

(3)间歇挡。当风窗刮水器开关位于“Ⅰ”挡时,电源便经熔断丝,风窗刮水器开关53a端,风窗刮水器开关内部Ⅰ挡接入间歇控制器的“Ⅰ”端。C_2被充电:其充电电路为蓄电池正极→熔断丝→风窗刮水器开关53a→Ⅰ挡→歇控制器的“Ⅰ”端→R_9→R_2→C_2→VD_2→三极管VT

的基极、发射极→搭铁→蓄电池负极。此时，C 点的电位为 1.6 V，B 点的电位为 5.6 V，C_2 两端有 4 V 的电位差。

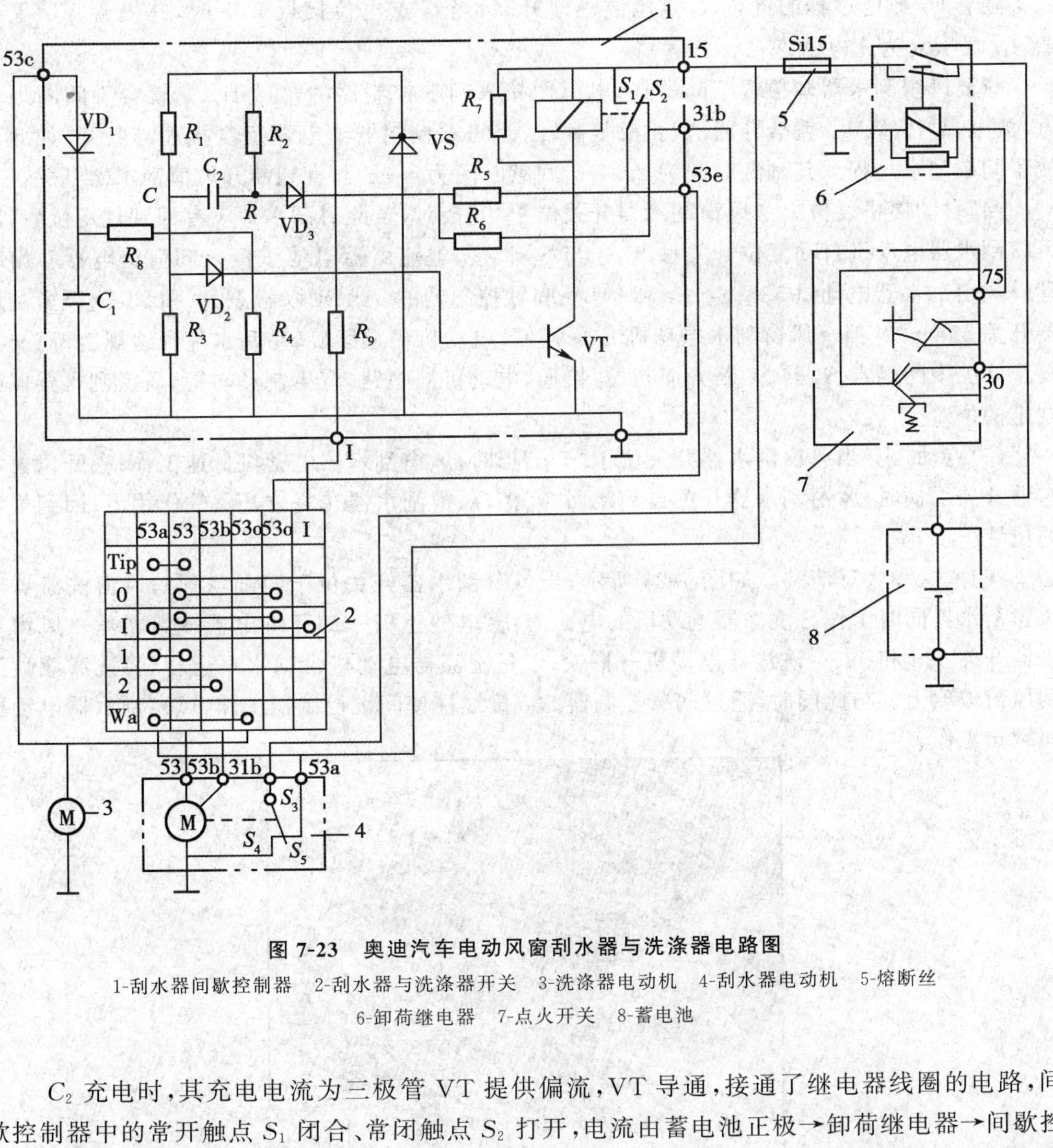

图 7-23　奥迪汽车电动风窗刮水器与洗涤器电路图

1-刮水器间歇控制器　2-刮水器与洗涤器开关　3-洗涤器电动机　4-刮水器电动机　5-熔断丝　6-卸荷继电器　7-点火开关　8-蓄电池

C_2 充电时，其充电电流为三极管 VT 提供偏流，VT 导通，接通了继电器线圈的电路，间歇控制器中的常开触点 S_1 闭合、常闭触点 S_2 打开，电流由蓄电池正极→卸荷继电器→间歇控制器接线柱 15、触点 S_1、接线柱 53e→风窗刮水器开关 53e 接线柱、Ⅰ挡和 53 接线柱→风窗刮水器电动机 53 接线柱→刮水电机→搭铁，此时风窗刮水器在低速挡工作。

当雨刮片往返一次又回到风窗玻璃的最下位置时，风窗刮水电动机也旋转至自动复位位置，复位开关中触点 S_3、S_4 接通，使电动机的 31b 端搭铁，为 C_2 的放电提供了通路。C_2 的放电回路有两条：一路经 R_2、R_1 放电；另一条经 VD_3、R_6、31b、电机的自动复位触点 S_3、S_4 接通搭铁、稳压管 VS、R_1 放电。

放电瞬间 B 点电压突然降到 2.8 V，由于 C_2 原有 4 V 电位差，使 C 点电位降为 −1.2 V，三极管 VT 的基极电位翻转为低电平，于是三极管 VT 截止，切断了继电器线圈的电路，则控

制器常开触点 S_1 断开、常闭触点 S_2 又闭合，恢复到自然状态时的 31b 与 53e 接通，将电阻 R_5、R_6 并联，加速 C_2 放电，为 C_2 的再充电作准备。

随着 C_2 放电过程的进行，C 点电位逐渐升高，当 C 点电位接近 2 V 时，三极管 VT 又导通，C_2 又恢复为充电状态。

只要风窗刮水器开关置于间歇挡，电源便接入间歇控制器的“Ⅰ”端，C_2 就会不间断地充电、放电，晶体管 VT 就会导通、截止反复翻转，使间歇控制器继电器反复接通与断开，如此形成了间歇刮水过程。其刮洗时间为 2～4 s，间歇时间为 4～6 s，直到断开风窗刮水器开关。

(4)自动停机复位。当风窗刮水器开关位于“0”挡时，若此时刮水片没有回到规定位置，则风窗刮水器电动机自动复位开关触点 S_3 与 S_5 相接，电流由蓄电池正极→卸荷继电器叶熔断丝→风窗刮水器电动机 53a、S_5、S_3 和 31b→间歇控制器的 31b、动断触点 S_2 和 53e→风窗刮水器开关 53e→“0”挡→风窗刮水电动机 53→搭铁，电动机仍继续旋转；刮水片到达规定位置时，复位开关中的触点 S_3 与 S_5 断开而与 S_4 接通，电动机被短路，产生制动转矩，风窗刮水器回到规定的位置。

(5)点动挡。当风窗刮水器开关位于“Tip”挡时，风窗刮水器电动机低速工作；松开风窗刮水器开关手柄时，风窗刮水器开关自动跳回“0”挡，风窗刮水器在复位开关的作用下，回到规定的位置。

(6)风窗和大灯清洗。如图 7-24 所示，当风窗刮水器开关位于“Wa”挡时，风窗洗涤器和风窗刮水器同时工作。洗涤器电动机的电路为：蓄电池正极→卸荷继电器→熔断丝→风窗刮水器开关 53a 和 53c→洗涤器电动机→搭铁，于是洗涤器电动机带动水泵运转，将洗涤液喷洒到风窗玻璃上。与此同时，通过间歇控制器 53c 接线柱使间歇控制器工作，风窗刮水器电动机间歇挡工作。

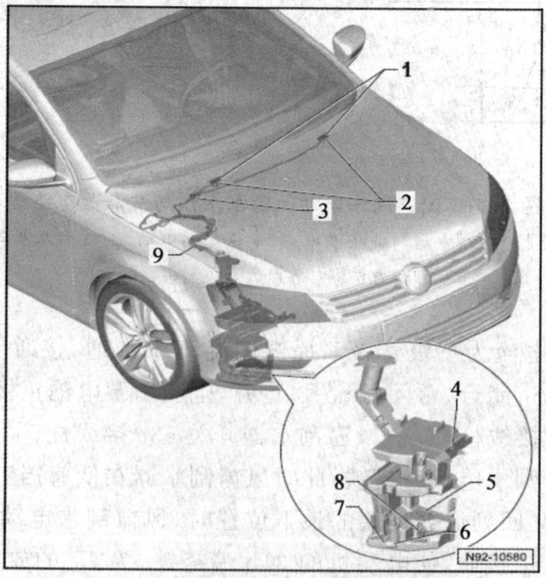

图 7-24　电动风窗洗涤器的组成

1-挡风玻璃清洗装置喷嘴　2-角形连接件　3-Y 形管接头　4-车窗玻璃清洗装置和大灯清洗装置储液罐上部件　5-车窗玻璃清洗装置和大灯清洗装置储液罐下部件　6-车窗玻璃清洗泵　7-角形连接件　8-车窗玻璃清洗液液位传感器　9-软管

在此挡位工作时，若松开风窗刮水器开关手柄，风窗刮水器开关自动回到“0”挡。

2. **大众速腾雨刮电动机控制**

雨刮电动机控制如 7-25 所示，直流电动机总成上内置有控制单元 J400，并通过 LIN 总线执行指令。雨刮片停位置隐藏在机舱盖内，摇臂左右摆动角度为 150°，且随车速变化，雨刷间歇时间也进行变化。刮水器能通过雨滴和光强传感器进行调节，J400 控制单元内部有服务/冬季位置、交替停留位置（APS）、发动机舱盖控制 F266、预清洗功能和雨刷防阻控制功能。

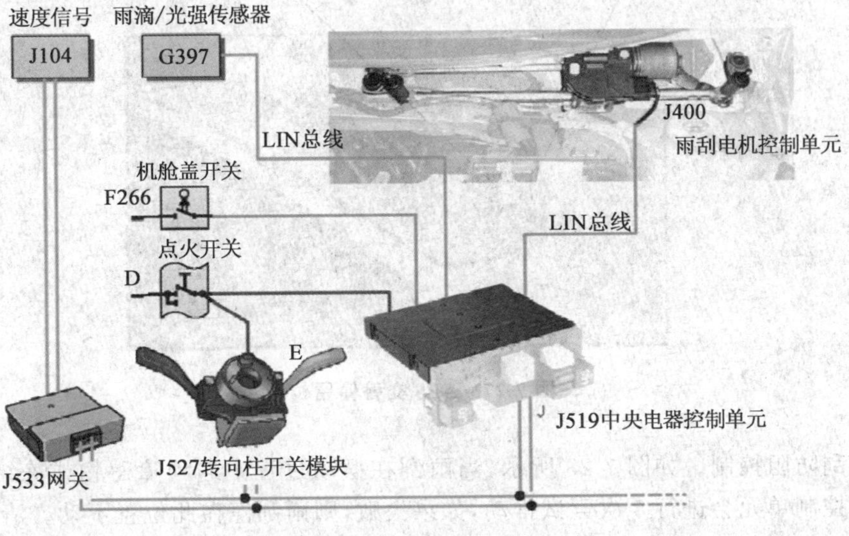

图 7-25　雨刮器电机控制

(1)服务/冬季位置。服务/冬季位置是指关闭点火开关 20 s 之内，将雨刮开关打到点动挡位置，这时雨刮器将运动到最顶端位置并保持停止不动。在此位置，可以更换雨刮片。同时，在冬季还可以将雨刮臂抬起，以防止结冰。重新打开点火开关后，如果再次拨动雨刮开关或车速大于 2 km/h，雨刮器将自动回位。当打开发动机舱盖后，雨刮器的此项功能将被禁止工作。

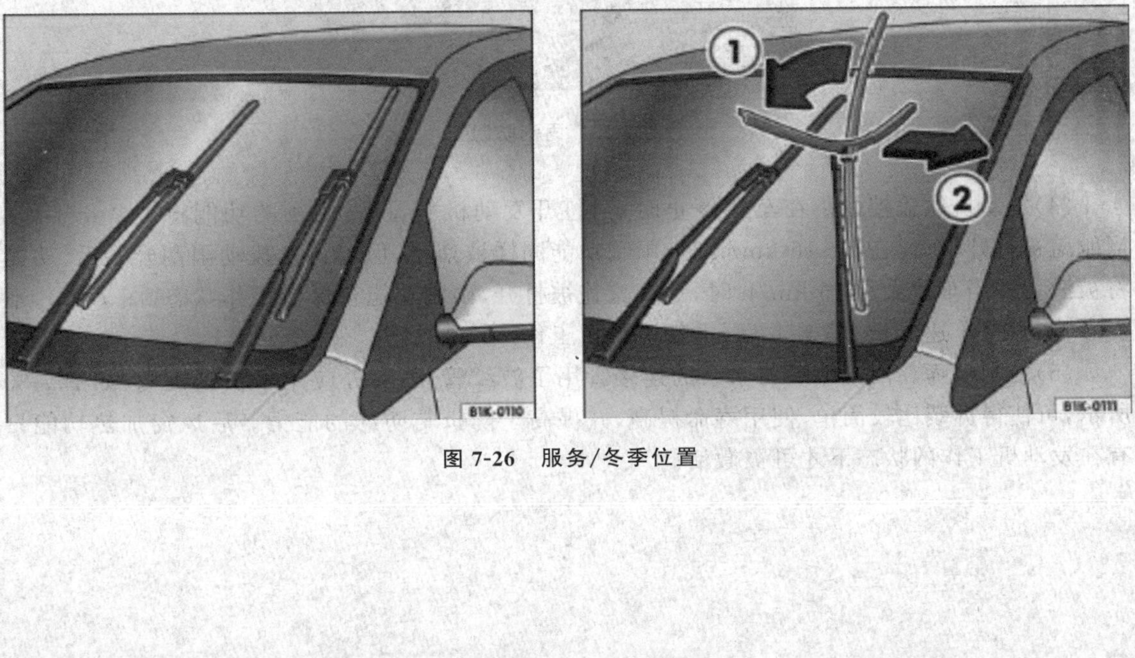

图 7-26　服务/冬季位置

(2)APS交替停留位置。APS是Alternate Parking Position的缩写,主要作用是防止雨刷片长期在一位置下受压,防止雨刷片产生永久的变形而影响刮水效果,如图7-27所示。更换雨刷臂时,APS必须关闭,且雨刷电动机必须达到其最低位置。为了能实现这个目标,必须退出APS功能。注意:关闭APS功能后,不能马上激活APS功能,在100个刮水循环后,APS功能将自动激活。

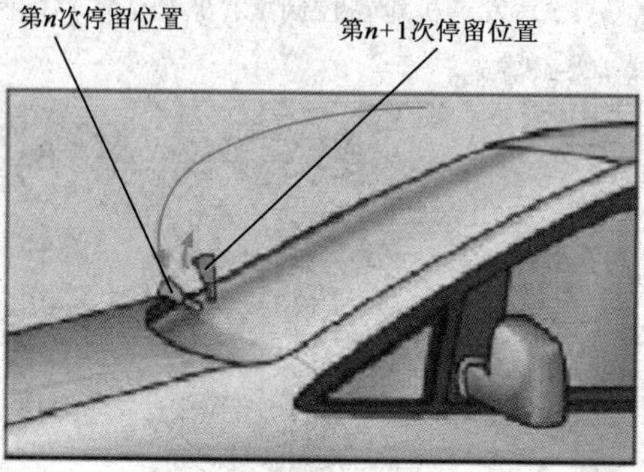

图7-27 APS交替停留位置

(3)雨刮防阻控制。如图7-28所示,当雨刮在摆动过程中遇到障碍物或冻结在风挡玻璃上时,雨刮控制单元会进行5次尝试推动,如果失败,则雨刮停在此位置不动。清除障碍后,需再次拨动雨刮开关,系统才会继续工作。

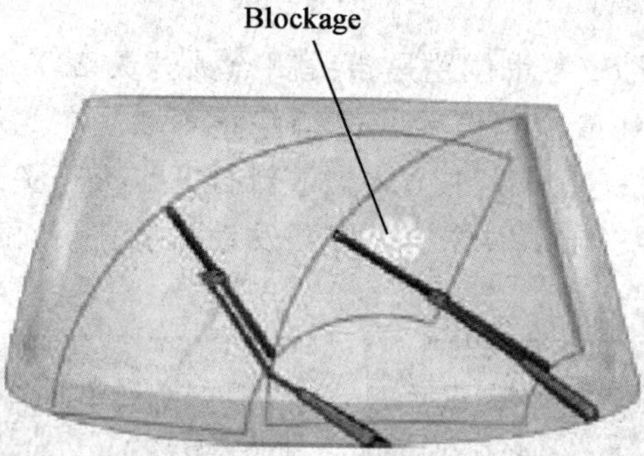

图7-28 雨刮防阻

(4)发动机舱盖控制。在车辆停止时,当打开发动机舱盖后,雨刮的功能将被禁止工作。当舱盖被打开,车速在2～16 km/h时,雨刮功能同样被禁止,但当再次拨动雨刮开关后,功能将被激活。当车速大于16 km/h时,尽管舱盖被打开,雨刷功能会保持工作状态(图7-29),不受影响,直至车速低于2 km/h后,重新被禁止工作。

(5)雨刷喷嘴。雨刮喷嘴与水泵的连接管用了波纹管,喷嘴处应用了快锁机构,如图7-30所示,可使得拆装比较简单,使用寿命提高,并提高了防折与防冻的能力。后风窗加热功能只有在发动机工作的状态下才可被激活。

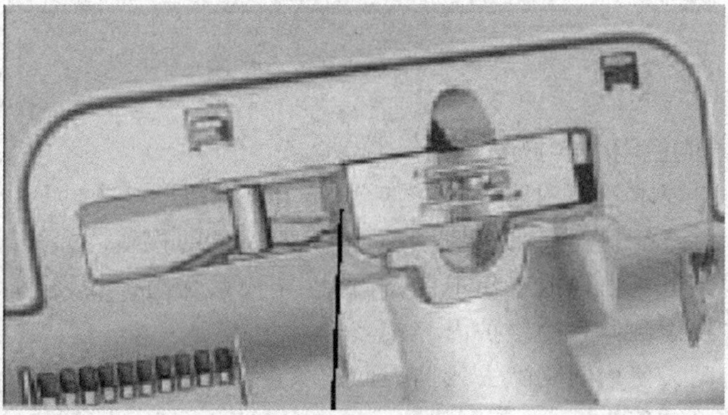

图 7-29　发动机舱盖控制

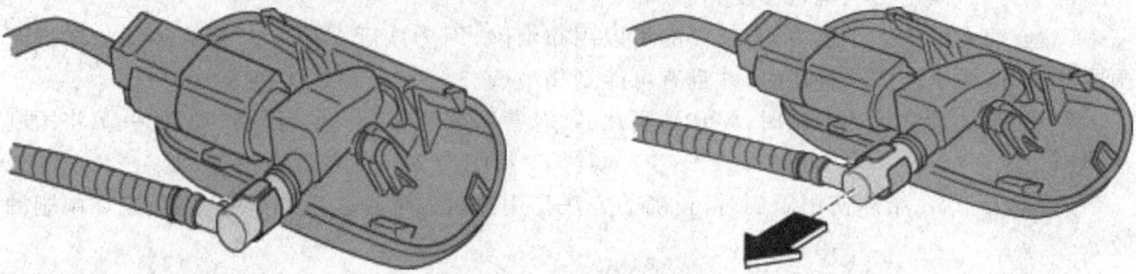

图 7-30　喷嘴快锁机构

(6)雨滴/光强传感器。速腾轿车的雨刮系统中设雨滴/光强传感器,即雨量传感器和光强度传感器组合一体,其作用是感应出雨量的大小从而控制刮片的运动速度,以使驾驶者可以集中精力开车。如图 7-31 所示,装配在车内后视镜的安装底座内。

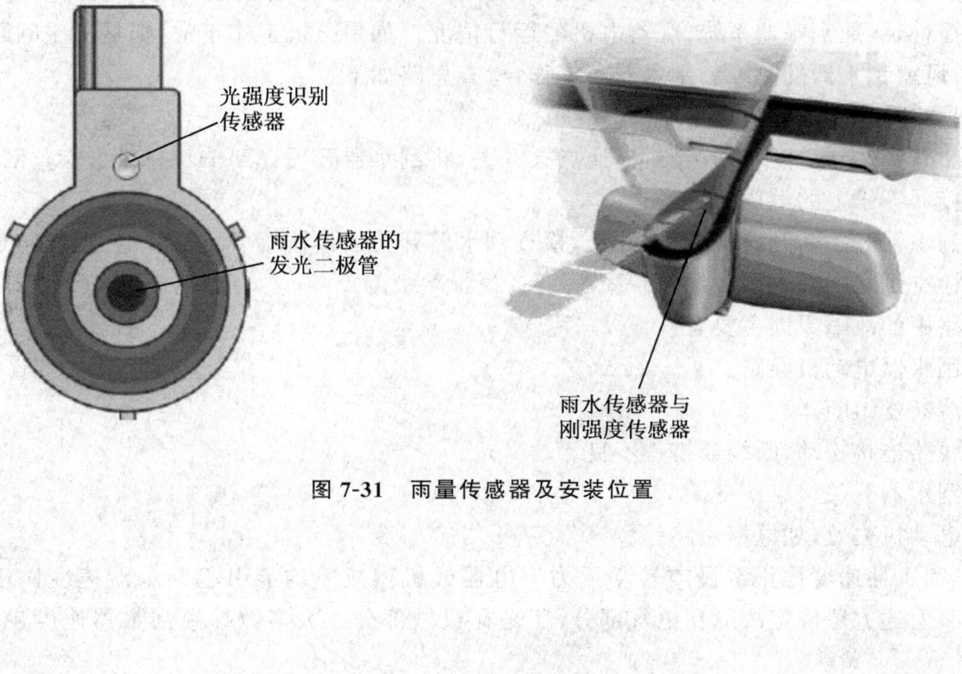

图 7-31　雨量传感器及安装位置

二、技能训练

(一)电动雨刮器的使用与养护

正常情况下,符合要求的雨刮器,刮过之后玻璃上不能留下水迹,因为水迹是反光的,如果是夜间行车,这些水迹会反射对面来车的灯光,干扰驾驶员的视线。另外,雨刮器电路或机械性能出现问题,如雨刮电机损坏或工作不良,将直接导致系统的失效,给车辆行驶带来安全隐患。日常维护中,涉及雨刮器片的维护内容较多。

(1)不能干刮。晴天使用雨刷除去风挡表面的灰尘,一定要喷玻璃水。刮拭风挡表面的灰尘和蚊虫,一定要先喷玻璃水。

(2)玻璃上油顽固、坚硬的污渍,应该用手工清理一下,避免把胶条破坏导致雨刮刮不干净。严重的话,雨刮的电机也会受到影响。

(3)玻璃上如果沙子很多,有条件的可以用布清除,因为沙砾在玻璃上会像砂纸一样打磨雨刷胶条,对雨刷造成严重伤害,并且有可能划伤玻璃。

(4)洗车和日常打理雨刷时,要拿雨刷片的“脊背”,放时轻轻送回,不要“啪”的一下将雨刷片弹回。

(5)冬天下雪、结冰使用雨刷时,正确的方法是用冰铲先清理表面的冰渣,以免破坏雨刷的胶条。

(6)夏天应避免在太阳底下暴晒,夏日强烈的高温会考验雨刷的橡胶材质,长期下去会造成变形或失去弹性。

(二)电动雨刮器的常见故障

电动雨刮器的常见故障有刮水器不工作、刮水器速度比正常慢或转动无力、间歇刮水系统不正常、刮水器不能复位等。除此之外,还有一些与刮水片调整有关的故障。在对风窗刮水器系统检修之前,需要确定电器故障还是机械故障。最简单的方法就是从电机上拆下链接刮水片的机摇臂,接通刮水器系统,观察电机的运行情况。如果电机工作正常,则是机械问题。

(1)风窗刮水器的故障。刮水器不工作,检查思路如下:

①目测及用万用表检查熔断丝。

②断开刮水器电动机插接器,接通点火开关,将刮水器开关拧到 HI(高速),检查刮水器电动机插接器端子上的电压。

③刮水器开关断开,接通点火开关,检查刮水器开关插接器端子上的蓄电池电压。

④检查刮水器开关以及线路。

电路中的故障原因主要有:

①刮水器电动机断路。

②熔断丝熔断。

③线路连接松动、断线或搭铁不良。

④刮水器开关接触不良。

⑤电动机失效,如电枢短路等。

(2)刮水器速度比正常慢或转动无力。电器或机械故障均能引起刮水器速度比正常慢。首先按照上述方法确定故障在电气部分,还是在机械部分。大多数导致刮水器速度慢的电路故障是由于接触电阻大而引起的。如果电源供电回路正常，则应检查刮水电动机的搭铁回路是否正常，方法是将电压表的正表笔接电动机的搭铁端（或电动机壳体），负表笔接到电池负极，电压降不应超过 0.1 V，否则应修复电动机搭铁回路。最后，检查电动机轴承和蜗轮组的润滑情况。

（3）间歇刮水系统不正常。如果刮水系统只是在间歇挡位工作不正常，首先应检查间歇继电器的搭铁是否良好。如果搭铁正常，利用欧姆表检查继电器到刮水器开关之间的电路，如果连接线路也是良好的，则应更换间歇继电器。

（4）刮水器不能复位。造成刮水器不能复位的故障可能是复位开关的原因，也可能是刮水器开关内接触片变形所致。最常见的与复位开关有关的故障是当开关断开时，刮水器就停在该位置。首先要拆下电动机端盖，接通刮水器开关，观察复位开关的工作情况。当关闭刮水器开关时，复位开关应能使其常闭触点闭合到位，否则应更换复位开关。

（三）电动雨刮器故障检修

以速腾轿车为例，介绍其电动雨刮器的检修内容。

1. 电动雨刮器的拆装

第一步，拆卸刮水器臂。取下刮水片，用螺丝刀撬下刮水器臂上的 2 个盖帽，如图 7-32 所示，松开六角螺母（SW13）（箭头）。轻轻转动以松开刮水器臂，完全拧下六角螺母并取下刮水器臂。拔下前罩板上的 3 个卡夹，撬下挡风玻璃边缘的前罩板，取下前罩板。

第二步，拆卸带拉杆和电机的刮水器框。如图 7-33 所示，拧下 3 个六角螺栓（SW10），从后部向上翻转刮水器框（箭头），然后向右将总成从压力舱内取出，拔下刮水器电机插头。

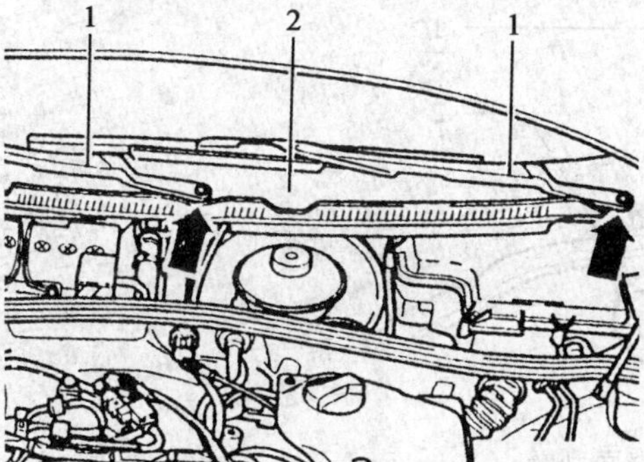

图 7-32　拆卸雨刮臂

1-刮水器臂　2-前罩板

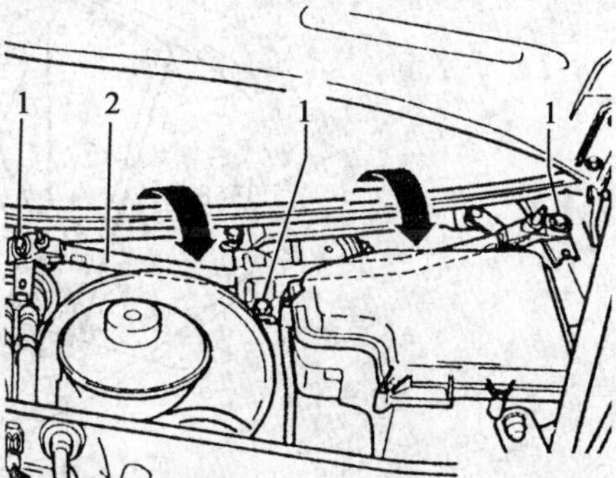

图 7-33　拆卸带拉杆和电机的刮水器框

1-六角螺栓（SW10）　2-刮水器框

第三步，从连接杆上拆下刮水器电机。从连接杆上拆下刮水器电机时，不可松开刮水器电机曲柄上的六角螺母（SW13）。如图 7-34 所示，从球头节上撬下连接杆（箭头），拧下刮水器电机支架上的三个六角螺栓（SW10），从支架上取下刮水器电机。

第四步，安装风窗刮水系统。将刮水器电机连同曲柄一同拧到刮水器电机支架上。接上连接杆，在 a 处调整其停止位置（图 7-34）。插上刮水器电机插头。安装刮水器框时，电机朝前，然后将框装入压力舱内，向前翻转框架并用 8 N·m 拧紧螺栓。再往下安装可按与拆卸相反的顺序进行。

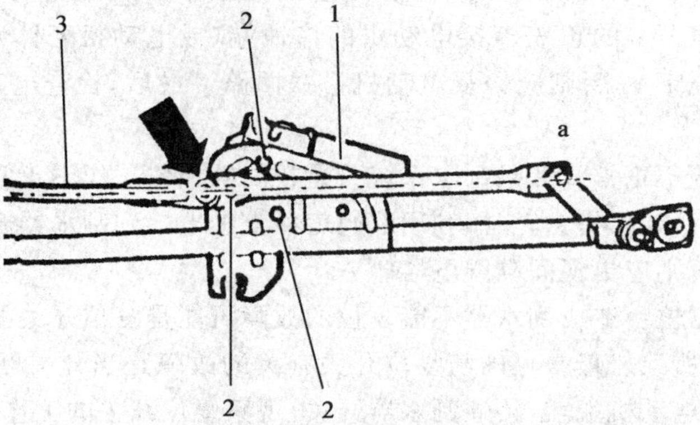

图 7-34 拆下刮水器电机

1-刮水器电机 2-六角螺栓 3-连接杆

2.消除雨刮片震颤故障

第一步,检查雨刮臂的角度。将雨刮臂移到停止位置,拆下雨刮片。如图 7-35 所示,将雨刮臂放入角度校正仪(3358)中,用锁止螺栓紧固。将显示的角度与规定值相比较。驾驶座一侧雨刮臂角度应为−9°;副驾驶座一侧雨刮臂角度应为−5°,必要时进行调整。

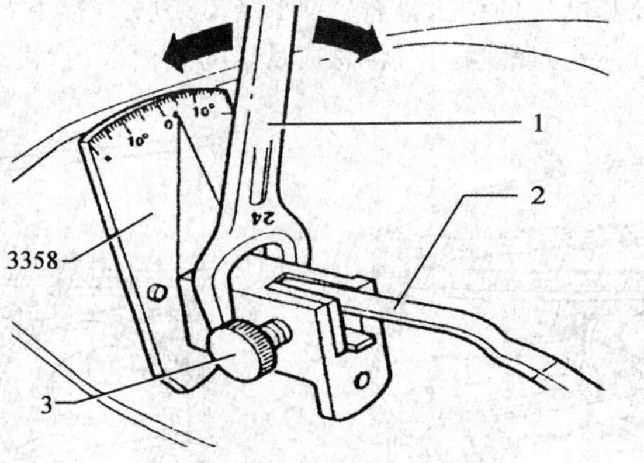

图 7-35 检查调整雨刮臂

1-开口扳手 2-雨刮臂 3-锁止螺栓

第二步,调整雨刮臂。将雨刮臂移到停止位置,拆下雨刮片。如图 7-35 所示,将雨刮臂放入角度校正仪(3358),用锁止螺栓紧固。将开口扳手(SW24)装到角度校正仪(3358)上,按规定值调整雨刮臂的角度(箭头)。松开锁止螺栓,取下雨刮臂,将雨刮臂再次放入角度校正仪(3358)并用锁止螺栓紧固。将显示的角度与规定值相比较。如需要,可重复上述校正及检查过程,直到角度达到规定值。取下角度校正仪(3358),重新将雨刮片装上。

(四)风窗洗涤器检修

1.清洗液罐的拆卸

第一步,拆下左前轮。如图 7-36 所示,拧下六角螺栓(SW10)(箭头)。

第二步,如图 7-37 所示,拧下六角螺栓(SW10)(箭头),拔下插头,将清洗液罐向下从发动机舱中取出。拔下风挡玻璃清洗泵的供电插头。将清洗泵从清洗液罐上拔下，然后将清洗液罐取下。

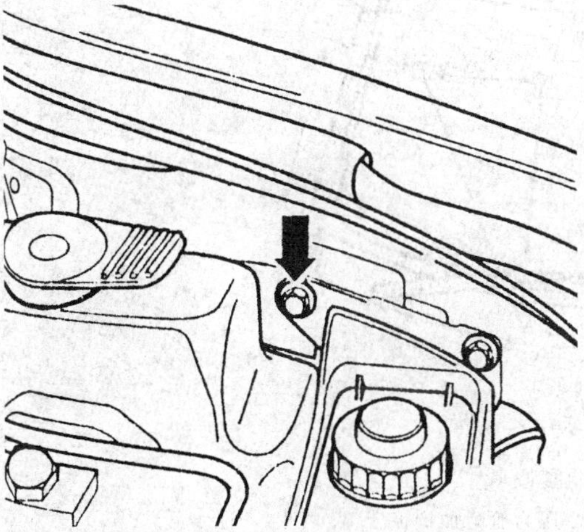

图 7-36　拆卸清洗液罐螺母

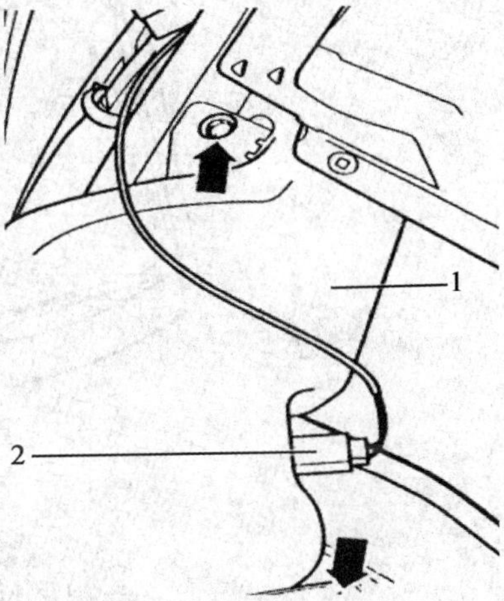

图 7-37　拆卸清洗液罐

1-清洗液罐　2-插头

第三步，清洗液罐的安装可按与拆卸相反的顺序进行。

2.喷嘴的清洗

第一步，喷嘴的拆卸。

如图 7-38 所示，从喷嘴上拔下软管，拔下喷嘴加热插头。如图 7-39 所示，用力按箭头方向将喷嘴从发动机罩上拔出。

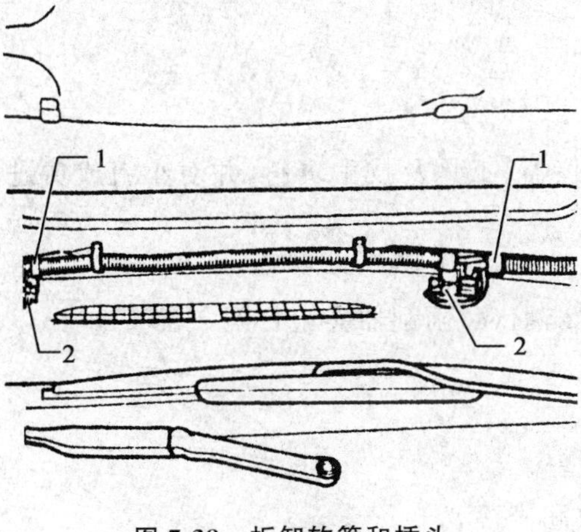

图 7-38　拆卸软管和插头

1-软管　2-喷嘴加热插头

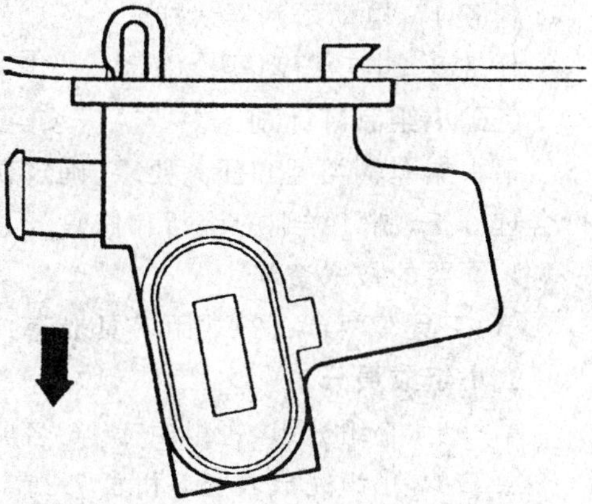

图 7-39　拔出喷嘴

第二步，喷嘴的调整。

用记号笔在风挡玻璃上做上四点标记（标记应可擦掉）。图 7-40 中的调整尺寸为：a＝400 mm（±50）；b＝190 mm（±50）；c＝420 mm（±50）。调整后用专用工具检测喷嘴标记的位置。注意调整尺寸是从风挡玻璃密封条的边缘和下边缘处压力舱附加护板测量的。调整尺寸是按车行驶时给出的超前值,在汽车静止时喷嘴喷射略有不同。

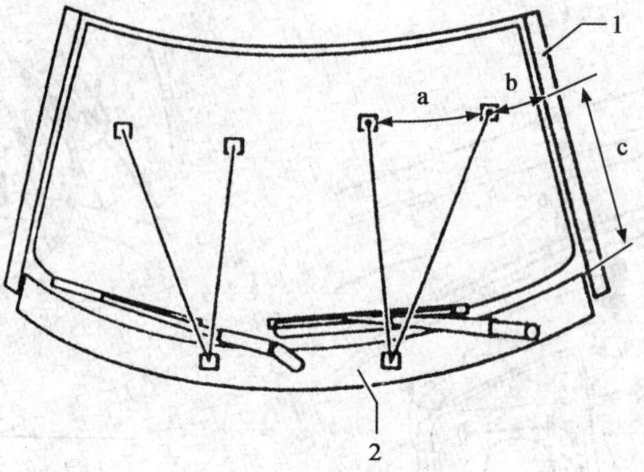

图 7-40 调整喷嘴

1-风挡玻璃密封条 2-压力舱附加护板

三、制订检修计划

(一)岗位任务

一辆大众桑塔纳轿车进入维修厂维修,车主反映说雨刮器出现故障,刮水效果差,经常出现雨刮片震颤的问题,请维修人员排除故障。

(二)教师布置任务

任务 1 电动雨刮器认知

任务 2 电动雨刮器检修

(三)小组制订计划

请根据车辆类型和任务要求,确定所需要的检测仪器、工具及技术资料,并对小组成员进行合理分工,制订详细的诊断和修复计划。

1.需要的技术资料

(1)工具车两台;(2)常用工具 2 套;(3)实训车辆 2 辆;(4)雨刮器实验台架 2 台。

2.小组成员分工

第一步,小组分组,每组由 4～6 名成员组成。

第二步,小组完成表 7-1 和表 7-2。

第三步,小组汇报计划,并根据教师建议进行修改和完善。

表 7-1 小组成员分工决策

序号	操作人	任务
1		
2		
3		

表 7-2　任务实施计划

序号	工作步骤	使用工具	注意事项	操作人
1	读懂雨刮器及风窗涤器部分电路图，对照车辆上的电器设备			
2	明确故障引起的原因，分析故障是在机械部分还是在电气部分			
3	查找存在故障的线路及器件			
4	修复、更换部件，排除故障			
5	连接复位，通电试运转			

四、任务实施

第一环节：教师讲解并进行演示。

由辅导教师首先讲解丰田轿车电动风窗刮水器和洗涤器系统的总体组成，按照试验台架上的实物、示教板上的实物来讲解电动风窗刮水器和洗涤器系统的各个部件及控制关系。包括电动风窗刮水器、洗涤器、控制开关、链接线路等。教师讲解故障判断原则及排除步骤，并进行专项演示。

第二环节：学生按照以下步骤进行任务实施。

检测电动雨刮器，并填写表 7-3。

表 7-3　记录表

序号	检查项目	标准	结果	处理意见
1	雨刮器间歇挡			
2	雨刮器低速挡			
3	雨刮器高速挡			
4	保险丝			
5	搭铁点 1			
6	搭铁点 2			
7	雨刮电动机			
8	间歇继电器			
9	挡位开关			

第三环节：任务实施完成后，各小组负责清理工具和量具等，清洁地面卫生。

五、检验评估

通过实际检修刮水器不回位或不规则回位故障、间歇刮水控制失效故障，对任务进行评估，并记录在表 7-4 中。

检查刮水器不回位或不规则回位故障、间歇刮水控制失效故障诊断过程的填写，对学生掌握情况进行评估。

(1)各组汇报工作过程与过程中遇到的问题，并说明解决方法。

(2)自评与互评。

(3)老师点评、总结：学生的参与度、学习态度、专业能力、关键能力。

(4)老师填写《刮水器不回位或不规则回位故障、间歇刮水控制失效故障》学业评估表。

表 7-4 学业评估表

评价内容	检验指标	权重	自评	互评	师评	总评
知识与技能(60 分)	1.看懂汽车雨刮器及风窗洗涤器部分电路图	5%				
	2.实车上认识电气设备的位置及线路	10%				
	3.明确故障引起的原因，判断故障是在机械部分还是在电气部分	20%				
	4.能熟练使用工具，符合规范	5%				
	5.能在车上正确拆解线路连接端，检查对应点的导通情况，查找存在故障的线路及器件	20%				
过程与方法(40 分)	1.学习态度：主动参与学习，遵守纪律	5%				
	2.团队合作：与小组成员分工合作，在小组完成任务过程中所起的作用	5%				
	3.获取信息：获取学习所需信息、资料的方法与途径	5%				
	4.方法能力：发现、分析、解决问题的方法与能力	10%				
	5.创新意识：积极思考，不断改进维修方案	5%				
	6.节能与环保意识：学习过程中注重节能，不污染环境	5%				
	7.现场管理：服从工位安排、执行实训室“5S”管理规定	5%				
对学生综合评价与建议						

思考与练习

1. 电动雨刮器的组成：雨刮片、________、________、________等。
2. 电动风窗洗涤器由储液罐、________、软管、三通接头和________等组成。
3. 操作一下车辆的刮水开关，描述一下其挡位和功能。
4. 简述雨刮系统永磁式电动机快慢挡的控制原理。
5. 根据图 7-14 所示电路，说出“低速”和“点动”挡的控制过程。

任务 7.2　电动门窗与电动后视镜的检修

案例引入

一辆 2009 款上海大众桑塔纳 3000 汽车，客户反映打开点火开关，按下左前、右前、左后、右后电动车窗升降器开关，发现左后电动车窗不能升降，请专业人员排除故障。

任务要求

1. 了解电动车窗、电动后视镜的作用及组成。
2. 掌握电动车窗、电动后视镜的工作原理。
3. 会识读电动车窗、电动后视镜的基本电路图。
4. 能诊断检修电动车窗、电动后视镜的一般性故障。

一、知识学习

(一)汽车电动门窗组成、结构与类型

1. 汽车电动门窗的组成、结构

电动车窗，是指以电为动力使门窗玻璃自动升降的门窗。它是由驾驶员或乘员操纵开关接通门窗升降电动机的电路，电动机产生动力通过一系列的机械传动，使门窗玻璃按要求进行升降，即使在行车过程中，也能安全方便地开、关车窗。其优点是操作简便，有利于行车安全。如图 7-41 所示，电动车窗由车窗玻璃、玻璃升降器、直流电机、继电器、升降开关等组成。

(1)车窗玻璃。如图 7-42 所示，车窗玻璃一般是钢化玻璃，有些高档车使用防弹玻璃。

(2)玻璃升降器。玻璃升降器是电动车窗的重要部件，作用是减速增扭、实现运动形式的转换及传递动力。根据工作原理的不同，主要有蜗轮蜗杆式玻璃升降器、齿轮扇形玻璃升降器及齿轮齿条式升降器三种形式。

①蜗轮蜗杆升降器。大多数车型使用的都是蜗轮蜗杆升降器，如图 7-43 所示，主要由蜗轮蜗杆机构、绕线轮、钢丝、导轨和滑动支架灯组成。工作时电动机带动蜗轮蜗杆并带动转丝筒旋转，使钢丝拉动玻璃支架上的滑动支架在导轨中上下运动，使玻璃升降。

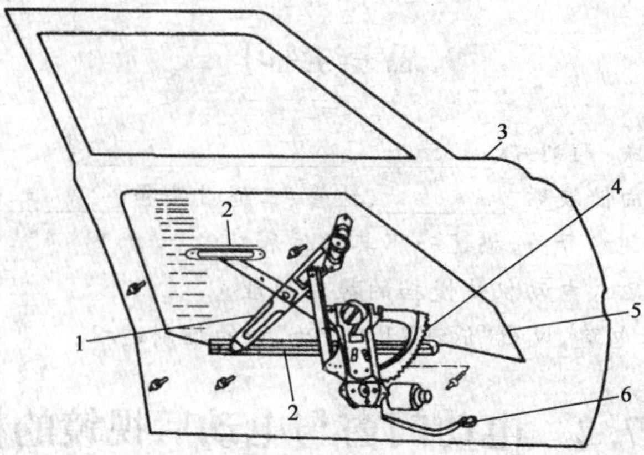

图 7-41 电动车窗

1-调整杆 2-支架与导轨 3-车门 4-驱动齿扇 5-车窗玻璃 6-电动机及插座

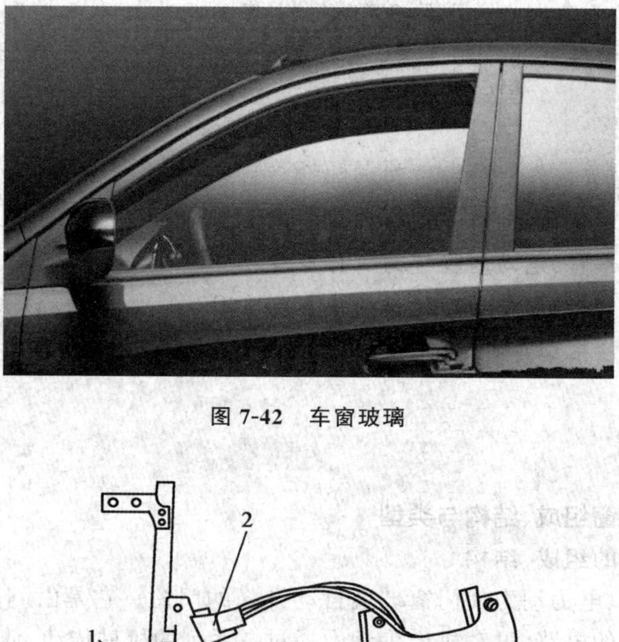

图 7-42 车窗玻璃

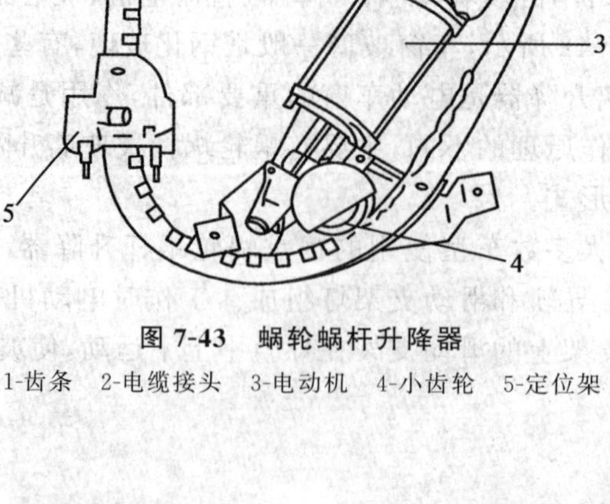

图 7-43 蜗轮蜗杆升降器

1-齿条 2-电缆接头 3-电动机 4-小齿轮 5-定位架

②齿轮扇形玻璃升降器。齿扇上连有螺旋弹簧，如图 7-44 所示。当车窗上升时，弹簧伸展，能量被释放，减轻电机负荷，帮助电机做功；当车窗下降时，弹簧压缩，吸收能量，从而使车窗无论上升还是下降，电动机的负荷基本相同。

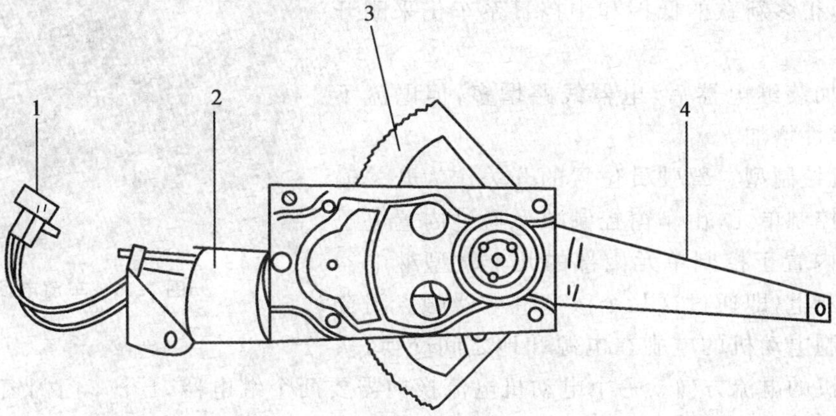

图 7-44　电动车窗齿扇式升降器

1-电缆接头　2-电动机　3-齿扇　4-推力杆

(3)玻璃升降开关。如图 7-45 所示，玻璃升降开关包括驾驶员侧开关(主控)和乘客侧开关(分控)。驾驶员侧为控制开关，通常位于驾驶员侧车门上或选挡杆前方，方便驾驶员统一控制各车窗升降。

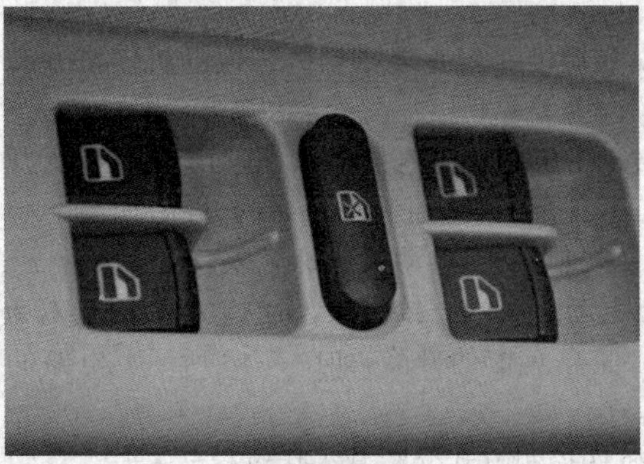

(a)驾驶员侧

(b)乘客侧

图 7-45　玻璃升降开关

(4)车窗电动机。车窗电动机(图 7-46)可分为永磁式双向直流电动机和双绕组串励式直流电动机。前者较为常用，通过改变电动机的两根导线的极性，使电动机双向旋转，并通过升降器控制玻璃升降。

2. 汽车电动门窗的类型

汽车电动车窗从控制角度上可分为三类：直接控制型、微机控制型和网络微机控制型。

(1)直接控制型。直接控制型的一种方式为采用开关直接控制电动机换向，电动机电流流过控制开关。直接控制型的另一种方式为开关控制继电器，电动机电流流过继电器开关。

在第一种直接控制型中,电动机电流流过开关,损坏率增加,同时开关裸露在空气中,易受灰尘影响。不过整体来说,第一种直接控制型可靠性较高,成本也低。目前,很多新款的低挡和中挡日系车仍采刚开关直接控制。

第二种加装继电器后,电器线路增多,但电流不经开关,可靠性增加。

(2)微机控制型。驾驶员位置的开关作为开关输入给车窗的控制单元,由车窗控制单元通过内置电子开关来控制内置于控制单元内部的几个微型继电器线圈通电或断电,即通过这几个微型继电器触点闭合或断开来控制电动机的电刷在电源和地之间交换,从而控制电动机的电流方向。一个电动机电流换向需要两个继电器,4个车门门窗共需要8个微型继电器。

图 7-46 车窗电动机

采用微机控制技术后,可在系统中增加自诊断功能,在修理中可以用诊断设备来检查系统的故障。

(3)网络微机控制型。电动车窗控制开关由一个微控制器组成,通过网络向各个门的玻璃升降控制器发送信号,玻璃升降控制器根据网络上的控制信号分析控制哪个门的玻璃动作(是升还是降)。采用网络微机控制技术后,可靠性显著提高。

3.汽车电动门窗控制电路

不同汽车所采用的电动车窗控制电路不同,按电动机是否直接搭铁分为电动机不搭铁和电动机搭铁两种。

(1)电动机不搭铁。电动机不搭铁的控制电路是指电动机不直接搭铁,电动机的搭铁受开关控制,通过改变电动机的电流方向来改变电动机的正反转,从而实现车窗的升降,如图7-47所示。电路的特点为:电路复杂,开关既控制电源又控制负极,电动机造价低。

(2)电动机搭铁。电动机搭铁的控制电路是指电动机一端直接搭铁,而电动机有两组磁场绕组,通过接通不同的磁场绕组,使电动机正反转,实现车窗的升降,如图7-48所示。电路的特点为:电路简单,电动机造价高。

电动车窗工作原理。以电路复杂的电动机不搭铁控制方式介绍其工作过程。

①后车窗玻璃升降。在安全开关没有被按下的情况下,向上扳动左后车门升降开关,左后车窗电动机正转,带动左后车门玻璃上升。电路为:蓄电池正极→熔丝→主控开关(左后升降开关)→左后升降开关→左后升降电动机→左后升降开关→主控开关(左后升降开关)→接地→蓄电池负极。

②前车窗玻璃升降。向上扳动左前车门升降开关,左前车窗电动机正转,带动左后车门玻璃上升。其电路为:蓄电池正极→熔丝→主控开关(左前升降开关)→左前升降电动机→主控开关(左前升降开关)→接地→蓄电池负极。

如果按下右前车门的升降开关,车窗电动机带动车门玻璃下降。其电路为:蓄电池正极→熔丝→主控开关(右前升降开关)→右前升降开关→右前升降电动机→右前升降开关→主控开关(右前升降开关)→接地→蓄电池负极。

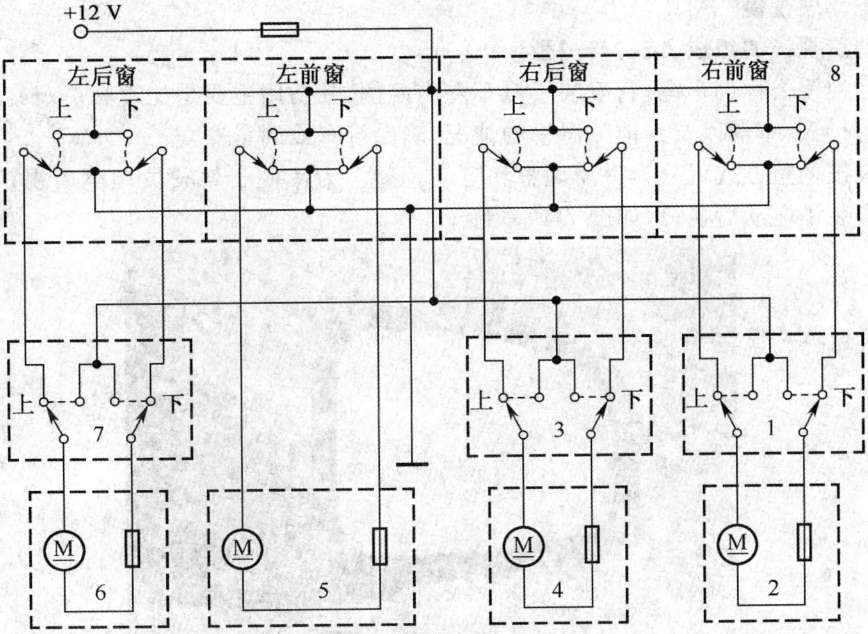

图 7-47　电动机经开关搭铁的控制电路

1-蓄电池　2-熔丝　3-驾驶员主控开关　4-左前窗升降电动机　5-右前窗升降开关　6-右前窗升降电动机

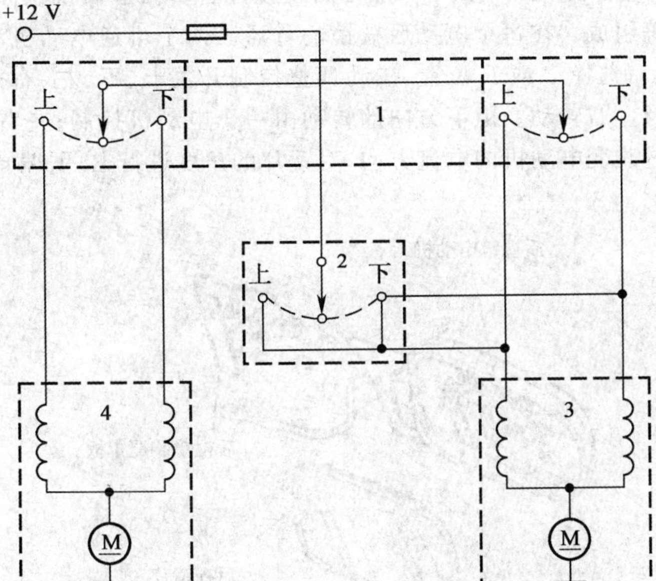

图 7-48　电动机搭铁的控制电路

1-驾驶员主控开关　2-乘客控制开关　3-右侧升降电机　4-左侧升降电机

(二)电动后视镜

1.电动后视镜的组成、结构与类型

汽车后视镜俗称倒车镜,它安装于汽车左右两侧,其功用主要是让驾驶员观察汽车左右两侧及后方的行人、车辆以及其他障碍物的情况,确保行车或倒车安全。

后视镜按调整方式可分为手动调整和电动调整。为了便于驾驶员调整后视镜的角度,现代车辆多安装了电动后视镜,如图 7-49 所示。

图 7-49 电动后视镜

电动后视镜结构,如图 7-50 所示,一般由后视镜片、电动机、后视镜固定架、后视镜罩、控制电路及操纵开关等组成。在每个电动后视镜的背后装两个可逆电动机和驱动机构,通过操作控制开关(图 7-51),选择 L 或 R 位置,按动调整控制开关上、下、左、右按钮,驱动电机通过齿轮带动镜片上下及左右转动。上下方向的转动由一个电动机控制;左右方向的转动由另一个电动机控制。通过改变电动机的电流方向,对镜片的角度进行上、下偏转和左、右偏转调节,调节范围为 20°～30°。

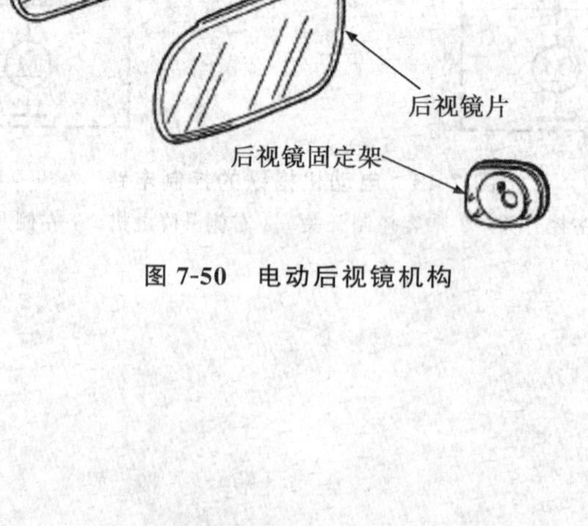

图 7-50 电动后视镜机构

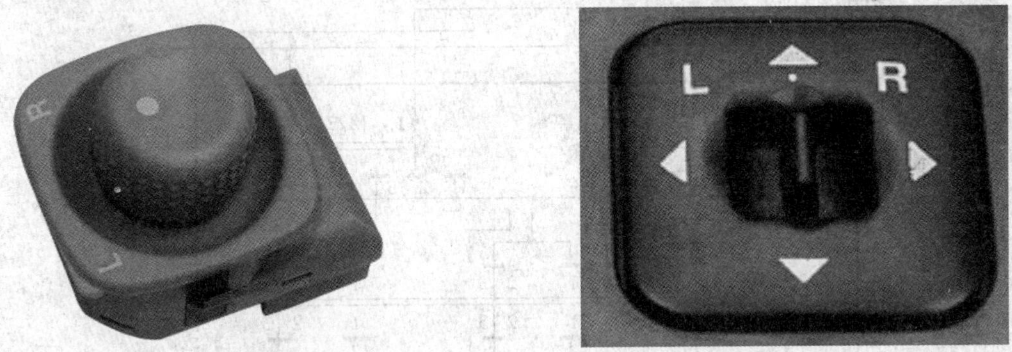

图 7-51　电动后视镜的控制开关

2. 汽车电动后视镜的控制电路

桑塔纳轿车电动后视镜的控制电路如图 7-52 所示，其控制原理如下：点画线框内为其控制开关，V_{33-1} 和 V_{33-2} 是右侧后视镜的执行器（两个直流电动机，均可进行正反方向转动），V_{34-1} 和 V_{34-2} 是左侧后视镜的执行器（同右侧）。

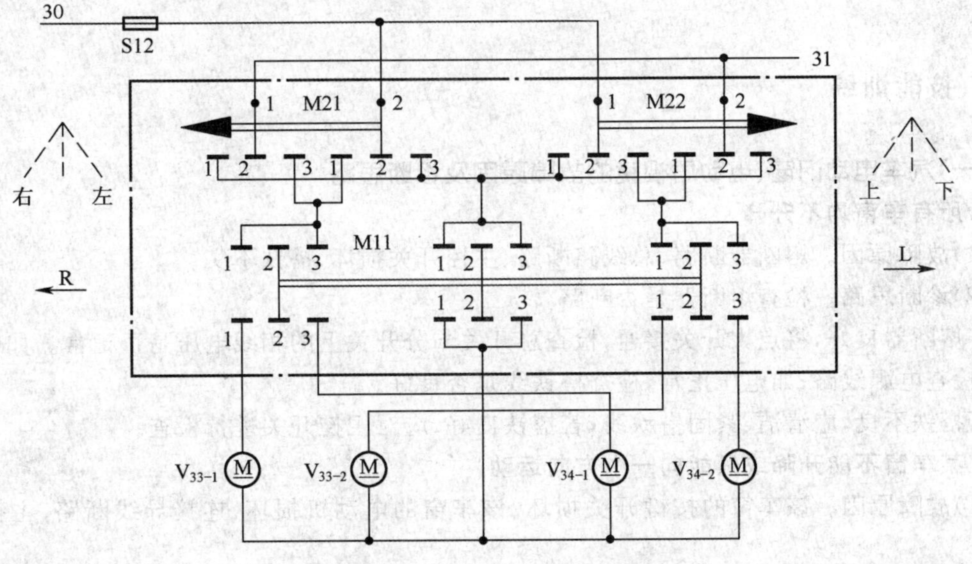

图 7-52　桑塔纳 2000 轿车电动后视镜控制电路

当点火开关处于“ON”位置时，将后视镜控制开关球形钮旋转，可选择调整左侧后视镜还是右侧后视镜。控制开关面板上印有 L 和 R，L 表示左侧，R 表示右侧，中间是停止位置。选择好需调整的后视镜后，只需上、下、左、右摇动开关的球形钮，就可调整后视镜的角度。图 7-53 所示为调整左侧后视镜使之左转的电流方向示意图。

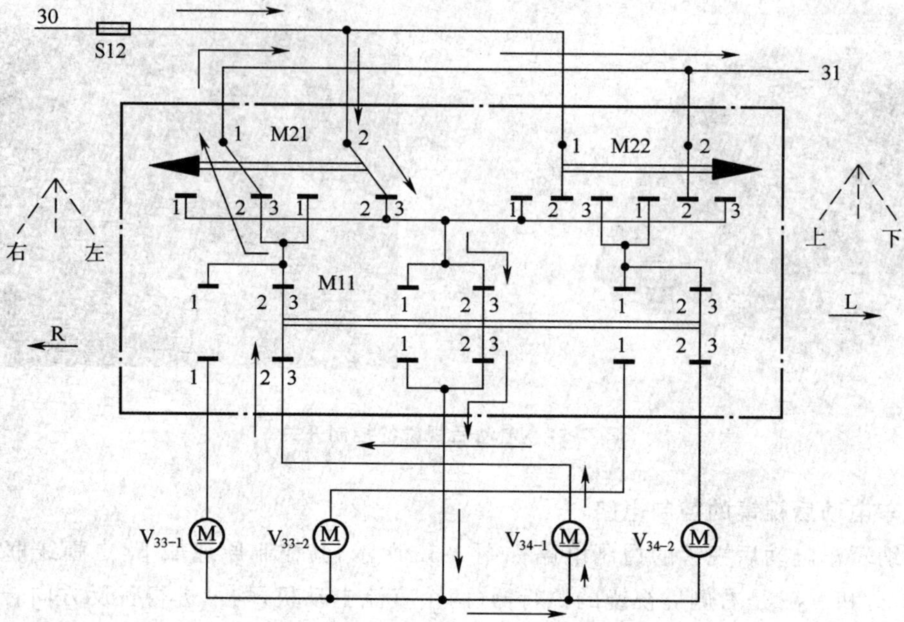

图 7-53 调整左侧后视镜使之左转的电流方向示意图

二、技能训练

(一)汽车电动门窗、电动后视镜的故障原因及诊断思路

1. 所有车窗均不升降

(1)故障原因。熔断器断路、总线路断路、主控开关损坏、搭铁不实。

(2)诊断思路。检查熔断器是否断路。

若熔断器良好,将点火开关接通,检查总开关与分开关上的相线电压是否正常。如电压为零,应检查电源线路;如电压正常,检查搭铁线是否良好。

若搭铁不良,应清洁、紧固搭铁线;若搭铁良好,应对主控开关进行检查。

2. 某车窗不能升降或只能向一个方向运动

(1)故障原因。该车窗的按键开关损坏、该车窗的电动机损坏、连接导线断路、主控开关损坏。

(2)诊断思路。

①检查主控开关的按键开关与该车窗的按键开关工作是否正常。

②检查该车窗的电动机正反转是否正常。

③检查连接导线。

④若车窗只能向一个方向运动,一般是按键开关或分线路断路,可先检查线路连接是否正常,再检修开关。

⑤若一个车窗两个方向都不能运动,应先检查电动机。若电动机正反转正常,应检修传动机构,多数是传动机构卡死。

3.电动车窗有异响

(1)故障原因。传动机构安装调整不当;电动机盖板或固定架与玻璃碰擦。

(2)诊断思路。

①检查各部件的连接情况。

②调整各部件的安装位置。

③检查安装支架弧度是否正确。

4.电动后视镜不工作或部分功能不正常

(1)故障原因。保险丝熔断;线路断路或插接件松脱;开关或电动机有故障等。

(2)诊断思路。如果两个后视镜都不工作,可能是保险丝熔断,线路断路或插接件松脱等,也可能是开关有故障。可先查保险丝,然后检查开关上的插接件是否松脱;相关各线有无断路或接触不良等;最后检查开关。如果是部分功能不正常,很可能是个别电机及控制开关对应部分有故障或相应线路断路、接触不良等。先查线路,后查开关及电机。

(二)电动车窗检修方法

1.检查电动车窗的故障

(1)检查当电动车窗主开关的车窗锁止开关按下时,前排乘客侧电动车窗和后电动车窗的操作是否被禁用。正常情况是前排乘客侧电动车窗和后电动车窗操作被禁用。

(2)检查并确认当再次按下车窗锁止开关时,前排乘客侧电动车窗和后电动车窗可以操作。

(3)检查并确认驾驶员侧电动车窗如下操作:

条件	电动车窗主开关	开关操作	电动车窗
点火开关置于 ON 位置	驾驶员侧	部分拉起	上升(关闭)
		部分按下	下降(打开)

(4)检查并确认除驾驶员侧电动车窗如下操作:

条件	电动车窗主开关	开关操作	电动车窗
点火开关置于 ON 位置	乘客侧	拉起	上升(关闭)
		按下	下降(打开)
	左后	拉起	上升(关闭)
		按下	下降(打开)
	右后	拉起	上升(关闭)
		按下	下降(打开)

2.检查电动车窗的电路

(1)检查电动车窗开关电源电路(前排乘客侧)。如图 7-54 所示,断开线束连接器 H7,选用数字万用表,检查线束连接器中端子 3 与车身搭铁之间的电压值,标准电压值应为 11~14 V,如果所测得的阻值不符合标准,则更换线束或连接器。

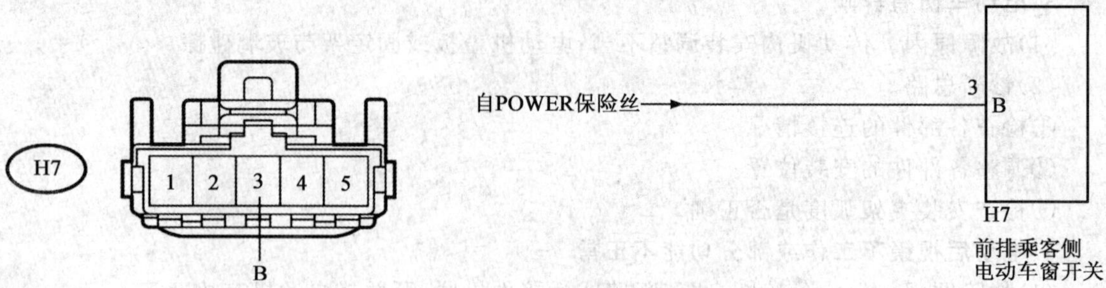

图 7-54　检测驾驶员侧车窗电源电路

(2)检查电动车窗开关至电动机间的线路(前排乘客侧)。如图 7-55 断开连接器 H7 和 H8,选用数字万用表进行测量,标准电阻见表 7-5。

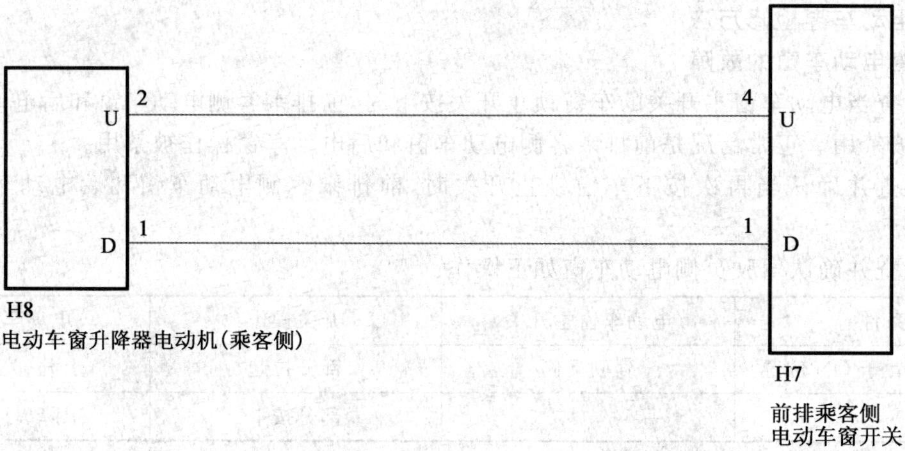

图 7-55　检测前排乘客侧车窗电动机电路

表 7-5　测量标准电阻

检测仪连接	条件	规定状态
H7-4(U)-H8-2(U)	始终	<1 Ω
H7-1(U)-H8-2(d)	始终	<1 Ω
H7-4(U)-车身搭铁	始终	10 kΩ 或更大
H7-1(d)-车身搭铁	始终	10 kΩ 或更大

3.检查车窗电动机

(1)拆卸电动机。按照以下步骤完成电动机拆卸作业。

从蓄电池负极端子断开电缆→拆卸前门内把手框→拆卸前扶手座上板→拆卸电动车窗升降器主开关总成→拆卸门控灯总成→拆卸前门装饰板分总成→拆卸前门内把手分总成→拆卸前门下门框支架装饰条→拆卸前 2 号扬声器总成→拆卸前门玻璃内密封条→拆卸前 1 号扬声器总成→拆卸车门装饰板支架→拆卸前门检修孔盖→拆卸带盖的车外后视镜总成→拆卸前门

玻璃分总成→拆卸前门窗升降器分总成→拆卸前电动车窗升降器电动机总成。

(2)检测电动机。根据表 7-6,向电动机连接器施加蓄电池电压,观察电动机减速机构输出轴旋转情况(图 7-56)。如果异常,则需更换电动机。

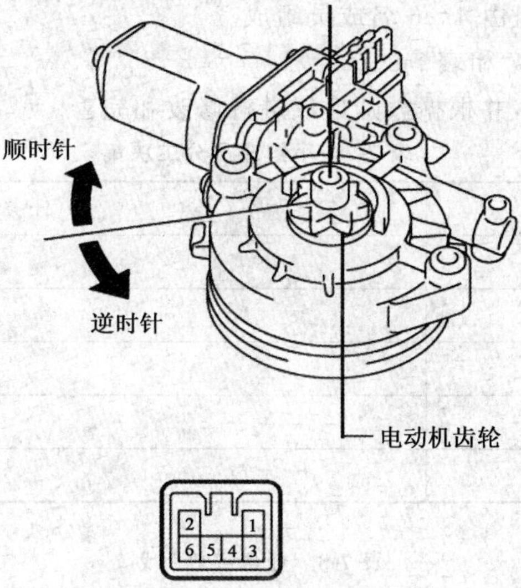

图 7-56　检测车窗电动机

表 7-6　电动机检测标准值

测量条件	规定状态
蓄电池(+)接端子 2 蓄电池(-)接端子 1	电动机齿轮顺时针旋转
蓄电池(+)接端子 1 蓄电池(-)接端子 2	电动机齿轮逆时针旋转

三、制订检修计划

(一)岗位任务

一辆大众桑塔纳轿车进入汽车维修厂,该车行驶里程为 90 000 km,车主反映该车的所有电动车窗不能正常升降。维修人员试车确认故障后,初步判断为电动车窗的电路故障,而查找故障点需要查阅该车的电路图,根据电路图制订检修计划。

(二)教师布置任务

任务 1　电动车窗的检修

任务 2　电动后视镜的检修

(三)小组制订计划

请根据车辆类型和任务要求,确定所需要的检测仪器、工具及技术资料,并对小组成员进行合理分工,制订详细的诊断和修复计划。

1.需要的技术资料

(1)工具车2台;(2)常用工具2套;(3)诊断电脑2部;(4)实训车辆2辆。

2.小组成员分工

第一步,小组分组,每组由4～6名成员组成。

第二步,小组完成表7-7和表7-8。

第三步,小组汇报计划,并根据教师建议进行修改和完善。

表7-7 小组成员分工决策

序号	操作人	任务
1		
2		
3		
4		
5		

表7-8 任务实施计划

序号	工作步骤	使用工具	注意事项	操作人
1	读懂电动门窗、电动后视镜部分电路图,对照车辆上的电器设备,初步了解该汽车这部分电气设备的位置及线路			
2	明确故障引起的原因,分析故障是在机械部分还是在电气部分			
3	查找存在故障的线路及器件			
4	修复、更换部件,排除故障			
5	连接复位,通电试运转			

四、任务实施

第一环节:教师讲解并进行演示。

由辅导教师首先讲解丰田轿车电动门窗、电动后视镜系统的总体组成,按照试验台架上的实物、示教板上的实物来讲解电动门窗、电动后视镜系统的各个部件及控制关系。包括电动门窗的电玻璃升降器、直流电机、继电器、升降开关、链接线路;电动后视镜的电动机、后视镜固定架、后视镜罩、控制电路及操纵开关等。

第二环节:学生按照分组进行检查操作。

第一步,在实车上完成电动车窗的基本检查,填写表7-9。

第二步,在实车上完成电动车窗的控制开关、电路和电动机检测,填写表7-10。

表 7-9　检测记录表

检查项目	检查标准(条件)	检查结果	(检查结果:否)处理意见
驾驶员侧电动车窗		正常□　否□	
右前车窗		正常□　否□	
左后车窗		正常□　否□	
右后车窗		正常□　否□	
结论			

表 7-10　检查记录表

序号	检查项目	标准	结果	排除	备注
1					
2					
3					
4					

第三环节:任务实施完成后,各小组负责清理工具和量具等,清洁地面卫生。

五、检验评估

通过实际检修所有车窗均不升降故障和左右后两个后视镜都不工作故障,对任务进行评估,并记录在表 7-11 中。

检查所有车窗均不升降和左右后两个后视镜都不工作故障诊断过程的填写,对学生掌握情况进行评估。

(1)各组汇报工作过程与过程中遇到的问题,并说明解决方法。

(2)自评与互评。

(3)老师点评、总结:学生的参与度、学习态度、专业能力、关键能力。

(4)老师填写《所有车窗均不升降故障或左后窗不能升降故障》学业评估表。

表 7-11 学业评估表

评价内容	检验指标	权重	自评	互评	师评	总评
知识与技能(60分)	1.看懂汽车电动门窗、电动后视镜部分电路图	5%				
	2.实车上认识电气设备的位置及线路	10%				
	3.明确故障引起的原因，判断故障是在机械部分还是在电气部分	20%				
	4.能熟练使用工具，符合规范	5%				
	5.能在车上正确拆解线路连接端，检查对应点的导通情况，查找存在故障的线路及器件	20%				
过程与方法(40分)	1.学习态度：主动参与学习，遵守纪律	5%				
	2.团队合作：与小组成员分工合作，在小组完成任务过程中所起的作用	5%				
	3.获取信息：获取学习所需信息、资料的方法与途径	5%				
	4.方法能力：发现、分析、解决问题的方法与能力	10%				
	5.创新意识：积极思考，不断改进维修方案	5%				
	6.节能与环保意识：学习过程中注重节能，不污染环境	5%				
	7.现场管理：服从工位安排、执行实训室“5S”管理规定	5%				
对学生综合评价与建议						

思考与练习

1.电动门窗由________、________、________、________、升降开关组成。

2.汽车电动车窗从控制角度上可分为三类：________、________、________。

3.电动车窗的玻璃升降器有________式和________式。

4.电动后视镜由视镜片、________、后视镜固定架、后视镜罩、________及________等组成。

5.参照图 7-47，试述前车窗玻璃升降的电流走向。

6.参照图 7-47，试述后车窗玻璃升降的电流走向。

7.参照图 7-52，试述上下调整电动后视镜的电流走向。

任务 7.3 电动座椅的检修

案例引入

一辆 1.8T 迈腾轿车来店维修，车主反映电动座椅无法调节，请求技术人员排除故障。

任务要求

1. 熟悉电动座椅的基本结构。
2. 掌握电动座椅的工作原理。
3. 会识读电动座椅器电路图。
4. 能正确对电动座椅进行检修。

一、知识学习

(一)汽车电动座椅的组成、结构与类型

1. 电动座椅的作用

电动座椅是指以电动机为动力，通过传动装置和执行机构来调节座椅的各种位置；为驾驶员提供便于操作、舒适而又安全的驾驶位置；为乘客提供不易疲劳、舒适又安全的乘坐位置。按照座椅调节方向的不同，电动座椅分为四方向、六方向和八方向几种形式。

2. 电动座椅的组成

普通电动座椅由若干个双向电动机、传动装置及控制开关等组成。

(1)电动机及调整装置。每个电动机为双向电动机，通过开关控制双向动作，通电后，电动机输出动力经传动装置传至电动座椅，从而对座椅的不同位置进行调节。

电动座椅调节装置由前、后滑动调节机构、前垂直调节机构(驾驶员座椅)、后垂直调节机构、靠背调节机构、腰部支撑调节机构、头枕调节机构以及开关、电路等组成，电动座椅的调节装置及其在座椅上的布置如图 7-57 所示。电动座椅的前后调节量一般为 100～160 mm；上下调节量一般为 30～50 mm。腰部的调整一般用小电动机驱动空气泵完成气垫的充气，有些制造厂用可调的支撑块对驾驶员的坐姿进行调整，使驾驶员感觉更加舒适和安全。

(2)传动装置。电机的旋转，通过传动装置来实现座椅的空间位置高度和纵向的移动。

①高度调整机构。由蜗杆轴、蜗轮、心轴等组成，如图 7-58 所示。调整时，蜗杆轴在电机的驱动下，带动蜗轮转动，从而保证心轴旋进或旋出，实现座椅的上升与下降。

②纵向调整机构。由蜗杆、蜗轮、齿条和导轨等组成，如图 7-59 所示。齿条装在导轨上，调整时，电动机转矩经蜗杆传至两侧的蜗轮上，经导轨上的齿条，带动座椅前后移动。

(3)座椅调节开关。座椅调节开关接受驾驶员或乘员的输入命令，控制执行机构完成电动座椅的调整。电动座椅组合开关包括前倾、后倾和四向(上下和前后)开关。电动座椅的组合开关有的安装在车门上，有的安装在座椅左侧，使驾驶员和乘员操作方便，如图 7-60 所示。

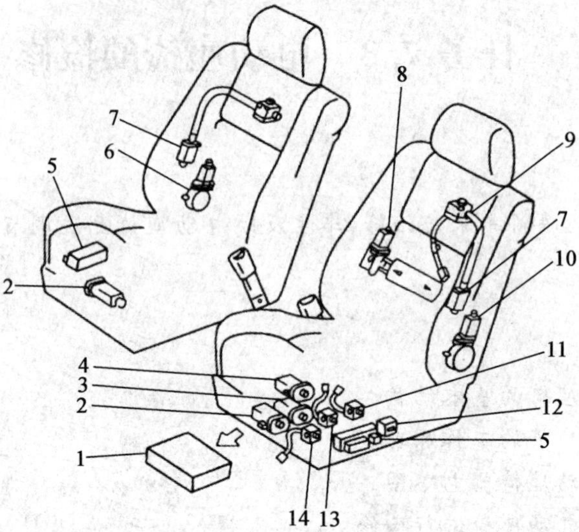

图 7-57 电动座椅电机及传感器位置

1-电动座椅 ECU 2-滑动电动机 3-前垂直电动机 4-后垂直电动机 5-电动座椅开关 6-倾斜电动机 7-头枕电动机 8-腰垫电动机 9-位置传感器(头枕) 10-倾斜电动机和位置传感器 11-位置传感器(后垂直) 12-腰垫开关 13-位置传感器(前垂直) 14-位置传感器(滑动)

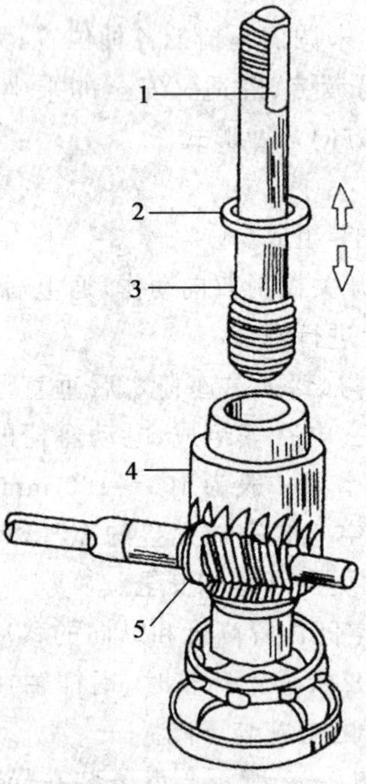

图 7-58 高度调整机构

1-铣平面 2-止推垫片 3-心轴 4-蜗轮 5-挠性驱动蜗杆轴

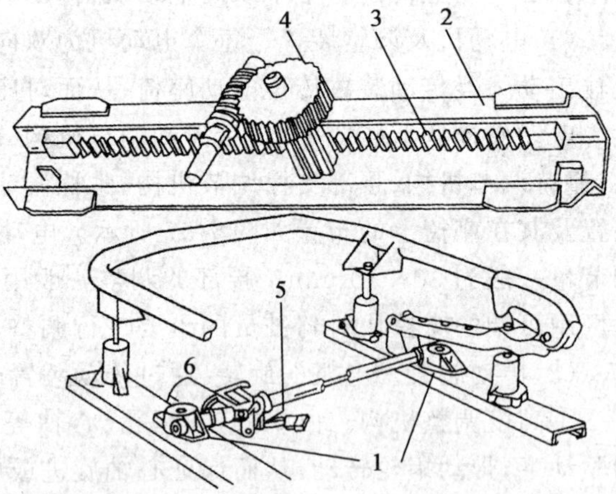

图 7-59 纵向调整机构

1-支承及导向元件 2-导轨 3-齿条 4-蜗轮 5-反馈信号电位计 6-调整电动机

图 7-60　电动座椅控制开关

(二)汽车电动座椅的控制电路

普通电动座椅的控制电路如图 7-61 所示,它主要由蓄电池、组合控制开关和 3 个电动机组成。组合控制开关内部有 4 套开关触点。驾驶员或乘员可通过控制开关上的按钮来调节座椅的位置。

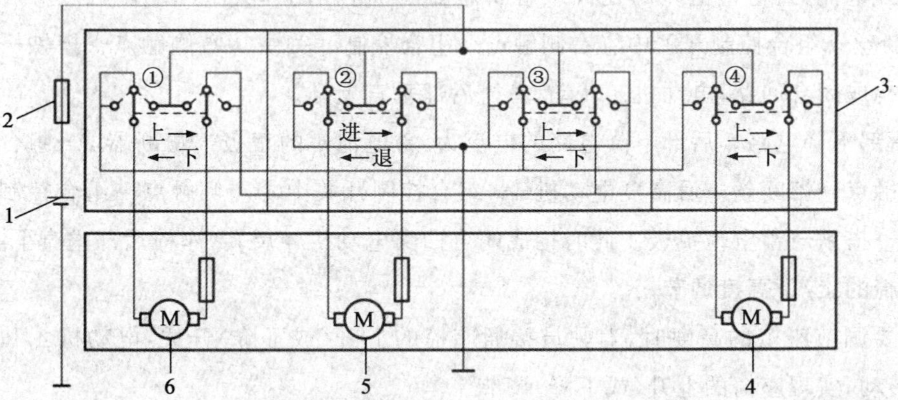

图 7-61　电动座椅的控制电路

1-蓄电池　2-熔断器　3-组合控制开关　4-后高度电动机　5-前进/后退电动机　6-前高度电动机

1.座椅前倾的调节

(1)前部上升电路。如需要电动座椅前部垂直上升时,可接通调节组合控制开关中的前倾开关。此时,电路中电流的流动方向如图 7-62 所示。电流的路线为:蓄电池 1 的正极→熔断器 2→组合控制开关中①左侧触点→前高度电动机 6→熔断丝→组合控制开关中①右侧触点→组合控制开关中③右侧触点→搭铁→蓄电池负极。此时构成闭合回路,电动机 6 转动,座椅前部垂直上升。

(2)前部下降电路。前部下降电路的电流为:蓄电池 1 正极→熔断器 2→组合控制开关中①右侧触点→熔断丝→前高度电动机 6→组合控制开关中①左侧触点→组合控制开关中③左

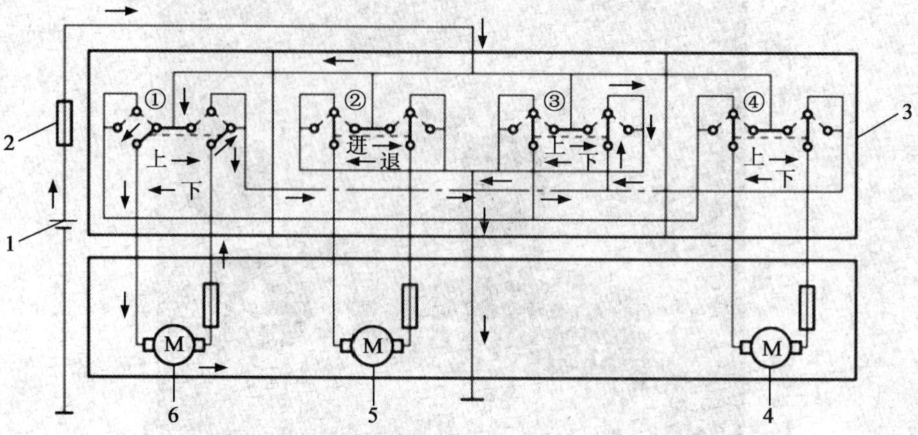

图 7-62 电动座椅前部上升时的电流方向

1-蓄电池 2-熔断器 3-组合控制开关 4-后高度电动机 5-前进/后退电动机 6-前高度电动机

侧触点→搭铁→蓄电池负极。此时构成闭合回路,电动机 6 反转,座椅前部垂直下降。

2.座椅后倾的调节

(1)后部上升电路。如需要电动座椅后部垂直上升时,可接通调节组合控制开关中的后倾开关,这时,电流为:蓄电池 1 的正极→熔断器 2→组合控制开关中④左侧触点→后高度电动机 4→熔断丝→组合控制开关中④右侧触点→组合控制开关中③右侧触点→搭铁→蓄电池负极。此时构成闭合回路,电动机 4 转动,座椅后部垂直上升。

(2)后部下降电路。后部下降电路的电流为:蓄电池 1 的正极→熔断器 2→组合控制开关中④右侧触点→熔断丝→后高度电动机 4→组合控制开关中④左侧触点→组合控制开关中③左侧触点→搭铁→蓄电池负极。此时构成闭合回路电动机 4 反转,座椅后部垂直下降。

3.座椅的上/下高度调节

当需要调节座椅的高度时,驾驶员接通座椅的上升(或下降)开关,电动机 4 和 6 同时通电、同向转动,实现座椅的上升(或下降)调节。

(1)座椅的上升电路。

电动机 6 的电路为:蓄电池 1 正极→熔断器 2→组合控制开关③左侧触点→组合控制开关①左侧触点→电动机 6→电动机熔断器→组合控制开关①右侧触点→组合控制开关③右侧触点→搭铁→蓄电池的负极。此时电动机 6 正转。

电动机 4 的电路为:蓄电池 1 正极→熔断器 2→组合控制开关③左侧触点→组合控制开关④左侧触点→电动机 4→电动机熔断器→组合控制开关④右侧触点→组合控制开关③右侧触点→搭铁→蓄电池的负极。此时电动机 4 正转。

(2)座椅的下降电路。座椅下降调节时的电路与上升电路相似,只是此时电动机 6 和 4 同时反转,这里不再介绍。

4.座椅前进/后退的滑动调节

(1)前进电路。前进电路为:蓄电池1正极→熔断器2→组合控制开关②左侧触点→电动机5→熔断丝→组合控制开关②右侧触点→搭铁→蓄电池负极。电动机5正转,座椅前进。

(2)后退电路。后退电路为:蓄电池1正极→熔断器2→组合控制开关②右侧触点→熔断丝→电动机5→组合控制开关②左侧触点→搭铁→蓄电池负极。电动机5反转,座椅后退。

(三)带存储功能的电动座椅

近年来许多高级轿车采用微机控制的带存储功能电动座椅,其优点是:能将选定的座椅调节位置进行存储,使用时只要按选定的按键,座椅就会自动地调节到预先选定的座椅位置上。带储存功能的电动座椅系统示意图如图7-63所示。该系统使用随机存储器(RAM)来存储4个不同驾驶员的调整位置,操作时驾驶员先调定座椅的位置,只要座椅位置调定后,驾驶员按下存储器的按钮,电子控制装置就把4个电位计电压信号存储起来,作为下次重新调整位置时的基准。一个人有4个位置数据,为一组,4个人有4组,16个位置数据。使用时,只要按一下自己设定的位置对应的按钮,4个电动机就能按存储时的状态来调整座椅位置以适应这个驾驶员。

随机存储器(RAM)的特点是断电后信息消失,所以在蓄电池断电、供电保险丝保险断开、控制单元脱开、搭铁断开等情况发生时,随机存储器(RAM)的4组数据全部消失,要重新存储才能使用。

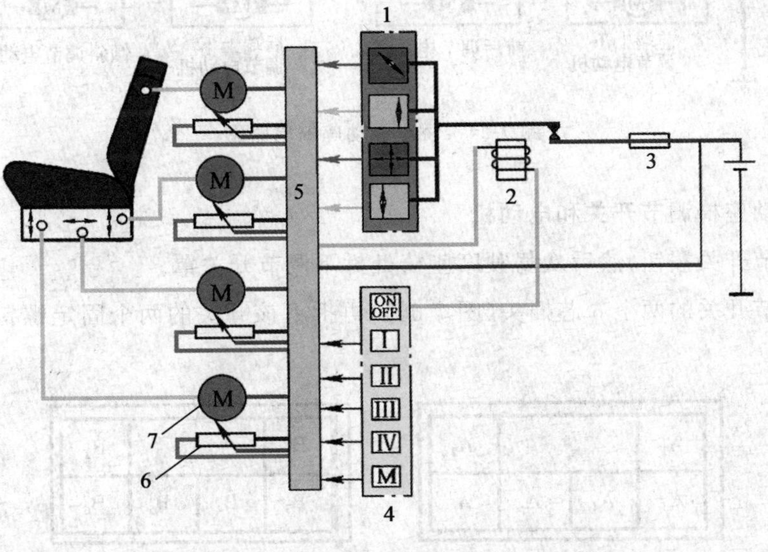

图7-63　带记忆功能的电动座椅电器控制图

1-手动调整开关　2-主继电器　3-热过载保护　4-用以存储和恢复座椅位置的操作开关

5-电子控制装置　6-电位计　7-电动机

二、技能训练

1. 认知电动座椅电路图

如图 7-64 所示为丰田卡罗拉电动座椅电路图。分别画出座椅前端向上调节、座椅前端向下调节、座椅后端向下调节的电路走向。

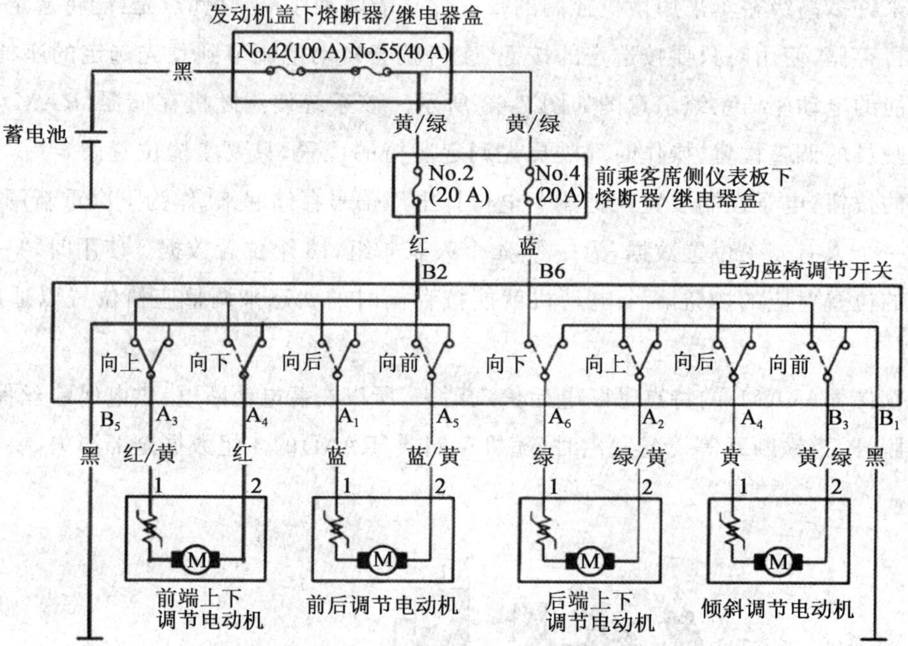

图 7-64 轿车电动座椅电路图

2. 检测电动座椅调节开关和电动机

①拔出调节开关按钮，然后从驾驶席座椅处拆下调节开关罩。

②拔出调节开关的两个 6 芯插头(图 7-65)，再拆下该开关的两个固定螺钉后从开关罩上拆下调节开关。

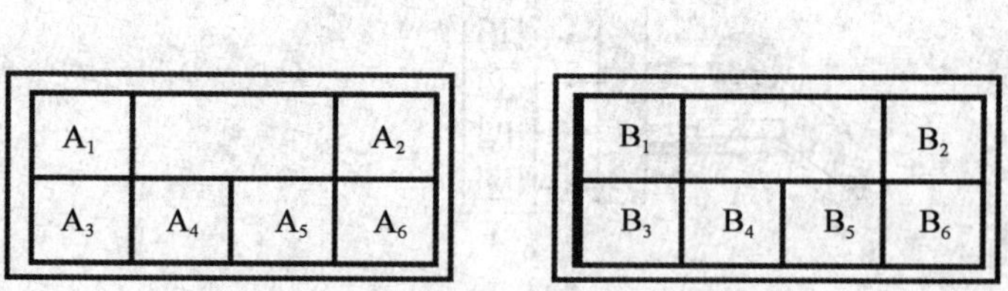

图 7-65 调节开关两端的两个 6 芯插头

③按表 7-12 检测两个 6 芯插头各端子之间的导通情况。说明：黑色圆圈表示导通的接线端，连接导线表示端子之间是导通的。

表 7-12　端子导通情况

调节方向		A_1	A_2	A_3	A_4	A_5	A_6	B_1	B_2	B_3	B_4	B_5	B_6
前端上下	向上			●	─	─	─	─	─	─	─	─	●
					●	─	─	─	─	─	─	●	
	向下				●	─	─	─	─	─	─	─	●
				●	─	─	─	─	─	─	─	●	
后端上下	向上						●	●					
			●	─	─	─	─	─	●				
	向下						●	─	●				
			●	─	─	─	─	●					
前后调节	向上					●	─	─	─	─	─	─	●
		●	─	─	─	─	─	─	─	─	─	●	
	向下	●	─	─	─	─	─	─	─	─	─	─	●
						●	─	─	─	─	─	●	
靠背倾斜	向上								●	●			
								●	─	─	●		
	向下								●	●			
								●	─	─	●		

④将两个 6 芯插头的某两端分别接蓄电池的正极、负极，对照表 7-13 检查各调节电动机的故障情况。

表 7-13　电动机检测标准

电源工作情况		正极	负极
前端上下调节电动机	向上	A_3	A_4
	向下	A_4	A_3
后端上下调节电动机	向上	A_2	A_6
	向下	A_6	A_2
前后调节电动机	向前	A_5	A_1
	向后	A_1	A_5
靠背倾斜电动机	向前	B_3	B_4
	向后	B_4	B_3

三、制订检修计划

(一)岗位任务

一辆大众迈腾轿车进入汽车维修厂,该车行驶里程为 100 000 km,车主反映该车的电动座椅前后方向无法调节。维修人员试车初步检查判断为电动座椅内部电路的故障,而查找故障点需要查阅该车的电路图,根据电路图制订检修计划。

(二)教师布置任务

任务 1　电动座椅的认知

任务 2　电动座椅的检修

(三)小组制订计划

请根据车辆类型和任务要求,确定所需要的检测仪器、工具及技术资料,并对小组成员进行合理分工,制订详细的诊断和修复计划。

1.需要的技术资料

(1)工具车 2 台;(2)常用工具 2 套;(3)汽车电器维修手册 3 本;(4)电动座椅实训台架 2 台。

2.小组成员分工

第一步,小组分组,每组由 4～6 名成员组成。

第二步,小组完成表 7-14 和表 7-15。

第三步,小组汇报计划,并根据教师建议进行修改和完善。

表 7-14　小组成员分工决策

序号	操作人	任务
1		
2		
3		

表 7-15　任务实施计划

序号	工作步骤	使用工具	注意事项	操作人
1	读懂电动座椅部分电路图,对照车辆上的电器设备,初步了解该汽车这部分电气设备的位置及线路			
2	明确故障引起的原因			
3	分析故障是在机械部分还是在电气部分			
4	修复、更换部件,排除故障			
5	连接复位,通电试运转			

四、任务实施

第一环节：教师讲解并进行演示。

由辅导教师首先讲解丰田轿车电动座椅系统的总体组成，按照试验台架上的实物、示教板上的实物来讲解电动座椅系统的各个部件及控制关系。包括直流电机双向电动机、传动装置及控制开关、链接线路等。

第二环节：学生按照分组进行检查操作。

第一步，在实车上完成电动座椅的拆卸。

第二步，在实车上完成电动座椅的检测，填写表 7-16。

表 7-16　记录表

序号	检查项目	标准	结果	排除方法
1	前端上下调节开关			
2	后端上下调节开关			
3	前后调节开关			
4	倾斜靠背调节开关			
5	前端上下调节电动机			
6	后端上下调节电动机			
7	前后调节电动机			
8	靠背倾斜电动机			

第三环节：任务实施完成后，各小组负责清理工具和量具等，清洁地面卫生。

五、检验评估

通过实际检修完全不动作或某个方向不能工作故障，对任务进行评估，并记录在表 7-17 中。

检查完全不动作或某个方向不能工作故障诊断过程的填写，对学生掌握情况进行评估。

(1)各组汇报工作过程与过程中遇到的问题，并说明解决方法。

(2)自评与互评。

(3)老师点评、总结：学生的参与度、学习态度、专业能力、关键能力。

(4)老师填写《完全不动作或某个方向不能工作》学业评估表 7-17。

表 7-17　学业评估表

评价内容	检验指标	权重	自评	互评	师评	总评
知识与技能（60分）	1.看懂汽车电动座椅部分电路图	5%				
	2.实车上认识电气设备的位置及线路	10%				
	3.明确故障引起的原因，判断故障是在机械部分还是在电气部分	20%				
	4.能熟练使用工具，符合规范	5%				
	5.能在车上正确拆解线路连接端，检查对应点的导通情况，查找存在故障的线路及器件	20%				
过程与方法（40分）	1.学习态度：主动参与学习，遵守纪律	5%				
	2.团队合作：与小组成员分工合作，在小组完成任务过程中所起的作用	5%				
	3.获取信息：获取学习所需信息、资料的方法与途径	5%				
	4.方法能力：发现、分析、解决问题的方法与能力	10%				
	5.创新意识：积极思考，不断改进维修方案	5%				
	6.节能与环保意识：学习过程中注重节能，不污染环境	5%				
	7.现场管理：服从工位安排、执行实训室“5S”管理规定	5%				
对学生综合评价与建议						

思考与练习

1.图 7-64 所示为几个方向控制电动座椅：________；分别是什么方向：________。

自动调整开关一共可储存几个位置：________；为什么在带有存储功能的电动座椅控制中要要用到位置反馈电位计________。

2.根据图 7-61 电路，试述座椅前进/后退的滑动调节。

3.根据图 7-61 电路，试述座椅后倾时的电流走向。

任务 7.4　中央控制门锁的检修

案例引入

一辆卡罗拉轿车来店维修，车主反映门锁功能失效，无法正常锁好车门，请求技术人员排除故障。

任务要求

1. 能够描述中央控制门锁的功能。
2. 能够描述中央控制门锁的组成及基本原理。
3. 能够拆画出中央控制描述的电路并分析，制订故障检修计划。
4. 能完成中央控制门锁故障检测与维修作业。

一、知识学习

(一)中央控制门锁的功能

现代轿车大多配备中央控制门锁功能，目的是让驾驶员更加方便、安全地使用汽车。中央控制门锁的基本功能是：当驾驶员用锁扣或者钥匙锁定左前门时，其他三个车门及行李舱门也同时锁好，打开时可单独打开前车门，也可同时打开所有车门及行李舱门。

(二)中央控制门锁的结构与原理

1. 基本组成

中央集控门锁按结构形式的不同，一般有双向空气压力泵式和微型直流电动机式两种；按控制方式不同分为不带防盗系统的中控门锁和带防盗系统的中控门锁。

微型直流电动机式中控门锁利用控制直流电动机的正反转来实现门锁的开、关动作，它主要由门锁开关、双向直流电动机、传动机构、执行机构、继电器和导线等组成，各部件安装位置如图 7-66 所示。

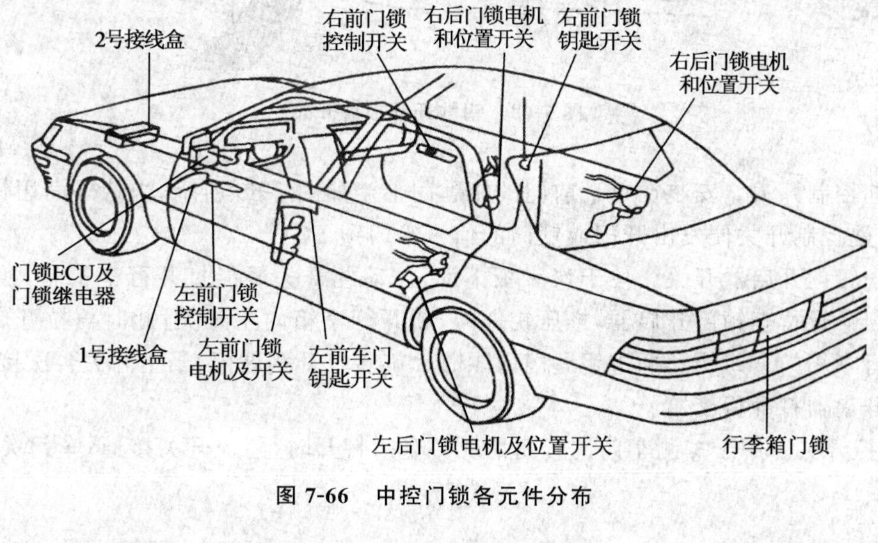

图 7-66　中控门锁各元件分布

(1)控制开关。

①门锁开关。如图 7-67 所示,安装在前左门和右门的扶手上,为杠杆型开关。将开关推向前门是锁门,而推向后门是开门。

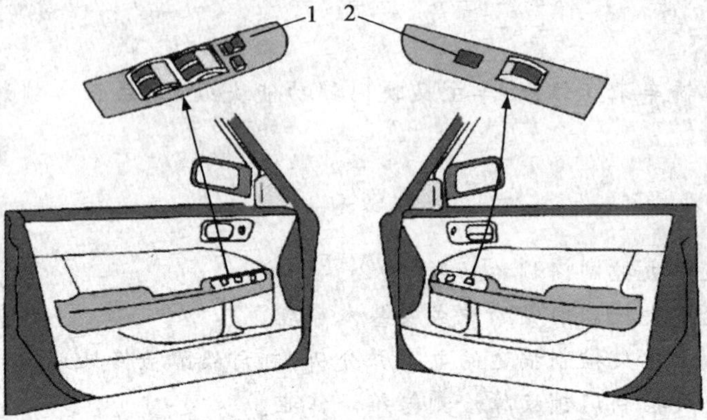

图 7-67 门锁控制开关

1-左门锁控制开关 2-右门锁控制开关

②钥匙开锁报警开关。如图 7-68 所示,用于探测点火钥匙是否插进钥匙门内,当钥匙在钥匙门内,钥匙开锁报警开关接通电路报警;当钥匙离开钥匙门时取消报警。

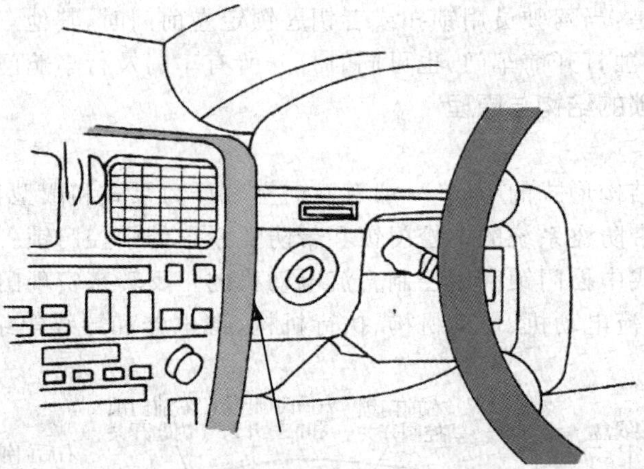

图 7-68 钥匙开锁报警开关

③钥匙控制开关。安装在每个前门的钥匙门上。如图 7-69 所示,当从外面用钥匙开门和关门时,钥匙控制开关便发出开门或锁门的信号给门锁 ECU。

④行李箱门开启器开关。位于仪表板下面,拉动此开关便能打开行李箱门,如图 7-70 所示。钥匙门靠近行李箱门开启器,推压钥匙门,断开行李箱内主开关,此时再拉开启器开关也不能打开行李箱门。将钥匙插进钥匙门内顺时针旋转打开钥匙门,当主开关再次接通,便可用行李箱门开启器打开行李箱。

⑤门控开关。用于探测车门的开闭情况。车门打开时,门控开关接通;车门关闭时,门控开关断开。

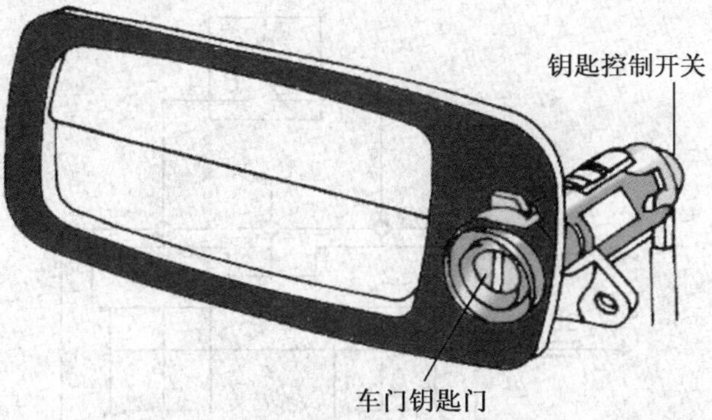

图 7-69　钥匙控制开关

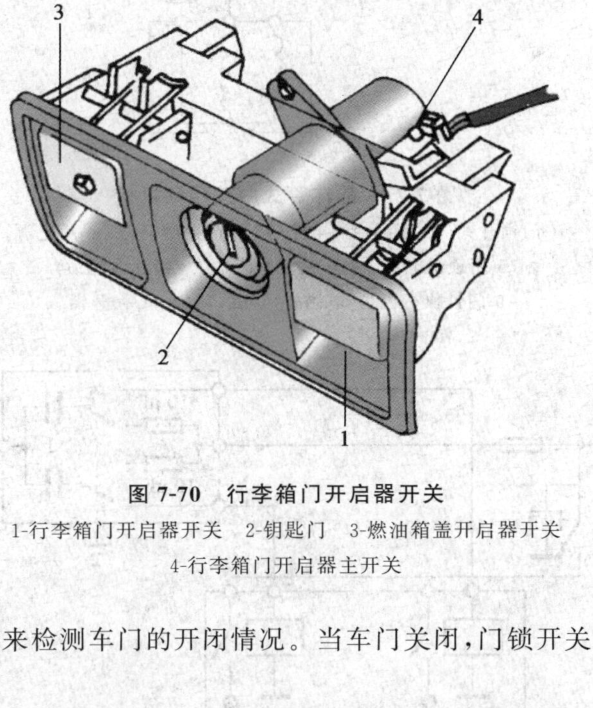

图 7-70　行李箱门开启器开关

1-行李箱门开启器开关　2-钥匙门　3-燃油箱盖开启器开关
4-行李箱门开启器主开关

⑥门锁开关。用于来检测车门的开闭情况。当车门关闭,门锁开关断开;车门开启,门锁开关接通。

(2)门锁控制器。为门锁执行机构提供闭锁、开锁脉冲电流的装置,称为门锁控制器。

①晶体管式门锁控制器。如图 7-71 所示,设有开锁继电器和闭锁继电器。继电器由晶体管开关电路控制,它利用电容器的充放电过程,控制一定的脉冲电流持续时间,使执行机构完成闭锁和开锁的动作。

②电容式门锁控制器。如图 7-72 所示,利用平时经常充足电的电容器,在工作时继电器串进电容器的放电回路,使其触点短时间闭合。

③车速感应式门锁控制器。在中控门锁系统中加装一只车速感应开关。当汽车行驶速度达 10 km/h 以上时,若车门未闭锁,则门锁控制器将自动闭锁,而每个车门可单独分别进行闭锁和开锁的操纵。

如图 7-73 所示,接通点火开关,若有车门未锁,电流经车门开关接地,警告灯亮。若按下锁定开关,则定时器使晶体管 VT_2 导通一下,锁定继电器线圈 L_1 通电,常开触点闭合,门锁执

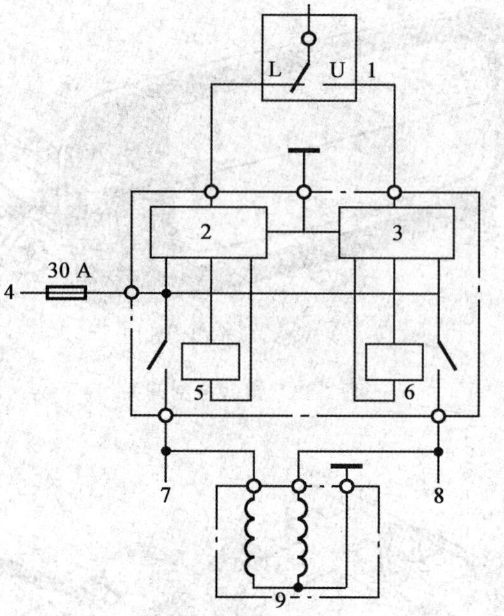

图 7-71　晶体管式中控门锁机构

1-门锁开关　2-锁门控制电路　3-开门控制电路　4-接电源
5-闭锁继电器　6-开锁继电器　7、8-接其他门锁
9-门锁执行机构(电磁式)　L—闭锁　U—开锁

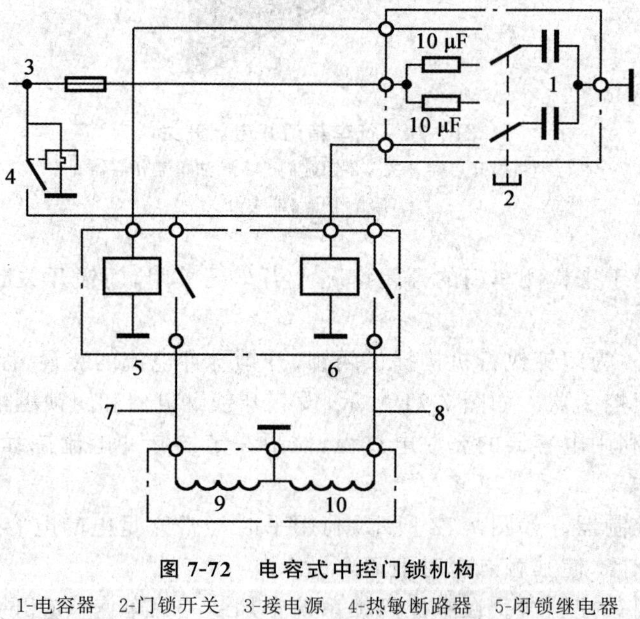

图 7-72　电容式中控门锁机构

1-电容器　2-门锁开关　3-接电源　4-热敏断路器　5-闭锁继电器
6-开锁继电器　7、8-接其他门锁　9、10-电磁式门锁执行机构

行机构通过正向电流，车门闭锁。

若按下开锁开关，则开锁继电器线圈 L_2 通电，其常开触点闭合，门锁执行机构通过反向电

流，车门开锁。

车门未锁且车速低于 10 km/h 时，车速表内 10 km/h 开关闭合，稳态电路不向 VT_1 提供基极电流；v>10 km/h 时开关断开，稳态电路给 VT_1 提供基极电流 VT_1 导通，定时器触发端经 VT_1 和车门开关接地，门锁锁门保安全。

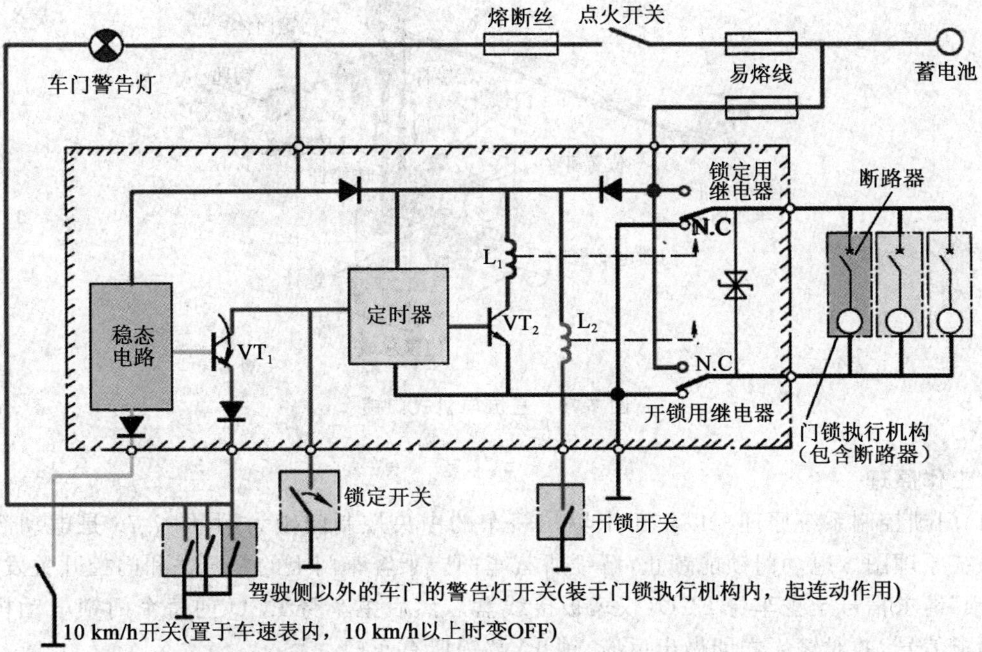

图 7-73　车速感应式中控门锁机构

(3)门锁执行机构。门锁执行机构的形式有电磁铁式和直流电动机式两种。两者都是通过改变电流方向达到锁门或开锁动作的。

①电磁铁式。如图 7-74 所示，门锁执行机构当锁门线圈通电时，衔铁带动连杆左移，即锁门；当开门线圈通电时，则衔铁带动连杆右移，即开锁。

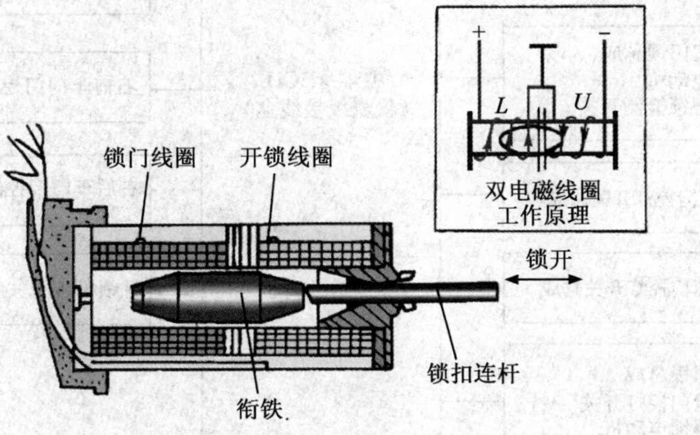

图 7-74　电磁铁式门锁

②直流电动机式门锁执行机构。采用可逆式电动机，如图 7-75 所示，当电动机转动时，蜗杆带动齿轮转动，齿轮推动锁杆，车门被锁上或打开，然后齿轮在回位弹簧的作用下返回原位置，防止操纵锁钮时电动机工作。位置开关当锁杆推向锁门位置时断开，推向开门位置时接通。其优点是体积小、耗电少及动作较迅速；缺点是开启和关闭之后，由于疏忽通电，易烧坏电动机。

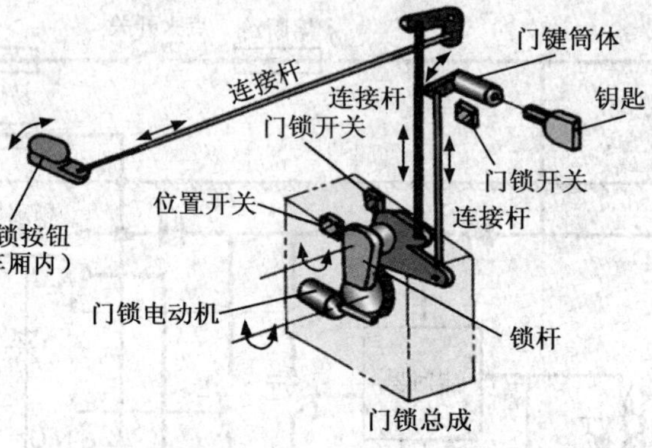

图 7-75　直流电机式门锁

2.工作原理

(1)门锁控制系统原理。以丰田卡罗拉轿车的中央控制门锁为例，图 7-76 是电动门锁控制的系统原理图。电动门锁能锁止/解锁所有车门。乘客车门上的主开关和门控开关发送“锁止/解锁”请求信号至主车身 ECU(仪表板接线盒)，然后主车身 ECU 向每个门锁电动机发送这些请求信号，并对输入立即做出反应，锁止/解锁所有车门。

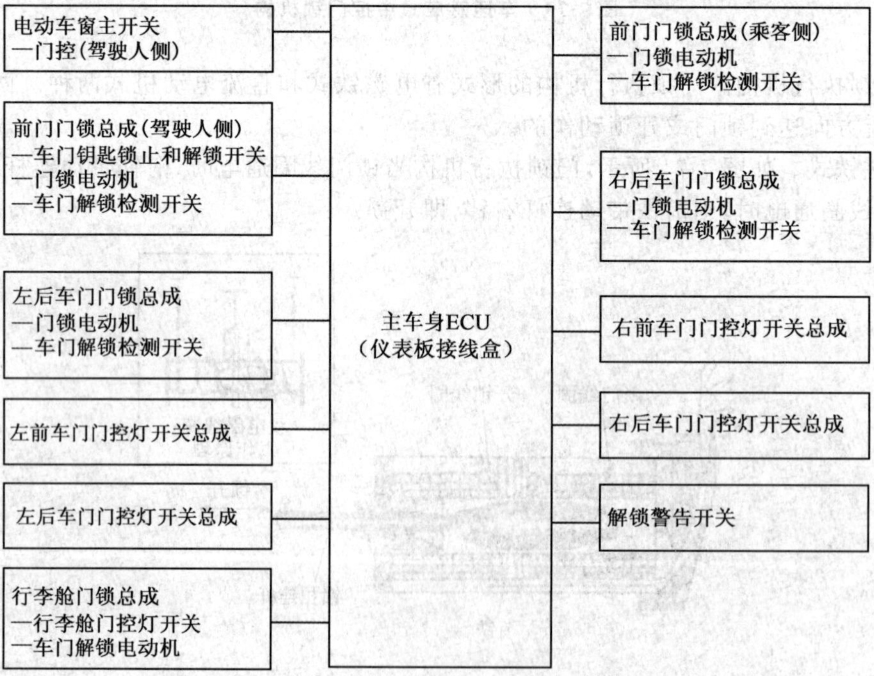

图 7-76　卡罗拉轿车中央控制门锁原理框图

(2)中央控制门锁电路举例。如图 7-77 所示是一种最基本的电动门锁控制电路。主要由两个门锁开关 S_1、S_2,门锁继电器 K,5 个双向直流电动机(4 个车门及 1 个行李舱门)、导线和熔丝等组成。

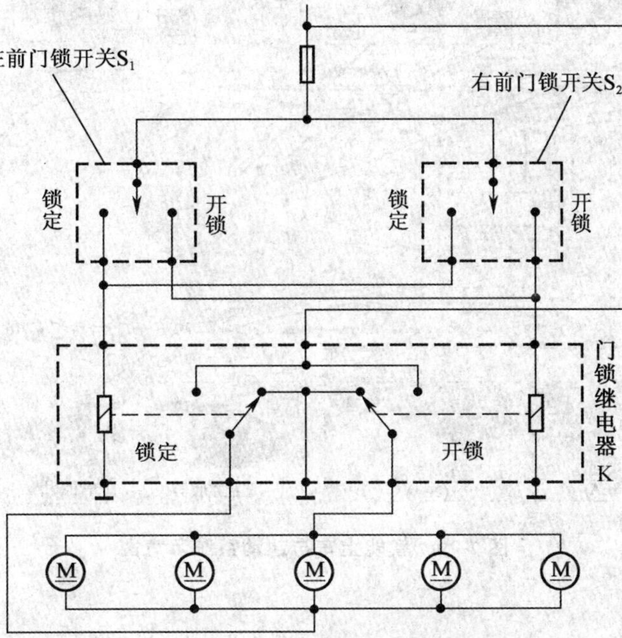

图 7-77　中央控制门锁

门锁继电器实际上是由开锁和锁定两个继电器组成,其线圈不通电时,动触点都和搭铁触点接通;通电时动触点与搭铁触点断开,与另一触点接通。通过触点位置的改变,来改变电路及电动机中的电流方向,从而改变电动机的旋转方向,完成对车门的锁定和开锁动作。

(三)门锁无线遥控系统

发射机将次载体的频率按照数字识别代码信号进行频率偏移调制(FSK),再进行 FM 调制和发射,而不受外来杂音的干扰。如图 7-78 所示,FM 波由汽车无线电调频机的 FM 天线进行接收,通过分配器进入接收机 ECU 的高频增幅处理器进行处理,与存储的识别代码进行比较。如果正确,则输入控制电路,控制执行元件工作。

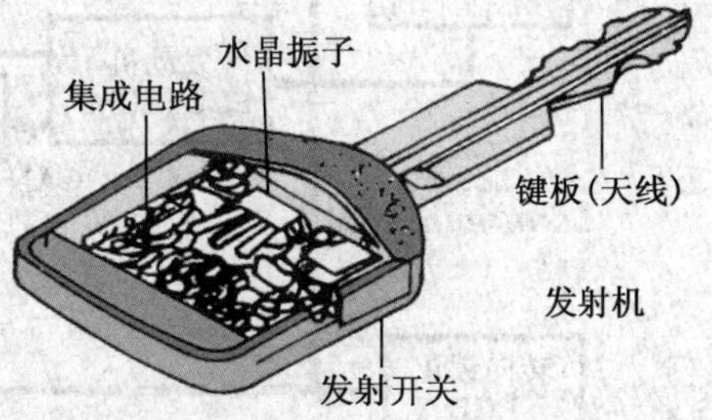

图 7-78　遥控钥匙

发射机在键板上与通信电路组成一体。从识别代码存储回路到 FSK 调制回路,由于采用单芯片集成电路而使体积小型化,集成电路的背面为锂电池。发射开关每按一次,接收器便接收一次上锁或解锁命令。

(四)智能上车和起动系统

1.智能上车和起动系统概述

除了传统的机械钥匙和遥控门锁控制功能外,智能上车和起动系统可以锁止/解锁车门、释放转向锁、起动发动机和打开行李舱门,而不用操作电子钥匙。唯一的要求是用户持有电子钥匙。智能上车和起动系统示意图如图 7-79 所示。

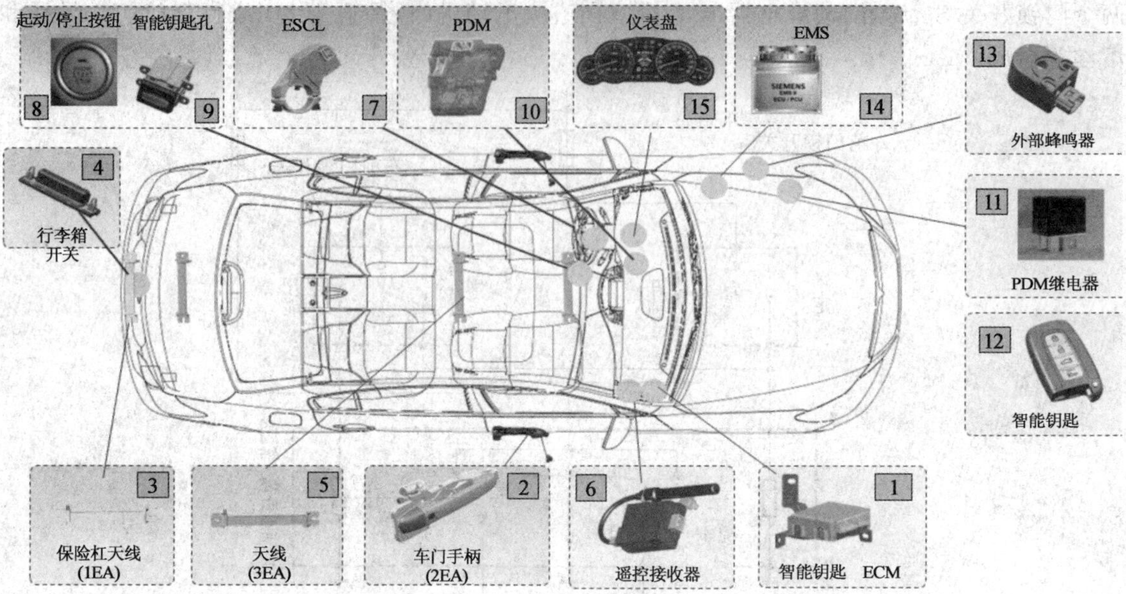

图 7-79 智能上车与起动系统示意图

2. 检测区域

智能上车与起动系统检测原理如图 7-80 所示。

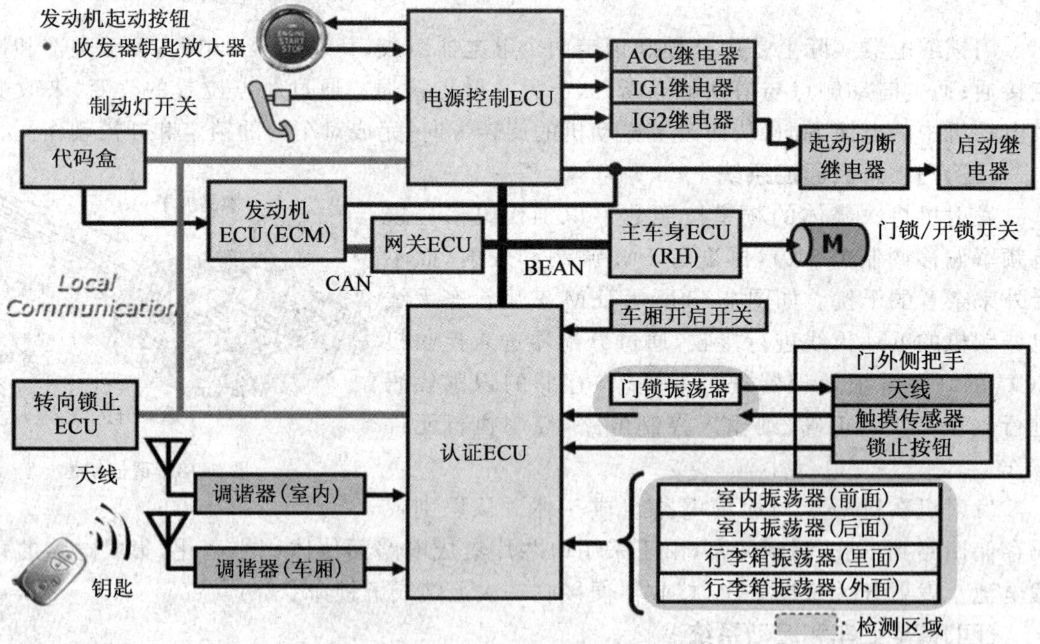

图 7-80 智能上车与起动系统检测区域

(1)该系统由认证 ECU 进行控制。当认证 ECU 在检测区域之一检测到有电子钥匙时，它识别并检查识别码，并根据其功能向相关的 ECU 输出工作信号。

(2)检测区域由 6 个振荡器形成两个车门振荡器、两个行李舱振荡器和两个车内振荡器。

3.主要零部件的功能(表 7-18)

表 7-18　主要零部件的功能

零部件	功能
电子钥匙	由机械钥匙、遥控门锁控制发射器以及智能上车和起动系统收发器组成
认知 ECU	根据来自每个振荡器、不同开关、各 ECU 和电子钥匙的信号控制智能上车和起动系统；判断和认证车门控制接收器的识别码；将发动机停机系统解除信号发送到识别码盒；将转向解锁信号发送到转向锁 ECU
主车身 ECU(仪表板接线盒)	根据来自不同开关、各 ECU 和组合仪表的信号控制按钮起动功能：根据发动机开关信号，将电子钥匙识别请求信号发送到认知 ECU，并且将继电器接通和断开；从认证 ECU 接收请求信号，并驱动门锁电动机，使车门解锁或锁止；将每个车门条件信号发送给认证 ECU
识别码盒	从认证 ECU 中接收转向解锁或发动机停机系统解除信号，验证它们，并且将解除信号发送到转向锁 ECU 或 ECM
车门外把手(驾驶人车门和乘客车门)(天线)	发送请求信号
车门外把手(驾驶人车门和乘客车门)(触摸式传感器)	检测确认人员接触外把手内侧
车门外把手(驾驶人车门和乘客车门)(门锁开关)	将门锁请求信号发送给认证 ECU
车门电子钥匙振荡器(驾驶人车门和乘客车门)	从认证 ECU 接收请求信号，并在前面周围形成检测区域
车门电子钥匙振荡器(前和后)	从认证 ECU 接收请求信号，并在车辆内部形成检测区域
车门电子钥匙振荡器(行李舱)	从认证 ECU 接收请求信号，并在行李舱内形成检测区域
车门电子钥匙振荡器(行李舱)	从认证 ECU 接收请求信号，并在行李舱门周围形成检测区域
车门控制接收器	从检测区域内的电子钥匙接收识别码，并将其发送到认证 ECU 从行李舱门内的电子钥匙接收识别码，并将其发送到认证 ECU
电子钥匙天线	接收电子钥匙的识别码并将它发送给车门控制接收器
行李舱门开启器外部开关	将行李舱门开启请求信号发送给认证 ECU
制动灯开关	向主车身 ECU 输出制动踏板的状态
遥控门锁蜂鸣器 组合仪表	当认证 ECU 检测到人为失误时，它将根据 ECU 的请求信号，通过使遥控门锁蜂鸣器鸣响、显示信息和组合仪表中蜂鸣器鸣响来警告驾驶人：将电子钥匙带出车外；发动机仍在运转，驾驶人离开车辆，等等

二、技能训练

(一)中央控制门锁的基本操作

1.遥控门锁开锁设定方法

以丰田威驰轿车为例,遥控门锁控制设定有四种模式:模式1,设定遥控门锁不起作用;模式2,设定仅扬声器响;模式3,设定仅大灯闪亮;模式4,设定扬声器与大灯闪亮。

开锁控制设定步骤如下:

①坐在驾驶座位上,关上所有车门。

②将点火开关转至"RUN"位置。

③按下并保持门锁开关在"UNLOCK"位置。

④按下遥控器"UNLOCK"键,报警器将发出1~4次的响声,响的次数等于当前模式号,说明车辆处于该模式。

⑤当欲设定的模式号被警报器指示出时,将门锁开关从"UNLOCK"位置释放。

⑥将点火开关转至"OFF"位置,设置完成。

2.遥控门锁锁定控制设定方法

以丰田威驰轿车为例,遥控锁定的控制设定方法与遥控开锁的控制设定方法基本相同,只是门锁开关位置和按下遥控器上的键改为"LOCK"键。

3.遥控器的校准

当出现下列情况时应对遥控器进行校准:超出接收范围内,遥控器使用超过256次;更换遥控器电池后,超出接收范围内,马上使用超过16次。

遥控器校准方法是:同时按下并保持住遥控器的"UNLOCK"和"LOCK"键至少7 s,或直到扬声器响3次为止。

(二)中央控制门锁的检修

1.门锁控制开关的检查

以丰田威驰轿车为例,拔出门锁控制开关的18芯插脚,如图7-81所示,按照表7-19标准值检查门锁开关。

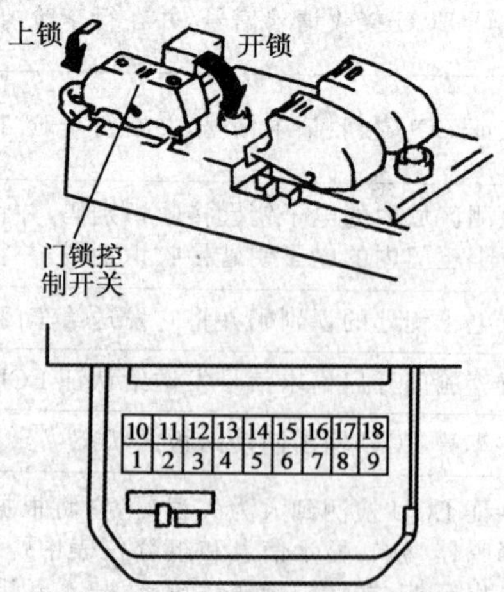

图7-81 拔出门锁控制开关18芯插脚

表 7-19　门锁开关导通情况

端子号	开关位置	标准状态
端子 1—端子 5	LOCK	导通
端子 1—端子 8	UNLOCK	导通

2. 检查门锁总成

(1)拔出门锁控制开关的 10 芯插脚，如图 7-82 所示，将蓄电池正极、负极分别与对应端子短接，按照表 7-20 标准值检查门锁总成。

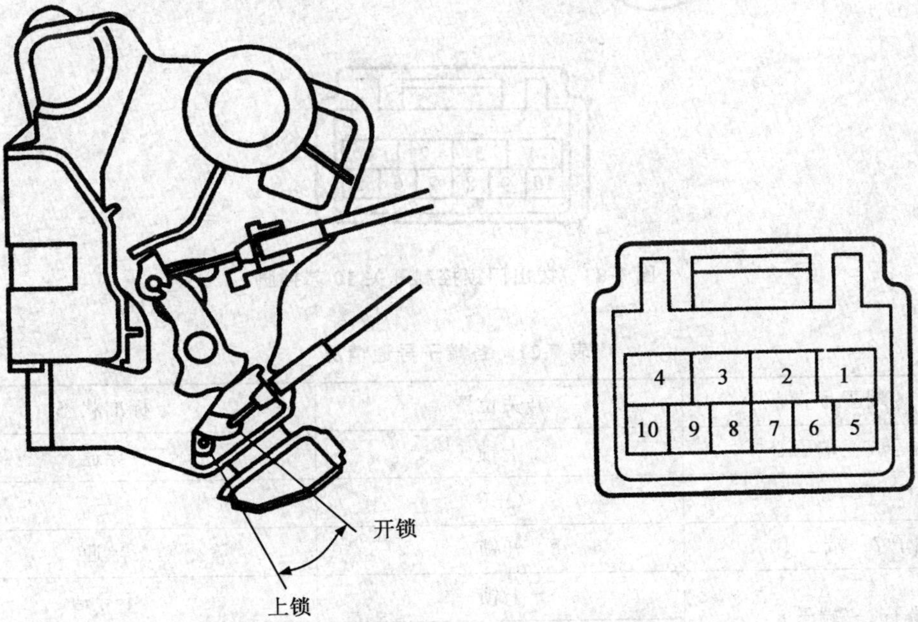

图 7-82　拔出门锁控制开关 10 芯插脚

表 7-20　电动机检测标准

测量条件	标准状态
蓄电池正极与端子 4 蓄电池负极与端子 1	上锁
蓄电池正极与端子 1 蓄电池负极与端子 4	开锁

(2)拔出门锁控制开关的 10 芯插脚，如图 7-83 所示，在门锁处于不同位置时，用万用表检测导通性，按照表 7-21 标准值检查门锁总成。

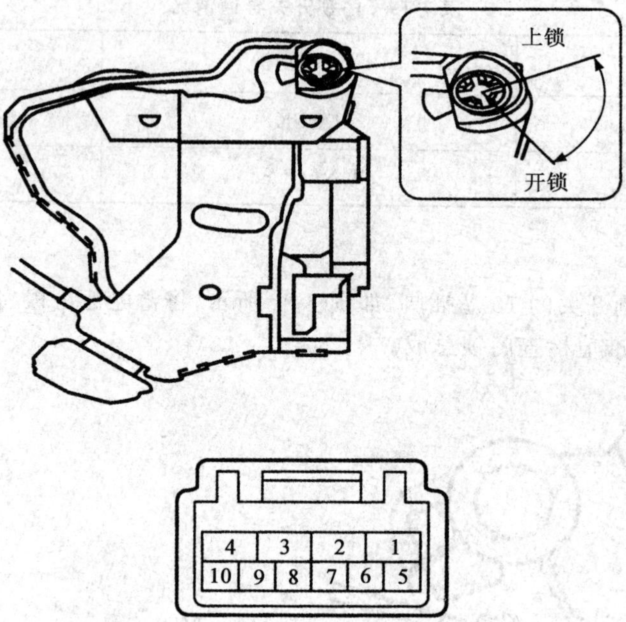

图 7-83　拔出门锁控制开关 10 芯插脚

表 7-21　各端子导通情况

端子号	开关位置	标准状态
端子 7—端子 9	上锁	导通
—	OFF	—
端子 7—端子 10	开锁	导通
端子 7—端子 8	上锁	不导通
	开锁	导通

3.门锁电动机的检查

首先关闭点火开关，拆下车门内侧板，接近门锁电动机，拆下电动机的 2 芯插头；然后将蓄电池的正极、负极分别于电动机插座的两个插芯相通，电动机应转动；再将蓄电池的正极、负极对调接在两个插芯上，电动机应反转。如果电动机不转或转动不平稳，则应修理或更换电动机。4 个车门及后备厢电动机的检查方法相同。

(三)中央控制门锁的典型故障检修步骤

中央门锁系统出现故障时，应先通过检查确认故障可能存在的部位，将其缩小到一定范围后，方可拆下车门内饰，露出门锁机构。

故障现象：中央门锁系统全部车门门锁不能工作。

故障原因：①熔断器断路；②继电器线圈断路时触点不能闭合；③集控开关触点烧蚀；④接地点锈蚀或松动；⑤连接线路断路。

故障诊断与排除：全部门锁不能工作诊断程序如图 7-84 所示。

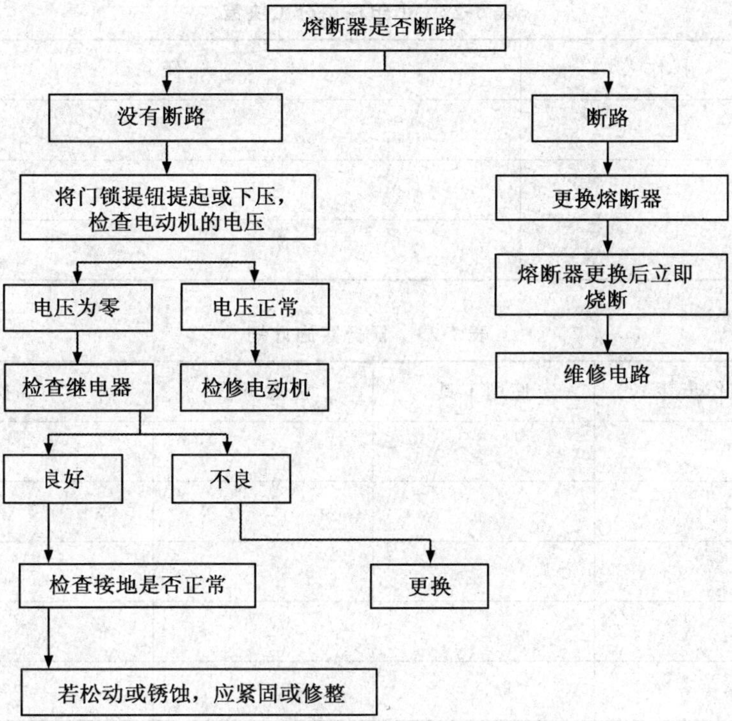

图 7-84 中控门锁维修流程图

三、制订检修计划

(一)岗位任务

一辆丰田卡罗拉轿车进入汽车维修厂，该车行驶里程为 50 000 km，车主反映该车门锁系统异常，出现间歇性锁止/解锁失灵的故障。维修人员试车初步检查判断为中央控制门锁内部电路的故障，而查找故障点需要查阅该车的电路图以制订检修计划。

(二)教师布置任务

任务 1 中央控制门锁电路认知

任务 2 中央控制门锁故障维修

(三)小组制订计划

请根据车辆类型和任务要求，确定所需要的检测仪器、工具及技术资料，并对小组成员进行合理分工，制订详细的诊断和修复计划。

1. 需要的技术资料

(1)工具车 2 台；(2)常用工具 2 套；(3)诊断电脑 2 部；(4)丰田卡罗拉轿车 2 辆。

2. 小组成员分工并制订计划

第一步，小组分组，每组由 4～6 名成员组成。

第二步，小组完成表 7-22 和表 7-23。

第三步，小组汇报计划，并根据教师建议进行修改和完善。

表 7-22 小组成员分工决策

序号	操作人	任务
1		
2		
3		

表 7-23 任务实施计划

序号	工作步骤	使用工具	注意事项	操作人
1				
2				
3				
4				
5				

四、任务实施

第一环节:教师讲解并现场演示。

由辅导教师首先讲解丰田轿车中央控制门锁系统的总体组成,按照试验台架上的实物、示教板上的实物来讲解中央控制门锁系统的各个部件及控制关系。

第二环节:学生按照以下步骤完成本单元的任务实施。

第一步,认知中央控制门锁的电路。图 7-85 为丰田卡罗拉中央控制门锁电路,根据电路图描述上锁、开锁的原理。

第二步,在实车上完成中央控制门锁系统的故障检修,填写表 7-24。

表 7-24 记录表

序号	检查项目	标准	结果	排除方法
1	门锁控制开关			
2	门锁总成			
3	门锁电动机			
结论				

第三环节:任务实施完成后,各小组负责清理工具和量具等,清洁地面卫生。

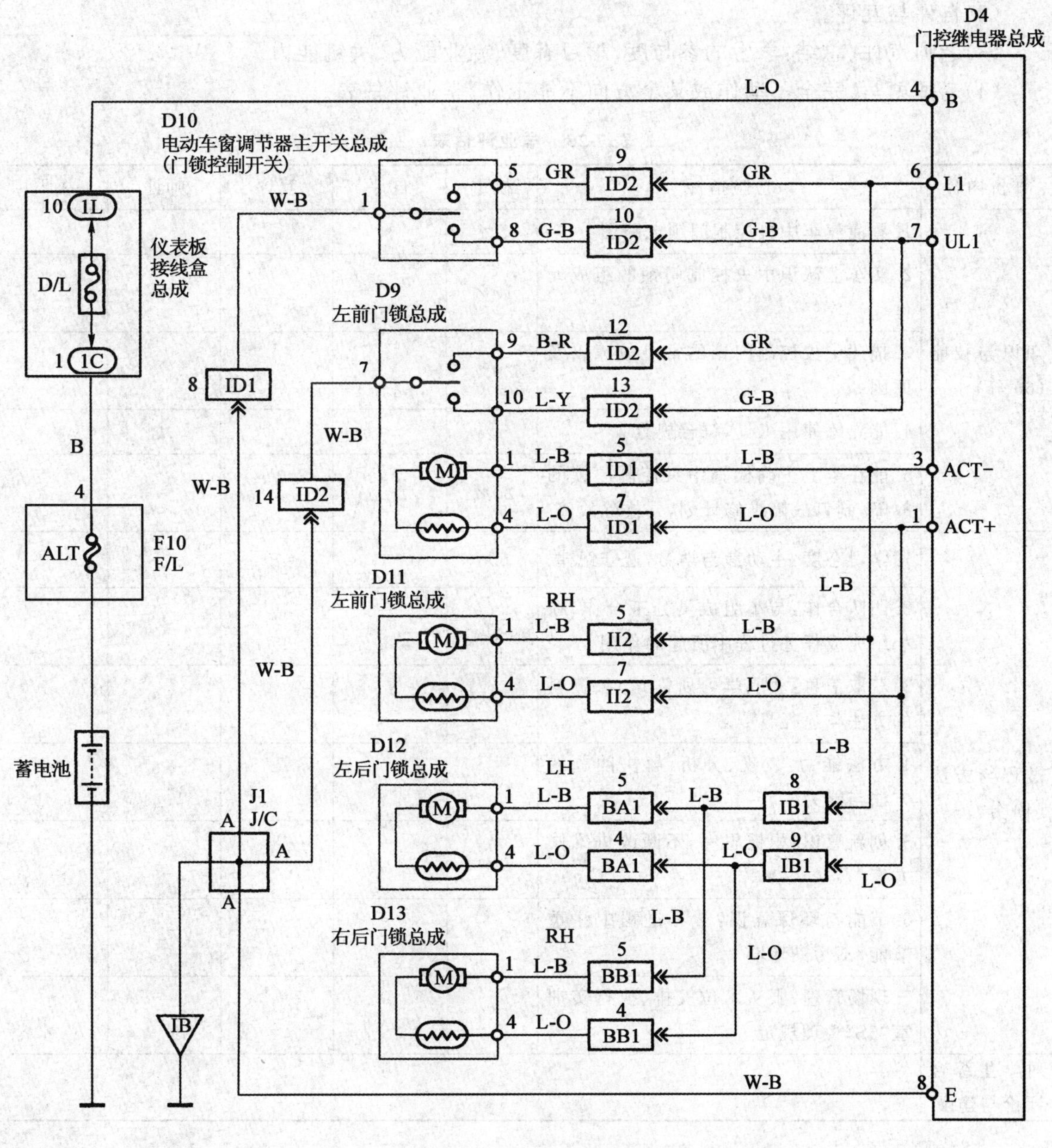

图 7-85　丰田卡罗拉中央控制门锁电路

五、检验评估

通过实际检修完全不动作或某个方向不能工作故障，对任务进行评估，并记录在表 7-25 中。

检查完全不动作或某个方向不能工作故障诊断过程的填写，对学生掌握情况进行评估。

(1)各组汇报工作过程与过程中遇到的问题，并说明解决方法。

(2)自评与互评。

(3)老师点评、总结:学生的参与度、学习态度、专业能力、关键能力。

(4)老师填写《完全不动作或某个方向不能工作》学业评估表。

表 7-25 学业评估表

评价内容	检验指标	权重	自评	互评	师评	总评
知识与技能(60 分)	1.看懂汽车中央控制门锁电路图	5%				
	2.实车上认识中央控制门锁的组成元件	10%				
	3.描述中央控制门锁的常见故障以及原因	20%				
	4.能熟练使用工具,符合规范	5%				
	5.能在车上正确检查中央控制门锁的故障,制订故障维修计划,并排除故障	20%				
过程与方法(40 分)	1.学习态度:主动参与学习,遵守纪律	5%				
	2.团队合作:与小组成员分工合作,在小组完成任务过程中所起的作用	5%				
	3.获取信息:获取学习所需信息、资料的方法与途径	5%				
	4.方法能力:发现、分析、解决问题的方法与能力	10%				
	5.创新意识:积极思考,不断改进维修方案	5%				
	6.节能与环保意识:学习过程中注重节能,不污染环境	5%				
	7.现场管理:服从工位安排、执行实训室“5S”管理规定	5%				
对学生综合评价与建议						

思考与练习

1.简述中控锁系统的基本组成结构。

2.简述中控锁系统的工作过程。

3.简述中控锁系统的常见故障现象及原因。

4.简述中控门锁的故障维修步骤。

参考文献

[1] 凌晨.汽车电气设备构造与维修.天津:天津科学技术出版社,2013.
[2] 赵振宁.汽车电气构造、原理与检修.北京:北京理工大学出版社,2015.
[3] 王刚,杨少波.汽车电气设备构造与维修.北京:电子科技大学出版社,2017.
[4] 张振.汽车电器构造与维修.北京:中国电力出版社,2013.
[5] 刘景军,吕翔.汽车电器检测技能实训.北京:人民邮电出版社,2007.
[6] 杨智勇.汽车电器.北京:人民交通出版社,2001.
[7] 张明,杨定峰.汽车电气系统检修.北京:人民邮电出版社,2016.
[8] 谭本忠.卡罗拉车系快修速查手册.北京:机械工业出版社,2012.
[9] 文恺.丰田汽车电路维修速查手册.北京:化学工业出版社,2014.
[10] 文恺.大众汽车电路维修速查手册.北京:化学工业出版社,2014.
[11] 吕丕华.汽车基础电器系统故障诊断与维修.北京:团结出版社,2012.
[12] 陈家瑞.汽车构造.北京:人民交通出版社,2015.
[13] 杨庆国,蒋志伟.汽车整车维护与检修.吉林:吉林科学技术出版社,2011.
[14] 胡光辉.汽车电器设备构造与维修.北京:人民邮电出版社,2012.
[15] 高吕和.汽车电器系统检修.北京:化学出版社,2010.
[16] 赵凤杰.汽车电气设备构造与维修.北京:人民交通出版社,2005.
[17] 赵福堂.汽车电器与电子设备.北京:北京理工大学出版社,2011.
[18] 朱军.汽车故障诊断方法.北京:人民交通出版社,2008.
[19] 张建俊.汽车诊断与检测技术.北京:人民交通出版社,2003.
[20] 朱军.电子控制发动机电路波形分析.北京:机械工业出版社,2002.
[21] 刘存山.汽车电器设备构造与检修.北京:人民交通出版社,2015.
[22] 许康.汽车电器设备构造与拆装.北京:人民交通出版社,2016.
[23] 吴刚.汽车电器设备.北京:人民交通出版社,2015.